Liberté

a first-year French textbook

Gretchen Angelo

rev. 18th September 2008

Brief Contents

Contents

12 Résultats

Introduction
To the teacher and the student

This French book is aimed at a first-year college student. Its features include:

1. Each chapter is built around communicative strategies. Clearly defined objectives in communication, culture, and grammar are given at the start of each chapter, and summary exercises at the end allow students to measure their mastery of these objectives.

2. The exercises in the in-class (A) sections are composed mainly of guided practice and extension activities, along with occasional comprehension checks and comprehensible input. Some further activities are indicated in the instructor's marginal notes. The teacher can provide teacher-directed "setting-the-stage" activities, comprehension checks, and further comprehensible input before beginning each section. Many models are provided to the students to give them a secure context in which to practice their vocabulary before they are asked to produce independent language.

3. The grammar included is explained in a more narrative form and in more detail than is typical for first-year textbooks. The grammar (B) sections should be read by the students outside of class before the communicative activities requiring those grammar points are done in class. By providing more explicit grammatical detail than is usual in a first-year book, the author hopes to stimulate students to reflect on the grammar of their own language as well as of French, helping students to become aware that their study of French is not just about mastery of a new language and culture, but about a more critical view of their own.

4. The amount of grammar is less than is typically contained in a first-year text. The grammar included has been chosen to meet the needs of the communicative goals of each chapter, and these have been selected based on what a student ranking intermediate-low to -mid on the ACTFL oral proficiency scale should be able to accomplish. The grammatical concepts included in this book focus on those that will be needed for the sentences and questions that a typical low-intermediate speaker can form, and those are emphasized repeatedly.

5. The book implicitly and explicitly recycles material from previous chapters on a regular basis, so that students can see their learning as a continual progression rather than as a rush from one grammar point to the next.

Chapter 1
Bonjour! Ça va?

a / Salut!

Objectives for chapter 1

Communication (what students will be able to do):

By the end of this chapter, students will be able to:

1. Greet other people and introduce themselves.

2. Understand basic commands given in French class and respond appropriately.

3. Count and spell in French.

4. Identify and describe themselves, other people, and objects.

Culture (what students will know about the French-speaking world):

By the end of this chapter, students will know something about:

1. Where French is spoken and by how many people; the definition of "Francophone."

2. How to address another person formally or informally, as appropriate.

3. Customs of greeting in France and other Francophone countries.

Grammar/ Tools (what students need to know):

In order to perform these communicative tasks, students will have to understand and be able to use correctly the following structures:

1. The French alphabet, numbers, and some basics of French pronunciation.

2. The subject pronouns and the difference between *tu* and *vous* in French.

3. The conjugation of the present tense of the verb *être*.

4. The concept of gender for nouns and of gender and number agreement of adjectives.

b / Ils **se serrent la main.**

Note : In the model dialogues and exercise examples, the speakers are labeled (A) and (B), and their parts should be read in turn. Elements you will need to replace to personalize the dialogues are shaded in grey. Words in bold are vocabulary words whose English translation is given in a "mini-vocabulary" list in the margin or in the exercise.

Note : The world symbol is used to designate cultural information contained in the text. Very shortly, these presentations will be in French.

c / La bise

A Activités

A.1 Bonjour !

Dans cette section, nous allons observer les dialogues et les pratiques culturelles quand on **fait la connaissance** de **quelqu'un**.

A.1.1 Présentations

Quand on **fait la connaissance** de **quelqu'un**, on **se présente**.

Mini-Vocabulaire:

faire la connaissance	[fɛr la kɔ nɛ sɑ̃s]	to meet
quelqu'un	[kɛl kœ̃]	someone
se présenter	[sə pre zɑ̃ te]	to introduce oneself
se serrer la main	[sə sɛ re la mɛ̃]	to shake hands
Bonjour	[bɔ̃ ʒur]	Hello
Comment ...	[kɔ mɑ̃] ...	What is your name?
... t'appelles-tu ?	... [ta pɛl ty]	(informal)
... vous appelez-vous ?	... [vu za ple vu]	(formal)
Je m'appelle...	[ʒə ma pɛl]	My name is...
Enchanté(e)	[ɑ̃ ʃɑ̃ te]	Pleased to meet you.
Présentez-vous	[pre zɑ̃ te vu]	Introduce yourself
à côté de vous	[a ko te də vu]	next to you

Exemple:
A: Bonjour !
A: Je m'appelle Marie. Comment t'appelles-tu ?
A: Enchantée !

B: Bonjour !
B: Je m'appelle Marc.

B: Enchanté.

Présentez-vous à deux (2) personnes **à côté de vous.**

A.1.2 Observation culturelle

 LA BISE

In many French-speaking countries, people kiss each other on the cheek or shake hands when they meet. In everyday situations, men shake hands, while women more often kiss, and mixed couples will kiss or shake hands depending on their level of acquaintance. The kiss ("le bisou" or "la bise") begins on the right cheek first, which means you should move your head to your left ; the number of kisses varies from one to four depending on the region or country and on the level of emotion. A kiss or handshake is also given upon leaving, even if the two parties have only been together a few minutes !

Another aspect of French-speaking cultures you should be aware of is the space between people. In many countries, people stand much closer together when talking than Americans do, so do not feel intimidated or crowded if the person you are speaking with stands quite close.

A.1.3 **Le cercle d'amis**

Présentons-nous! Dans cet exercice, toute la classe va se présenter.
Formez un grand cercle dans la classe.

1. Dans des groupes de 3 (A-B-C), présentez-vous. A se présente à B ; B se présente à C ; la personne au centre (B) présente A à C.

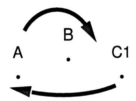

A à B : Bonjour, je m'appelle Sylvie.
B à A : Je m'appelle Joe.
A et B : Enchanté(e). [A et B se serrent la main.]
B à C : Comment t'appelles-tu ?
C à B : Je m'appelle Oscar.
B à A et à C : Sylvie, je te présente Oscar.
A et C : Bonjour / Enchanté(e). [A et B se serrent la main.]
2. A et B changent de position (A est au centre), et C passe au groupe suivant.

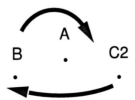

3. La personne au centre (A) se présente au nouveau C, et présente C à B.

A à C : Bonjour, je m'appelle Sylvie. Comment t'appelles-tu ?
C : Je m'appelle Veronica.
A à C et à B : Veronica, je te présente Joe.
B et C : Bonjour, Joe/Veronica. /Enchanté(e). [B et C se serrent la main.]
4. B et A changent de position (B est au centre), et C passe au groupe suivant. Continuez.

LES PRÉNOMS

Many French names can be used for both men and women, sometimes with different spelling but the same prononciation (e.g. René, Renée), other times exactly the same for men and women (e.g. Dominique). For centuries, French names were predominantly saints' names, and recognizably "French" - but nowadays, many Arabic and English names are also popular, sometimes adapted into more French forms.

Note : The microphone symbol is used to designate exercises where you must interview several people, asking the same question(s) of each.

A.1.4 L'alphabet des prénoms

Grammaire: Voir B.1, "L'alphabet," page 31.

Epelez les prénoms français suivants. Est-ce qu'ils sont masculins ou féminins ?

A Aimée	**H** Henri	**O** Olivier	**V** Vanessa
B Béatrice	**I** Isabelle	**P** Pascale	
C Claude	**J** Jean	**Q** Quentin	**W** William
D Dominique	**K** Kevin	**R** René	**X** Xavier
E Émile	**L** Laurence	**S** Serge	
F Francis	**M** Manon	**T** Thérèse	**Y** Yves
G Gilles	**N** Nicolas	**U** Ulysse	**Z** Zélie

A.1.5 **Comment t'appelles-tu ?**

Mini-Vocabulaire:

Ça s'écrit comment ?	[sa se kri kɔ mɑ̃]	How is that spelled?
Ecrivez !	[e kri ve]	Write!
Epelez !	[e ple] ([e pə le])	Spell!
le nom	[lə nɔ̃]	last name
le prénom	[lə pre nɔ̃]	first name

 Circulez dans la classe. Demandez les noms de vos camarades de classe. **Ecrivez** les noms de 3 personnes.

Modèle :

A: Comment t'appelles-tu ?
B: Je m'appelle Shahira.
A: Ça s'écrit comment ?
B: S-H-A-H-I-R-A.
A: Shahira est ton prénom ?
B: Oui.
A: Et ton nom ?
B: Mon nom, c'est Jones.
A: Ça s'écrit comment ?
B: J-O-N-E-S. Et toi, comment t'appelles-tu ?
... Continuez le dialogue.

Ecrivez :

Mes camarades de classe s'appellent

_____ , _____ , et

_____ .

LA FRANCOPHONIE - L'AMÉRIQUE

Où sont les francophones en Amérique du Nord, Amérique du Sud, et Amérique centrale ? Ecrivez le mot que le professeur épelle. Ensuite, essayez d'identifier le pays (ou l'état) nommé.

Note : "francophone" = une personne qui parle français. "Un pays francophone" = une nation où on parle français. "La Francophonie" = toutes les nations où on parle français.

Rappel :
Mini-Vocabulaire:

accent aigu	(é)
accent grave	(è)
accent circonflexe	(ê)
cédille	(ç)
tréma	(ë)

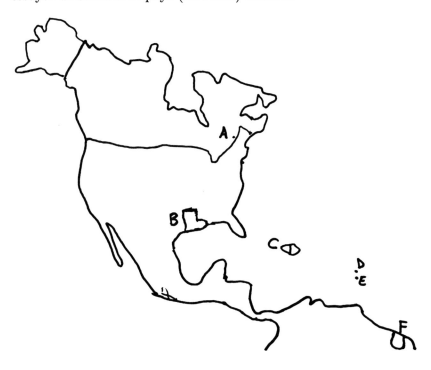

1. La _____ C'est quelle lettre ? _____

2. La _____ C'est quelle lettre ? _____

3. Le _____ C'est quelle lettre ? _____

4. _____ C'est quelle lettre ? _____

5. La _____ C'est quelle lettre ? _____

6. La _____ C'est quelle lettre ? _____

⟹ **Continuons!**

Savez-vous où sont les villes suivantes ?

1. Montréal

2. Port-au-Prince

3. La Nouvelle-Orléans

4. Québec

A.1.7 Dialogue : Bonjour !

> Grammaire: Voir B.2, "Pronoms sujets," page 35.

Mini-Vocabulaire:

Madame	[ma dam]	Mrs., Ma'am
Monsieur	[mə sjø]	Mr., Sir
Mademoiselle	[mad mwa zɛl]	Miss
Salut !	[sa ly]	Hi! or Bye! (informal)
Ça va ?	[sa va ↗]	How are you?
Comment ça va ?	[kɔ mɑ̃ sa va ↘]	How are you?
Comment allez-vous ?	[kɔ mɑ̃ ta le vu]	How are you? (formal)
Comment vas-tu ?	[kɔ mɑ̃ va ty]	How are you? (informal)
Ça va.	[sa va]	O.K.
Ça va bien/mal.	[sa va bjɛ̃] [sa va mal]	Good/ Bad.
Comme ci, comme ça.	[kɔm si kɔm sa]	So-so.
Merci.	[mɛr si]	Thank you.
Et vous ? / Et toi ?	[e vu] [e twa]	And you?
Au revoir !	[o vwar]	Goodbye!
A demain !	[a də mɛ̃]	See you tomorrow!
une rencontre	[rɑ̃ kɔ̃tr]	a meeting

Note : the partner symbol is used to designate conversations or exercises done in pairs.

 Imitez le dialogue modèle avec un(e) partenaire. Changez les éléments gris pour personnaliser le dialogue.

Modèle :

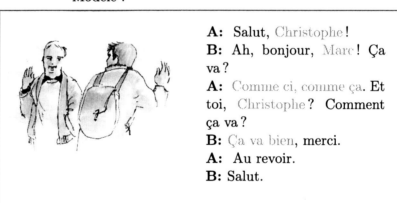

A: Salut, Christophe !

B: Ah, bonjour, Marc ! Ça va ?

A: Comme ci, comme ça. Et toi, Christophe ? Comment ça va ?

B: Ça va bien, merci.

A: Au revoir.

B: Salut.

A.1.8 **Rencontres**

Imaginez un petit dialogue pour les paires ou groupes suivants. C'est formel, ou informel? Pratiquez le dialogue avec votre partenaire, et présentez votre dialogue devant la classe.

Note : the mask symbol is used to designate activities where you assume a role in a conversation.

1.
A: ....
B: ....
C: ....
....

2.
A: ....
B: ....
C: ....
....

3.
A: ....
B: ....
C: ....
  : ....
  : ....
  : ....

4.
A: ....
B: ....
A: ....
B: ....
A: ....
B: ....

A.2 Identifications

A.2.1 Dans la classe de français

> Grammaire: Voir B.3, "Le verbe être," page 39.

Note : Comment = "how"
"Comment est X ?" = "What is X like ?"
"Comment va X ?" = "How is X ?" (voir section A.1.)

 Comment est la classe de français ? Avec votre partenaire, complétez les phrases suivantes. Donnez la forme correcte du verbe "être."

1. Je _____ dans la classe de français.
2. Nous _____ étudiants.
3. Le professeur _____ intelligent.
4. Les étudiants _____ sociables.
5. Tu _____ enthousiaste ?
6. Nous _____ contents d'étudier le français.
7. Le livre _____ facile.
8. Vous _____ français ?
9. La classe _____ grande.
10. Les étudiants _____ prêts !

A.2.2 Nous sommes tous ...

Formulez des phrases en changeant les éléments nécessaires.

Exemple: Je suis sociable.

| elle | Elle est sociable. |
| Jean et Marie | Ils sont sociables. |

1. Je suis calme.	5. organisé	9. vous
2. nous	6. mes parents	10. athlétique
3. elle	7. le professeur	11. ils
4. tu	8. je	12. nous

⟹ **Continuons!**

Complétez la phrase.

athlétique	chic	calme	raisonnable
difficile	confortable	optimiste	solitaire
émotionnel	incorrigible	obstiné	stupide

1. Je ...
2. Le président ...
3. Nous les Américains ...
4. Les Français ...
5. Madame/Monsieur le professeur, vous ...

d / Tous Américains
Apres l'attaque du 11 septembre, le journal français *Le Monde* déclare, "Nous sommes tous* Américains."
*tous ([tus]) =all

A.3 Le cours de français

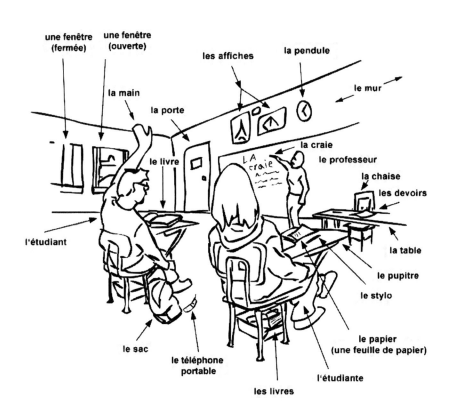

une fenêtre (fermée)
une fenêtre (ouverte)
les affiches
la pendule
la main
la porte
le mur
la craie
le livre
le professeur
la chaise
les devoirs
l'étudiant
la table
le pupitre
le stylo
le sac
le téléphone portable
le papier (une feuille de papier)
l'étudiante
les livres

Mini-Vocabulaire:
à gauche	[a goʃ]
à droite	[a drwat]
les affiches	[le za fiʃ]
le bureau	[lə by ro]
la chaise	[la ʃɛz]
la craie	[la krɛ]
les devoirs	[le də vwar]
l'étudiant	[le ty djɑ̃]
l'étudiante	[le ty djɑ̃t]
la fenêtre	[la fə nɛtr]
fermé(e)	[fɛr me]
la feuille	[la fœj]
le livre	[lə livr]
la main	[la mɛ̃]
le mur	[lə myr]
ouvert(e)	[u vɛr] [u vɛrt]
le papier	[lə pa pje]
la pendule	[la pɑ̃ dyl]
le plafond	[lə pla fɔ̃]
la porte	[la port]
le professeur	[lə prɔ fɛ sœr]
le pupitre	[lə py pitr]
le sac à dos	[lə sa ka do]
le sol	[lə sɔl]
le stylo	[lə sti lo]
le tableau	[lə ta blo]
le téléphone	[lə te le fɔn]
** portable**	[pɔr tabl]
Que veut dire	[kə vø dir]

A.3.1 Aux ordres du professeur !

> Grammaire: Voir B.4, "Impératifs," page 41, et B.5, "Articles définis", page 42.

Obéissez aux instructions de votre professeur.

Mini-Vocabulaire:

Tout le monde	[tu lə mɔ̃d]	Everyone
Allez	[a le]	Go
Dites	[dit]	Say
Donnez	[dɔ ne]	Give
Ecoutez	[e ku te]	Listen
Ecrivez	[e kri ve]	Write
Fermez	[fɛr me]	Close
Levez	[lə ve]	Raise
Mettez	[mɛ te]	Put
Montrez	[mɔ̃ tre]	Show
Ouvrez	[u vre]	Open
Prenez	[prə ne]	Take/ Pick up
Répétez	[re pe te]	Repeat

A.3.2 Vocabulaire : La salle de classe

Selectionnez la réponse correcte et lisez la phrase entière.

1. Le professeur écrit au tableau avec la craie / la chaise.
2. Pour donner la réponse, l'étudiant lève le sac à dos / la main.
3. On n'utilise pas le téléphone portable / le livre en classe.
4. Pour écrire, l'étudiante utilise le stylo / la fenêtre.
5. L'étudiante / l'étudiant écrit sur la feuille de papier.
6. Le livre de l'étudiant est ouvert / fermé.
7. Le devoir / le livre sur le bureau a une note de A+.
8. Le stylo rouge est sur le pupitre / le bureau.
9. L'étudiant est attentif – il regarde la pendule / le professeur.
10. La porte est à gauche / à droite.
11. Les affiches sont au mur / au plafond.

> Do not expect to understand every word in these sentences. There should be enough words you recognize to allow you to guess the right answer. Part of learning a language is accepting that there will be words you do not understand, and you need to work around that. If you feel that there is a word whose meaning you truly need to know, use the question, "Que veut dire 'X'?" = "What does 'X' mean?"

A.3.3 Dictée : La salle de classe

Ecrivez les mots que le professeur épelle. Puis, mettez le mot correct dans la phrase à droite.

1. _____   a. Le _____ parle français très bien.
2. _____   b. Les _____ ne sont pas très confortables.
3. _____   c. Le professeur écrit au _____ .
4. _____   d. On écrit sur le papier avec un _____ .
5. _____   e. On écrit au tableau avec une _____ .
6. _____   f. Le professeur corrige les _____ avec un stylo rouge.
7. _____   g. Préférez-vous les fenêtres ouvertes ou _____ ?
8. _____   h. Les étudiants entrent par la _____ .
9. _____   i. Le _____ du professeur est grand.
10. _____   j. La classe est finie. Mettez les livres dans votre _____ .

A.3.4 Parlez français en classe !

Mini-Vocabulaire:

Comment ?	[kɔ mɑ̃]	What? (Huh?)
Je ne comprends pas.	[ʒə nə kɔ̃ prɑ̃ pa]	I don't understand.
Comment dit-on ...?	[kɔ mɑ̃ di tɔ̃]	How do you say...?
Excusez-moi.	[ɛk sky ze mwa]	Excuse me.
S'il vous plaît	[sil vu plɛ]	Please (formal)

 Dans des groupes de 3, imaginez un petit dialogue entre un professeur de français et deux étudiants. Pratiquez le dialogue. Répétez le dialogue devant la classe.

A.4 **Les chiffres**

A.4.1 Maths !

Grammaire: Voir B.6, "Les chiffres," page 46.

 Faisons des maths ! Lisez le problème mathématique à votre partenaire ; il/elle va donner la réponse correcte. Un(e) étudiant(e) donne le problème, l'autre donne la réponse ; puis, les deux personnes changent de rôle.

Modèle : 2+2=   Deux plus deux égalent quatre.

7-4=   Sept moins quatre égalent trois.

1. 2+4=

2. 3+6=

3. 5+5=

4. 1+7=

5. 8+3=

6. 9+4=

7. 12+57=

8. 26+14=

9. 33+41=

10. 8-4=

11. 15-10=

12. 3-2=

13. 10-7=

14. 11-6=

15. 23-9=

16. 63-13=

17. 77-36=

18. 82-41=

A.4.2 Voilà !

Préparez une carte pour jouer. Mettez vos chiffres préférées :
V=1-19 ; O=20-39 ; I=40-59 ; L=60-79 ; A=80-99

(Note : This is a game like "Bingo." 5 numbers in any direction = "Voilà !" The star in the middle is a free square.)

Exemple :

V	O	I	L	A
2	29	47	62	83
19	38	57	74	84
7	35	*	76	96
12	24	44	65	99
18	34	51	69	94

V	O	I	L	A
		*		

V	O	I	L	A
		*		

Note : In French, the decimal places are separated from the integers by a comma rather than a period. 10,2 in French = 10.2 in English. Conversely, 1.000.000 in French = 1,000,000 in English.

 QUI PARLE FRANÇAIS? French is spoken as a native language by about 77 million people. Far more people speak French as a second language than as a first language. About 220 million people live in countries, especially in Africa, where French is an official language, meaning that it is the language of education and government, even though it is usually not the native language of the population. Not all the Francophone nations of Europe and Africa are labeled on this map, but even among those that are named, French plays many different roles : a native language; a *lingua franca* (common language) that groups with different native tongues use to communicate; a language of commerce and of diplomacy. French is the second most commonly taught second language, behind only English. A good estimate is that approximately 115 million people speak French as a part of their daily life, and about twice that many use it on a regular basis. See http://french.about.com/library/bl-whatisfrench.htm

LA FRANCOPHONIE - L'EUROPE ET L'AFRIQUE

Mini-Vocabulaire:

combien	[kɔ̃ bjɛ̃]	how many, how much
cent	[sɑ̃]	hundred
mille	[mil]	thousand
million	[mi ljɔ̃]	million
virgule	[vir gyl]	comma

La population (en millions) de quelques pays francophones

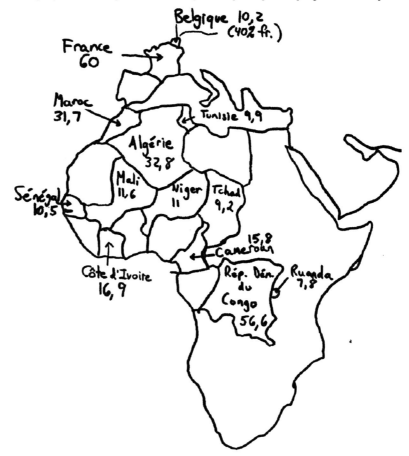

Regardez la carte et dites combien de personnes habitent dans chaque pays francophone.

1. la France
2. le Mali
3. le Niger
4. le Maroc
5. le Tchad
6. le Sénégal
7. le Cameroun
8. le Rwanda
9. la Belgique
10. l'Algérie
11. la Côte d'Ivoire
12. la République Démocratique du Congo

A.4.4 **Préparons la rentrée !**

Mini-Vocabulaire:

la rentrée	[rɑ̃ tre]	first day of school
vous avez	[vu za ve]	you have
achetez	[aʃ te]	buy
dépenses	[de pɑ̃s]	expenditures

Vous avez 100 Euros. **Achetez** le nécessaire pour **la rentrée**. Calculez vos **dépenses**.

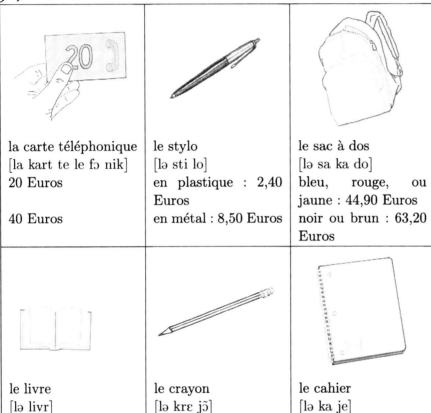

la carte téléphonique [la kart te le fɔ nik] 20 Euros 40 Euros	le stylo [lə sti lo] en plastique : 2,40 Euros en métal : 8,50 Euros	le sac à dos [lə sa ka do] bleu, rouge, ou jaune : 44,90 Euros noir ou brun : 63,20 Euros
le livre [lə livr] 36,20 Euros	le crayon [lə krɛ jɔ̃] 0,90 Euros	le cahier [lə ka je] 2,50 Euros

Modèle :

A: Bonjour, Madame ! Le sac à dos, c'est combien, s'il vous plaît ?

B: Le sac à dos bleu coûte 44 Euros 90, le sac à dos brun coûte 63 Euros 20.

A: Je voudrais un sac à dos bleu, s'il vous plaît.

B: Très bien, Mademoiselle. Ça fait 44,90. Vous désirez quelque chose d'autre ?

A: Le stylo coûte combien ? ...

[Continuez la conversation ...]

B: Merci, Madame. Au revoir !

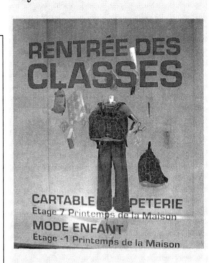

A.5 Descriptions

A.5.1 Faisons connaissance !

> Grammaire: Voir B.7, "L'accord de l'adjectif," page 48.

Mini-Vocabulaire:

Faisons connaissance !	[fə zɔ̃ kɔ nɛ sɑ̃s]	Let's get acquainted!
Qui	[ki]	Who
Levez la main	[lə ve la mɛ̃]	Raise your hand
travailleur(se)	[tra va jœr (jøz)]	hard-working
paresseux(se)	[pa rɛ sø (søz)]	lazy

Si la description s'applique à vous, **levez la main** et dites "je suis...." Dans la classe, **qui** est...?

1. grand	6. **paresseux**	11. sportif
2. petit	7. anxieux	12. sédentaire
3. brun	8. calme	13. **travailleur**
4. blond	9. timide	14. sérieux
5. studieux	10. courageux	15. frivole

Dans la question, l'adjectif est au masculin. Dans la réponse, changez l'adjectif si le sujet est féminin.

A.5.2 Changeons d'identité !

Répétez la phrase **donnée**, et puis remplacez le sujet ou l'adjectif par **le nouveau mot**. Changez les autres mots si c'est nécessaire !

Exemple:		Je suis blond.
	[Marie]	Marie est blonde.
	[américain]	Marie est américaine.
	[tu]	Tu es américain.

Mini-Vocabulaire:

donné	given
le mot	word
nouveau	new

Le français est amusant.

1. La classe	7. Nous	13. Tu
2. Le livre	8. sérieux	14. attentif
3. intéressant	9. Je	15. Hamid
4. Le professeur	10. Sylvie	16. petit
5. américain	11. sociable	17. Vous
6. Les étudiants	12. Marc et Marie	18. Miriam

A.5.3 **Qui est-ce ?**

Grammaire: Voir B.7, "L'accord des adjectifs," page 48.

Qui est-ce ? Associez la personne sur la photo avec sa profession.

A   B   C   D   E

1. George Bush   a. un président
2. Marie Curie   b. une chanteuse
3. Gérard Depardieu   c. un président
4. Céline Dion   d. un acteur
5. Nicolas Sarkozy   e. une scientifique

Regardez les photos et répondez aux questions. Utilisez la bonne forme de l'adjectif !

1. Qui est blond ?   5. Qui est français ?
2. Qui est sérieux ?   6. Qui est **mort** ?
3. Qui est américain ?   7. Qui est chic ?
4. Qui est canadien ?   8. Qui est riche ?

A.5.4 **Comment sont-ils ?**

Utilisez les adjectifs à droite pour décrire les personnes ou les choses à gauche. Changez la forme de l'adjectif si c'est nécessaire !

1. le professeur   a. stupide
2. la France   b. difficile
3. la prononciation du français   c. compétent
4. George Bush   d. important
5. **ma mère**   e. travailleur
6. moi   f. sérieux
7. le livre   g. élégant
8. la guerre d'Iraq   h. **cher**
9. les étudiants de français   i. grand
10. l'université   j. gentil
11. mes classes   k. **sale**
12. la salle de classe   l. intelligent
13. les devoirs   m. intéressant

Encouragez les étudiants à offrir plusieurs réponses, puis à les combiner pour former une phrase au pluriel. Par exemple, "Marie Curie et Nicolas Sarkozy sont sérieux."

Rappel : dans la question, l'adjectif est au masculin. Dans la réponse, changez l'adjectif si le sujet est féminin.

Mini-Vocabulaire:

ma mère	my mother
cher (chère)	expensive
gentil(le)	nice
mort	dead
pas vraiment	not really
sale	dirty
très	very

A.5.5 L'image des stars

Par groupes de 4, nommez une personne célèbre. Ecrivez le nom sur une feuille de papier. Quels adjectifs décrivent cette personne ? Passez la feuille. Chaque étudiant écrit un adjectif qui caractérise la personne célèbre.

Quelques adjectifs opposés sont :

grand-petit
blond-brun
sérieux-frivole
riche-pauvre
travailleur-paresseux
intelligent-stupide
patient-impatient
intéressant-ennuyeux
gentil(le)-méchant

compétent-incompétent
timide-courageux
sédentaire-sportif
enthousiaste-indifférent
sale-propre
sociable-solitaire
calme-anxieux

A.5.6 Sondage de la classe

Grammaire: Voir B.8, "Questions," page 52.

 Interviewez vos camarades de classe. Posez des questions par **intonation**. Ecrivez les noms des personnes qui répondent "oui." Chaque étudiant pose deux questions à ses camarades. Changez la forme de l'adjectif au féminin si la personne en face de vous est une femme.

Exemple: **A:** [sociable-honnête] / **B:** [enthousiaste- impoli]
A: Bonjour ! Comment t'appelles- tu ? **B:** Je m'appelle Marie. Et toi ?
A: Je m'appelle Paula. Marie, tu es sociable ? **B:** Non, **pas vraiment**.
A: Tu es honnête ? **B:** Oui, je suis **très** honnête.
B: Paula, tu es enthousiaste ? **A:** Oui, je suis enthousiaste.
B: Tu es impolie ? **A:** Non !

1. honnête - impatient
2. content - sportif
3. anxieux - riche
4. timide - intelligent
5. travailleur - américain

6. sérieux - poli
7. sédentaire - studieux
8. généreux - gentil
9. tolérant - calme
10. chic - paresseux

A.6 **Résumé**

Les activités dans cette section vous permettent de pratiquer tout le matériel du chapitre. Regardez les "objectifs" du chapitre à la page 9.

A.6.1 Résumé : Descriptions

  Dans votre groupe, trouvez le maximum d'adjectifs pour décrire les personnes, institutions, et objets suivants. Mettez l'adjectif à la forme correcte (masculin, féminin, singulier, pluriel).

1. l'université
2. les professeurs
3. ma mère
4. la porte
5. le cours de français
6. les étudiants à votre université
7. les devoirs
8. mes amis

A.6.2 Résumé : Instructions en classe (Jacques a dit !)

Ecoutez les instructions du professeur. Quand le professeur dit, "Jacques a dit" + l'instruction, exécutez-la. Mais s'il dit "Jacques a dit a dit" + l'instruction, ne l'exécutez pas.

1. Levez-vous.
2. Prenez le stylo.
3. Ecrivez votre nom.
4. Ecrivez votre prénom.
5. Allez à la fenêtre.
6. Ouvrez la fenêtre.
7. Allez au tableau.
8. Prenez la craie.
9. Ecrivez la phrase, "Comment allez-vous ?" au tableau.
10. Allez à votre chaise.
11. (instruction du professeur)
12. (instruction du professeur)
13. (instruction du professeur)
14. (instruction du professeur)
15. (instruction du professeur)

Mini-Vocabulaire:

la rue	street
lieu de naissance	place of birth

 LE PALAIS DE L'ELYSÉE Nicolas Sarkozy est le président français. La résidence officielle du président est le Palais de l'Elysée, qui se trouve à l'adresse indiquée.

e / Le Palais de l'Elysée

A.6.3 Résumé : Votre identité

 D'abord, répétez le dialogue modèle avec le professeur.

A: Bonjour, Monsieur.
B: Bonjour.
A: Votre nom, s'il vous plaît ?
B: Sarkozy.
A: Ça s'écrit comment ?
B: S-A-R-K-O-Z-Y.
A: Votre prénom ?
B: Nicolas ; N-I-C-O-L-A-S.
A: Quelle est votre adresse ?
B: 55, rue du Faubourg Saint-Honoré.
A: Le nom de la rue s'écrit comment ?
B: F-a-u-b-o-u-r-g S-a-i-n-t-H-o-n-o-r-é.
A: Dans quelle ville ?
B: Paris.
A: Et quel est votre lieu de naissance ?
B: Paris aussi.
A: Merci, Monsieur. J'ai toutes les informations nécessaires.

Maintenant, complétez la fiche d'identification avec vos informations. Vous pouvez inventer une adresse fictive si vous désirez. Puis, avec un(e) partenaire, changez les éléments en gris du dialogue modèle pour personnaliser le dialogue. Ecrivez les informations de votre partenaire sur la fiche.

Mes informations :

Nom _____ Prénom(s) _____
Adresse _____

Lieu de naissance _____

Les informations de mon partenaire :

Nom _____ Prénom(s) _____
Adresse _____

Lieu de naissance _____

A.6.4 Résumé : Dialogue

 Avec un(e) partenaire ou dans un groupe de 3 personnes, préparez un petit dialogue pour illustrer une de ces situations. Exercez-vous à ce dialogue et présentez-le devant la classe.

nouveau, nouvelle = new
un nouveau copain = a new boyfriend
une nouvelle copine = a new girlfriend

1. (2 ou 3 personnes) La rentrée - Vous êtes dans une nouvelle classe. Imaginez la conversation entre les étudiants ou entre le professeur et les étudiants.

2. (2 personnes) Interviewez votre partenaire. Comment est-il/elle ? Faites une description de votre partenaire à la classe. (Chaque personne décrit son partenaire).

3. (3 personnes) Vous avez un nouveau copain / une nouvelle copine. Présentez cette personne à un de vos parents.

A.7 Vocabulaire français-anglais

LES PRÉSENTATIONS, L'IDENTITÉ ET LA SANTÉ

Bonjour	[bɔ̃ ʒur]	Hello
Salut !	[sa ly]	Hi! or Bye! (informal)
Au revoir !	[o vwar]	Goodbye!
A demain !	[a də mɛ̃]	See you tomorrow!
Madame	[ma dam]	Mrs., Ma'am
Monsieur	[mə sjø]	Mr., Sir
Mademoiselle	[mad mwa zɛl]	Miss
Comment . . .	[kɔ mã] . . .	What's your name?
. . . t'appelles-tu ?	[ta pɛl ty]	(informal)
. . . vous appelez-vous ?	[vu za ple vu]	(formal)
Je m'appelle . . .	[ʒə ma pɛl]	My name is. . .
le nom	[lə nɔ̃]	last name
le prénom	[lə pre nɔ̃]	first name
la rue	[la ry]	street
le lieu de naissance	[lə ljø də nɛ sãs]	place of birth
Enchanté(e)	[ã ʃã te]	Pleased to meet you.
Ça va ?	[sa va ↗]	How are you?
Comment ça va ?	[kɔ mã sa va ↘]	How are you?
Comment allez-vous ?	[kɔ mã ta le vu]	How are you? (formal)
Comment vas-tu ?	[kɔ mã va ty]	How are you? (informal)
Ça va.	[sa va]	O.K.
Ça va bien/mal.	[sa va bjɛ̃] [sa va mal]	Good/ Bad.
Comme ci, comme ça.	[kɔm si kɔm sa]	So-so.
Merci.	[mɛr si]	Thank you.
Et vous ? / Et toi ?	[e vu] [e twa]	And you? (formal/inf.)

PARLER EN CLASSE

tout le monde	[tu lə mɔ̃d]	Everyone
allez	[a le]	go
arrêtez	[a rɛ te]	stop
dites	[dit]	say
donnez	[dɔ ne]	give
écoutez	[e ku te]	listen
écrivez	[e kri ve]	write
épelez	[e ple], [e pə le]	spell
fermez	[fɛr me]	close
levez	[lə ve]	raise, lift
mettez	[mɛ te]	put
montrez	[mɔ̃ tre]	show
ouvrez	[u vre]	open
prenez	[prə ne]	take/ pick up
répétez	[re pe te]	repeat
Comment ?	[kɔ mã]	What? (Huh?)
Je ne comprends pas.	[ʒə nə kɔ̃ prã pa]	I don't understand.
Comment dit-on . . . ?	[kɔ mã di tɔ̃]	How do you say. . . ?
Que veut dire . . . ?	[kə vødir]	What does . . . mean?
Excusez-moi.	[ɛk sky ze mwa]	Excuse me.
S'il vous plaît	[sil vu plɛ]	Please (formal)
S'il te plaît	[sil tə plɛ]	Please (informal)

PRONONCIATION ET ORTHOGRAPHE

Ça s'écrit comment ?	[sa se kri kɔ mɑ̃]	How is that spelled?
accent aigu	[ak sɑ̃ e gy]	acute accent (like this: é)
accent grave	[ak sɑ̃ grav]	grave accent (like this: è)
accent circonflexe	[ak sɑ̃ sir kɔ̃ flɛks]	circumflex accent (like this: ê)
tréma	[tre ma]	diaresis (like this: ï)
cédille	[se dij]	cedilla (like this: ç)
majuscule	[ma ʒy skyl]	capital letter
minuscule	[mi ny skyl]	small letter

EN CLASSE

à gauche	[a goʃ]	(to the) left
à droite	[a drwat]	(to the) right
l'affiche (f.)	[la fiʃ]	poster
le bureau	[lə by ro]	desk
le cahier	[lə ka jɛ]	notebook
la chaise	[la ʃɛz]	chair
la craie	[la krɛ]	chalk
le crayon	[lə krɛ jɔ̃]	pencil
le devoir	[lə də vwar]	homework
l'étudiant	[le ty djɑ̃]	(male) student
l'étudiante	[le ty djɑ̃t]	(female) student
la fenêtre	[la fə nɛ trə]	window
fermé(e)	[fɛr me]	closed
la feuille de papier	[la fœj də pa pjɛ]	sheet (of paper)
le livre	[lə livr]	book
la main	[la mɛ̃]	hand
le mur	[lə myr]	wall
ouvert(e)	[u vɛr] [u vɛrt]	open
le papier	[lə pa pje]	paper
la pendule	[la pɑ̃ dyl]	clock
le plafond	[lə pla fɔ̃]	ceiling
la porte	[la pɔrt]	door
le professeur	[lə prɔ fɛ sœr]	teacher
le pupitre	[lə py pitr]	(student's) desk
le sac à dos	[lə sa ka do]	backpack
le sol	[lə sɔl]	floor
le stylo	[lə sti lo]	pen
le tableau	[lə ta blo]	chalkboard
le téléphone	[lə te le fɔn]	telephone
** portable**	[pɔr tabl]	portable

LES ADJECTIFS

Comment sont-ils ?	[kɔ mã sɔ̃ til]	What are they like?
américain(e)	[a me ri kɛ̃] [kɛn]	American
anxieux(se)	[ɑ̃k sjø(sjøz)]	anxious
blond(e)	[blɔ̃] [blɔ̃d]	blond
brun(e)	[brœ̃] [bryn]	brown-haired
calme	[kalm]	calm
canadien(ne)	[ka na djɛ̃] [djɛn]	Canadian
cher (chère)	[ʃɛr]	expensive
chic	[ʃik]	chic
compétent(e)	[kɔ̃ pe tã] [tãt]	competent
content(e)	[kɔ̃ tã] [tãt]	happy
courageux(se)	[ku ra ʒø] [ʒøz]	brave
difficile	[di fi sil]	hard, difficult
élégant(e)	[e le gã] [gãt]	elegant
français(e)	[frã sɛ] [sɛz]	French
frivole	[fri vɔl]	frivolous
généreux(se)	[ʒe ne rø] [røz]	generous
gentil(le)	[ʒã tij]	nice
grand(e)	[grã] [grãd]	big (things), tall (people)
honnête	[ɔ nɛt]	honest
impatient(e)	[ɛ̃ pa sjã] [sjãt]	impatient
impoli(e)	[ɛ̃ pɔ li]	impolite, rude
important(e)	[ɛ̃ pɔr tã] [tãt]	important
intelligent(e)	[ɛ̃ tɛ li ʒã] [ʒãt]	intelligent
intéressant(e)	[ɛ̃ te rɛ sã] [sãt]	interesting
intolérant(e)	[ɛ̃ tɔ le rã] [rãt]	intolerant
méchant(e)	[me ʃã] [ʃãt]	mean
paresseux(se)	[pa rɛ sø] [søz]	lazy
patient(e)	[pa sjã] [sjãt]	patient
petit(e)	[pə ti] [tit]	small (things), short (people)
poli(e)	[pɔ li]	polite
riche	[riʃ]	rich
sale	[sal]	dirty
sportif(ve)	[spɔr tif] [tiv]	athletic
sédentaire	[se dã tɛr]	sedentary
sérieux(se)	[se rjø] [rjøz]	serious
studieux(se)	[sty djø] [djøz]	studious
stupide	[sty pid]	stupid
timide	[ti mid]	timid, shy
tolérant(e)	[tɔ le rã] [rãt]	tolerant
travailleur(se)	[tra va jœr] [jøz]	hard-working

For numbers, see page 46.

B Grammar

B.1 The French alphabet and French pronunciation

Here is the French alphabet, accompanied by the IPA pronunciation for each letter.

L'alphabet français

a	[a]	h	[aʃ]	o	[o]	v	[ve]
b	[be]	i	[i]	p	[pe]	w	[du blə ve]
c	[se]	j	[ʒi]	q	[ky]	x	[iks]
d	[de]	k	[ka]	r	[ɛr]	y	[i grɛk]
e	[ə]	l	[ɛl]	s	[ɛs]	z	[zɛd]
f	[ɛf]	m	[ɛm]	t	[te]		
g	[ʒe]	n	[ɛn]	u	[y]		

In this book, as in French dictionaries, each vocabulary word will be given along with its phonetic transcription according to the International Phonetic Alphabet (IPA). American dictionaries each have their own pronunciation guides, but the IPA is universal and used in most other countries. Although it may seem strange at first, the IPA notation will make it easier for you to remember how a word is pronounced. If you wish to start using the IPA right now, you should consult section B.9 at the end of this chapter (page 55).

Most French sounds are similar to sounds in English. However, here are some major differences related to spelling:

Spelling/sounds different than English

spelling	IPA	description
u	[y]	To pronounce the single letter "u," round your lips as if to say [o] but say [i]. This sound does not exist in English.
ou	[u]	The letters "ou" are always pronounced [u], similar to the English word *route*.
au	[o]	The letters "au" (or "eau") are always pronounced [o], similar to the English words *taupe* or *bureau*.
r	[r]	The French r is pronounced in the throat, as if you are gargling.
h		The letter "h" is always silent in French.
g	[g], [ʒ]	The French letter "g" is hard ([g], like the first g in *garage*) before a, o, u, but soft ([ʒ], like the second g in *garage*) before e or i.
j	[ʒ]	The French letter "j" is always pronounced like a soft g ([ʒ]). Note that the phonetic symbol [j] represents a sound like that of the letter "y" in English.
ch	[ʃ]	The French letters "ch" are pronounced [ʃ], ("shh"), as in *champagne*.

"Standard French" – The pronunciation and vocabulary taught in this book is that of "standard French," the name given to the variety of French spoken in France, especially around Paris and in the center of the country. Just as English demonstrates great variation (e.g. in the U.S., the U.K., Australia, India), there are many varieties of French spoken around the world today, particularly in Canada, Europe, and Africa. If you learn standard French pronunciation, you will be understood anywhere French is spoken. However, you may have some difficulty understanding other national or regional accents.

Note: both English and Spanish speakers sometimes pronounce the French letters "ch" as [tʃ]. This is a mistake in French; the initial [t] sound must be eliminated.

Nasal sounds

A syllable or word ending in one or more vowels plus -n or -m produces a sound called a "nasal" in French. The -n or -m is not pronounced in this position, but its presence changes the vowel in front of it. There are three commonly used nasal sounds in French today, with several different spellings. Listen to your professor model these three sounds and practice distinguishing them.

spelling	IPA	description
-an, -am, -en, -em	$[\tilde{a}]$	The nasal combinations written "an" or "en" are pronounced the same, e.g. sang $[s\tilde{a}]$ = sent $[s\tilde{a}]$
-in, -im, -ain, -aim, -ein	$[\tilde{\varepsilon}]$	The nasal combinations written "in," "ain," or "ein" are all pronounced the same, e.g. cinq $[s\tilde{\varepsilon}]$ = saint $[s\tilde{\varepsilon}]$ = sein $[s\tilde{\varepsilon}]$
-on, -om	$[\tilde{\mathfrak{z}}]$	The nasal combination written "on," e.g. son $[s\tilde{\mathfrak{z}}]$
-un, -um	$[\tilde{œ}]$, $[\tilde{\varepsilon}]$	The nasal combination written "un," found in only a few words, can be pronounced as a fourth nasal sound ($[\tilde{œ}]$), but nowadays most speakers in France pronounce it exactly like $[\tilde{\varepsilon}]$.

General French pronunciation tips

Students beginning to study French are invariably shocked by French pronunciation. As the French language evolved through time, spelling did not always keep up with pronunciation. French spelling often reflects the sounds of about the thirteenth century, and most words today contain several silent letters, usually at the end of the word.

Students sometimes think that learning French is simply "learning grammar," but this book aims to make you both orally proficient and literate — it will do you no good to have impeccable grammar if you go to Montreal for a vacation and no one can understand a word you say. Although French pronunciation is challenging, learning a few basic rules and practicing diligently will lead to the unutterable satisfaction that comes from a native speaker complimenting you on your pronunciation.

- Most final consonants in French are not pronounced. However, the letters C,R,F,L are usually pronounced at the end of a word, so remember to be "CaReFuL"! In particular, watch out for final -s; English speakers almost always try to pronounce this, and it is generally not pronounced.

- If a French word ends in an -e (with no accent), that -e is silent, but the consonant before it is pronounced. Masculine and feminine nouns and adjectives are often distinguished in this way. For example: petit ($[p\partial \ ti]$, small (masc.)) has a silent final -t, whereas *petite* ([pə tit], *small* (fem.)) has a pronounced -t but a silent final -e.

- In many cases, a final consonant that is normally silent is pronounced when the following word begins with a vowel. This is called *liaison*. You will learn gradually the rules for when to do this; begin by following the example of your teacher and by practicing with the audio recordings.

B.1.1 French pronunciation self-test

Answer the following questions to see if you understood the preceding section. True or False?

1. All French letters are pronounced.

2. The letters "u" and "ou" are pronounced the same in French.

3. The nasals spelled "en" and "an" are pronounced the same in French.

4. A final -s is usually pronounced in French.

5. A final -l is usually pronounced in French.

6. A final -t is usually silent in French.

7. The French -r- is pronounced like the English -r-.

8. The letter h is pronounced in certain French words.

Answers to self-test: 1. False; 2. False; 3. True; 4. False; 5. True; 6. True; 7. False; 8. False

Spelling in French

Mini-Vocabulaire:

accent aigu	[ak sɑ̃ e ɡy]	acute accent (like this: é)
accent grave	[ak sɑ̃ ɡrav]	grave accent (like this: è)
accent circonflexe	[ak sɑ̃ sir kɔ̃ flɛks]	circumflex accent (like this: ê)
tréma	[tre ma]	diaresis (like this: ë)
cédille	[se dij]	cedilla (like this: ç)
majuscule	[ma ʒy skyl]	capital letter
minuscule	[mi ny skyl]	small letter

When you spell in French, you need to name both the letters and any accents. There are four accents that can be placed on vowels and one accent for the letter c. For example, the word "français" is spelled aloud "F-R-A-N-C cédille-A-I-S." The word "étudiant" is spelled out "E accent aigu -T-U-D-I-A-N-T."

The accent marks in French are required; a word is misspelled if the accent is incorrect. French accents are for spelling and pronunciation only, and do not change the stress on a word. In French, words do not have fixed stress on a particular syllable. The spoken emphasis always goes on the **last** syllable of the word or phrase. (This is unlike

English, where every word has a fixed stress, and where changing the position of the stress can even alter the meaning of the word. For example, the **con**-tent of a book can be interesting, whereas a person is con-**tent**.)

- The "accent aigu" is only used on a letter e, and it changes its pronunciation. An é is always pronounced [e]. Remember the word "étudiant."

- The "accent grave" is used mostly on the letter e, but also appears in a few cases on the letter a and the letter u, to distinguish some short words from other words with the same spelling. An è is always pronunced [ɛ].

- The "accent circonflexe" is purely a spelling mark. It occurs on words that contained an "s" after the vowel in Old French. Many words with circumflexes resemble similar English words that kept the s: e.g., île = isle (island); hôte = host. The circumflex can appear on any vowel.

- The "tréma" is used in cases where two vowels next to each other are pronounced separately. For example, the letters "ai" in French are usually pronounced as one sound, [e] or [ɛ], but in the word "Haïti," the "tréma" tells you that the vowels are pronounced separately, i.e., "[a i ti]."

- The "cédille" is used only on the letter c, to give it the soft [s] sound. C before a, o, or u is normally pronounced as [k]; to pronounce it as [s], the cédille must be added. The easiest example to remember is the word "français" [frɑ̃ sɛ].

- To say "capital A," say "A majuscule." To spell the country "France," say "F majuscule-R-A-N-C-E."

- If a letter is doubled, you may say "deux" [two] before the name of the letter instead of saying the letter twice. For example, "lettre" = "L-E-deux T-R-E."

B.1.2 Pronunciation practice and IPA

Repeat the following words after your teacher. Then spell the words.

1. France [frɑ̃s]

2. français [frɑ̃ sɛ]

3. Ça va? [sa va]

4. vous [vu]

5. vingt [vɛ̃]

6. comment [kɔ mɑ̃]

7. beaucoup [bo ku]

8. les hommes [le zɔm]

9. étudiante [e ty djɑ̃t]

10. je m'appelle [ʒə ma pɛl]

B.2 Subject pronouns, with special attention to *vous* and *tu*.

To form a sentence, we need at a minimum a **subject** and a **verb**. The **subject** is the person or thing that is doing the action, and the **verb** is the action. You must be able to identify correctly the subject of a French sentence, because you must change the form of the verb to match its subject.

Let us begin with the subject pronouns. Subjects can be singular (one person), or plural (more than one person), and are referred to as "first," "second," and "third" person.

Subject pronouns in English and French

	singular	*plural*
first person	I=*je*	we=*nous*
second person	you=*tu*	you=*vous*
third person	he/she/it=*il/elle*	they=*ils/elles*
	one=*on*	

We can remember the "persons" by simple logic: in the singular, the first person is *I* because *I* am the most important; the second person is *you* because when I interact with another person, I address that person as *you*; if *you* and *I* start talking about someone or something else, then that will be the third person. The third person can be named by a proper noun (*Mark, Fido*), a common noun (*the doctor, the dog*), or a pronoun (*he, she, it*).

In the plural, we have more people, but their role in relation to the speaker is the same. First person plural is *we* = I plus more people; second person plural is *you* = more than one of you; third person plural is *they* = more than one of those people or things we're talking about.

- In French, *je* (*I*) is not capitalized, except at the beginning of a sentence.

- The difference between *tu* and *vous* will be discussed shortly.

- In French, not only people but also things have gender – that is to say, things are either masculine or feminine. There is no separate pronoun for *it*. *Il* is masculine, used for *he* or masculine *it*. *Elle* is feminine, used for *she* or feminine *it*.

- *On* means *one* and is used in contexts where English speakers might use *you* informally. In American English, the subject pronoun *one* (e.g., "Where does one sit at a baseball game?") sounds stuffy, but its use is extremely common in French. *On* is also used in spoken French to mean *we*. Regardless of its meaning, *on* is followed by the third-person singular form of the verb, i.e. the same form as *il* and *elle*.

- If there is a mix of masculine and feminine people or objects, French always uses the masculine plural. A group of ten women and one man would use the subject pronoun *ils*.

B.2.1 French Subject Pronouns

Indicate the subject pronoun in each French sentence, and give the English equivalent.

Exemple: Elle est américaine.

    elle - she

1. Vous parlez français?

2. Ils sont professeurs.

3. On mange beaucoup à Noël.

4. Nous sommes étudiants.

5. Elles dansent bien.

6. Il aime Chantal.

7. Tu lèves la main.

B.2.2 Subject Pronouns

Indicate which **subject pronoun** you would use in French to correspond to the subject of each of the following sentences.

Exemple: My sister is tall.

    elle

(In this example, "my sister" = she = *elle*.)

1. I like apples.

2. Teachers are often helpful.

3. Are you coming to class today?

4. George and I are going to the movies tonight.

5. My mother is not strict.

6. He eats a lot of protein.

7. Maria, Caroline, Christina, and John are in my study group.

8. We speak French in class.

9. The American and French presidents can both speak English.

Tu and vous

In the previous table of subject pronouns, you saw that in French, there are two words for the English "you." Although we placed *tu* in the singular column and *vous* in the plural column, choosing which of these words to use depends on two different criteria. Not only can the second person, *you*, be singular or plural; in French, it also can be either informal or formal.

If you have a formal relationship with someone, you must address them with the formal form, which is *vous*. If you have an informal relationship, you will address a single person as *tu*, but more than one person as *vous*. So, we have:

singular informal=*tu*	plural informal=*vous*
singular formal=*vous*	plural formal=*vous*

To summarize, *tu* is used only when talking to one person with whom you have an informal relationship; *vous* is used when talking to one person with whom you have a formal relationship, or anytime you are talking to more than one person, whether formal or informal.

But what do "formal" and "informal" mean? The social context is very important here. An interaction that is acceptably informal in one instance might need to be formal in a different country, social class, or setting. If you watch French movies from the 40s, most husbands and wives address each other formally, as *vous*. Nowadays, it would strike most people as extremely strange to hear a young couple address each other with *vous*. Young people, especially students, commonly use *tu* with each other even if they do not know each other, but many adults will use *vous* until they become good friends. As a student of French, you are safe using *tu* with children and with your classmates, but in other situations, you should use *vous* until invited to use *tu*. In our classroom, students should use *tu* with each other. Many professors still use *vous* with their students, but some younger professors will use *tu*. Again, we advise you to use *vous* unless your professor indicates you can do otherwise. You should try very hard to maintain the distinction between *tu* and *vous* in all the exercises you do in the classroom, as it is a very important point in both French grammar and Francophone cultures. Calling someone *tu* instead of *vous* may be insulting, and calling someone *vous* instead of *tu* may be confusing or seem stand-offish to your listener.

One last thing to note is that "formal" does not equal "superior." In the vast majority of cases, if an adult relationship is formal, both sides will use *vous*. For example, at the dentist's office, both the dentist and the patient will call each other *vous*. An adult, however, would address an unknown child by *tu*, but the child would respond with *vous*. French has two verbs to describe "calling someone tu" (*tutoyer*) and "calling someone vous" (*vousvoyer*).

 TU AND VOUS

Linguistic differences can teach us a great deal about cultural differences. Do you think it is significant that French-speaking cultures have two different words for "you," while English-speaking cultures do not, or do you think is it just a coincidental result of linguistic evolution? What ways does English use to distinguish formal from informal relationships since there is not a difference in the word "you"? Are there dialects of English in which different ways to indicate "you" do exist? Did this difference exist in the past?

B.2.3 Vous and tu self-test

Indicate whether the person speaking in each of the following situations would use *tu* or *vous*. Remember that this depends both on number (singular/plural) and formality. Check your answers as you go: a = *tu* (informal singular); b = *vous* (formal singular); c = *vous* (informal plural); d = vous (formal plural).

1. A client in a bakery, speaking to the baker.

2. A doctor speaking to a patient.

3. An elementary school student speaking to three of her friends.

4. A college student speaking to a professor.

5. A telemarketer speaking to the person they call.

6. A politician making a public speech.

Answers: 1. b. 2. b. 3. c. 4. b. 5. b. 6. d. 7. a. 8. c. 9. a. 10. d.

7. A mother speaking to her daughter.

8. A father speaking to his two sons.

9. A college student speaking to another college student in class.

10. A professor speaking to her entire class.

B.2.4 Vous and tu

Now try these; again, indicate whether the person speaking in each of the following situations would use *tu* or *vous* and say what type of address it is (a. informal singular (=*tu*); b. formal singular (=*vous*); c. informal plural (=*vous*); d. formal plural (=*vous*)).

1. A man stopping a woman in the street to ask the time.

2. A sales rep talking to a colleague with whom he has worked for ten years.

3. A doctor giving a lecture at a medical conference.

4. A high school student asking 2 girls to throw him a ball.

5. A person in line at City Hall to the employee.

6. A husband asking his wife to pick up some milk on the way home.

7. An employee speaking to his supervisor.

8. A college student speaking to her professor.

9. A supervisor speaking to an employee.

10. An ice-cream man speaking to a group of children buying ice cream.

B.3 Verb conjugation and the verb *être*

As we noted above, when forming a sentence in French, you must use the proper form of the verb with each subject. Since there are six different grammatical persons, there are six forms of each verb in the present tense. The basic form of the verb is the **infinitive**, and changing the verb to the proper form is called **conjugating** the verb.

Infinitives in French can be identified, and grouped, according to their endings: -er, -ir, or -re. Over 95% of the verbs in the language fall into the regular -er group, which means that once you learn the six forms in that pattern, you can conjugate any verb in that group.

Although the vast majority of French verbs fall into **regular*** patterns, unfortunately, the most common verbs in any language tend to be **irregular** verbs. The first verb you need to know is the verb *être*, which means *to be*. You can see below that just like the verb *to be* in English, the forms of the verb *être* in French are very irregular – that is, they do not look much like each other, nor do they look like the infinitive. Unlike the regular verb *parler* shown in the margin, the six forms of the verb *être* do not share the same **stem**, but are completely different from each other.

*Note: When conjugating **regular** verbs, the **stem** remains the same, and one must simply memorize the **endings**. We will learn regular verbs in chapter 3.

parler (to speak)	
je parle	I speak
tu parles	you speak
il parle	he speaks
nous parlons	we speak
vous parlez	you speak
ils parlent	they speak

The verb *être*

être (to be)	
je suis [ʒə sɥi]	I am
tu es [ty e]	you are
il/elle/on est [i lɛ], [ɛ lɛ], [ɔ̃ nɛ]	he/she/one is
nous sommes [nu sɔm]	we are
vous êtes [vu zɛt]	you are
ils/elles sont [il sɔ̃], [ɛl sɔ̃]	they are

- Note that none of the final consonants of the verb forms are pronounced.

- The "s" in the form *il est* is also never pronounced.

- Because of liaison, *vous êtes* is pronounced [vu zɛt]. (You pronounce the "s" on *vous* because it is followed by a word beginning with a vowel.) Remember that *vous* can have a singular or a plural meaning; however, there is only one form of the verb that goes with the pronoun *vous*. Whether *vous* means one person or more than one person, the form is always *vous êtes*.

- If you use a noun instead of a pronoun as your subject, you use the verb form that matches the grammatical person. For example, *ma mère = elle* (third person singular), so it uses the third person singular form of the verb: *Ma mère est américaine = Elle est américaine.*

B.3.1 Practice conjugation, *être*

It is very important to learn the forms of a new verb. Boring as it may seem, one good way to do it is simply to write them out and recite them many times. After a while, they will start to look and sound "right." Write out the conjugation of *être* below; if your teacher has already modeled the correct pronunciation, say the forms out loud as well. Refer to the IPA to refresh your memory of your teacher's model pronunciation.

être	*être*	*être*
je	je	je
tu	tu	tu
il/elle	il/elle	il/elle
nous	nous	nous
vous	vous	vous
ils/elles	ils/elles	ils/elles

B.3.2 Verb endings, *être*

The verb *être*, although very irregular, does share some commonalities with most French verbs: the last letters of the *je*, *tu*, *il*, and *ils* forms are typical, although the forms themselves are very unusual. However, the *nous* and *vous* forms of *être* are extremely irregular. You can begin to recognize the typical endings for these forms by filling in the missing letters below.

je sui	nous sommes	je sui	nous sommes
tu e	vous êtes	tu e	vous êtes
il/elle es	ils/elles so	il/elle es	ils/elles so

B.3.3 Conjugating *être*

Write the proper form of the verb *être* in each blank.

1. Je _____ intelligent.

2. Marie _____ mexicaine.

3. Nous _____ contents.

4. Philippe _____ petit.

5. Elles _____ intelligentes.

6. Hélène _____ blonde.

7. Vous _____ français?

8. Je _____ français.

9. Georges et Marie _____ petits.

There may be words you do not know in the exercises. This is done deliberately to give you exposure to new words. Try to guess what they mean based on the context or on their similarity to English. (Words that are similar in two languages are called "cognates.") Unless you absolutely need to understand them in order to complete the exercise, do not look them up. In any real-life situation where you are speaking another language, there will be words you do not know, so you will just have to make your best guess and continue on.

10. Le président _____ sérieux.

11. Tu _____ content?

12. Paul et moi _____ américains.

B.4 Giving Commands - the imperative form

Sad to say, you will spend a great deal of your time in French class being bossed around by your teacher, who needs to give you instructions on what to do.

To give instructions, orders or suggestions, we use the **imperative** form of the verb. An **imperative** is a special verb form that is used without a subject, in both French and English. It is used to give commands, directions, or advice to another person or to a group of a people. No subject is necessary with an imperative form of the verb because it is clear from the context who the subject is. The imperative exists only in the second person (*tu* and *vous* forms), to give commands to others (as in English, "Do that!"), and in the first person plural (*nous* form), to make suggestions to a group (as in English, "Let's do that").

The form of the imperative you will hear most often in your French class will be the *vous* form of the imperative, which almost always ends in the letters -ez (pronounced [e]). We will learn more about imperatives in chapter 6; for now, you only need to recognize the common commands used in your class. You do not need to learn the entire conjugation of these verbs yet, only the *vous* form of the imperative.

Examples:

Ouvrez le livre.	Open the book.
Regardez le tableau.	Look at the board.
Ecoutez-moi.	Listen to me.
Répétez.	Repeat.
Excusez-moi, Madame.	Excuse me, Madame.

B.4.1 Identifying Imperatives

Circle the verb in each of the following sentences. The verb will be in the *vous* form of the imperative, and will almost always end in the letters -ez. Also write the English equivalent for each of the sentences. You may need to use your vocabulary list (page 28) to translate some of the verbs. (Note: *S'il vous plaît* means *please*).

1. Fermez le livre.

2. Excusez-moi, Madame.

3. Ecoutez la cassette.

4. Répétez le vocabulaire.

5. Jean, ouvrez la porte, s'il vous plaît.

6. Marie et José, écrivez au tableau.

7. Pierre, regardez le tableau, s'il vous plaît.

8. S'il vous plaît, épelez votre nom, Monsieur.

9. Tout le monde, prenez un stylo.

10. Allez au tableau.

11. Mettez vos devoirs sur le bureau.

12. Dites bonjour!

B.5 Articles and Gender of Nouns

As we saw in the section on subject pronouns (B.2, page 35), both people and things have gender in French. This means that all nouns in French are either masculine or feminine. In English, people have gender, but things do not. So we refer to a man as "he," a woman as "she," but a book as "it." In French, however, a book (*un livre*) is masculine, so the appropriate pronoun for both a man and a book is *il* ("he" = (masculine) "it"). To English speakers, using "he" and "she" for people is so natural that we don't think about it, and if someone refers to a man as "she," it is very confusing to us.

In just this way, if you use the wrong pronoun for a French object, a French speaker will become confused. If you are not used to remembering that objects have gender, you may think it unimportant – but it is an important part of French structure that you must work to get right in order to be understood.

Sometimes, the gender for a noun is logical; for example, it makes sense that the French word for "woman" is feminine, and it may even make sense to you that the word for "car" is feminine, because English speakers sometimes refer to their cars as "she." Other times, however, especially in the case of inanimate objects, there is no way to guess whether a word is masculine or feminine. In other Romance languages, the form of the noun often tells you what gender it is. In Spanish, for example, a word ending in "o" is almost always masculine, and a word ending in "a" is almost always feminine; but the form of the noun in French does not always give you a clue to its gender. Therefore, you need to learn each noun's gender along with the word itself.

The easiest way to learn a noun's gender is to always practice saying or writing the noun together with the correct article. There are three types of articles in French. In this chapter, we will learn the first of these: the definite article, which is the equivalent of *the* in English. Each type of article has separate forms for masculine, feminine, and plural. In other words, there are different words for *the* in French, depending on whether it is a masculine, a feminine, or a plural *the*.

Definite Articles

The definite article corresponds to the English word "the." It has four forms in French:

	singulier	*pluriel*
masculin	le or l' [lə] or [l]	les [le]
féminin	la or l' [la] or [l]	les [le]

Examples:

	singulier	*pluriel*
masculin	le bureau [lə by ro]	les bureaux [le by ro]
féminin	la chaise [la ʃɛz]	les chaises [le ʃɛz]

	singulier	*pluriel*
masculin	l'homme [lɔm]	les hommes [le zɔm]
féminin	l'amie [la mi]	les amies [le za mi]

- The gender (masculine or feminine) and number (singular or plural) of the noun determine which form of the article must be used.

- For instance, you say *le bureau* (*the desk*) because *bureau* (*desk*) is masculine, and *le* is the masculine form of *the*.

- You say *la chaise* (*the chair*) because *chaise* (*chair*) is feminine, and *la* is the feminine form of *the*.

- Since there is only one form for the plural, you say *les bureaux* (*the desks*) and *les chaises* (*the chairs*), with no difference between the masculine and feminine articles.

- Both *le* and *la* change to *l'* before a noun beginning with a vowel or an h* (remember that h is silent in French. When the *le* or *la* becomes *l'*, it is pronounced together with its noun as one word – there is no pause between the *l'* and the noun; e.g. *l'ami* ([la mi]), *l'homme* ([lɔm]). This loss of a vowel is called *élision*.

- In the plural, *les* makes liaison with a plural noun beginning with a vowel or silent h, e.g. *les hommes* ([le zɔm]), *les amis* ([le za mi]). Remember that *liaison* means that you pronounce a final consonant that is normally silent because the next word begins with a vowel.

*Note: There are some words in French (usually of Germanic origin) where, although the *h* is still silent, élision is not made. For example, *le hockey* is pronounced [lə ɔ kɛ]. This is called an *h aspiré* and you do not need to worry about it yet.

It is important to learn the articles for two reasons. First, they tell you whether a noun is masculine or feminine, and that will stop you from confusing people by using the wrong pronoun to refer to an object, for example. Secondly, since the final -s is silent in French, you usually cannot tell from hearing a noun whether it is singular or plural. However, the pronunciation of the **article** is different and will tell you whether the word is singular or plural. For example, *la chaise* [la ʃɛz] is singular; *les chaises* [le ʃɛz] is plural. You can see that *chaise* and *chaises* are pronounced the same [ʃɛz], but the article is pronounced differently ([la] vs. [le]).

As you practice the vocabulary words for this chapter, always say or write the appropriate article with a noun. If the word begins with a vowel or silent h, the article will not divulge the gender of the noun. In those cases, for example, *l'homme (m.)*, a small "m." or "f." after the word in the vocabulary list tells you whether the word is masculine or feminine.

You will learn about another type of articles, indefinite articles, in chapter 2. For now, you should use the definite articles to help you learn the gender of the nouns in this chapter.

B.5.1 Self-check: Gender and definite articles

Answer the following questions "True" or "False" based on your reading of the previous section. All the information necessary to answer the questions is contained in section B.5. If you miss any question, please go back and reread the section to find the correct answer. If the answer is false, indicate why it is false.

1. Only people have gender in French.

2. The definite article in English is "the."

3. The definite article in French has three forms.

4. It is easy to hear the difference between singular and plural nouns in French because you can hear the final -s on a plural noun.

5. The masculine plural definite article is "les."

6. Before a vowel or an h, the plural definite article becomes "l' ."

7. The masculine and feminine plural definite articles are identical.

8. It is easy to tell a masculine from a feminine noun in French simply by looking at the spelling of the noun.

9. The feminine singular definite article may be "la" or "l' ."

10. If a word begins with a vowel, you cannot tell from the definite article whether it is masculine or feminine.

Answers, B.5.1: 1. F; 2. T; 3. F; 4. F; 5. T; 6. F; 7. T; 8. F; 9. T; 10. T; 11. F; 12. T; 13. F; 14. T. Explanations of the false answers can be found in the answer key. Do not refer to them until you have attempted to find the answer yourself.

11. Different words are used in French for "he" and "it" when "it" represents a masculine thing.

12. One can hear the difference between a singular and plural noun if one listens carefully to the pronunciation of the article.

13. When speaking French, it is important to use the proper gender for people, but not very important to use the proper gender for things.

14. The best way to learn the gender of a noun is to practice the noun together with its correct article.

B.5.2 Form of definite articles

Based only on the form of the article, indicate whether the article is masculine or feminine, or whether it is impossible to tell. (Important note: you may already know whether the noun itself is masculine or feminine, but in this exercise, you may only consider the form of the article. The goal of this exercise is to get you used to looking at the gender of the article to help you remember the gender of the noun it modifies.)

1. la chaise	masc.	fem.	no way to tell from article
2. le professeur	masc.	fem.	no way to tell from article
3. l'étudiant	masc.	fem.	no way to tell from article
4. le sac à dos	masc.	fem.	no way to tell from article
5. les bureaux	masc.	fem.	no way to tell from article
6. les amies	masc.	fem.	no way to tell from article
7. les devoirs	masc.	fem.	no way to tell from article
8. l'affiche	masc.	fem.	no way to tell from article
9. la craie	masc.	fem.	no way to tell from article
10. le stylo	masc.	fem.	no way to tell from article

B.5.3 Definite articles and nouns

Refer to the previous activity and, if necessary, to the vocabulary picture on page 18 and supply the proper definite article for each noun based on its gender and number.

1. _____ affiche
2. _____ bureau
3. _____ étudiante*
4. _____ stylo
5. _____ professeurs

6. _____ devoirs
7. _____ craie
8. _____ chaise
9. _____ sacs à dos
10. _____ étudiants

*Note: if a noun has two forms, one ending in a consonant and the other ending in an -e, the first is the masculine form and the second the feminine form.

ROMANCE LAN-GUAGES The Romans invaded France (and many other countries) in the first century, replacing the languages spoken there with their own language, Latin. Over time, words and pronunciation changed and French evolved from Latin. Languages that evolved from Latin are called Romance languages.

B.6 Numbers

Numbers in French are simple - until you get to 60! In most French-speaking countries, including France, Canada, and former French colonies in Africa and the Caribbean, numbers from 60 to 100 are counted by 20s instead of by 10s. This is generally considered to be a remnant of the Celtic language spoken in France before the Romans invaded. French speakers in Belgium, Switzerland, and the former Belgian colonies in Africa have adopted somewhat easier systems. However, it is unfortunately best for you to learn the harder system, because that is what is used by the vast majority of French speakers. First, here are the numbers from 0-59. Practice their pronunciation.

0	zéro	[ze ro]	20	vingt [vɛ̃]	40	quarante [ka rɑ̃t]
1	un	[œ̃] or [ɛ̃]	21	vingt et un	41	quarante et un
2	deux	[dø]	22	vingt-deux	42	quarante-deux
3	trois	[trwɑ]	23	vingt-trois	43	quarante-trois
4	quatre	[katr]	24	vingt-quatre	44	quarante-quatre
5	cinq	[sɛ̃k]	25	vingt-cinq	45	quarante-cinq
6	six	[sis]	26	vingt-six	46	quarante-six
7	sept	[sɛt]	27	vingt-sept	47	quarante-sept
8	huit	[ɥit]	28	vingt-huit	48	quarante-huit
9	neuf	[nœf]	29	vingt-neuf	49	quarante-neuf
10	dix	[dis]	30	trente [trɑ̃t]	50	cinquante [sɛ̃ kɑ̃t]
11	onze	[ɔ̃z]	31	trente et un	51	cinquante et un
12	douze	[duz]	32	trente-deux	52	cinquante-deux
13	treize	[trɛz]	33	trente-trois	53	cinquante-trois
14	quatorze	[ka tɔrz]	34	trente-quatre	54	cinquante-quatre
15	quinze	[kɛ̃z]	35	trente-cinq	55	cinquante-cinq
16	seize	[sɛz]	36	trente-six	56	cinquante-six
17	dix-sept	[dis sɛt]	37	trente-sept	57	cinquante-sept
18	dix-huit	[di zɥit]	38	trente-huit	58	cinquante-huit
19	dix-neuf	[diz nœf]	39	trente-neuf	59	cinquante-neuf

B.6.1 Chiffres 0-50

Write the numbers that correspond to the words.

1. quarante-deux

2. trente-six

3. onze

4. seize

5. vingt et un

6. douze

7. dix-huit

8. trente-quatre

9. treize

10. cinquante-sept

11. vingt-neuf

12. quarante-cinq

B.6.2 Chiffres 0-50 en mots

Write out the following numbers in words.

1. 9 _____   7. 2 _____

2. 14 _____   8. 49 _____

3. 23 _____   9. 58 _____

4. 37 _____   10. 31 _____

5. 44 _____   11. 26 _____

6. 15 _____   12. 57 _____

Numbers 60-100

From 60-99, numbers are counted by 20s instead of by 10s. This means that to say "77," you say "60-17." When you hear the word *soixante* or *quatre-vingts* in French, you cannot assume that what follows is a "60" or an "80"; it may well be a "70" or a "90."

Here are the numbers from 60-100. Practice their pronunciation.

60	soixante [swa sɑ̃t]	80	quatre-vingts [ka trə vɛ̃]
61	soixante et un	81	quatre-vingt-un*
62	soixante-deux	82	quatre-vingt-deux
63	soixante-trois	83	quatre-vingt-trois
64	soixante-quatre	84	quatre-vingt-quatre
65	soixante-cinq	85	quatre-vingt-cinq
66	soixante-six	86	quatre-vingt-six
67	soixante-sept	87	quatre-vingt-sept
68	soixante-huit	88	quatre-vingt-huit
69	soixante-neuf	89	quatre-vingt-neuf
70	soixante-dix	90	quatre-vingt-dix
71	soixante et onze	91	quatre-vingt-onze*
72	soixante-douze	92	quatre-vingt-douze
73	soixante-treize	93	quatre-vingt-treize
74	soixante-quatorze	94	quatre-vingt-quatorze
75	soixante-quinze	95	quatre-vingt-quinze
76	soixante-seize	96	quatre-vingt-seize
77	soixante-dix-sept	97	quatre-vingt-dix-sept
78	soixante-dix-huit	98	quatre-vingt-dix-huit
79	soixante-dix-neuf	99	quatre-vingt-dix-neuf
		100	cent [sɑ̃]

In the Belgian system, *soixante-dix* = *septante* and *quatre-vingt-dix* = *nonante*. In the Swiss system, in addition to *septante* and *nonante*, *huitante* is used instead of *quatre-vingts*. When using one of these systems, you continue to count by 10s instead of 20s; for example, 75 = *septante-cinq*, not *soixante-quinze*. Some of the former Belgian colonies in Africa also use the Belgian system.

*Note that in the standard French system, 81 and 91 eliminate the *et* ("and") which is used by the numbers with *un* (21, 31, etc.) up to 71.

Numbers over 100

Numbers from 100-999 simply combine the different numbers:
532 = cinq cent trente-deux
397 = trois cent quatre-vingt-dix-sept

B.6.3 Chiffres 60-100

Ecrivez les chiffres qui correspondent aux mots.

1. soixante-trois   7. quatre-vingt-seize

2. quatre-vingt-six   8. soixante-deux

3. quatre-vingt-quinze   9. soixante-douze

4. soixante-dix-neuf   10. quatre-vingt-dix

5. soixante-et-onze   11. cent trois

6. quatre-vingt-quatre   12. soixante-sept

B.6.4 Chiffres 60-100 en mots

Write out the following numbers in words.

| 1. 98 | 3. 83 | 5. 69 | 7. 80 | 9. 73 |
| 2. 61 | 4. 75 | 6. 92 | 8. 64 | 10. 97 |

B.7 Gender of adjectives

You may have noticed in some of the earlier exercises that the adjectives following the verb *être* did not all have the same form. In fact, an adjective needs to match the **number** (singular or plural) and **gender** (masculine or feminine) of the person or object it is describing. This is a very important concept in French called **agreement**. **Agreement** means that two words that go together grammatically have matching forms – a masculine noun goes with a masculine adjective, the pronoun *je* goes with the *je* form of the verb, etc.

We can contrast:

Philippe est petit	with	Georges et Marie sont petits.
Je suis intelligent	with	Elles sont intelligentes.
Tu es content?	with	Nous sommes contents.

You can perhaps see a pattern. Most adjectives in French have four forms:

| masculine singular | masculine plural |
| feminine singular | feminine plural |

You always start from the masculine singular form to get the other forms. Starting from the masculine singular, you usually add -e for the feminine singular, -s for the masculine plural, and -es for the feminine plural. However, there are some variations; consider the following examples.

1. If the masculine singular ends in a consonant:

	singulier	*pluriel*
masculin	petit [pə ti]	petit**s** [pə ti]
féminin	petit**e** [pə tit]	petit**es** [pə tit]

2. If the masculine singular ends in an unaccented -e:

	singulier	*pluriel*
masculin	timide [ti mid]	timide**s** [ti mid]
féminin	timide [ti mid]	timide**s** [ti mid]

3. If the masculine singular ends in any other vowel, including -é, -i, or -u:

	singulier	*pluriel*
masculin	poli [pɔ li]	poli**s** [pɔ li]
féminin	poli**e** [pɔ li]	poli**es** [pɔ li]

poli = "polite" (or "polished")

4. If the masculine singular ends in an -s:

	singulier	*pluriel*
masculin	français [frɑ̃ sɛ]	français [frɑ̃ sɛ]
féminin	français**e** [frɑ̃ sɛz]	français**es** [frɑ̃ sɛz]

To summarize,

- Unless the masculine singular already ends in an -e, add an -e to get the feminine singular.

- Unless the singular form already ends in -s or -x, add an -s to the singular to get the corresponding plural form.

- A final -s is not pronounced,[1] so there is no difference in pronunciation between the singular and plural forms.

- A final consonant is not pronounced (e.g petit [pə ti]), but a consonant before a final -e **is** pronounced (e.g. petite [pə tit]). Therefore, when the masculine form ends in a consonant (patterns #1 and #4), you can hear the difference between the masculine and feminine forms.

There are also many irregular adjectives, most of which fall into patterns. When the feminine form of an adjective is not formed by following the above rules, it will be given in parentheses after the masculine form, e.g. **beau (belle)**. The only other adjective patterns you need to know right now are that a masculine -f ending changes to -ve in the feminine, and that a masculine -x ending changes to -se in the feminine (but remains -x in the masculine plural).

beau/belle = handsome, beautiful

-f and -x patterns:

---

[1]unless the word is making liaison with the following word, which happens rarely in the case of adjectives

	singulier	*pluriel*
masculin	actif [ak tif]	actifs [ak tif]
féminin	active [ak tiv]	actives [ak tiv]

	singulier	*pluriel*
masculin	sérieux [se rjø]	sérieux [se rjø]
féminin	sérieuse [se rjøz]	sérieuses [se rjøz]

B.7.1 Adjective endings

Give the other forms for each of the following adjectives, starting from the masculine singular form. Consult the previous section if necessary.

masc. sing.	fem. sing.	masc. pl.	fem. pl.
1. grand			
2. rouge			
3. vif			
4. strict			
5. japonais			
6. nerveux			
7. content			
8. calme			

B.7.2 Adjective agreement

Each of the following pairs or groups of friends have much in common. Use the adjective given in one column to complete the other sentence; make the adjective agree in gender and number with the person or people it is describing. Remember that you use the masculine singular form to describe a masculine person or object; the feminine singular form to describe a feminine person or object; the masculine plural form to describe more than one masculine person or object (or a mixed group of masculine and feminine people or objects), and the feminine plural to describe more than one feminine person or object.

masculin	*féminin*
Georges est grand.	Marie est _____ .
Paul est américain.	Suzanne est _____ .
Jean est français.	Claire est _____ .
Serge est blond.	Hélène est _____ .
Marc est _____ .	Marthe est petite.
L'acteur est _____ .	L'actrice est contente.
Le président est brun.	Sa femme est _____ .
Philippe est _____ .	Caroline est intelligente.
Pierre et Michel sont sérieux.	Marie et Lise sont _____ .
Colin et Julien sont _____ .	Sylvie et Nathalie sont polies.
Ils sont timides.	Elles sont _____ .

B.7.3 Singular to plural

We now know that subjects, verbs, articles, nouns, and adjectives all have to agree. The subject determines the verb form; the gender and number of the noun determine the form of the article and adjective that modify it. Make each of the following sentences plural. Begin by changing the subject to its plural equivalent (consult B.2, page 35, if you are unsure which are the plural equivalents of the pronouns *je, tu, il*), and then change the other elements necessary to maintain agreement.

1. Je suis intelligent. _____.

2. Il est mexicain. _____.

3. Le professeur est strict. _____.

4. L'étudiante est sérieuse. _____.

5. Le stylo est rouge. _____.

6. Tu es enthousiaste. _____.

7. Elle est française. _____.

8. La chaise est confortable. _____.

9. La fenêtre est ouverte. _____.

10. Je suis contente. _____.

B.7.4 Plural to singular

Now, make the following plural sentences singular. You may need to consult your notes or the vocabulary list to see if a noun is masculine or feminine. Begin by changing the subject to singular, and then change whatever you must in order to maintain agreement.

> Note:
> lourd = heavy
> blanc (blanche) = white

1. Les sacs à dos sont **lourds**. _____.

2. Les devoirs sont difficiles. _____.

3. Nous sommes enthousiastes. _____.

4. Vous êtes sociables? _____.

5. Les murs sont **blancs**. _____.

6. Les étudiants sont présents. _____.

7. Les téléphones portables sont chers. _____.

8. Les pupitres sont petits. _____.

9. Les hommes dans la classe sont grands. _____.

10. Elles sont honnêtes. _____.

B.8 Questions in French

There are several ways to form questions in French. In this chapter, we give you an overview, and you will learn to use **intonation** to ask your own yes/no questions. Yes/no questions do not require you to supply any information in the answer that is not in the question, apart from *oui* or *non*.

A second type of question is an informational question. This uses an interrogative adjective or pronoun such as "what," "when," "why," etc. Although you can already understand and answer a few informational questions (such as *Comment t'appelles-tu?*), you will be expected to ask only yes/no questions in this chapter.

Forming questions with intonation

The easiest way to ask a yes/no question, and the one most commonly heard in spoken French, is just to make the INTONATION of your voice rise at the end of the question.

So, for example, *Ça va?* ↗ is a question, while *Ça va.* ↘ is an answer. *Gilles est là?* ↗ is a question, while *Gilles est là.* ↘ is a sentence.

B.8.1 Questions and statements

Listen and repeat the following questions and statements with your teacher.

1. Paul est blond.

2. Paul est blond?

3. Nicolas Sarkozy est le président français.

4. Nicolas Sarkozy est le président français?

5. Hélène aime le football.

6. Hélène aime le football?

7. Je suis américain.

8. Tu es français?

B.8.2 Questions or statements?

Now, listen to your teacher again, and punctuate the sentence with "." or "?" to indicate whether s/he made a statement or asked a question.

1. Ça va

2. Je suis petite

3. Tu es content

4. Le professeur arrive

5. C'est un bon film

6. Nous parlons français

7. Vous parlez français

8. Vous êtes américaine

You can practice these again with a partner; read the words with a rising or falling intonation, and have your partner indicate whether s/he thinks you are asking a question or making a statement.

B.8.3 Forming questions

Imagine that you have all of the following characteristics, and you wish to find out if your partner shares them with you. Using intonation, ask questions using the *tu* form of the verb plus the adjective. First, imagine you are masculine and your partner is feminine. Change the adjective as appropriate. As you do this exercise, read your answers aloud, practicing the rising intonation. Also write the answers out, puncuating with a question mark to indicate the rising intonation.

1. Je suis créatif.

2. Je suis sportif.

3. Je suis travailleur.

4. Je suis poli.

5. Je suis intéressant.

6. Je suis timide.

Now, imagine that you are feminine and your partner is masculine. Change the adjective as appropriate.

1. Je suis américaine.

2. Je suis forte.

3. Je suis studieuse.

4. Je suis énergique.

5. Je suis imaginative.

6. Je suis calme.

Forming questions with *n'est-ce pas*

French speakers often turn a statement into a question by adding *n'est-ce pas?* (literally, "isn't it?") or *non?* to the end of a sentence. This is similar to when Americans say "right?" or Canadians say "eh?" This type of question assumes that you know the answer and you are just asking for confirmation.

French	*English*
Tu es américaine, n'est-ce pas?	You're American, right?
Vous êtes dans ma classe de français, n'est-ce pas?	You're all in my French class, aren't you?
George Bush est le président, n'est-ce pas?	George Bush is the president, isn't he?

Forming questions with inversion

Intonation is by far the most common way to ask questions in informal spoken French. Since there is no way to indicate intonation in writing, however, this type of question is not correct in written French. Another common way to ask questions in both spoken and written French involves inversion – this means the switching of the subject (S) and the verb (V), or, in other words, placing the verb in front of the subject. We do this in English as well, for example:

sentence	*question*
He is tall.	Is he tall?
S - V	V - S

In French, when inversion is used with a subject pronoun, the verb and pronoun are connected with a hyphen. A question using inversion we would like you to recognize in this chapter is,

question	*answer*
Qui est-ce?	C'est Paul.
Who is it?	It's Paul.

Forming questions with est-ce que

Finally, one can ask a question by putting the words *est-ce que* in front of an affirmative sentence. Students often ask what *est-ce que* means. French speakers do not think of it as having a specific meaning; it is just a sign that a question is coming. Similarly, in English, we say, "Do you like meatballs?" The "do" tells you the sentence is a question, but doesn't have any real meaning in this context. Therefore, you should not try to translate *est-ce que* word-for-word; it is just a marker that what follows is a question. *Est-ce que tu es français?* means "Are you French?" A question using *est-ce que* we would like you to recognize in this chapter is,

question	*answer*
Qu'est-ce que c'est?	C'est une lampe.
What is it?	It's a lamp.

B.9 Optional: IPA Help

If you are interested in using the IPA to help you remember how to pronounce French better, you will want to read this section. If you spend a little time becoming familiar with the IPA symbols, your French pronunciation will benefit greatly.

First, you need to remember that phonetic transcription only includes sounds that are pronounced. This is extremely helpful in French, because so many letters are silent.

Second, phonetic transcription can separate syllables with a space. In French, words run together so that the end of a syllable may not be the same as the end of a word. For example, *vous êtes* in French is pronounced [vu zɛt]. Most English speakers will try to pause **between** the words, but that is not correct French pronunciation.

Third, you need to figure out what the weird symbols mean. We have already presented the nasal sounds; here are more IPA symbols that do not look like normal letters.

IPA symbol	Sample French word	IPA
Consonants:		
[ʃ]	**chute**	[ʃyt]
[ʒ]	**garage**	[ga raʒ]
[j]	**crayon**	[krɛ jɔ̃]
Vowels:		
[ɛ]	appelle	[a pɛl]
[ə]	je	[ʒə]
[ɔ]	porte	[pɔrt]
[ø]	paresseux	[pa rɛ sø]
[œ]	professeur	[prɔ fɛ sœr]

Notes:

- Two tricky IPA symbols are [j] and [y]. [j] is the sound that corresponds to the English semiconsonant "y," whereas [y] is a sound that does not exist in English, but corresponds to the letter "u" in French (see section B.1).

- You have perhaps already noticed two pronunciations of the letter "o" and three pronunciations of the letter "e." The rules for pronunciation of these letters are more complicated than you need to know right now, but we hope that the IPA will help you to notice that there are differences in the pronunciation and to pronounce your vocabulary words correctly.

- "o" can be pronounced [o] as in "dos" ([do]) or [ɔ] as in "porte" ([pɔrt]).

- "e" can be pronounced [ə] as in "je" ([ʒə]), [e] as in répétez ([re pe te]), or [ɛ] as in "appelle" (([a pɛl]). In chapter 2, we will discuss the differences between these sounds.

- The letters "eu" are pronounced [ø] or [œ]. These two sounds sound fairly alike to an English speaker, so do not worry if you cannot distinguish them yet. As with all the sounds of French, practice in class and while doing your homework will help you with these over time.

To summarize, in first-year French, you do not need to learn the rules governing the choice of these sounds. However, if you learn the IPA system, it will help you to say French words correctly and to form good pronunciation habits from the very beginning of your study of French. The IPA transcription will be useless to you unless you use it in conjunction with a good model, either on tape or in class, of how these symbols correspond to the sounds of French. If you find it too confusing, simply ignore it, but we hope that a majority of students will find it useful.

C Lab Worksheet and Review

Introduction to lab recordings

Each chapter of *Liberté* has accompanying laboratory recordings. Some of the lab exercises are purely oral – that is, you listen and repeat as directed. Others include a written component. For the latter, complete the lab worksheet as directed while you listen to the recordings. If an exercise is completely oral, you do not need to write anything down.

For your convenience, the approximate time index for each exercise is given next to its title. For example, if you want to go directly to exercise 2.1, you would advance your player to the time index 8 :17. Consult the lab staff if you do not know how to do this.

The audio portion of a language course is generally the hardest part for beginning students. You will probably feel that the speakers are talking very quickly, and you have no visual cues (gestures, facial expressions, etc.) to help you interpret their meaning. It can be frustrating to listen to the recordings and be unable to "get" what is being said. Please remember :

- The recordings should be used to review material after you have practiced it at home and in class. You need to be familiar with the vocabulary and grammatical structures so that you can recognize the words and practice them. It is better to go to the lab for two half-hour sessions rather than for one hour at a time.
- You can pause the recording to consider your answer if you feel it is going too quickly. However, it is important for you to become used to hearing French spoken at a normal speed, which is why the speakers do not speak unnaturally slowly.
- You will not recognize every word spoken on the recordings, no matter how often you listen. The goal of the laboratory work is to give you more practice in hearing and speaking French. If you have kept up with your work, you should be able to do what the instructions tell you to, but that does not mean that you are expected to understand 100% of what is said.
- If there is an exercise that you are having a great deal of trouble with, postpone it to a later day. You should try each exercise twice, but if you still cannot understand it, you may need to review the material more before doing the lab work. You may also ask your teacher to go over any difficult oral exercise.
- Students sometimes say that they feel embarrassed speaking aloud in the lab. Remember that the people around you either are not studying French, or are at the same level you are ! In addition, the students around you are concentrating on their own speaking, and are extremely unlikely to be listening to you. It is very important that you take advantage of the lab to practice your vocabulary and pronunciation, so be sure to repeat aloud when instructed to do so.

C.1 **Bonjour !**

C.1.1 Greetings and responses. (0 :00)

You will hear a phrase or question in French, read twice. After the second repetition, give an appropriate response. You will then hear the phrase and a possible response read again. Repeat the response given. In some cases, there is more than one possible response, so your answer might have been different.

C.1.2 Formal or informal ? (2 :55)

You will hear a series of sentences or questions. Indicate whether each is formal or informal. Each will be read twice, and you should repeat after the second reading. Check "formal" or "informal" on your answer sheet.

	Formal	Informal
1.		
2.		
3.		
4.		
5.		
6.		
7.		
8.		
9.		
10.		

C.1.3 Spelling – Countries

(This exercise did not record properly and has been erased.)

C.1.4 Présentations ou amis ? (5 :23)

Listen to each of the following exchanges and indicate whether the people are meeting for the first time, or are already friends. Each dialogue will be read twice.

	Présentation	Amis
1.		
2.		
3.		
4.		

C.1.5 Comment ça va ? (6 :42)

Listen to each conversation, and indicate how the second speaker feels.

	Ça va bien.	Ça va mal.
1.		
2.		
3.		
4.		
5.		

C.2 En classe

C.2.1 Grand ou petit ? (8 :17)

You will hear two items named. For each pair, state which one is bigger ("plus grand" or "plus grande"). Each pair of items will be read twice. Listen to the examples before beginning.

Exemple: le bureau - le pupitre.	Le bureau est plus grand.
le stylo - la main.	La main est plus grande.

C.2.2 Spelling - Classroom Vocabulary. (11 :00)

Spell each of the following words aloud. Each word will be read twice, then there will be a pause for you to spell it aloud. After the pause, the word will be spelled out, and you should repeat the correct spelling.

1. main
2. à gauche
3. téléphone
4. fenêtre
5. horloge
6. papier
7. étudiante
8. ouvert
9. fermé
10. livre
11. stylo
12. feuille

C.2.3 Imperatives - Classroom Instructions. (16 :55)

You will hear a verb given in the imperative form. Refer to your answer sheet and complete the command with the appropriate noun. Then repeat the full command after the speaker.

Exemple: le crayon   You say : Prenez le crayon.

1. au tableau
2. les devoirs
3. le professeur
4. votre nom
5. la phrase
6. le livre
7. le stylo
8. la porte

C.3 **Les chiffres**

C.3.1 Numbers - Recognition. (18 :55)

Write down the number that you hear. Each number will be read twice. After you have written down the number, it will be read again, and you should repeat the number aloud.

a.	b.	c.	d.	e.
f.	g.	h.	i.	j.
k.	l.	m.	n.	o.
p.	q.	r.	s.	t.
u.	v.	w.		

C.3.2 Counting. (22 :30)

The speaker will say two sequential numbers. Immediately give the next number in the series. Then the speaker will repeat the three numbers ; repeat the entire series after the speaker.

Exemple: 1,2   You say : 3

C.3.3 Numbers- Counting by 10s. (24 :30)

In this exercise, the speaker will read each number twice. Add ten to the number and say the answer aloud. Then the speaker will give the correct answer. Repeat the correct answer. Listen to the example before beginning.

Exemple: 20... 20...   You say : 30

Numbers - Population. (26 :30)

The speaker will read the population of a number of Francophone countries. Write down the number you hear next to each country's name.

1. la Belgique   millions
2. la France   millions
3. la Tunisie   millions
4. le Mali   millions
5. le Sénégal   millions
6. la Rép. Dém. du Congo   millions
7. le Cameroun   millions
8. la Côte d'Ivoire   millions
9. la Suisse   millions
10. l'Algérie   millions

C.4 Identifications

C.4.1 To be or not to be. (28 :37)

The speaker will read a sentence containing the verb "être." The sentence will be read two times. Write the correct verb form on your answer sheet. Then, the speaker will read the sentence again. Repeat the complete sentence aloud.

1. Je   étudiante.
2. Mme Remy   le professeur.
3. Nous   enthousiastes.
4. Marco   sociable.
5. Tu   intelligente !
6. Vous   française ?
7. Les étudiants   bons.
8. Le professeur   petit.
9. Je   patiente.
10. Les exercises   faciles.
11. Nous   au labo de langues.
12. Vous   calme ou anxieux ?

C.4.2 Comment sont-ils ? (32 :09)

For each of the individuals listed below, the speaker will give you a choice of two adjectives. Form a complete sentence using the correct adjective, and say it aloud. The speaker will then give the correct answer ; you should repeat the entire sentence. Also write the appropriate adjective on your answer sheet. Listen to the example before you begin.

Exemple: Tarzan
        courageux - timide   You say : Tarzan est courageux. You write : courageux

1. Michelle Kwan _____
2. George Bush _____
3. Jennifer Lopez _____
4. Kobe Bryant _____
5. Arnold Schwarzenegger _____
6. Albert Einstein _____
7. le français _____
8. Céline Dion _____
9. Vicente Fox _____

C.5 Descriptions

C.5.1 Comme ils se ressemblent ! (34 :56)

Guillaume and his girlfriend Nicole are very much alike. For each sentence describing Guillaume, give a similar sentence describing Nicole. Remember to use the feminine form of the adjective. Listen to the example before you begin.

Exemple: Guillaume est sérieux.   [You say : Et Nicole est sérieuse.]

C.5.2 Ma mère et moi, nous sommes différents. (37 :25)

The speaker is the exact opposite of his mother. To each of his sentences describing his mother, give a sentence using an adjective with the opposite meaning. Remember to use the masculine form of the adjective. After a pause for your answer, the correct answer will be given. Repeat the correct answer. Look at the example as you do number one.

Exemple: petite - grand
        Ma mère est petite.   You say : Mais toi, tu es grand.

1. petite – grand

2. travailleuse – paresseux

3. anxieuse – calme

4. solitaire – sociable

5. frivole – sérieux

6. brune – blond

7. impolie – poli

8. impatiente – patient

C.5.3 Les questions. (39 :53)

Listen to the speaker and indicate whether each phrase is a sentence or a question. Remember that in a question, the intonation goes up, whereas in a sentence, the intonation goes down. Mark the correct answer on your answer sheet.

	Question	Phrase affirmative
1.		
2.		
3.		
4.		
5.		
6.		
7.		
8.		
9.		
10.		
11.		
12.		

C.5.4 Les portraits. (41 :35)

Listen to the self-portraits of each of the following people. Under each name, write whatever adjectives you recognize that they use to describe themselves.

Emmanuelle	Christophe	Valérie

End of Lab Exercises

C.6 Exercices de révision écrits

The nature of communication is that it is open-ended. Therefore, these written review exercises are unable to cover all the objectives of the chapter, since some of those objectives do not lend themselves to fill-in-the-blank exercises. These exercises focus more on the grammar and vocabulary of the chapter, because these can be practiced more easily in writing, and mastering them will enable you to perform the communicative objectives of the chapter.

C.6.1 Dialogues

Ecrivez un dialogue de 3-6 lignes pour les situations suivantes :

1. Marc présente Pauline à Sébastien.

2. Deux étudiants se présentent dans la classe.

3. Deux étudiants sont au café. Un ami arrive.

C.6.2 Formel ou informel ?

Indiquez si les personnes suivantes ont une relation informelle (*tu*) ou formelle (*vous*).

1. Véronique (âge : 8 ans) et Marc (âge : 9 ans).

2. Le professeur et l'étudiant.

3. Le docteur et la patiente.

4. Marie et Sylvie, étudiantes à l'université.

5. Ma mère et moi.

6. Le président Bush et moi.

7. Le président américain Bush et le président français Chirac.

8. L'employé et le client.

C.6.3 Que dit-on ?

Mettez la question ou la phrase à gauche avec la réponse correcte à droite.

1. Bonjour ! Ça va ?	a. "Everyone."
2. Salut, Isabelle ! Comment vas-tu ?	b. Je suis calme et patient.
3. Jacqueline, je te présente Sandrine.	c. Bien, merci. Et toi ?
4. Ça s'écrit comment ?	d. Enchanté.
5. Comment dit-on "clock" en français ?	e. la pendule
6. Marc, je te présente Marie.	f. Oui, ça va. Et vous ?
7. Au revoir !	g. B-E-R-T-H-E-L-O-T
8. Que veut dire "tout le monde" ?	h. Enchantée.
9. Comment es-tu ?	i. C'est Jérôme.
10. Qui est-ce ?	j. A demain !

Les instructions du professeur.

Complétez l'instruction du professeur.

1. Allez	a. les devoirs.
2. Donnez-moi	b. -moi.
3. Ecoutez	c. au tableau.
4. Ecrivez	d. le livre ; la classe est finie.
5. Fermez	e. la fenêtre, s'il vous plaît.
6. Regardez	f. le vocabulaire au labo.
7. Ouvrez	g. le stylo et écrivez.
8. Pratiquez	h. la phrase.
9. Prenez	i. votre nom.
10. Répétez	j. la photo et identifiez la personne.

C.6.5 **Vocabulaire**

Complétez la phrase avec un mot de vocabulaire approprié.

1. _____ parle français ; les étudiants répètent.

2. On écrit au tableau avec la _____ .

3. Le professeur utilise un _____ rouge pour corriger les devoirs.

4. La _____ est fermée.

5. Le _____ est ouvert à la page 5.

6. Mettez les livres dans le _____ .

7. Bonjour, tout le monde ! Prenez une feuille de papier et _____ votre nom, s'il vous plaît.

8. Les livres sont _____ .

9. Le professeur dit " _____ " au début du cours.

10. _____ -moi, Madame ! Je ne comprends pas !

C.6.6 **Le verbe "être."**

Complétez la phrase avec la forme correcte du verbe "être.'

1. Nous _____ étudiants.

2. Je _____ dans la classe de français.

3. Tu _____ chic !

4. Les étudiants _____ travailleurs.

5. Ma mère _____ gentille.

6. Vous _____ le professeur, n'est-ce pas ?

7. Dans la classe de français, on _____ enthousiaste.

8. Le français _____ important.

9. Les devoirs _____ faciles.

10. Je _____ sérieux(se).

C.6.7 Les adjectifs.

Complétez la phrase avec la forme correcte d'un adjectif approprié.

1. Je suis _____ .
2. Ma mère est _____ .
3. George Bush est _____ .
4. Shaquille O'Neal est _____ .
5. Hillary Clinton est _____ .
6. Les étudiants de mon université sont _____ .
7. Les étudiants dans la classe de français sont _____ .
8. Les professeurs à mon université sont _____ .
9. Jennifer Lopez est _____ .
10. Mes classes sont _____ .

C.6.8 Singulier au pluriel et pluriel au singulier.

Si la phrase est au pluriel, changez-la au singulier. Si la phrase est au singulier, changez-la au pluriel. Changez tous les éléments nécessaires.

1. Je suis content.
2. Nous sommes étudiants.
3. Les étudiants sont calmes.
4. L'étudiante est gentille.
5. Vous êtes français.
6. Tu es américaine.
7. Le professeur est patient.
8. Les devoirs sont faciles.
9. Les stylos sont rouges.
10. Le livre est lourd.
11. La carte téléphonique est chère.
12. Les chaises sont confortables.
13. Les affiches sont grandes.
14. La fenêtre est ouverte.
15. Le sac à dos est brun.
16. Les acteurs sont créatifs.

C.7 Self-Check : Meeting chapter 1 objectives

Do you feel that you have mastered the objectives for this chapter? If you do not feel confident that you have mastered the following points, please review the sections beginning on the indicated pages and then consult with your teacher for further assistance or practice. Please note that since grammar provides you with the tools you need to speak and understand a language, the relevant grammar section is indicated first, followed by the communicative activities to practice.

Communication Objectives :

Do you feel that you can :	If not, see pages :
Greet other people?	35 and 10
Introduce yourself?	10 and 27
Understand basic commands given in French class and respond appropriately?	41, 17, and 25
Count and spell in French?	31, 46, 10, 17, and 19
Identify yourself and other people?	35, 39, 52, and 16
Describe yourself, other people, and objects?	48, 22, and 27

Culture objectives :

Do you feel that you have an idea of :	If not, see pages :
Where French is spoken and by how many people?	13 and 20
How to address another person formally or informally, as appropriate?	35 and 10

Grammar Objectives :

Do you feel that you understand and can use the following grammatical structures? In addition to using them in conversation, could you demonstrate your knowledge of them on a test?	If not, see pages :
The French alphabet, numbers, and the basics of French pronunciation?	31
The subject pronouns and the difference between *tu* and *vous*?	35
The conjugation of the present tense of the verb être?	39
The concept of gender for people and things?	35 and 42
Gender and number agreement of adjectives?	48

If you feel that you can do all these things, congratulations! You have taken a huge first step towards being able to communicate in French!

Answers to Written Section B Exercises

Answers to B.2.1, French Subject Pronouns, page 36 The information in parentheses is there to help clarify for you as you check your answers. 1. vous - you (formal or plural); 2. ils - they; 3. on - one, people; 4. nous - we; 5. elles - they (a feminine group); 6. il - he; 7. tu- you (singular informal)

Answers to B.2.2, Subject Pronouns, page 36 1. je; 2. ils; 3. tu or vous; 4. nous; 5. elle; 6. il; 7. ils; 8. nous; 9. ils

Answers to B.2.4, Vous and tu, page 38 1. b.; 2. probably a, but perhaps b.; 3. d.; 4. c.; 5. b.; 6. a; 7. probably b., but perhaps a.; 8. b; 9. b or a; 10. c.

Answers to B.5.1, Self-check: Gender and definite articles, page 44 Here is the explanation of the "false" answers: 1. People and things have gender. 3. The definite article has four forms in French: le, la, l', and les. 4. The final -s on a noun is generally not pronounced, so you have to listen to the article to tell whether the noun is singular or plural. 6. The singular definite article (le or la) becomes l' before a vowel, but the plural definite article does not change before a vowel. 8. The only certain way to tell the gender of a French noun is to memorize it – learning the noun with the article will help you, because the article indicates the gender. 11. The masculine pronoun "il" refers to both people and things, so "il" can mean either "he" or a masculine "it." 13. People may get confused if you use the wrong pronoun or article to refer to a thing, because they may think you are referring to something else.

Answers to B.5.2, Form of definite articles, page 45 1. fem.; 2. masc. (even if the professor is a woman, the noun and therefore the article are masculine); 3. no way to tell; 4. masc.; 5. no way to tell; 6. no way to tell; 7. no way to tell; 8. no way to tell; 9. fem.; 10. masc.

Answers to B.5.3, Definite articles and nouns, page 45 1. l'; 2. le; 3. l'; 4. le; 5. les; 6. les; 7. la; 8. la; 9. les; 10. les

Answers to B.4.1, Identifying Imperatives, page 41 1. Fermez; 2. Excusez; 3. Ecoutez; 4. Répétez; 5. Ouvrez; 6. Ecrivez; 7. Regardez; 8. Epelez; 9. Prenez; 10. Allez; 11. Mettez; 12. Dites (*Dites* is one of only two verbs in the entire language where the *vous* form of the imperative does not end in -ez). **Translations:** 1. Close the book. 2. Excuse me, Ma'am. 3. Listen to the cassette. 4. Repeat the vocabulary. 5. John, open the door, please. 6. Marie and José, write on the board. 7. Pierre, look at the board, please. 8. Please spell your name, sir. 9. Everyone, take out (pick up) a pen. 10. Go to the board. 11. Put your homework on the desk. 12. Say hello!

Answers to B.6.1, Chiffres 0-50, page 46 1. 42; 2. 36; 3. 11; 4. 16; 5. 21; 6. 12; 7. 18; 8. 34; 9. 13; 10. 57; 11. 29; 12. 45

Answers to B.6.2, Chiffres 0-50 en mots, page 47 1. neuf; 2. quatorze; 3. vingt-trois; 4. trente-sept; 5. quarante-quatre; 6. quinze; 7. deux; 8. quarante-neuf; 9. cinquante-huit; 10. trente et un; 11. vingt-six; 12. cinquante-sept

Answers to B.6.3, Chiffres 60-100, page 48 1. 63; 2. 86; 3. 95; 4. 79; 5. 71; 6. 84; 7. 96; 8. 62; 9. 72; 10. 90; 11. 103; 12. 67

Answers to B.6.4, Chiffres 60-100 en mots, page 48 1. quatre-vingt-dix-huit; 2. soixante et un; 3. quatre-vingt-trois; 4. soixante-quinze; 5. soixante-neuf; 6. quatre-vingt-douze; 7. quatre-vingts; 8. soixante-quatre; 9. soixante-treize; 10. quatre-vingt-dix-sept

Answers to B.3.2, Verb endings, *être*, page 40 You should have filled in the letters in capitals: je suiS; tu eS; il esT; ils soNT

Answers to B.3.3, Conjugating *être*, page 40 1. suis; 2. est; 3. sommes; 4. est; 5. sont; 6. est; 7. êtes; 8. suis; 9. sont; 10. est; 11. es; 12. sommes (someone + I = we (nous)).

Answers to B.7.1, Adjective endings, page 50 1. grande - grands-grandes; 2. rouge - rouges - rouges; 3. vive - vifs - vives; 4. stricte - stricts- strictes; 5. japonaise - japonais - japonaises; 6. nerveuse-nerveux - nerveuses; 7. contente - contents - contentes; 8. calme - calmes- calmes

Answers to B.7.2, Adjective agreement, page 50 Marie est grande; Suzanne est américaine; Claire est française; Hélène est blonde; Marc est petit; L'acteur est content; Sa femme est brune; Philippe est intelligent; Marie et Lise sont sérieuses; Colin et Julien sont polis; Elles sont timides.

Answers to B.7.3, Singular to plural, page 51 1. Nous sommes intelligents; 2. Ils sont mexicains; 3. Les professeurs sont stricts; 4. Les étudiantes sont sérieuses; 5. Les stylos sont rouges; 6. Vous êtes enthousiastes; 7. Elles sont françaises; 8. Les chaises sont confortables; 9. Les fenêtres sont ouvertes; 10. Nous sommes contentes.
Note on #6: Remember that the verb form for *vous* is the same whether *vous* has a singular or plural meaning. However, if the meaning is plural, the adjective must be in the plural form.

Answers to B.7.4, Plural to singular, page 51 1. Le sac à dos est lourd; 2. Le devoir est difficile; 3. Je suis enthousiaste; 4. Vous êtes sociable? (formal singular) or Tu es sociable? (informal singular); 5. Le mur est blanc; 6. L'étudiant est présent; 7. Le téléphone portable est cher; 8. Le pupitre est petit; 9. L'homme dans la classe est grand; 10. Elle est honnête.
Note: in #4, "Vous êtes sociables" is clearly plural because the adjective is plural. When you make it singular, it could be either formal (vous) or informal (tu), but the adjective is singular in either

case. As explained in the previous exercise, the vous form of the verb remains the same whether vous has a singular or a plural meaning.

Answers to B.8.3, Forming questions, page 53 Part 1: 1. Tu es créative? 2. Tu es sportive? 3. Tu es travailleuse? 4. Tu es polie? 5. Tu es intéressante? 6. Tu es timide?; part 2: 1. Tu es américain? 2. Tu es fort? 3. Tu es studieux? 4. Tu es énergique? 5. Tu es imaginatif? 6. Tu es calme?

Answers to Written Section C Exercises

Answers to C.1.2, Formal or informal?, page 58 The answer is given, and an explanation in parentheses of the words that indicate the level of formality. 1. informal (use of tu); 2. informal (salut, first name); 3. informal (toi); 4. formal (Madame); 5. formal (vous); 6. informal (salut); 7. formal (Madame); 8. formal (vous); 9. informal (first name); 10. informal (first names, te).

Answers to C.1.4, Présentations ou amis?, page 58 1. Amis - they use each other's names. 2. Présentation - they introduce themselves. 3. Amis - even though it is a formal conversation, they clearly know each other and ask how the other person is doing. 4. Présentation - the student introduces himself to his teacher.

Answers to C.1.5, Comment ça va?, page 59 1. bien; 2. mal (rhumatismes); 3. bien; 4. bien; 5. mal.

Answers to C.3.1, Numbers - Recognition, page 60 a. 7; b. 9; c. 12; d. 15; e. 28; f. 34; g. 43; h. 51; i. 62; j. 76; k. 86; l. 93; m 1; n. 4; o. 11; p. 26; q. 37; r. 40; s. 53; t. 64; u. 78; v. 84; w. 91

Answers to C.3.4, Numbers - Population, page 61 1. Belgique 10,2; 2. France 60; 3. Tunisie 9,9; 4. Mali 11,6; 5. Sénégal 10,5; 6. Rép. Dém. Congo 56,6; 7. Cameroun 15,8; 8. Côte d'Ivoire 16,9; 9. Suisse 7,3; 10; Algérie 32,8.

Answers to C.4.1, To be or not to be, page 61 1. suis; 2. est; 3. sommes; 4. est; 5. es; 6. êtes; 7. sont; 8. est; 9. suis; 10. sont; 11. sommes; 12. êtes.

Answers to C.4.2, Comment sont-ils?, page 62 1. sportive; 2. de droite; 3. brune; 4. grand; 5. sérieux; 6. intelligent; 7. facile; 8. canadienne; 9. mexicain.

Answers to C.5.3, Les questions, page 63 Questions are #s 1, 3, 4, 6, 9, 10, and 11. Statements are #s 2, 5, 7, 8, and 12.

Answers to C.5.4, Les portraits, page 63 [the end of "Christophe's" description got cut off, so you will not have heard or written the adjectives in brackets.] Emmanuelle: française, brune, énergique, gentille, travailleuse, active. Christophe: français, américain, petit, brun, sportif, [généreux, sociable]. Valérie: américaine, petite, brune, impatiente, anxieuse, intelligente, sérieuse, paresseuse Make sure you had the proper spelling and gender (masculine/feminine).

Answers to Written Review Exercises

Answers to C.6.1, Dialogues, page 64 Many answers are possible. Here are some examples: 1. Marc: Pauline, je te présente Sébastien. Pauline: Enchantée. Sébastien: Enchanté.

2. Michel: Bonjour, je m'appelle Michel. Comment t'appelles-tu? Marie: Je m'appelle Marie. Ça va, Michel? Michel: Oui, ça va. Et toi? Marie; Ça va bien, merci.

3. Christine: Salut, Marc! (Marc arrive). Marc: Salut, Christine. Ça va? Christine: Paul, je te présente Marc. Paul: Bonjour, Marc. Ça va? Marc: Ça va bien. Et toi? Paul: Oui, merci. Marc, tu es étudiant? Marc: Oui, je suis étudiant.

Answers to C.6.2, Formel ou informel?, page 64 Formel: #2, #3, #6, #7, #8; Informel: #1, #4, #5

Answers to C.6.3, Que dit-on?, page 64 1. f; 2. c.; 3. h.; 4. g.; 5. e.; 6. d.; 7. j.; 8. a.; 9. b.; 10. i.

Answers to C.6.4, Les instructions du professeur, page 65 1. c; 2. a; 3. b.; 4. i.; 5. d.; 6. j.; 7. e.; 8. f.; 9. g.; 10. h. (Other answers are possible for some, but I think this is the only combination that matches everything up correctly.)

Answers to C.6.5, Vocabulaire, page 65 1. Le professeur; 2. craie; 3. stylo; 4. fenêtre / porte; 5. livre / cahier; 6. sac à dos; 7. écrivez; 8. ouverts / fermés; 9. bonjour; 10. Excusez

Answers to C.6.6, Le verbe *être*, page 65 1. sommes; 2. suis; 3. es; 4. sont; 5. est; 6. êtes; 7. est; 8. est; 9. sont; 10. suis

Answers to C.6.7, Les adjectifs, page 66 You only need one adjective as an answer, but I have given you a few examples. Obviously, your answers will probably be different; but make sure the adjective is the right form (masculine/ feminine, singular/ plural). Ask your teacher to check your answers if you are unsure you did this correctly. 1. (if you are a man:) grand, enthousiaste, sérieux (if you are a woman:) grande, enthousiaste, sérieuse; 2. gentille, petite, brune; 3. brun, américain, grand ...; 4. grand, sportif; 5. petite, blonde, intelligente; 6. gentils, sérieux; 7. enthousiastes, intelligents; 8. intelligents, travailleurs; 9. brune, petite, créative; 10. intéressantes, difficiles

Answers to C.6.8, Singular au pluriel et pluriel au singulier, page 66 1. Nous sommes contents. 2. Je suis étudiant(e). 3. L'étudiant est calme. 4. Les étudiantes sont gentilles. 5. Vous êtes français. / Tu es français. 6. Vous êtes américaines. 7. Les professeurs sont patients. 8. Le devoir est facile. 9. Le stylo est rouge. 10. Les livres sont lourds. 11. Les cartes téléphoniques sont chères. 12. La chaise est confortable. 13. L'affiche est grande. 14. Les fenêtres sont ouvertes. 15. Les sacs à dos sont bruns. 16. L'acteur est créatif.

Chapter 2
Ma famille et mes objets personnels

a / Un portrait de famille

Objectives for chapter 2

Communication (what students will be able to do):

By the end of this chapter, students will be able to:

1. Describe themselves, their family, and others (name, age, and nationality)

2. Describe other people's and their own belongings, and their house, apartment, room

3. Discuss and ask simple questions about belongings and lodging

Culture (what students will know about the French-speaking world):

By the end of this chapter, students will know something about:

1. The structure and the role of the family in France

2. French houses and apartments

Grammar/ Tools (what students need to know):

In order to perform these communicative tasks, students will have to know:

1. The formation and use of the indefinite articles

2. The formation and use of possessive adjectives

3. The conjugation of the present tense of the verb *avoir*

4. Simple negation

5. Idiomatic expressions that use the verb *avoir*

A Activités

A.1 Nos objets personnels

Avant de commencer le nouveau chapitre, révisons !

A.1.1 Révision : Les objets personnels du professeur

Regardez les objets personnels du professeur. Identifiez les objets.

Mini-Vocabulaire:

le portefeuille	[lə pɔr tə fœj]	wallet
la clé	[la kle]	key
le porte-clés	[lə pɔr tə kle]	key-ring
l'ordinateur	[lɔr di na tœr]	computer
la fiche	[la fiʃ]	3x5 card
le classeur	[lə kla sœr]	binder

A.1.2 Révision : la salle de classe

 Rapidement, avec un(e) partenaire, donnez l'article défini (le, la les) pour chaque mot.

Exemple: **A:** porte   **B:** la porte

1. stylo	8. portable	15. étudiante
2. clés	9. étudiants	16. fenêtres
3. papiers	10. porte	17. tableau
4. pendule	11. professeur	18. bureau
5. affiche	12. chaise	19. crayons
6. livres	13. craie	20. téléphone
7. sac à dos	14. devoirs	21. feuille

A.1.3 La chasse aux articles

Grammaire: Voir B.1, "Articles indéfinis," page 101.

Le professeur donne une fiche avec un article indéfini à chaque étudiant. Le professeur attache des fiches aux objets. Prenez les fiches qui correspondent à l'article sur votre fiche. (Si votre fiche est "un," prenez les noms masculins singuliers.) Prenez 3-5 fiches différentes.

A.1.4 Où se trouve-t-il ?

Grammaire: Voir B.3, "Prépositions de lieu," page 104.

Mini-Vocabulaire:

sur	[syr]
sous	[su]
devant	[də vɑ̃]
derrière	[dɛ rjɛr]
à gauche de	[a goʃ də]
à droite de	[a drwat də]
dans	[dɑ̃]
à côté de	[a ko te də]
en face de	[ɑ̃ fas də]
entre	[ɑ̃ trə]
près de	[prɛ də]
loin de	[lwɛ̃ də]

Rappel : de + le =du
de + les=des

La première phrase illustre une préposition de lieu. Lisez la premiere phrase. Complétez logiquement la deuxième phrase.

1. Le professeur est **devant** le tableau. Les étudiants sont **devant**
   _____ .

2. La craie est **dans** la main du professeur. Les étudiants sont
   dans _____ .

3. Le livre de l'étudiant est **sur** son pupitre. Les devoirs sont **sur**
   _____ .

4. L'étudiante est **à côté de** l'étudiant. La fenêtre fermée est **à côté de**
   _____

5. La chaise est **derrière** le bureau. Le tableau est **derrière**
   _____ .

6. Les étudiants sont **loin** de la porte. Le professeur est **loin de**
   _____ .

7. Le sac de l'étudiant est **près du** pupitre. Le stylo de l'étudiante
   est **près de** _____ .

8. Les livres de l'étudiante sont **sous** la chaise. Le tableau est
   sous _____ .

9. La porte est **à gauche du** professeur. L'étudiant est **à gauche de**
   _____ .

10. La fenêtre ouverte est **entre** la fenêtre fermée et la porte. Le
    professeur est **entre** _____ et _____ .

Mini-Vocabulaire:

beige	[bɛʒ]
blanc	[blɑ̃]
blanche	[blɑ̃ʃ]
bleu(e)	[blø]
brun	[brœ̃]
brune	[bryn]
gris	[gri]
grise	[griz]
jaune	[ʒon]
marron	[ma rɔ̃]
noir(e)	[nwar]
orange	[ɔ rɑ̃ʒ]
rose	[roz]
rouge	[ruʒ]
vert	[vɛr]
verte	[vɛrt]
violet	[vjɔ lɛ]
violette	[vjɔ lɛt]

Le bonhomme de neige est blanc.　L'océan est bleu et le soleil est jaune.　La maison en bois est brune.

La panthère est noire.　Les oranges sont orange.　Le cochon est rose.

Les lèvres sont rouges.　Les arbres sont verts.　Le raisin est violet.

De quelle couleur sont-ils ?
Vous dites : Un éléphant est gris.

1. une carotte
2. une rose
3. un coca
4. une plante
5. un café
6. un pingouin
7. une girafe
8. une émeraude
9. un saphir
10. une banane
11. une feuille de papier
12. un sac "Hello Kitty"
13. un ballon de football

14. un ballon de football américain
15. une balle de tennis

A.1.6 Révision : Dans mon sac

 Prenez 5-8 objets de votre sac et mettez les objets sur le pupitre. Avec votre camarade, identifiez les objets et utilisez un adjectif pour décrire. Regardez le modèle.

Exemple: **A:** Qu'est-ce que c'est ? **B:** C'est un stylo.
A: C'est un stylo bleu ? **B:** Oui, c'est un stylo bleu.

A: Qu'est-ce que c'est ? **B:** C'est un livre.
A: C'est un livre difficile ? **B:** Non, c'est un livre facile.

Mini-Vocabulaire:
lourd(e)   heavy
léger (légère) light
cher (chère) expensive
pas cher   inexpensive
Note : position de l'adjectif
En général, la position de l'adjectif est **nom + adjectif**. Exemples : un stylo bleu, un livre difficile, un cahier léger. Une exception : avec "grand" et "petit," la position est **adjectif + nom**. Exemples : un grand livre, une petite clé.

A.1.7 Dans mon sac, j'ai un …

> Grammaire: Voir B.4, "Le verbe avoir," page 106.

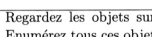 Regardez les objets sur le pupitre et dans votre sac. Énumérez tous ces objets à votre partenaire. Votre partenaire va écouter et écrire cette liste.

Exemple: Vous annoncez : Votre partenaire écrit :
Dans mon sac, j'ai un stylo bleu. un stylo bleu

J'ai deux crayons. deux crayons
J'ai trois livres. trois livres
J'ai des clés. des clés
J'ai un portefeuille noir. un portefeuille noir

Regardez et vérifiez la liste. Changez de rôles et répétez l'exercice. Mettez vos initiales sur la liste. Donnez toutes les listes au professeur.

A.1.8 Jouons au détective !

 Prenez la liste que le professeur vous donne. Interrogez vos camarades pour trouver qui est l'auteur de la liste que vous avez. Posez une question pour chaque article. Si la réponse est affirmative, continuez. Si la réponse est négative, passez à une autre personne. Quand vous identifiez correctement la personne, écrivez son nom complet sur la liste et donnez la liste au professeur. Félicitations !

Exemple: Tu as un stylo bleu ? Oui, j'ai un stylo bleu. [Continuez]

Tu as deux crayons ? Non, j'ai trois crayons. [Arrêtez, passez à une autre personne]

Modèle :

[tu]
C'est ton café.

A.1.9 **C'est à qui ?**

| Grammaire: Voir B.6, "Adjectifs Possessifs," page 110. |

Prenez un sujet grammatical de l'enveloppe. Dites que l'objet est à la personne sur votre feuille ; utilisez l'adjectif possessif approprié pour la personne. Regardez l'exemple dans la marge.

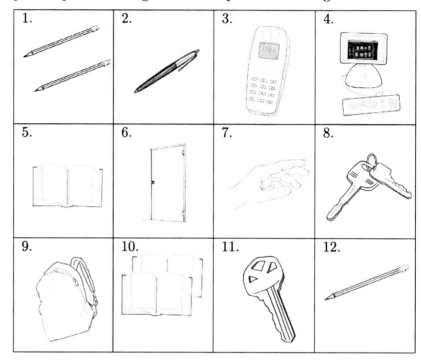

A.1.10 **C'est ton stylo ou mon stylo ?**

 Avec votre partenaire, prenez chacun 4-5 objets de vos sacs et mettez tous les objets ensemble. Prenez un objet, et posez une question. Suivez le modèle.

A: C'est ton stylo ou mon stylo ?
B: C'est mon stylo. Et ça, ce sont tes livres ou mes livres ?
A: Ce sont tes livres.

⟹ **Continuons!**
Présentez ces objets au groupe à côté de vous. Regardez l'exemple.

Exemple : (Paul et Juan parlent à Caroline et à Maria).
Paul : Voici nos livres. Mon livre est grand et bleu, et le livre de Juan est petit et noir. Et vos livres ?
Caroline : Nos livres sont grands et lourds. Mon livre est blanc, et son livre est rouge.
Maria : Le stylo bleu, c'est à qui ?
Juan : C'est mon stylo bleu. Paul a un stylo noir. Et vos stylos ?
[Continuez le dialogue.]

A.2 Ma famille

Grammaire: Voir B.5, "Il y a," page 108.

La famille d'Hélène

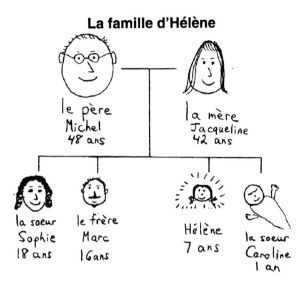

Mini-Vocabulaire:

famille	[fa mij]
aîné(e)	[ɛ ne]
âgé(e)	[a ʒe]
célibataire	[se li ba tɛr]
enfant	[ã fã]
femme	[fam]
fille	[fij]
fils	[fis]
frère	[frɛr]
jeune	[ʒœn]
mari	[ma ri]
marié(e)	[ma rje]
mère	[mɛr]
parent	[pa rã]
père	[pɛr]
soeur	[sœr]

Voici la famille d'Hélène. Il y a 6 personnes dans sa **famille** : les **parents** et les 4 **enfants**. Le **père** d'Hélène s'appelle Michel et sa **mère** s'appelle Jacqueline. Hélène a aussi deux **soeurs** et un **frère**. Sophie est la **soeur aînée** d'Hélène. Elle a aussi une autre **soeur**, Caroline, le **bébé**. Marc, le **frère** d'Hélène, est plus **âgé** qu'Hélène, mais plus **jeune** que Sophie. Les **parents** d'Hélène sont **mariés**. Le **père** d'Hélène est plus **âgé** que sa **femme** Jacqueline ; elle a 6 ans de moins que son **mari**.

A.2.1 La famille nucléaire

Répondez aux questions.

1. Qui est le père de Marc ?
2. Est-ce qu'Hélène et Sophie sont soeurs ?
3. Comment s'appelle le mari de Jacqueline ?
4. Comment s'appelle le frère de Caroline ?
5. Combien d'enfants ont Michel et Jacqueline ?
6. Est-ce que les parents d'Hélène sont mariés ?

A.2.2 Trouvez votre famille !

Votre professeur vous donne un papier avec votre identité et l'identité d'une autre personne dans votre famille. Posez des questions à vos camarades de classe pour retrouver les autres personnes dans votre famille.

Maintenant, les observations culturelles sont en français. Regardez le nouveau vocabulaire important dans le mini-vocabulaire dans la marge.

 LA FAMILLE FRANÇAISE

Mini-Vocabulaire:

aujourd'hui	today
très peu	very few
habiter	to live
seul	alone ; only
ensemble	together
mais	but
la loi	law
contre	versus
choix	choice
femme au foyer	housewife

Traditionnellement, la famille française est solide, et elle est au centre de la société française. **Aujourd'hui**, le statut et le rôle de la famille changent. Par exemple, **très peu** de personnes âgées **habitent** avec leurs enfants et petits-enfants maintenant. Aujourd'hui, 28% des Français habitent **seuls**. Beaucoup de couples français habitent **ensemble mais** ne sont pas mariés. Depuis 1999, **la loi** du "pacs" (pacs = pacte civil de solidarité) permet à un couple non marié, hétérosexuel ou homosexuel, d'être considéré comme un couple officiel.

A cause des changements sociaux, il y a plus de familles avec un parent. Les raisons varient : **choix** volontaire, séparation, divorce. Seules 30% des femmes en couples sont des "**femmes au foyer**" ; la grande majorité travaille. En France, les enfants vont à l'école maternelle à l'âge de 3 ans. Tous ces changements transforment le rôle et la composition d'une famille française "typique."

Comprenez-vous ? Répondez aux questions.

1. Aujourd'hui, est-ce que la majorité des grands-parents habitent avec leurs petits-enfants ?

2. Combien de Français n'habitent pas avec leur famille ?

3. Est-ce qu'il y a beaucoup de familles monoparentales ?

4. Est-ce que la majorité de femmes mariées ou en couples travaillent ?

5. Qu'est-ce que c'est que le "pacs" ?

Le dimanche, le déjeuner en famille reste important.

La famille étendue d'Hélène

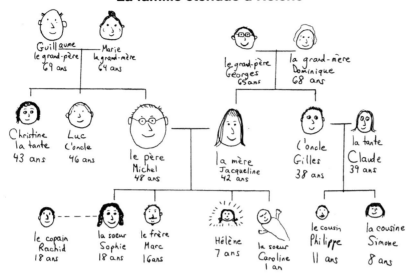

Voici la **famille étendue** d'Hélène : il y a 16 personnes en tout. Les **grands-parents paternels** (Guillaume et Marie) et les **grands-parents maternels** (Georges et Dominique) adorent leurs 7 **petits-enfants**. Les **grands-parents** paternels d'Hélène ont trois **enfants** : Michel, Luc, et Christine. Christine et son **frère** Luc sont **célibataires** ; ils ne sont pas **mariés**. Hélène est la **nièce** préférée de sa **tante** Christine. Luc préfère son **neveu**, Marc. Les **grands-parents** maternels d'Hélène ont deux **enfants** : Jacqueline et Gilles. Gilles est le **mari** de Claude, et ils ont deux **enfants** : Philippe et Simone. Simone et Hélène sont **cousines**. Elles jouent souvent ensemble. Rachid est le **copain** de Sophie, mais ils ne sont pas encore **mariés**. Jacqueline aime la famille de son **mari**. Elle adore sa **belle-mère**, Marie. Et Marie aime sa **belle-fille**. Michel aime sa **belle-mère**, Dominique, mais trouve son **beau-père**, Georges un peu trop sévère. Mais en général, les relations de la famille sont harmonieuses.

Mini-Vocabulaire:

famille	[fa mij]
étendue	[e tɑ̃ dy]
beau-père	[bo pɛr]
belle-mère	[bɛl mɛr]
copain	[kɔ pɛ̃]
copine	[kɔ pin]
cousin	[ku zɛ̃]
cousine	[ku zin]
grands-parents	[grɑ̃ pa rɑ̃]
grand-père	[grɑ̃ pɛr]
grand-mère	[grɑ̃ mɛr]
neveu	[nə vø]
nièce	[njɛs]
oncle	[ɔ̃ klə]
petit-enfant	[pə ti tɑ̃ fɑ̃]
petit-fils	[pə ti fis]
petite-fille	[pə tit fij]
tante	[tɑ̃t]

A.2.4 **La famille élargie**

Répondez aux questions.

1. Combien de petits-enfants ont Georges et Dominique ?

2. Combien de petits-fils ont-ils ?

3. Qui est la nièce de Michel ?

4. Est-ce que Jacqueline a une soeur ?

5. Est-ce qu'Hélène ou sa cousine Simone est plus âgée ?

6. Est-ce qu'une des grand-mères d'Hélène est plus âgée que son mari ?

7. Est-ce que la soeur de Michel est mariée ou célibataire ?

8. Est-ce que Claude est plus jeune ou plus âgée que son mari ?

9. Luc a combien de neveux ?

A.2.5 Votre famille - relations

 Dessinez un arbre généalogique de votre famille. Expliquez les relations entre les personnes à votre partenaire.

Exemple: Il y a six personnes dans ma famille. Mon père s'appelle Philippe et ma mère s'appelle Pauline. Mon père est plus âgé que ma mère. J'ai 2 frères ... (continuez la description).

⟹ Continuons!

Votre partenaire présente votre famille à la classe.

Exemple: Ma partenaire s'appelle Marie. Il y a six personnes dans sa famille. Son père s'appelle Philippe et sa mère s'appelle Pauline ... (continuez la description).

A.2.6 Observation culturelle

LES FAMILLES FRANÇAISES - ORIGINES

Mini-Vocabulaire:

depuis	since, for
1 sur 4	1 out of 4
au moins	at least
étaient	were
étranger	foreign(er)
maghrébin	from the Maghreb : Algeria, Morocco, Tunisia
souvent	often
mais	but
Beur	French of Arab origin
trouver	to find
emploi	job
de souche	native-born ; of French origin

En 2006, la population de la France est de 60 millions. La population française est plus homogène que la population des Etats-Unis, mais l'immigration en France existe **depuis** longtemps. Un Français **sur** quatre a **au moins** un grand-parent qui n'est pas d'origine française. Dans le passé, les immigrés **étaient** européens d'origine (en 1954, 84% étaient d'Europe)– des Italiens, des Portugais, des Espagnols. **Depuis** les années 1970, les **étrangers** arrivent du **Maghreb** et de l'Afrique francophone et ils sont généralement de religion musulmane (en 1990, 47% des immigrés sont d'origine africaine). Il y a des familles d'origine maghrébine qui sont en France **depuis** deux ou trois générations, **mais** il n'y a pas beaucoup de mariages mixtes (religion ou nationalité différentes). Les "Blacks" et les "**Beurs**" (10% de la population) habitent **souvent** dans certains quartiers de la ville, et ils ont plus de difficulté à **trouver** un **emploi** que les Français "**de souche**". Cela provoque certaines tensions dans la société française.

Comprenez-vous? Répondez aux questions.

1. Quelle est la population de la France?
2. Combien de Français ont au moins un grand-parent qui n'est pas français d'origine?
3. Est-ce qu'il y a beaucoup de mariages "mixtes" (de différentes nationalités) en France?
4. Aujourd'hui, est-ce que la majorité de l'immigration est d'Europe du sud?
5. Aujourd'hui, est-ce que les immigrés sont généralement catholiques?

A.2.7 **Origines et nationalités**

Voici quelques adjectifs d'origine et de nationalité qui sont très différents en français et en anglais. D'autres, plus similaires, sont indiqués dans la marge.

Mini-Vocabulaire:

allemand(e)	[al mɑ̃] [mɑ̃d]	German
anglais(e)	[ɑ̃ glɛ] [glɛz]	English
belge	[bɛlʒ]	Belgian
écossais(e)	[e kɔ sɛ] [sɛz]	Scottish
hongrois(e)	[ɔ̃ grwa] [grwaz]	Hungarian
le pays	[pe i]	country

Donnez une nationalité possible pour les personnes suivantes. Reconnaissez-vous les prénoms typiques de différents pays ?

1. Meili	3. Sophia	5. María	7. Cuong
2. Hans	4. Toshiko	6. Ozlem	8. Betty

Vous dites : Meili est _____ .

Pouvez-vous identifier ces drapeaux ? Les couleurs sont indiqués de gauche à droite, ou de haut en bas. Choisir de ces adjectifs :

américain	coréen	guatémaltèque
arménien	équatorien	irakien
canadien	européen	mexicain
chinois	français	nigérian

Mini-Vocabulaire:
africain/ africaine
américain/ américaine
arménien/ arménienne
chinois/ chinoise
coréen/ coréenne
cubain/ cubaine
français/ française
grec/ grecque
guatémaltèque
irakien/ irakienne
iranien/ iranienne
italien/ italienne
japonais/ japonaise
mexicain/ mexicaine
nigérian/ nigériane
nicaraguayen/ nicaraguayenn
salvadorien/ salvadorienne
sud-africain/ sud-africaine
thaïlandais/ thaïlandaise
turc/ turque
vietnamien/ vietnamienne

1. bleu, blanc, rouge	2. rouge et jaune	3. rouge, blanc, noir	4. vert, blanc, rouge
5. rouge, bleu, orange	6. rouge et blanc	7. bleu clair et blanc	8. rouge, blanc, et bleu
9. jaune, vert, rouge	10. bleu et jaune	11. blanc, noir, rouge, et bleu	12. vert et blanc

Vous dites : C'est le drapeau _____ .

En général, les Américains sont fiers de leurs origines étrangères. Il y a des festivals qui célèbrent différentes ethnicités. Quelles sont les origines ethniques de votre famille ? Est-ce que vous, vos parents, vos grands-parents sont des immigrés aux Etats-Unis ?

Posez des questions à votre partenaire.

1. Es-tu américain(e) ? / Quelle est ta nationalité ?

2. Quelles sont tes origines ethniques ou nationales ?

3. Qui a immigré dans ta famille ? Quand ? De quel pays ?

4. Célébrez-vous quelques fêtes importantes de ces pays ? [Nous célébrons …]

5. As-tu de la famille dans ces pays ? [J'ai …]

6. Aimes-tu la cuisine de ces pays ? [J'aime/ Je n'aime pas …]

7. Quelles sont les spécialités de cette cuisine, ou des plats typiques ?

8. Quelle langue parle-t-on dans ces pays ? [On parle …]

9. Est-ce que tu parles cette langue [Je (ne) parle (pas) …]

Donnez une description

Grammaire: Voir B.7, "Négation," page 116.

A.2.9 Révision et expansion : Comment sont-ils ?

Rappel : vocabulaire du chapitre 1

grand	petit
blond	blond
intelligent	stupide
gentil(le)	méchant
sédentaire	sportif
travailleur	paresseux
enthousiaste	indifférent
pauvre	riche
sérieux	frivole
actif(ve)	sédentaire
anxieux	calme
timide	courageux
patient	impatient
strict	compétent
poli	impoli

Mini-Vocabulaire:

Le physique	[fi zik]	**Physical Aspects**
les cheveux noirs	[le ʃə vø nwar]	black hair
les cheveux longs	[le ʃə vø lõ]	long hair
les cheveux courts	[le ʃə vø kur]	short hair
les cheveux bouclés	[le ʃə vø bu kle]	curly hair
les cheveux raides	[le ʃə vø rɛd]	straight hair
les yeux verts	[le zjø vɛr]	green eyes
chauve	[ʃov]	bald
mince	[mɛ̃s]	thin
fort(e)	[fɔr] [fɔrt]	strong; hefty
moyen(ne)	[mwa jɛ̃] [jɛn]	average
avoir l'air	[a vwar lɛr]	to look, to seem

Mini-Vocabulaire:

La personnalité	[pɛr sɔ na li te]	**Personality**
généreux(se)	[ʒe ne rø] [røz]	generous
égoïste	[e go ist]	selfish
sévère	[se vɛr]	strict
honnête	[ɔ nɛt]	honest
têtu(e)	[tɛ ty]	stubborn
froid(e)	[frwa] [frwad]	cold; reserved
chaleureux(se)	[ʃa lœ rø] [røz]	warm; friendly
bizarre	[bi zar]	weird

 Décrivez deux ou trois de ces personnes avec votre partenaire.

Exemple : Bruno est petit et fort. Il a les cheveux courts et blonds. Il a l'air intellectuel et sérieux.

⟹ Continuons!

Maintenant, faites une description plus détaillée de vous-même. Comment êtes-vous physiquement ? Et comment est votre personnalité ? Est-ce qu'il y a des contradictions entre l'apparence et la réalité ? (Par exemple, "J'ai l'air travailleur, mais je suis très paresseuse.")

A.2.10 Un air de famille

Hélène a 7 ans. Elle est petite, mince, et gentille. Elle est blonde. Elle a les yeux bruns. Elle est enthousiaste et polie. Elle n'est pas patiente. Elle adore les livres et la danse. Elle est étudiante à l'école primaire.

Marc a 16 ans. Il est grand et brun. Il a une moustache et une barbe. Il est fort et athlétique. Il aime le football et le tennis. Il est étudiant, mais il n'est pas très sérieux. Il est patient et tolérant. Il est très calme.

 Prenez une photo de famille et montrez la photo à votre partenaire. Décrivez les différents membres de votre famille.

⟹ **Continuons!**

Mini-Vocabulaire:

penser	[pɑ̃ se]	to think
vous pensez	[vu pɑ̃ se]	you think
je pense	[ʒə pɑ̃s]	I think
comme	[kɔm]	like
c'est vrai	[sɛ vrɛ]	It's true
pas exactement	[pa zɛg zak tə mɑ̃]	not exactly
pourquoi	[pur kwa]	why
parce que	[par skə]	because
le plus	[lə ply], [lə plys]	the most
plus	[ply]	more
moins	[mwɛ̃]	less
mais	[mɛ]	but
d'accord	[da kɔr]	o.k.; I agree

Avec les descriptions (1) de votre partenaire (activité A.2.9) et (2) de sa famille (activité A.2.10), à quel membre de sa famille est-ce que vous pensez que votre partenaire ressemble le plus? Pourquoi? Expliquez vos impressions à votre partenaire.

Exemple : **Conversation avec votre partenaire**

A: Je pense que tu ressembles le plus à ton père.
B: Pourquoi?
A: Parce qu'il est travailleur, et tu es travailleuse aussi.
B: C'est vrai, mais il est très sévère. Je suis plus tolérante.
A: D'accord. Mais physiquement, il est grand et brun. Tu es grande et brune aussi, mais ta mère est petite et blonde.
B: Oui, c'est vrai.
A: Et finalement, je pense qu'il est sérieux et tu es sérieuse comme lui.
B: D'accord.

A.3 Ma maison

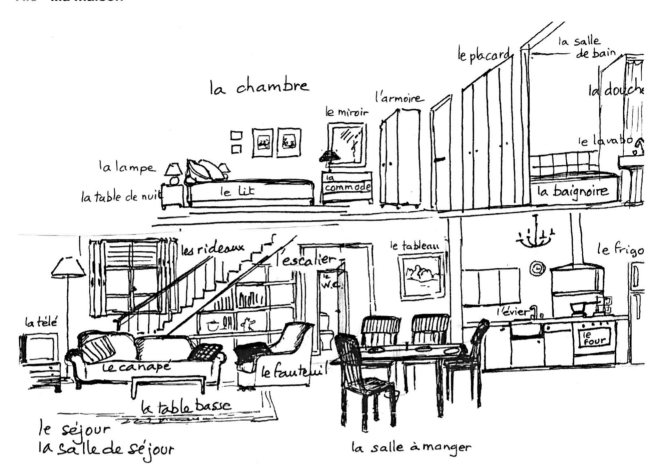

Dans cette maison, il y a **5 pièces**. Au **rez-de-chaussée**, il y a une **cuisine**, une **salle à manger**, et une **salle de séjour**. Il a aussi des **W.C.** La **cuisine** est petite. Il y a un **frigo**, des **placards**, un **évier**, et un **four**, mais il n'y a pas de **table**. Pour manger, la famille utilise la **salle à manger**, où il y a une **table** avec quatre **chaises**. Dans la salle de séjour, la famille peut regarder **la télé**, ou lire un livre dans un **fauteuil** confortable.

Au **premier étage**, il y a une grande **chambre à coucher** et une **salle de bain**. La chambre contient un **lit** avec une **table de nuit** à côté, et une **lampe** sur la table de nuit. La **commode** et l'armoire sont pour les vêtements. Dans la salle de bain, il y a une **baignoire**, une **douche**, et un **lavabo**. L'**étage** est spacieux !

A.3.1 La maison

Répondez aux questions. Faites des phrases complètes.

1. Dans **quelles** pièces sont les placards ?
2. **Où** est le miroir ?
3. **Combien de** chaises est-ce qu'il y a dans la salle à manger ?
4. Est-ce qu'il y a un évier dans la salle de bain ?
5. **Où** est la table basse ?

6. **Qu'est-ce qui** est en face du lit ?
7. Est-ce que la télé est dans la chambre ?
8. Est-ce qu'il y a des tableaux dans la salle de séjour ?
9. **Combien de** lampes est-ce qu'il y a ?
10. Est-ce que la douche est à gauche de la baignoire ?

A.3.2 Entrevue : Nos pièces et meubles

 Le professeur met les étudiants dans deux cercles. Chaque étudiant pose sa question à la personne en face, et l'autre étudiant pose sa question aussi. Puis on passe à la droite et on répète la question à la nouvelle personne. Notez : les questions sont à la forme *vous* (pour la famille entière). Répondez avec "Nous ..." ou "Il y a."

Exemple: **A:** Où avez-vous des étagères ?

B: Nous avons des étagères dans les chambres.

B: Combien de pièces avez-vous ?

A: Nous avons six pièces.

Mini-Vocabulaire:

où	where
combien de	how many
quel	which
l'ordinateur	computer
chez	at the house of
chez vous	at your house
chez moi	at my house
un tapis	rug

1. **Combien** de téléviseurs avez-vous ?
2. Dans **quelles** pièces sont vos télés ?
3. Avez-vous une maison ou un appartement ?
4. **Combien** de pièces avez-vous ?
5. **Combien** de personnes y a-t-il **chez vous** ?
6. Dans **quelles** pièces avez-vous des placards ?
7. Dans **quelles** pièces avez-vous des chaises ?
8. Dans **quelles** pièces avez-vous des fauteuils ?
9. **Combien** de chambres avez-vous ?
10. **Combien** de lits est-ce qu'il y a **chez vous** ?
11. Avez-vous un **ordinateur** ? Dans **quelle** pièce ?
12. Avez-vous des **tapis** ? Dans **quelles** pièces ?

A.3.3 Tout à sa place

 Regardez le dessin de la maison. Pour chaque meuble ou objet, identifiez dans quelle pièce il se trouve, et donnez sa position (utilisez une préposition de lieu). Puis, répétez l'exercice, mais parlez de chez vous.

Rappel : Les prépositions de lieu

sur	sous
devant	derrière
dans	entre
à côté de	en face de
à gauche de	à droite de

Exemple: la télé

A: Où est la télé ?

B: La télé est dans la salle de séjour, en face du fauteuil.

1. les placards	5. la fenêtre	9. les étagères
2. le four	6. le canapé	10. la commode
3. l'armoire	7. les lampes	11. la table
4. le tableau	8. le frigo	12. le lavabo

Dessinez un plan de votre maison ou de votre appartement. Avec votre partenaire, parlez de chez vous. Imitez les questions dans le modèle, et changez les éléments gris.

Exemple: **A:** Combien de pièces y a-t-il chez toi ?

B: Il y a 6 pièces : une cuisine, 2 salles de bain, un séjour, et 3 chambres.

A: Où sont les chambres ?

B: Les chambres sont au premier étage.

A: Est-ce qu'il y a une télé dans ta cuisine ?

B: Oui, il y a une télé dans ma cuisine.

A.3.5 **Observation culturelle**

Un traversin

une poignée de porte

Une fenêtre

Mini-Vocabulaire:

quelques	some
comme	like
jamais	never
oreiller	pillow
carré	square
parfois	sometimes
traversin	bolster
poignée	knob
manette	lever
s'ouvrent	open
vers	towards

LES MAISONS FRANÇAISES

Il y a quelques grandes différences entre les habitations américaines et françaises. En général, les maisons et les appartements français sont beaucoup plus petits que les habitations américaines. Mais les visiteurs américains remarquent souvent d'autres choses, comme la salle de bain. Dans la maison française traditionnelle, les toilettes (les W.C.) et la salle de bain sont deux pièces séparées. (Aujourd'hui, il y a souvent des W.C. dans la salle de bain aussi ; mais on ne demande **jamais** "où est la salle de bain ?" si on désire utiliser les toilettes).

Il y a aussi des objets différents : les **oreillers** français sont **carrés**, pas rectangulaires, et il y a **parfois** un **traversin** (une sorte de long oreiller cylindrique). Pour ouvrir la porte, on n'a pas de **poignée de porte** ronde, mais une sorte de **manette** rectangulaire. Les fenêtres françaises **s'ouvrent vers** l'intérieur. Il y a beaucoup d'autres différences - peut-être qu'un jour, vous les observerez !

Nos chambres reflètent souvent notre personnalité. Prenez le rôle d'un enfant de 10 ans, ou d'un parent. Décrivez ce qu'il y a dans votre chambre. Décrivez aussi votre personnalité et expliquez pourquoi vous avez ces objets, si possible.

un vêtement

des photos

une radio

une peluche

une poupée

une voiture

des jouets

A.4 L'âge

> Grammaire: Voir B.8, "L'âge," page 119.

A.4.1 Révision et expansion : les chiffres

*Les règles traditionnelles de la phonétique française disent que "un" se prononce [œ̃] et "cinq" devant une consonne se prononce [sɛ̃]. Mais comme la majorité de Français disent [ɛ̃] et [sɛ̃k] aujourd'hui, on indique les deux possibilités.

Vous avez déjà pratiqué les chiffres en français. Mais la prononciation des chiffres change pour des raisons d'enchaînement et de liaison. Regardez et répétez :

Chiffre seul Exemple :	Chiffre + consonne Le bébé a ____ mois	Chiffre + voyelle Marie a ____ ans
un [ɛ̃] ou [œ̃]*	un mois[ɛ̃ mwa]	un an [ɛ̃ nɑ̃]
deux [dø]	deux mois [dø mwa]	deux ans [dø zɑ̃]
trois [trwa]	trois mois [trwa mwa]	trois ans [trwa zɑ̃]
quatre [katr]	quatre mois [ka trə mwa]	quatre ans [ka trɑ̃]
cinq [sɛ̃k]	cinq mois [sɛ̃(k) mwa]*	cinq ans [sɛ̃ kɑ̃]
six [sis]	six mois [si mwa]	six ans [si zɑ̃]
sept [sɛt]	sept mois [sɛt mwa]	sept ans [sɛ tɑ̃]
huit [ɥit]	huit mois [ɥi mwa]	huit ans [ɥi tɑ̃]
neuf [nœf]	neuf mois [nœf mwa]	neuf ans [nœ vɑ̃]
dix [dis]	dix mois [di mwa]	dix ans [di zɑ̃]
vingt [vɛ̃]	vingt mois [vɛ̃ mwa]	vingt ans [vɛ̃ tɑ̃]

b / C'est son anniversaire. Elle a 18 ans.

Lisez les âges suivants.

1. Elise a 23 ans.
2. Manon a 8 mois.
3. Vincent a 90 ans.
4. Christophe a 39 ans.
5. Pierre a 78 ans.
6. Alain a 42 ans.
7. Maryse a 6 mois.
8. Caroline a 51 ans.
9. Didier a 84 ans.
10. Zoé a 10 mois.
11. Emilien a 26 ans.
12. Chantal a 5 ans.

A.4.2 Quel âge as-tu ?

Interrogez 5 étudiants de la classe pour découvrir leur âge. Faites une liste des étudiants, du plus jeune au plus âgé.

Nom : _____   Age : _____
Nom : _____   Age : _____
Nom : _____   Age : _____
Nom : _____   Age : _____
Nom : _____   Age : _____

A.4.3 Quand sont-ils nés ? Quel âge ont-ils ?

1965= mille neuf cent soixante-cinq

2003 = deux mille trois

 Avec votre partenaire, lisez les phrases (pour pratiquer les chiffres). Puis, indiquez l'âge de chaque personne.

1. Ghislaine est née en 1965.
2. Philippe est né en 1942.
3. Marie Duval est née en 1917.
4. Nous sommes nés en 1985.
5. Hamid et Marc sont nés en 1996.
6. Le professeur de chimie est né en 1969.
7. Blanche est née en 1926.
8. M. Martin est né en 1958.
9. Caroline est née en 1973.
10. Paul et Daoud sont nés en 2001.

A.4.4 L'âge des membres de ma famille

Mini-Vocabulaire:

âgé	[a ʒe]	old
jeune	[ʒœn]	young
l'aîne(e)	[lɛ ne]	the older/oldest
plus âgé(e) que	[ply za ʒe kə]	older than
plus jeune que	[ply ʒœn kə]	younger than

 Présentez l'âge des membres de votre famille à votre partenaire.

Exemple: Mon père a 64 ans et ma mère a 65 ans. Mon père est plus jeune que ma mère.

J'ai deux soeurs ; elles ont dix ans et quinze ans. Elles sont plus jeunes que moi. . . .

[Continuez ; puis, votre partenaire présente l'âge des membres de sa famille.]

⟹ Continuons!

Maintenant, comparez l'âge de votre mère et l'âge de la mère de votre partenaire, etc.

Exemple: Ma mère a 65 ans et ta mère a 45 ans. Ma mère est plus âgée que ta mère.

A.5 Nos conditions physiques et mentales

Grammaire: Voir B.9, "Expressions idiomatiques," page 120.

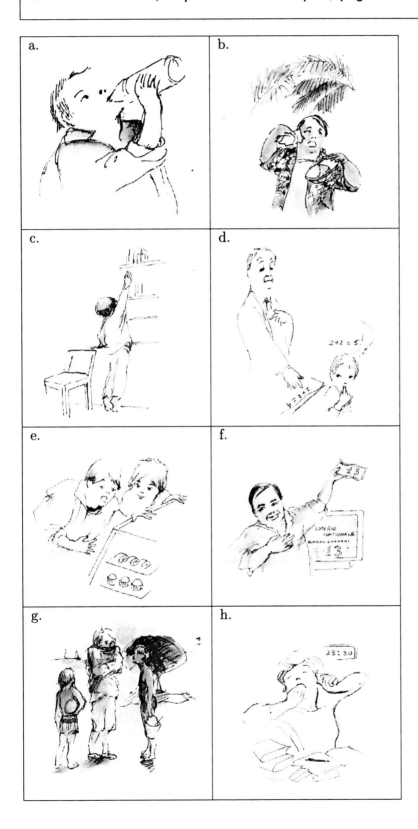

a.

b.

c.

d.

e.

f.

g.

h.

Associez la description avec le dessin.

1. Le pauvre garçon est à la plage, mais il a froid.

2. Le garçon est trop petit. Il a besoin de la chaise.

3. L'homme a gagné à la loterie! Il a de la chance!!

4. Les élèves sortent de l'école. L'élève à droite a envie d'une pâtisserie. Mais l'élève à gauche a *besoin* d'un gâteau - il a très faim!

5. Le petit garçon a soif. Il boit une bouteille d'eau.

6. La dame travaille tard. Maintenant, elle a sommeil.

7. Le monsieur est en vacances. Il a chaud.

8. Le professeur a raison, et l'élève a tort.

A.5.1 Chez moi

Nous satisfaisons nos besoins physiques dans notre maison. Associez les deux parties de la phrase. Attention : Il n'est pas nécessaire de comprendre tous les mots. Utilisez le contexte.

1. Quand on a sommeil
2. Quand on a froid
3. Quand on a envie d'un dîner formel
4. Quand on a soif
5. Quand on a faim
6. Quand on a besoin d'une douche
7. Quand on a faim
8. Quand on a chaud
9. Quand on a sommeil
10. Quand on a besoin de ses livres
11. Quand on a envie de regarder *CSI*
12. Quand on a froid

a. on prend un coca dans le frigo.
b. on ouvre une fenêtre.
c. on allume la télé.
d. on prend un pull-over dans le placar
e. on va dans la salle de bain.
f. on prépare un sandwich dans la cuis
g. on se couche dans son lit.
h. on va dans la salle à manger.
i. on dîne dans la salle à manger.
j. on s'endort devant la télé.
k. on prend un café chaud dans la cuis
l. on va aux étagères.

A.5.2 Qu'est-ce que vous faites ?

Faites une phrase complète en utilisant *avoir* + le mot donné et (a) "je vais dans" + une pièce ou (b) "j'utilise" + un objet.

Exemple: faim   Quand j'ai faim, je vais dans la cuisine.

1. soif
2. chaud
3. sommeil
4. froid

5. envie d'étudier
6. envie de regarder la télé
7. besoin de me reposer
8. besoin de manger

A.5.3 Vérité ou mensonge ?

 Avec un partenaire, parlez de votre famille. Vos phrases peuvent être vraies ou fausses. Votre partenaire dit "Je pense que c'est vrai" ou "Je pense que c'est faux." Vous dites, "Tu as raison" ou "Tu as tort."

Exemple :

> **A:** Ma mère a 67 ans.
> **B:** Je pense que c'est faux.
> **A:** Tu as raison ! C'est faux, elle a en réalité 47 ans.
> **B:** Mon père a les cheveux longs.
> **A:** Je pense que c'est faux.
> **B:** Tu as tort ! Il a vraiment les cheveux longs.

A.5.4 Et toi ?

 Posez les questions à votre partenaire. Changez de rôle au milieu de l'exercice.

1. **A:** As-tu de la chance, en général ?

B: [Réponse] ... Et toi ?

2. **A:** Dans ta famille, qui a froid le plus souvent ?

B: [Réponse] ... Et dans ta famille ?

3. **A:** Quand tu as soif, qu'est-ce que tu aimes prendre ?

B: [Réponse] ... Et toi ?

4. **A:** Est-ce que tu as sommeil dans la classe de français ?

B: [Réponse] ... Et toi ?

5. **B:** Est-ce que tes parents ont envie d'une plus grande maison ?

A: [Réponse] ... Et tes parents ?

6. **B:** Est-ce que tu as envie de regarder la télé ce week-end ?

A: [Réponse] ... Et toi ?

7. **B:** Est-ce que tu as normalement chaud en septembre ?

A: [Réponse] ... Et toi ?

8. **B:** Est-ce que ta famille a besoin d'une nouvelle voiture ?

A: [Réponse] ... Et ta famille ?

A.6 Résumé

Les activités dans cette section sont un résumé de tout ce que vous avez appris dans le chapitre. Regardez les "objectifs" du chapitre à la page 73. Ces activités vous permettent de prouver vos capacités à faire tous ces objectifs !

A.6.1 Résumé : Vingt questions

Choisissez une personne célèbre. Informez-vous sur les détails de sa vie (date de naissance, nationalité, lieu de naissance), sur sa description physique, et sur sa personnalité. Les autres personnes dans votre groupe posent 20 questions pour essayer de trouver l'identité de cette personne.

A.6.2 Composition : La personne de ma famille que j'admire le plus

Qui est la personne de votre famille que vous admirez le plus ? Donnez une description orale ou écrite de cette personne. Si c'est possible, expliquez pourquoi vous admirez cette personne.

c / Un chien parisien devant une fenêtre

A.6.3 Résumé : C'est à qui ?

Faites une liste de 10 objets dans votre chambre et de dix objets dans la chambre d'un membre de votre famille. Donnez une description de vous-même et de l'autre personne. Ensuite, nommez les choses sur la liste. Votre partenaire va dire s'il pense que chaque objet est à vous ou à l'autre personne.

Exemple :

Ma soeur est artiste. Elle est grande, belle, et brune. Elle est très organisée. Elle est mariée, mais elle n'a pas d'enfants. Elle a un chien qui s'appelle Luca.
Je suis professeur de français. Je suis petite et brune. Je suis très désorganisée. Je suis mariée et j'ai deux enfants. Je n'ai pas d'animaux.
Est-ce que c'est dans ma chambre ou dans sa chambre ?

1. un bol d'eau
2. une poupée
3. une robe de jeune fille
4. un livre de français
5. beaucoup de tableaux
6. beaucoup de papiers

  Maintenant, c'est à vous ! Préparez votre liste, et faites l'exercice avec votre partenaire.

A.6.4 Résumé : Dialogue – l'appartement

 Avec un(e) partenaire, préparez un dialogue pour une des situations suivantes.

1. Vous **louez** un appartement **meublé**. Vous téléphonez au **propriétaire** pour plus d'informations. Imaginez la conversation.

2. Votre famille désire changer d'appartement. Vous visitez un nouvel appartement **meublé** avec un membre de votre famille. Parlez de ce que vous aimez et de ce que vous n'aimez pas.

3. Vous avez besoin d'un **camarade de chambre** pour **partager** le loyer. Une personne téléphone pour plus d'informations. Quelles questions pose-t-elle ? Quelles questions posez-vous ? Quelles informations désirez-vous obtenir sur cette personne ?

A.6.5 Activité culturelle : qui suis-je ?

Ecrivez 6 mots qui donnent une idée de qui vous êtes - des adjectifs descriptifs ou des substantifs qui définissent votre identité. Dans des groupes de 4, expliquez pourquoi vous avez choisi ces mots et pourquoi ce sont les aspects les plus importants de votre "définition" de vous-même.

Mini-Vocabulaire:

louer	to rent
le loyer	the rent
propriétaire	owner
meublé	furnished
camarade de chambre	roommate
partager	share

A.7 Vocabulaire français-anglais

Les possessions

le classeur	[lə kla sœr]	binder
la clé	[la kle]	key
la fiche	[la fiʃ]	3x5 card
le lecteur de DVD	[lə lɛk tœr də de ve de]	DVD player
le magnétoscope	[lə ma ɲɛ tɔ skɔp]	VCR
l'ordinateur	[lɔr di na tœr]	computer
la photo	[fo to]	photo
le porte-clés	[lə pɔr tə kle]	key-ring
le portefeuille	[lə pɔr tə fœj]	wallet
la radio	[la ra djo]	radio
le radiocassette	[lə ra djo ka sɛt]	boom box
le radio-réveil	[lə ra djo re vɛj]	clock-radio
le réveil	[lə re vɛj]	alarm clock
le téléphone portable	[lə te le fɔn pɔr ta blə]	cell phone
la voiture	[la vwa tyr]	car

Les couleurs

blanc(he)	[blɑ̃] [blɑ̃ʃ]	white
bleu(e)	[blø]	blue
brun	[brœ̃] [bryn]	brown
gris(e)	[gri] [griz]	gray
jaune	[ʒon]	yellow
marron	[ma rɔ̃]	brown
noir(e)	[nwar]	black
orange	[ɔ rɑ̃ʒ]	orange
rose	[roz]	pink
rouge	[ruʒ]	red
vert(e)	[vɛr] [vɛrt]	green
violet(te)	[vjɔ lɛ] [lɛt]	purple

Les nationalités

africain(e)	[a fri kɛ̃] [kɛn]	African
allemand(e)	[al mɑ̃] [mɑ̃d]	German
anglais(e)	[ɑ̃ glɛ] [glɛz]	English
américain(e)	[a me ri kɛ̃] [kɛn]	American
arménien	[ar me njɛ̃] [njɛn]	Armenian
chinois(e)	[ʃi nwa] [nwaz]	Chinese
grec(que)	[grɛk]	Greek
japonais(e)	[ʒa pɔ nɛ] [nɛz]	Japanese
mexicain(e)	[mɛk si kɛ̃] [kɛn]	Mexican
nicaraguayen(ne)	[ni ka ra gwa jɛ̃] [jɛn]	Nicaraguan
salvadorien(ne)	[sal va dɔ rjɛ̃] [rjɛn]	Salvadorean
thaïlandais(e)	[ta ji lɑ̃ dɛ] [dɛz]	Thai
turc(que)	[tyrk]	Turkish
vietnamien(ne)	[vjɛt na mjɛ̃] [mjɛn]	Vietnamese

Adjectifs

lourd(e)	[lur] [lurd]	heavy
léger (légère)	[le ʒe] [le ʒɛr]	light
cher (chère)	[ʃer]	expensive
pas cher	[pa ʃer]	inexpensive
facile	[fa sil]	easy
difficile	[di fi sil]	difficult
gentil(le)	[ʒɑ̃ tij]	nice
grand(e)	[grɑ̃] [grɑ̃d]	large (things); tall (people)
petit(e)	[pə ti] [pə tit]	small (things); short (people)
brun(e)	[brœ̃] [bryn]	brown-haired
blond(e)	[blɔ̃] [blɔ̃d]	blond
chauve	[ʃov]	bald
mince	[mɛ̃s]	thin
fort(e)	[fɔr] [fɔrt]	strong; hefty
moyen(ne)	[mwa jɛ̃] [jɛn]	average
généreux(se)	[ʒe ne rø] [røz]	generous
égoïste	[e go ist]	selfish
sévère	[se vɛr]	strict
honnête	[ɔ nɛt]	honest
têtu(e)	[tɛ ty]	stubborn
froid(e)	[frwa] [frwad]	cold; reserved
chaleureux(se)	[ʃa lœ rø] [røz]	warm; friendly
méchant(e)	[me ʃɑ̃] [ʃɑ̃t]	mean
bizarre	[bi zar]	weird

Aussi :

les cheveux noirs	[le ʃə vø nwar]	black hair
les cheveux longs	[le ʃə vø lɔ̃]	long hair
les cheveux courts	[le ʃə vø kur]	short hair
les cheveux bouclés	[le ʃə vø bu kle]	curly hair
les cheveux raides	[le ʃə vø rɛd]	straight hair
les yeux verts	[le zjø vɛr]	green eyes

Expressions idiomatiques avec avoir

avoir X ans	[a vwar … ɑ̃]	to be X years old
avoir besoin de	[a vwar bə zwɛ̃ də]	to need
avoir chaud	[a vwar ʃo]	to be hot
avoir envie de	[a vwar ɑ̃ vi də]	to want
avoir faim	[a vwar fɛ̃]	to be hungry
avoir froid	[a vwar frwa]	to be cold
avoir raison	[a vwar rɛ zɔ̃]	to be right
avoir soif	[a vwar swaf]	to be thirsty
avoir sommeil	[a vwar sɔ mɛj]	to be sleepy
avoir tort	[a vwar tɔr]	to be wrong
avoir l'air	[a vwar lɛr]	to look, to seem

La famille

la famille	[fa mij]	family
nucléaire	[ny kle ɛr]	nuclear
élargie	[e lar ʒi]	extended
âgé(e)	[a ʒe]	old
le beau-père	[bo pɛr]	father-in-law; stepfather
la belle-mère	[bɛl mɛr]	mother-in-law; stepmother
célibataire	[se li ba tɛr]	single
le copain	[kɔ pɛ̃]	boyfriend
la copine	[kɔ pin]	girlfriend
le/la cousin(e)	[ku zɛ̃] [zin]	cousin
divorcé(e)	[di vɔr se]	divorced
l'enfant (m./f.)	[ɑ̃ fɑ̃]	child
la femme	[fam]	wife (woman)
la fille	[fij]	daughter
le fils	[fis]	son
le frère	[frɛr]	brother
les grands-parents (m.)	[grɑ̃ pa rɑ̃]	grandparents
le grand-père	[grɑ̃ pɛr]	grandfather
la grand-mère	[grɑ̃ mɛr]	grandmother
jeune	[ʒœn]	young
le mari	[ma ri]	husband
marié(e)	[ma rje]	married
la mère	[mɛr]	mother
le neveu	[nə vø]	nephew
la nièce	[njɛs]	niece
l'oncle	[ɔ̃ klə]	uncle
le parent	[pa rɑ̃]	parent; relative
le père	[pɛr]	father
le petit-enfant	[pə ti tɑ̃ fɑ̃]	grandchild
le petit-fils	[pə ti fis]	grandson
la petite-fille	[pə tit fij]	granddaughter
la soeur	[sœr]	sister
la tante	[tɑ̃t]	aunt

La maison

la baignoire	[bɛ ɲwar]	bathtub
le canapé	[ka na pe]	sofa
la cave	[kav]	basement
la chambre	[ʃã brə]	bedroom
la chambre à coucher	[ʃã bra ku ʃe]	bedroom
la commode	[kɔ mɔd]	dresser
la cuisine	[kɥi zin]	kitchen
la cuisinière	[kɥi zi njɛr]	stove
la douche	[duʃ]	shower
l'escalier (m.)	[ɛ ska lje]	stairs
l'étage (m.)	[e taʒ]	floor (first, second, etc.)
l'étagère (f.)	[e ta ʒɛr]	shelf
l'évier (m.)	[e vje]	(kitchen) sink
le fauteuil	[fo tœj]	armchair
le four	[fur]	oven
le frigo	[fri go]	fridge
le grenier	[grə nje]	attic
la lampe	[lãp]	lamp
le lavabo	[la va bo]	(bathroom) sink
le lit	[li]	bed
le miroir	[mi rwar]	mirror
la pièce	[pjɛs]	room
le placard	[pla kar]	cupboard/closet
le rez-de-chaussée	[rɛd ʃo se]	ground floor
le réfrigérateur	[re fri ʒe ra tœr]	refrigerator
la salle	[sal]	room
la salle à manger	[a mã ʒe]	dining room
la salle de bain(s)	[də bɛ̃]	bathroom (with bath)
la salle de séjour	[də se ʒur]	living room
le salon	[sa lɔ̃]	living room
la table	[tabl]	table
le tableau	[ta blo]	painting
la télé	[te le]	TV
le téléviseur	[te le vi zœr]	television (set)
les toilettes	[twa lɛt]	bathroom (with toilet)
les W.C.	[ve se]	bathroom (with toilet)

B Grammar

B.1 Definite and indefinite articles

Reminder: gender = masculine or feminine; number = singular or plural. For further help with grammatical terminology, see the appendix.

In chapter one (B.5, page 42), we learned the forms of the **definite** articles in French. We remember that definite articles (le, la, les) must agree in gender and number with the noun they modify. The second type of articles we must learn in French are the **indefinite** articles. These correspond to the English **a (an)** (singular) and **some** (plural). Just like the definite articles, there are different forms of the indefinite article for masculine, feminine, and plural.

	singulier	*pluriel*
masculin	un [œ̃] or [ɛ̃]	des [de]
féminin	une [yn]	des [de]

- The singular form, *un/une*, is the same as the number "one." There is no difference in French between "I have one brother" and "I have a brother." (*J'ai un frère.*)

- There are two possible pronunciations for *un*. There is a fourth nasal sound in French ([œ̃]), traditionally used only for these letters "un" (or "um"). However, most places in France have lost this pronunciation and most French pronounce *un* as [ɛ̃], just like the letters "in," as in *cinq*. Speakers in some countries such as Belgium preserve the difference. We will use the traditional sound for the IPA transcription. Which pronunciation does your teacher use?

- Before a word beginning with a vowel, the "n" of *un* makes liaison with the next word: *un homme* is pronounced [œ̃ nɔm].

- In English, we often omit the article in the plural. For example, we might say "I have cats" instead of "I have some cats." In French, however, an article is almost always necessary.

The names **definite** and **indefinite** explain the basic differences between these two sets of articles. The **definite** articles refer to a specific object, "defined" in the speaker's mind as the only one, or the most important one, or the one whose context is clear. The **indefinite** articles refer to one thing among many; it is not specific, it is an "undefined" object. Consider these examples:

Donnez-moi un stylo.	Give me a pen. (Any pen is fine.)
Donnez-moi le stylo.	Give me the pen. (You see a pen and ask for it.)

In French, as in most languages, speakers often abbreviate words or phrases. In English, we say "the cell phone" instead of "the cellular telephone"; in French, one can say "le portable" instead of "le téléphone portable."

| Voici un téléphone portable. | Here is a cell phone. (Someone hands another person a cell phone). |
| Voici le téléphone portable. | Here is the cell phone. (Someone finds their own cell phone in their house). |

In most cases, if you would say "the" something in English, you will use the definite article in French; if you would say "a" something in English, you will use the indefinite article in French.

B.1.1 Definite and indefinite articles

If a noun is masculine, it is always masculine. Therefore, a masculine noun always uses the masculine article and a feminine noun always uses a feminine article.

	definite	*indefinite*
masculine singular	le / l'	un
feminine singular	la / l'	une
masculine or feminine plural	les	des

Change each definite article below to the correct indefinite article, based on the gender and number of the noun (rewrite the noun for practice).

1. le sac _____
2. la craie _____
3. le stylo _____
4. les chaises _____
5. le professeur _____
6. les étudiantes _____
7. le tableau _____
8. la porte _____

B.1.2 Indefinite articles

Here, try to give the correct indefinite article by remembering the gender of the noun. After checking your answers, say these aloud for practice – the more you hear a word with the correct article, the more it will sound "right" to you and the easier it will be to remember. Remember that if a word is plural, there is no difference between the masculine and feminine articles.

1. _____ livre
2. _____ fenêtre
3. _____ affiche
4. _____ murs
5. _____ devoirs
6. _____ carte téléphonique
7. _____ papiers
8. _____ cahier
9. _____ étudiante
10. _____ étudiant
11. _____ crayon
12. _____ pupitre

B.2 Possession and Definite and Indefinite Articles

Another way to define an object is to specify to whom it belongs. We might indicate a random book by saying, for instance:

English	French
Here is a book.	Voici un livre.

or we can specify which book(s) by saying

English	French
Here is Claire's book.	Voici le livre de Claire.
It's Claire's book.	C'est le livre de Claire.
They're Claire's books.	Ce sont les livres de Claire.

Since the book is now a definite, specific one, the article changes from *un livre* ("a book") to *le livre* ("the book"). It is not just any book, but Claire's book, or, literally, in French, "the book of Claire."

B.2.1 Whose is this anyway?

A number of (American) friends have come over to your house to watch videos. They piled all their stuff on your bed, but a lot of it has fallen off and gotten mixed up. As you name each object, someone tells you that it belongs to the person whose name is indicated in parentheses. Pay attention to whether the verb should be in the singular or plural.

Exemple: Voici un sac bleu. (Lydia)   C'est le sac de Lydia.

Voici des livres. (Hamid)   Ce sont les livres de Hamid.

1. Voici un portable. (José)

2. Voici un sac à dos brun. (Manuel)

3. Voici une clé de voiture. (Aaron)

4. Voici un cahier rouge. (Maria)

5. Voici des CD. (Valérie)

6. Voici des livres de français. (Paul)

7. Voici un journal. (Leticia)

8. Voici un stylo violet. (Ann)

9. Voici des crayons. (Cuong)

10. Voici une feuille de papier. (Lashonda)

Students are often fooled by the many similarities between French and English into thinking that these two languages are closely related. In fact, unlike French, which is a Romance language descended from Latin, English is a Germanic language and belongs to the same family as German. English vocabulary is very similar to French vocabulary primarily because the Normans (from Normandy, on the west coast of France) invaded England in 1066 and imposed French as the court language. For several hundred years, French was spoken by the English aristocracy, courts, and intelligentsia. During this period, many French words of Latin origin were adopted into English. However, in its grammatical structures, English is often quite different from French. A good case in point is the apostrophe-s ('s) used in English to indicate possession. In the Romance languages, no such structure exists. To say "Claire's book" in French, we must say *le livre de Claire*.

B.3 Prépositions de lieu - Prepositions of location

Prepositions are small words that indicate the relationship of one thing to another. Some of the most useful prepositions are the *prépositions de lieu*, or the prepositions of place. The *prépositions de lieu* are also some of the easiest prepositions to use properly, because their usage in French is very similar to their usage in English. Here are some of the most common *prépositions de lieu*. Some of them you have already seen in chapter one.

Mini-Vocabulaire:

sur	[syr]	on, upon, on top of
sous	[su]	under, beneath
dans	[dɑ̃]	in, inside
à côté de	[a ko te də]	next to
en face de	[ɑ̃ fas də]	facing
devant	[də vɑ̃]	before, in front of
derrière	[dɛ rjɛr]	behind, in back of
à gauche de	[a goʃ də]	to the left of
à droite de	[a drwat də]	to the right of
entre	[ɑ̃ trə]	between
près de	[prɛ də]	near, close to
loin de	[lwɛ̃ də	far from
chez	[ʃe]	at the house of
à	[a]	to, at, in, on

It is true that sometimes, different *prépositions de lieu* are used in French than might seem logical to you; these are idiomatic expressions that you will learn as you go along in your French studies. For example, to say "on page 3," one says *à la page 3*; to say "in the picture," one says *sur la photo*. You should note that the two most common prepositions in French, *à* and *de*, have many meanings and will sometimes surprise you. *À* means "to" or "at," but also "in." *De* means "of" or "from" and is used in many compound prepositions, such as *à gauche de* ("to the left of") or *à côté de* ("next to," literally "at the side of"). In the vast majority of cases, the above prepositions will be used just as you would use them in English.

We have included here the preposition *chez*. Chez means "at the house of," "at the place of." It is a preposition, not a noun, and it does NOT mean "house." *Chez* can be followed with a noun, a name, or a stressed pronoun. *Chez le docteur*, for example, would usually mean "at the doctor's office." *Chez Georges* means "at George's house" and *chez toi* means "at your house."

A final note: the preposition *de* combines with *le* to make *du* (*de* + *le* = *du*) and with *les* to make *des* (*de* + *les* = *des*). We will practice this contraction more in chapter 3, but you will see it occasionally in this chapter.

Regardez le dessin et complétez les phrases. *Faites la contraction obligatoire de + le = du, de + les = des.

1. La chaise est _____ le bureau.

2. La commode est _____ l'étagère et le lit.

3. Le tapis est _____ le lit.

4. Les livres sont _____ les étagères.

5. L'écran de l'ordinateur est _____ la chaise roulante.

6. La colonne de l'ordinateur est _____ le bureau.

7. L'affiche est _____ le bureau.

8. La corbeille est _____ le bureau.

9. Le lit est _____ *le bureau.

10. Les oreillers sont _____ le lit.

11. L'étagère est _____ la commode.

12. Les photos sont _____ la commode.

13. Le tableau est _____ l'affiche.

14. Les bouteilles sont _____ les photos.

B.3.2 L'organisation de ma chambre

Choose the logical preposition. Vocabulary from exercise B.3.1.

1. Mon téléphone portable est (dans / sur) mon sac à dos.

2. Mes pull-overs sont (dans / entre) la commode.

3. Mon tapis est (à gauche de / devant) ma porte.

4. Mon lit est (loin de / sous) ma douche.

5. Mon ordinateur est (derrière / sur) mon bureau.

6. Mes livres sont (sur / devant) mes étagères.

7. Ma porte est (en face de / sur) les fenêtres de ma chambre.

8. Ma corbeille est (près de / entre) mon bureau.

9. Mon armoire est (entre/ sous) mes étagères et mon commode.

10. Mon table de nuit est (à gauche de / sous) mon lit.

B.4 **The verb *avoir***

As we learned with the verb *être*, verbs must be **conjugated**, that is, placed in the proper form to agree with their subjects. If you use the wrong form of the verb, people may not understand you. Some students feel that as long as they can *say* the verb forms, they should not have to worry about *writing* them correctly; but (a) learning the spelling will make you more aware of the patterns involved and may help you to remember the forms more easily, and (b) learning to spell the verbs correctly from the start will give you a solid groundwork should you wish to go on and learn more French. It is always easier to learn something correctly the first time than to relearn it later!

Like *être*, the verb *avoir* ("to have") is an irregular verb. That means that its forms do not follow a regular pattern and must be memorized individually. (Unfortunately, the most common verbs are also the most irregular, because they are used so often that speakers of a language are less apt to change them over time to follow patterns as they do with less commonly used words.)

Here are the forms of *avoir* and their equivalents in English.

avoir [a vwar]		*to have*	
j'ai [ʒe]	nous avons [nu za võ]	I have	we have
tu as [ty a]	vous avez [vu za ve]	you have	you have
il a [i la]	ils ont [il zõ]	he/it has	they have
elle a [ɛ la]	elles ont[ɛl zõ]	she/it has	
on a [õ na]		one has	

- When the verb form begins with a vowel, *je* changes to *j'*. This elision always occurs when *je* precedes a vowel or silent h, just as it does with the definite articles *le* and *la*. Remember that when elision is made between two words, they are pronounced as one word, with no hesitation or pause between them.

- Note the liaison in the plural forms. In each case, the "s" of the pronoun is linked to the following vowel sound and pronounced like a [z]. When the letter "s" makes liaison, it is always pronounced as a [z]. This is an important point, since the only pronunciation difference between *ils sont* ("they are") and *ils ont* ("they have") is the s/z sound: *ils sont* = [il sɔ̃], *ils ont* = [il zɔ̃].

- Unlike *être*, the *nous* and *vous* forms of *avoir* have regular endings for the *nous* and *vous* forms of verbs. *Nous* forms almost always end in the letters -ons (the *only* exception is *être*), and *vous* forms almost always end in the letters -ez (there are only three exceptions).

- Note: this is the last time we will give you the English equivalents for each form of the verb. If you are still confused about what each French form means, please consult your professor.

Reminder: "elide" = to replace the final vowel with an apostrophe if the next word begins with a vowel, to perform "elision." Words you have learned so far that elide are *le*, *la*, and *je*. "Liaison" means pronouncing the last consonant of a word to connect it to the next word. Elision involves a spelling change; liaison involves only a pronunciation change.

B.4.1 Practice conjugation, *avoir*

Let's practice the conjugation by writing it out a few times. If your teacher has already demonstrated the correct pronunciation of the forms to you, please read the forms out loud to yourself as you write them. Refer to the IPA to refresh your memory of your teacher's model pronunciation. Remember to elide *je* before a vowel.

avoir	avoir	avoir
je	je	je
tu	tu	tu
il/elle	il/elle	il/elle
nous	nous	nous
vous	vous	vous
ils/elles	ils/elles	ils/elles

B.4.2 Verb endings, *avoir*

The last letters of the *tu*, *nous*, *vous*, and *ils* forms of the verb *avoir* are typical, although the forms themselves are unusual. Fill in the missing letters below to become more familiar with the typical endings for these forms.

j'ai	nous av	j'ai	nous av
tu a	vous av	tu a	vous av
il/elle a	ils/elles o	il/elle a	ils/elles o

This exercice contains some new words that you may not be able to guess from context. They are part of the vocabulary for this chapter and will be formally introduced in section A. They are included here to give you extra exposure to them, even if you do not yet recognize their meaning. If you want to know what they mean, you may look them up in the vocabulary list, but it is not necessary.

B.4.3 Conjugating *avoir*

Write the proper form of the verb *avoir* in each blank. Remember to elide *je* before a vowel.

Tous les étudiants ont des sacs à dos. Qu'est-ce qu'ils ont dans leurs sacs?

1. Je _____ deux livres et un cahier.

2. Marie _____ un sandwich.

3. Nous _____ des photos de notre famille.

4. Philippe _____ de l'argent.

5. Christine et Suzanne _____ des stylos.

6. Hélène _____ son téléphone portable.

7. Vous _____ des clés?

8. Je _____ une orange.

9. Georges et Marie _____ leurs portefeuilles.

10. Le professeur _____ les devoirs des étudiants.

11. Tu _____ ton devoir?

12. Paul et moi _____ nos billets pour le match.

B.5 Il y a

An important form of the verb *avoir* is the phrase *il y a*. *Il y a*, which derives from the form *il a* ("it is"), means "there is" or "there are." This expression never changes form, whether the item that follows it is singular (*il y a* meaning "there is") or plural (*il y a* meaning "there are").

French	English
Il y a un seul professeur dans chaque classe.	There is only one teacher in each class.
A cette université, il y a beaucoup d'étudiants.	There are many students at this university.

"Il y a" is often seen in questions:

French	English
Est-ce qu'il y a un médecin dans la salle?	Is there a doctor in the house?
Combien d'étudiants est-ce qu'il y a dans la classe?	How many students are in the class?
Qu'est-ce qu'il y a dans votre sac?	What is in your purse/ bag?

B.5.1 Questions et réponses - il y a

Répondez aux questions. Utilisez "il y a" dans votre réponse.

1. Est-ce qu'il y a des pupitres dans la salle de classe?

2. Est-ce qu'il y a des étudiants intelligents à cette université?

3. Est-ce qu'il y a une cafétéria à l'université?

4. Combien de fenêtres est-ce qu'il y a dans la salle de classe?

5. Combien de personnes est-ce qu'il y a dans votre famille?

6. Combien de personnes est-ce qu'il y a à Los Angeles?

7. Qu'est-ce qu'il y a dans votre sac?

8. Qu'est-ce qu'il y a dans la salle de classe?

9. Qu'est-ce qu'il y a sur votre bureau?

Il y a and *Voilà*

You have already seen the expression "voici" which means "here is." Its sister expression, "voilà" (a term often heard – and mispronounced! – in English) means "there is," but with a different meaning than "il y a." "Voilà" literally comes from the words for "look there!" and serves to point out someone or something. Often, you will see "le voilà," "la voilà," "les voilà," which mean "there he/it is!" "there she/it is!" "there they are!" respectively.

Note: some students find this distinction between "il y a" and "voilà" somewhat difficult; consult your teacher for extra help if needed.

"Il y a," on the other hand, means that something exists in a given place. Compare:

English	French
There is the teacher.	Voilà le professeur.
There is the museum.	Voilà le musée.
There is a desk in the classroom.	Il y a un bureau dans la salle de classe.
There are some books in my bag.	Il y a des livres dans mon sac.

These kinds of differences can be very tricky to a language learner. An English speaker might think that it does not matter which of these phrases she uses, because "they mean the same thing." But in fact, to a French speaker, they mean very different things, and it is only because the same words are used in English for two different meanings that they seem "the same" to an English speaker! Always remember, as you study French, that French is not a "copy" of English.

B.5.2 There it is!

Complete the sentences with "il y a" or "voilà" as appropriate according to the context.

1. Est-ce que le professeur est ici? La _____ !

2. _____ des devoirs sur le bureau du professeur.

3. Bonjour, les étudiants! _____ les devoirs.

4. Dans mon sac, _____ des livres et des cahiers.

5. Où sont les toilettes? Les _____ .

6. Est-ce qu' _____ un bon restaurant mexicain à Pasadena?

7. Je suis en retard! Ah, _____ le bus!

B.5.3 What's missing?

In the following exercise, the subject pronouns or verbs are missing. Consider the form of the verb or the subject given to fill in the missing word. If the subject is missing, figure out what it must be from the verb form; if the verb is missing, use the subject to come up with the proper form of the verb *avoir*.

Dans notre classe de français, il y _____ 30 étudiants. _____ y a 12 garçons et 18 filles. Nous _____ beaucoup de devoirs. Moi, _____ ai 3 autres cours, et je n' _____ pas toujours le temps de faire mes devoirs. Le professeur _____ beaucoup de patience. Deux de mes amis sont aussi dans cette classe. Ils _____ de bonnes notes. Et toi, quels cours as- _____ ce trimestre?

B.6 Possessive Adjectives

There are several ways to express possession in French. Using an apostrophe + s is NOT one of them! Two ways to indicate possession involve the prepositions *de* and *à*.

- First, as discussed earlier (section B.2), we can use *de* + a person's name or a noun identifying them after the object.

French	English
C'est la radio de Maryse.	It's Maryse's radio (= the radio of Maryse).
Je n'ai pas les clés de ma mère.	I don't have my mother's keys (=the keys of my mother).

- We can also use the expression *être à* + a name or a stressed pronoun. In this case, the object possessed is the subject of the sentence, then you have the correct form of the verb *être*, and then the *à* + a name or *à* + pronoun.

French	English
La radio est à Maryse.	It's Maryse's radio. (The radio is Maryse's).
Les clés sont à moi.	They are my keys. (The keys are mine).

Possessive Adjectives

Another way to indicate possession is by using a possessive adjective, the equivalent of "my," "her," "our," etc.

An adjective is a word that describes a noun. The adjectives we have seen thus far have been words that describe size, color, personality, etc. There are other kinds of adjectives, however. In all cases, an adjective gives us more information about a noun. If someone tells us to look at the big red car, that helps us pick out which car is being indicated.

A possessive adjective likewise gives us information about the noun it modifies. Possessive adjectives tell us who owns a given object. They must be used before the noun, much like an article.

French	English
Mon sac est bleu.	My purse is blue.
Ta mère s'appelle Renée.	Your mother is named Renée.
Son cahier est grand.	Her notebook is big. OR His notebook is big.

Since there are six different grammatical subjects in French, there are also six groups of possessive adjectives, depending on who possesses the item. The following table places the possessive adjectives next to the person they apply to.

singular subject pronouns	possessive adjectives	plural subject pronouns	possessive adjectives
je (I)	mon, ma, mes (my)	nous (we)	notre, nos (our)
tu (you)	ton, ta, tes (your)	vous (you)	votre, vos (your)
il, elle, on (he, she, it, one)	son, sa, ses (his, her, its, one's)	ils, elles (they)	leur, leurs (their)

The different forms of the possessive adjectives are necessary because they must agree with the noun they modify. Let us first look at the possessive adjectives used when the possessor is a single person.

The pronouns we learned i Chapter 1 are **subject pr nouns** – they are used whe they are the subject of a ser tence. The pronouns use after a preposition, howeve are another group known a "stressed" pronouns. You hav seen these in the phrases *che moi, chez toi*, etc.

moi	me
toi	you
lui	him
elle	her
nous	us
vous	you
eux	them (masc.)
elles	them (fem.)

My, your, his/her/its

	masculine singular object	feminine singular object	plural object
first person singular (my)	mon [mɔ̃]	ma [ma]	mes [me]
second person singular (your)	ton [tɔ̃]	ta [ta]	tes [te]
third person singular (his/her/its)	son [sɔ̃]	sa [sa]	ses [se]

- We can see from this table that we need to consider two things when deciding which possessive adjective to use. First, we must know **who** possesses the object.

- Next, we must know **the gender and number of the object possessed**. Like all other adjectives, **possessive adjectives agree with the noun the modify in gender (masculine/feminine) and number (singular/plural)**. This point is very important, and is sometimes hard for English speakers to understand. We say *mon livre (my book)* using the masculine form of the adjective because *livre* is masculine. It does not matter whether *I* am masculine or feminine, because the adjective agrees with the noun it describes (*livre*).

- You have already seen (with the elision of *je*, *le*, and *la* that French tries to avoid two vowels together in common combinations. In the case of the possessive adjectives, we do not see elision, but another common change: an alternate form for one of the adjectives. If the noun is feminine but begins with a vowel, instead of the "ma/ta/sa" form, we use the "mon/ton/son" form. This does not change the gender of the noun – it is simply for pronunciation reasons. If we put another word between the possessive adjective and the noun, and that word begins with a consonant, we would go back to using the usual feminine form. Observe:

French	English
Mon ami	My (male) friend
Mon amie	My (female) friend (cannot use "ma" since "amie" begins with a vowel)
Mon meilleur ami	My best (male) friend
Ma meilleure amie	My best (female) friend (consonant after "ma")

C'est à moi ou à toi?

 You have been playing with your cousin Hélène all day. Now you are cleaning up Hélène's room and sorting out what belongs to whom. Hélène shows you an object and you tell her whose it is. Follow the model.

Mini-Vocabulaire:

une poupée   [pu pe]   doll
une robe   [rɔb]   dress

les possessions d'Hélène	*tes possessions*
le sac rouge	le sac rose
le stylo bleu	le stylo noir
la poupée blonde	la poupée brune
la robe bleue	la robe violette
le jeu de Monopoly	les cartes
les cassettes	les CD

Exemple: Hélène dit: Voici un   C'est ton stylo bleu.
                 stylo bleu.

Hélène dit: Voici des   Ce sont mes cartes.
cartes.

1. Voici une robe violette.

2. Voici une poupée blonde.

3. Voici des CD.

4. Voici un sac rose.

5. Voici un jeu de Monopoly.

6. Voici des cassettes.

7. Voici une robe bleue.

8. Voici un stylo noir.

9. Voici une poupée brune.

10. Voici un sac rouge.

Notes on his, her, and its

- The idea that the possessive adjective agrees with the noun it describes is particularly important for the third person singular possessive adjectives. **There is no difference in French between his, her, and its.** "His mother," "her mother," and "its mother" (e.g. the dog's mother) are all "sa mère." This is because *mère* is feminine, so we must use the feminine form of the adjective. This is an extremely important point to remember: **it is not the gender and number of the possessor that determines the form of the possessive adjective; it is the gender and number of the object possessed.**

French	English
le sac	the bag (masculine)
son sac	his bag OR her bag
la chambre	the room (feminine)
sa chambre	his room OR her rom

- If you need to clarify "his" or "hers," you may add "à + pronoun" after the noun.

French	English
C'est son sac à elle.	It's her purse.
C'est son sac à lui.	It's his bag.

B.6.2 C'est à qui?

Rewrite the sentence using a possessive adjective. Follow the model.

Exemple:	Le livre est à moi.	C'est mon livre.
	Les affiches sont à Marie.	Ce sont ses affiches.

1. Le radiocassette est à moi.
2. La voiture est à Eliane.
3. L'ordinateur est à Crystal.
4. Le livre est à toi.
5. Les CD sont à Marc.
6. La radio est à moi.
7. La maison est à Paul.
8. Les devoirs sont à toi.

B.6.3 C'est à toi ou à lui?

You are helping your friend Amélie clean house after her breakup with her boyfriend. You are not always sure which things are hers and which are her boyfriend's. You ask her about different objects, and she responds. Follow the model.

les possessions d'Amélie	*les possessions de Julien*
le téléphone portable	les CD des Nubians
le cahier noir	le livre de maths
les fiches de vocabulaire	l'affiche
la photo	la carte téléphonique
l'ordinateur portable	le walkman
la clé	la plante

Exemple:	Le cahier noir?	C'est mon cahier noir.
	les CD des Nubians?	Ce sont ses CD.

1. le livre de maths?
2. la carte téléphonique?
3. les fiches de vocabulaire?
4. le walkman?
5. la plante?
6. le téléphone portable?

7. l'affiche?

8. la clé?

9. l'ordinateur?

10. la photo?

Our, your, their

When items are owned by more than one person, the forms of the possessive adjectives are somewhat easier. Here, there are only two forms: one if the item possessed is singular, another if it is plural.

	singular object	plural object
first person plural (our)	notre [nɔtr]	nos [no]
second person plural (your)	votre [vɔtr]	vos [vo]
third person plural (their)	leur [lœr]	leurs [lœr]

- Remember that the final -s is usually silent in French. Whereas English speakers listen for that final -s to tell whether a noun is plural, French speakers instead listen to the form of the article. The possessive adjectives, like the indefinite and definite articles, signal the difference between singular and plural. *Notre voiture* ([nɔ trə vwa tyr]) means one car; *nos voitures* ([no vwa tyr]) means more than one car.

- The exception to this is in the third person plural – *leur voiture* ("their car") sounds exactly like *leurs voitures* ("their cars") – [lœr vwa tyr]. With *leur*, the only way you can hear the difference between a singular and plural possessed object is if the word following *leur(s)* begins with a vowel, in which case liaison (=pronouncing the final -s) occurs. For example, *leur ami* ([lœ ra mi]) sounds different from *leurs amis* ([lœr za mi]).

B.6.4 **C'est à vous?**

Your friends and you are cleaning up after a long study session. Answer the questions using a possessive adjective. Since a friend is asking you each question, treat *vous* as plural, changing it to *nous* and vice versa. Follow the model.

Exemple: Le livre est à vous?   Oui, c'est notre livre.
         Ces fiches sont à Benoît   Oui, ce sont leurs fiches.
         et à Audrey?

1. Les classeurs sont à vous?

2. L'ordinateur portable est à Alexandra et à François?

3. C'est votre clé?

4. Ces livres sont à nous?

5. C'est notre cahier?

6. Les magazines sont à tes soeurs?

In English, we put an -s on family names to make them plural. In French, however, they leave the name singular but use the plural articles: thus we say in French, "Les Martin," "Les Legrand," "Les Kouassi."

Mini-Vocabulaire:

crème solaire	sunblock
sac de couchage	sleeping bag
lunettes de soleil	sunglasses
maillot de bain	bathing suit
torche	flashlight
coquillages	seashells

7. Les notes sont à vous?

8. Les stylos rouges sont à tes parents?

B.6.5 Faire les bagages

The Martin, Legrand, and Kouassi families have been camping together. The Legrands had to return home unexpectedly, and the Martins and Kouassis are finding some of the Legrands' items mixed in with their own. Solange Martin shows two items to Yasmine Kouassi, who then tells her to whom each item belongs. Note: what belongs to the Kouassis will be "notre/nos", what belongs to the Martins "votre/vos", and what belongs to the Legrands "leur/leurs". Follow the model.

Les Martin	*Les Legrand*	*Les Kouassi*
le shampooing	la crème solaire	le sac de couchage
les livres	la tente	les souvenirs de vacances
le maillot de bain	les hamsters	la torche
les coquillages	les feuilles rouges	les lunettes de soleil

Exemple: **Solange Martin montre:** | | **Yasmine Kouassi dit:**

Les feuilles et la torche.

Ce sont leurs feuilles et notre torche.

1. Les souvenirs de vacances et le sac de couchage.

2. Le maillot de bain et les lunettes de soleil.

3. Les coquillages et la crème solaire.

4. Les hamsters et le shampooing

5. La tente et les livres.

B.7 Simple Negation

To make a sentence negative in French, we put *ne ... pas* around the verb. The *ne* is placed before the verb, and the *pas* after it.

French	*English*
Je suis intelligente.	I am intelligent.
Je ne suis pas stupide.	I am not stupid.
Abdul est grand.	Abdul is tall.
Abdul n'est pas petit.	Abdul is not short.

- Note that "ne" elides if the following word begins with a vowel. As in all cases of elision, this change is obligatory.

- Note: the negative of *il y a* is *il n'y a pas*.

B.7.1 Non!

Contradict each of the following sentences. Use a negative construction.

Exemple: Je suis stupide.　　　　Je ne suis pas stupide!

1. Dominique est grand.
2. Pascale est petite.
3. Jérémy est intelligent.
4. J'ai trois voitures.
5. Nous avons cinq chiens.
6. Marthe est étudiante.
7. David et Loïc sont travailleurs.
8. Tu es riche.

B.7.2 In other words

Write a negative sentence that conveys a similar meaning to the affirmative sentence. To do this, you will have to make the verb negative, and change the adjective or noun after the verb.

Exemple: Je suis patiente.　　　　Je ne suis pas impatiente.

Marc a 3 livres.　　　　Il n'a pas 2 livres.

1. Je suis intelligent.
2. George Bush est américain.
3. Nous sommes étudiants.
4. Jean-Luc est paresseux.
5. Mireille va bien.
6. Le professeur a les devoirs.
7. Tu es active.
8. Mes amis ont quatre cours.

Negative before indefinite articles

When a negative occurs before an indefinite article, the indefinite article (*un, une, des*) must be changed to *de*. *De* elides to *d'* before a vowel. Compare:

J'ai un sac.	Je n'ai pas de sac.
Ils ont des billets pour le match.	Ils n'ont pas de billets pour le match.
Il y a une pendule au mur.	Il n'y a pas de pendule au mur.
Elle a des amis en France.	Elle n'a pas d'amis en France.

The only exception to this is if the verb is *être*. After *être* in the negative, the indefinite article remains unchanged.

We can now complete the list of words that undergo elision (elision = losing the final vowel before a following word beginning with a vowel): it includes the definite articles *le* and *la*, the pronouns *ce, je, me, te*, and *se*, the preposition *de*, the conjunction *que*, and the negative *ne*. Note that words that elide are all one syllable words ending in -e, except for *la*.

Je suis un étudiant paresseux.	Je ne suis pas un étudiant paresseux.
Qu'est-ce que c'est? C'est un chien?	Ce n'est pas un chien; c'est un chat.

The definite article (*le*, *la*, *les*) does not change after a negative.

Georges a le livre.	Georges n'a pas le livre.
Christine déteste les sandwichs.	Christine ne déteste pas les sandwichs.

To summarize: the definite article does not change after a negative. The indefinite article changes to *de* after a negative, unless the negative verb is *être*.

B.7.3 Qu'est-ce qu'il y a sur la photo?

Read the passage and underline the negatives. Then circle the places where *de* or *d'* replaces *un*, *une*, or *des* after a negative.

Eric et Richard regardent une photo dans le journal.
Eric: Qu'est-ce que c'est?
Richard: C'est une photo de Claude avec un chien.
Eric: Ce n'est pas Claude, c'est Pascal, l'étudiant qui a une mère américaine et un père français.
Richard: Pascal a un père américain, mais sa mère n'est pas américaine.
Eric: C'est le chien de Pascal dans la photo?
Richard: Non, Pascal n'a pas de chien. Ils n'ont pas d'animaux du tout.
Eric: C'est qui l'étudiant avec Pascal?
Richard: Je ne sais pas. C'est un ami de Pascal.
Eric: Ce n'est pas un ami de Pascal. Il n'a pas d'amis! Il est trop égoïste.

B.7.4 Ah non, ce n'est pas vrai!

Change the affirmative sentences to negative sentences. Change the form of the article if necessary.

1. Il y a des chaises dans la salle de classe.

2. Madame Leblanc est le professeur.

3. J'ai un ordinateur.

4. Mes parents ont des amis en France.

5. Les étudiants ont des stylos dans leur sac.

6. Marie a une fenêtre dans sa chambre.

7. Louis a des livres.

8. Claude a un téléphone portable.

Idiomatic Expressions with *avoir*

French grammar is similar to English grammar in many ways. In many cases, if we understand each word in a sentence, we can translate them one by one into English and understand it perfectly. Most of the sentences we have formed thus far fall into this category. However, every language also has a great number of idiomatic expressions – these are phrases that are always said in a certain way in one language, but do not correspond word-for-word to the other language. For example, you have already encountered the phrases *Je m'appelle* and *Comment vas-tu?* Word-for-word, these sentences translate into English as "I myself call" and "How go-you?", but they are in fact equivalent to the English "My name is" and "How are you?". If you were to take the French words for "How" "are" and "you" and put them in a sentence one at a time, you would get *Comment es-tu?*, which means not "How are you?" but "What are you like?"

Therefore, while a great deal of learning a language consists in learning vocabulary, you will not always be able to learn this vocabulary word-by-word. In the case of idiomatic expressions, you will have to learn the meaning of an entire expression in one piece.

The verb *avoir* is used in many idiomatic expressions in French.

Avoir + âge

A very important idiomatic use of *avoir* is to express age. Whereas in English we use the verb "to be" for this purpose, French uses the verb *avoir*.

Questions used to ask someone's age are, for example,

French	*English*
Quel âge avez-vous?	How old are you?
Quel âge as-tu?	How old are you?
Quel âge a-t-il?	How old is he?
Quel âge a ta mère?	How old is your mother?

The answer also uses *avoir*, for example,

French	*English*
J'ai dix-huit ans.	I am eighteen.
Il a dix mois.	He is ten months old.
Ma mère a cinquante ans.	My mother is fifty.

- Notice that you must use the word *ans* ("years") (or in rare cases, *mois*, "months"), because otherwise you are simply saying "I have 18," and you must say what you have 18 of!

B.8.1 Qui a quel âge?

Read the following sentences, then fill in the blank with the most logical name.

Monsieur Pernel est très âgé.
Jacques Witta est encore à l'école élémentaire.
Caroline est adolescente.
Naima est grand-mère.
Hans est étudiant à l'université.
Jean-Luc a trois enfants (Julia 13 ans, Amélie 11 ans, Christophe 7 ans).

1. _____ a 19 ans.   4. _____ a 14 ans.

2. _____ a 98 ans.   5. _____ a 65 ans.

3. _____ a 41 ans.   6. _____ a 9 ans.

B.8.2 Quel âge ont-ils?

Read when the following people were born, and then tell how old they each are as of December 31, 2006.

1. Manuela est née le 8 août, 2000. Elle _____

2. Stéphane est né le 18 janvier, 1997. Il _____

3. Raja est né le 7 juillet 1980. Il _____

4. Mme Fuji est née le 23 mars, 1976. Elle _____

5. Mes frères sont nés le 3 avril, 1962. Ils _____

6. Je suis née le 19 février, 1965. Tu _____

7. Vous êtes nés en 1986. Nous _____

8. Maryse est née le 11 décembre, 1982. Elle _____

9. Nous sommes nés en 1940. Vous _____

B.9 Idiomatic Expressions with *avoir*

In addition to *avoir* + age, there are a number of other idiomatic expressions using *avoir*. In each of them, you conjugate the verb *avoir* to match the subject.

Usually, students will quickly learn to *recognize* expressions such as *j'ai froid, j'ai de la chance, j'ai sommeil*, but it is much harder for beginning speakers to use them correctly. The more you hear and use them, however, the more natural they will come to seem to you. Language learners are often told not to translate to or from their native language, but a certain amount of translation is inevitable in the early stages of learning a new language. The trick is to realize (through practice) when you cannot translate literally and must use an entire phrase as one unit, without stopping to consider what each word means. Try to remember to think of the entire *avoir* + noun phrase as its English equivalent, and not get stuck on the fact that a different verb (such as "to be") is used in English.

Physical Conditions

Avoir is used in many expressions that describe physical conditions. Whereas in English, we say "I *am* cold, I *am* hungry, I *am* sleepy," in French these expressions use *avoir* instead of *être*, and the verb is followed by a noun, not an adjective. What you say in French literally (word-for-word) translates into English as, "I have cold," "I have hunger," "I have sleepiness."

Some idiomatic expressions using *avoir* that describe physical conditions include:

Mini-Vocabulaire:

avoir faim	[a vwar fɛ̃]	to be hungry
avoir soif	[a vwar swaf]	to be thirsty
avoir sommeil	[a vwar sɔ mɛj]	to be sleepy
avoir froid	[a vwar frwa]	to be cold
avoir chaud	[a vwar ʃo]	to be hot

To use these expressions, or any idiomatic expression using *avoir*, you must conjugate the verb to match the subject. Note that since the words after *avoir* are nouns and not adjectives, they do not change in any way.

French	*English*
Il a faim.	He is hungry.
Elles ont soif.	They are thirsty.
J'ai toujours froid.	I am always cold.

B.9.1 **Les conditions physiques**

Using *avoir faim, avoir soif, avoir sommeil, avoir froid,* or *avoir chaud,* complete the sentence logically. Conjugate the verb. Watch for elision.

1. Je participe au marathon de Los Angeles – je _____

   minuit = midnight
   plage = beach
   juillet = July

2. Nous sommes dans le désert du Sahara. Nous _____

3. Karl est au pôle nord en décembre. Il _____ .

4. Il n'y a pas de steak dans le frigo. Mes frères _____ .

5. Il est minuit. Est-ce que tu _____ ?

6. Tu as quatre sandwichs parce que tu _____ .

7. Ma mère a une eau minérale parce qu'elle _____ .

8. La fenêtre est ouverte en décembre. Vous _____ .

9. J'ai un devoir sur un livre d'anglais qui n'est pas intéressant! Je _____ .

10. Les cousines sont à la plage en juillet. Elles _____ .

As you may have noticed in activity A.2.9, *avoir* is also used with certain expressions describing parts of the body:

French	English
Elle a les cheveux longs.	She has long hair.
J'ai les yeux bruns.	I have brown eyes.
Il a les cheveux blonds.	He has blond hair.

It is very common for French speakers to use these expressions.

Avoir raison et avoir tort

"To be right" and "to be wrong" are *avoir raison* and *avoir tort* in French. These expressions have both literal and ethical or moral connotations in French, just as they do in English. Compare:

French	English
2+2=4? Tu as raison!	2+2=4? You're right!
Elle a tort. Bill Clinton n'est pas le président.	She's wrong. Bill Clinton is not the president.
Tu as raison de parler français en classe.	You're right (you do well) to speak French in class.
Il a tort de ne pas écrire à sa grand-mère.	He is wrong (he does badly) not to write to his grandmother.

B.9.2 **Raison ou tort?**

The verb used at the beginning of each sentence is the verb *dire*, "to say" or "to tell." This verb is irregular and you will learn it in a later chapter. Its forms are
je dis   nous disons
tu dis   vous dites
il dit   ils disent
Mini-Vocabulaire:
nous allons we're going to
avant before

Respond to each person's statement by saying whether they are right or wrong. Conjugate the verb *avoir* correctly to correspond to the subject (the person you are talking to or about). If the person's assertion is wrong, give the correct fact.

Exemple: **Je dis**: Nice est la capitale de la France.   Tu as tort. Paris est la capitale de la France.

1. Georges dit: 17-14=3.

2. Mes parents disent: Le français est une belle langue.

3. Je dis: Jennifer Lopez est blonde.

4. Nous disons: "Pièce" veut dire "kitchen."

5. Marie dit: L'Algérie est en Europe.

6. Je dis: 10% de la population en France est étrangère.

7. Les professeurs disent: Il est important d'étudier avant l'examen.

8. Nous disons: **Nous allons** étudier **avant** l'examen!

Needs and Wants

Two more useful idiomatic expressions using *avoir* are a little more complex. We can use these before either an infinitive verb or a noun.

Mini-Vocabulaire:

avoir besoin de	[a vwar bə zwɛ̃ də]	to need
avoir envie de	[a vwar ɑ̃ vi də]	to want

To use these, we must conjugate the verb *avoir* and use the preposition *de* to link to the thing needed or wanted.

French	*English*
Je prépare un examen. J'ai besoin d'un stylo.	I'm studying for a test. I need a pen.
J'ai sommeil. J'ai besoin de mon lit!	I'm tired. I need my bed!
Ça va mal. J'ai besoin d'aspirine.	I don't feel well. I need aspirin.
J'ai chaud. J'ai envie d'un coca froid.	I'm hot. I want a cold soda.
J'ai froid. J'ai envie d'un café chaud.	I'm cold. I want a cup of hot coffee.
J'ai faim. J'ai envie d'un hamburger.	I'm hungry. I feel like a hamburger.

B.9.3 Nos besoins

Match the situation on the left with the item needed on the right.

1. Nous avons soif.	a. J'ai besoin d'un pull-over.
2. Il y a un film super au cinéma.	b. Nous avons besoin de crème solaire.
3. J'ai froid.	c. J'ai besoin de 10 dollars.
4. Tes cheveux sont trop longs.	d. J'ai besoin d'une douche.
5. Il y a beaucoup de devoirs.	e. Tu as besoin d'une nouvelle coiffure.
6. Nous sommes à la plage.	f. J'ai besoin d'une télé.
7. Tu es dans un accident.	g. Nous avons besoin de notre clé.
8. J'ai très chaud.	h. Nous avons besoin d'eau minérale.
9. J'adore "CSI Miami."	i. Vous avez besoin de vos livres.
10. Nous sommes à notre porte.	j. Tu as besoin de ton téléphone portable.

B.9.4 "You Can't Always Get What You Want"

For each situation, choose one item that the people **want**, and one item that they **need**. Write one sentence using "avoir envie de" and one sentence using "avoir besoin de." The idea is that one might want something better, but one can settle for the minimum - - one might *want* a Mercedes, but one *needs* a car.

Mini-Vocabulaire:
à 10 km	10 km away
il veut	he wants
s'asseoir	to sit down

Exemple: Le professeur a besoin de corriger les devoirs.

Elle a envie d'une assistante. Elle a besoin d'un stylo rouge.

un bureau	une tante riche	un ordinateur portable
une voiture	une bicyclette	
un bus	quatre chambres	un ordinateur pas cher
une table	un job à Target	
deux chambres	une chaise en bois	
un lave-vaisselle	un fauteuil	

1. L'appartement de Marie et de Julie est **à 10 kilomètres** de l'université.

2. Il y a 4 enfants dans la famille de Martin.

3. Antoine est fatigué et il **veut s'asseoir**.

4. Nous avons besoin de payer 1000 dollars à l'université.

5. J'ai envie de préparer mes devoirs à l'ordinateur.

6. Il y a dix personnes à dîner chez nous.

7. Paul a envie de préparer ses devoirs dans sa chambre.

Other expressions using avoir

There are a number of other idiomatic expressions you will encounter that use *avoir*. The last two you will learn now are

Mini-Vocabulaire:
avoir de la chance	[a vwar də la ʃɑ̃s]	to be lucky
avoir l'air	[a vwar lɛr]	to seem, to look (+ adjective)
avoir l'air de	[a vwar lɛr də]	to seem to be (+ verb)

French	*English*
Le professeur est malade et il n'y a pas d'examen? Nous avons de la chance!	The professor is sick and there is no exam? We are lucky!
Le pauvre homme n'a pas de chance.	The poor man has no luck.
Cette fille a l'air sérieux.	That girl seems serious and reliable.
Tu as l'air de rêver.	You seem to be dreaming.

Here are all the *avoir* expressions you have learned in this chapter.

French (English)
avoir X ans (to be X years old)
avoir besoin de (to need)
avoir chaud (to be hot)
avoir de la chance (to be lucky)
avoir envie de (to want)
avoir faim (to be hungry)
avoir froid (to be cold)
avoir l'air (de) (to seem)

French (English)
avoir les cheveux . . . (to have . . . hair)
avoir les yeux . . . (to have . . . eyes)
avoir quel âge (to be how old)
avoir raison (to be right)
avoir soif (to be thirsty)
avoir sommeil (to be sleepy)
avoir tort (to be wrong)

 LA TEMPERA-TURE
France uses the Celsius scale for temperatures. 38 degrees Celsius = 100 degrees Farenheit; 40 degrees C.=104 degrees F.

Mini-Vocabulaire:
malade   sick
argent   money
beau(x)   beautiful
penser   to think
pauvre   poor
rien   nothing

B.9.5 Qu'est-ce qu'ils ont?

Respond to each sentence by using an expression with *avoir* . Use your imagination to try to fit one of the expressions from the list above to each situation.

Exemple: Florian est **malade**. Sa   Il a chaud.
température est de 40
degrès.

1. François désire aller au cinéma. Il n'a pas d'**argent**. Il . . .

2. –J'adore le café et j'ai soif. –Tu . . .

3. L'homme dans le métro a un grand livre de physique. Il . . .

4. Il est minuit. Je . . . .

5. C'est décembre à Moscou. Les Moscovites . . .

6. Mes parents adorent les enfants, et ils ont six enfants! Ils . . .

7. C'est l'anniversaire de Liliane. Elle est née en 1907. Elle . . .

8. La jeune fille a de **beaux** yeux. Elle . . .

9. La température est de 38 degrès! Nous avons . . .

10. Ah, c'est ton anniversaire? Tu . . .

11. Les étudiantes **pense** que le Québec est un pays. Elles . . .

12. La famille **pauvre** n'a **rien** dans le frigo. Ils . . .

13. Vous pensez que Paris est la capitale de la France? Vous . . .

14. Mon professeur de français est vietnamien. Il . . . [cheveux]

15. J'ai envie d'une grande bouteille d'eau! J' . . .

C Lab Worksheet and Review

C.1 Nos possessions

C.1.1 Vocabulaire et articles (Time on recording : 0 :00)

The speaker will give a noun. You should supply the appropriate indefinite article and repeat the article and noun together. The correct answer will then be given ; repeat the correct answer.

Exemple :   [You hear : portefeuille]
[You say : un portefeuille]

1. clé
2. crayon
3. livre
4. ordinateur
5. téléphone
6. carte téléphonique
7. cahier
8. stylo
9. sac à dos
10. craie
11. chaise

C.1.2 Vocabulaire - possessions et couleurs (Time on recording : 1 :50)

The speaker will ask a question. Answer in the affirmative, changing the possessive adjective to *mon/ma/mes*. The correct answer will then be given ; repeat the correct answer.

Exemple :   [You hear : Ton stylo est bleu ?]
[You say : Oui, mon stylo est bleu.]

C.1.3 C'est à qui ? (Time on recording : 5 :11)

The speaker will name an object. Using the written cue given on your answer worksheet, state whether it is my, your, or her (the teacher's) object, using the appropriate possessive adjective. The correct answer will then be given ; repeat the correct answer. Listen and refer to the example before you begin.

Exemple :   [Your worksheet says : à moi]
[You hear : le livre blanc]
[You say : C'est mon livre.]

1. à elle
2. à toi
3. à moi
4. à moi
5. à elle
6. à toi
7. à toi
8. à moi
9. à elle
10. à moi
11. à toi
12. à elle
13. à toi
14. à elle
15. à moi

C.1.4 Dans le sac à dos (le verbe avoir) (Time on recording : 8 :14)

The speaker will read a sentence containing the verb *avoir*. The sentence will be read two times. Write the correct verb form on your answer sheet. Then, the speaker will read the sentence again. Repeat the complete sentence aloud.

1. Dans mon sac à dos, j' _____ un livre.
2. Dans son sac à dos, Philippe _____ trois stylos.
3. Dans ton sac à dos, tu _____ tes devoirs.
4. Dans son sac à dos, le professeur _____ les devoirs.
5. Dans nos sacs à dos, nous _____ nos crayons.
6. Dans mon sac à dos, j' _____ mon portable.
7. Dans leur sac à dos, les étudiants _____ leurs livres.
8. Dans votre sac à dos, est-ce que vous _____ vos clés ?
9. Dans ton sac à dos, tu _____ un sandwich.
10. Dans nos sacs à dos, nous _____ nos portefeuilles.
11. Dans son sac à dos, Marie _____ son cahier.
12. Dans vos sacs à dos, vous _____ vos calculatrices.

C.1.5 Préparations ! (Avoir + possessifs) (Time on recording : 10 :54)

The Petit family is preparing for school and work. All the family members (Luc, the father ; Nathalie, the mother, Marc et Charlotte, the children) are asking whether everyone has their necessary items for the day. Answer each question in the affirmative. After a pause, the correct answer will be given. Repeat the correct answer. Note that in the case of a question in the first or second person, the answer must be different from the question. To answer correctly, assume each time that you are the person to whom the question is addressed. The keywords written below may help you if you are having difficulty with the exercise.

Exemple : [You hear : Tu as ton sandwich ?]
[You say : Oui, j'ai mon sandwich.]

1. devoirs
2. papiers
3. livres
4. cahier
5. portefeuille
6. clés
7. téléphone portable
8. papiers
9. sac à dos
10. calculatrice
11. stylos
12. orange

C.2 Ma famille

C.2.1 Parlons de votre famille (Time on recording : 15 :08)

This exercise has two parts. First, listen to Sylvie talk about her family. Write her answers down on your worksheet. The conversation will only be read once; however, you may listen to it as many times as you need. Read the questions before you begin so that you know what information to listen for.

1. Sylvie a _____ personnes dans sa famille.
2. Ses parents sont _____ .
3. Sa _____ s'appelle Chantal.
4. Son père s'appelle _____ .
5. Elle a _____ frères et _____ soeur.
6. Ses frères s'appellent _____ . Sa soeur s'appelle _____ .
7. Sylvie a _____ grands-parents.
8. Elle a _____ cousins et _____ cousines.

Now, answer the same questions about your own family. (You may no longer live with your parents; but answer the questions about your parents and your siblings, not about your partner and/or children if you have them). Each question will be read twice. You should repeat your answer after each repetition.

C.2.2 La famille de Karen (Time on recording : 18 :22)

Listen to the following conversation and fill in the answers on your worksheet. The conversation will be read only once; however, you may listen to it as many times as necessary. You will not be able to understand everything in this conversation, but you should be able to pick out the information you need to answer the questions. You should read the questions on your worksheet before you begin, so that you know what to listen for.

1. Comment va Karen ?
2. Comment va la mère de Karen ?
3. Combien de frères a Karen ?
4. Est-ce que ses frères sont jeunes ?
5. Est-ce que Karen a des devoirs ?
6. Qui a des difficultés à l'école, Eric ou Michel ?
7. Qui est paresseux ?
8. Comment s'appelle sa tante ?
9. Est-ce que c'est la soeur de sa mère ou la soeur de son père ?

10. Stéphane offre un dîner ce week-end – vrai ou faux ? _____

11. Stéphane est un bon ami – vrai ou faux ? _____

C.2.3 La famille d'Hélène (Time on recording : 20 :25)

Refer to the family tree depicting Hélène's family and answer the question. The correct answer will then be given ; repeat the correct answer.

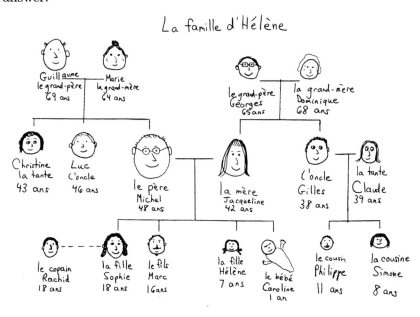

C.2.4 Les membres de ma famille (Time on recording : 23 :24)

This exercise again has two parts. First, listen to Michel describe himself and his father. Write down the elements of each description on your worksheet. When you have listened to the entire passage, write down two ways in which Michel and his father are alike and two ways in which they are different.

Michel :
son âge : _____
son physique : _____
sa personnalité : _____
ses intérêts : _____
André :
son âge : _____
son physique : _____
sa personnalité : _____
ses intérêts : _____

Ressemblances : _____
Différences : _____

Now, describe yourself and the member of your family whom you resemble the most. Record your description and then listen to it. There will be a long pause on the tape to allow you to do this; you may pause the recording until you are ready to begin.

C.2.5 Ce n'est pas ça! (négation) (Time on recording : 25 :37)

Your friend thinks she knows you well, but she gets every detail about you wrong! Answer each question in the negative. Each question will be read twice; give your answer after the second reading. Then the question will be read again with the correct response; repeat the response.

C.2.6 Comment êtes-vous ? (Time on recording : 28 :44)

Answer each question affirmatively or negatively, as is appropriate for you. Both answers will be given afterwards; repeat the answers. Remember that if you are female, any adjective describing you must be put into the feminine form.

C.3 Ma maison

C.3.1 Une maison bizarre ! (Time on recording : 32 :34)

The furnishings of the house in the drawing are somewhat sparse. Refer to the drawing (on the next page) and answer each question affirmatively or negatively, as appropriate. The question will be read twice; then after your answer, it will be read again and the correct answer given. Repeat the correct answer. The keywords written below may help you if you are having difficulty with the exercise.

**Please note : the drawing has been changed but the recording has not yet : pretend there are two beds.
cuisinière = stove

1. table	6. cuisinière**
2. canapé	7. lits (**dites "2 lits")
3. lavabo	8. fauteuils
4. bureau	9. étagères
5. tableaux	10. escalier

C.3.2 Où sont-ils ? (Time on recording : 36 :02)

Referring to same the drawing (on the next page), tell in which room the following items are found. The question will be read twice; then after your answer, it will be read again and the correct answer given. Repeat the correct answer.

**Again, because the drawing has changed, one item has moved. Answer as if the télé is in the bedroom.

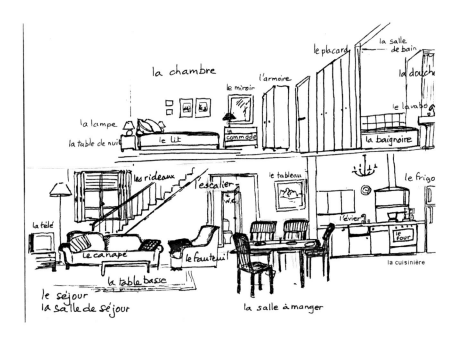

C.3.3 Ma maison ou mon appartement (Time on recording : 39 :09)

Now, describe your own house or apartment in answer to the following questions. Since each student's answer will be different, there can be no one correct answer given. However, one possible answer will be given, and you may see if your own answer was similar. The keywords written below may help you if you are having difficulty with the exercise.

1. maison ou appartement ?
2. pièces
3. chambres
4. lave-vaisselle
5. salle à manger
6. lits
7. fauteuils
8. commode
9. réfrigérateur
10. télé

C.4 Nos conditions physiques

C.4.1 Les besoins (Time on recording : 41 :44)

Given each person's situation, what do they need ? Use the prompt given on your answer sheet to supply the correct response.

Exemple : un chocolat chaud [You hear : J'ai froid.]
[You say : Tu as besoin d'un chocolat chaud.]

1. une douche chaude
2. ton lit
3. ton livre
4. un coca froid
5. un sandwich
6. un pull
7. eau
8. un hamburger
9. calculatrice

C.4.2 Les conditions physiques (Time on recording : 44 :25)

Listen carefully to the description of each person or of what they are doing. Then circle on your answer sheet the most appropriate phrase, and read it aloud. The correct answer will be given ; repeat the correct answer.

1. Il a froid / Il a chaud.
2. Elle a soif / Elle a sommeil.
3. Les enfants ont faim. / Les enfants ont sommeil.
4. J'ai soif. / J'ai froid.
5. J'ai soif. / J'ai faim.
6. Ils ont faim. / Ils ont sommeil.
7. Vous avez envie d'une bicyclette./ Vous avez chaud.
8. Il a froid. / Il a besoin d'un stylo.
9. Vous avez besoin d'un dictionnaire. / Vous avez faim.

C.5 L'âge

C.5.1 L'âge des membres de la famille d'Hélène (Time :47 :03)

Referring to the picture of "La famille d'Hélène" (exercise C.2.3, page 129), give the age of each person as requested.

Exemple : [You hear : Quel âge a le grand-père Guillaume ?]
[You say : Il a 69 ans.]

C.5.2 L'âge des leaders du monde (Time on recording : 49 :48)

Given the birth years of the world leaders on your answer sheet, calculate how old they each are as of the end of 2004. (You may wish to pause the tape while you do this !). Then give their age when requested. Careful ! On the tape, their names are given in random order.

Tony Blair 1953
George W. Bush 1946
Jacques Chirac 1932
la reine Elizabeth 1926
Vicente Fox 1942

le Pape Jean Paul II 1920
Junichiro Koizumi 1942
Pervez Musharraf 1943
Gerhard Schröder 1944

C.5.3 L'âge des membres de ma famille (Time on recording : 52 :52)

Answer the questions. If you do not have any of the family members in a given question, for example, if you do not have a grandmother, answer "Je n'ai pas de grand-mère" or "Ma grand-mère est décédée" for that question. Since every student's answer will vary, there is no one correct answer ; but a possible answer will be given after you answer, and you may compare the form of your answer to the one given.

C.6 Prononciation

C.6.1 [e], [ɛ], and [ə] (Time on recording : 55 :31).

As you learned in chapter one, there are three different ways to pronounce the letter "e" in French. The rules that govern these are somewhat difficult, but although you may not always be able to predict which pronunciation to use when you see an unknown French word, you should begin to be able to distinguish the three pronunciations.

The three sounds are [e], [ɛ], and [ə].

The letter é is always pronounced [e]. The verb endings -er and -ez (the infinitive and the imperative forms) are also always pronounced [e]. If a noun or adjective ends in -er, it is usually pronounced [e], but if it a one-syllable word, it will be pronounced [ɛ].

The sound [ɛ] may be written in many different ways. The letters è and ê are always pronounced [ɛ]. In most cases, an -e with no accent (but followed by more than one consonant) and an -ai (followed by another vowel or a consonant) are also pronounced [ɛ].

The sound [ə] is known as the "mute e." It often disappears entirely in spoken French, but there are other cases where it must be pronounced. These rules are very complicated and you will not learn them in first-year French. In the IPA transcription in this book, we have indicated it in those words where it normally is pronounced and omitted it in those words where it is normally absent.

The difference between [e] and [ɛ] is weakening in modern French. While é, -er, and -ez continue to be pronounced [e] by almost all speakers, there are other letter combinations that used to be pronounced [e] that some speakers now pronounce [ɛ] and vice versa. These pronunciations depend largely on what region the speakers are from. At your level, the most important thing is to maintain the strong distinctions between these three sounds in the clear-cut cases, and to save the nuances for later study in French.

To begin with, repeat the series of words below, paying attention to the IPA transcription.

[e]	[ɛ]	[ə]
répétez [re pe te]	être [ɛ trə]	je [ʒə]
des [de]	français [frɑ̃ sɛ]	petit [pə ti]
bébé [be be]	Belgique [bɛl ʒik]	demain [də mɛ̃]
étudiant [e ty djɑ̃]	mère [mɛr]	livre [li vrə] or [livr]
clé [kle]	vert [vɛr]	le [lə]
et [e]	violet [vjɔ lɛ]	portefeuille [pɔr tə fœj]
léger [le ʒe]	appelle [a pɛl]	de [də]
intéressant [ɛ̃ te rɛ sɑ̃]	intelligent [ɛ̃ tɛ li gɑ̃]	chambre [ʃɑ̃ brə] or [ʃɑ̃ br]
cahier [ka je]	est [ɛ]	
fermé [fɛr me]	craie [krɛ]	
mes [me]	elle [ɛl]	

Now, check off the sound you hear when each word is read. Each word will be read three times. Repeat it, practicing your pronunciation.

	[e]	[ɛ]	[ə]
1.			
2.			
3.			
4.			
5.			
6.			
7.			
8.			
9.			
10.			
11.			
12.			
13.			
14.			
15.			
16.			
17.			

The correct answers are : [e] : # 2 bébé ; # 3 téléphone ; # 6 léger ; # 7 mes ; # 9 étudiant ; # 10 café ; # 14 les ; # 15 Algérie ; # 16 allez ; [ɛ] : # 1 elle, # 8 père, # 11 ouvert, # 12 appelle, # 17 chaise, and #18 cher ; and [ə] : # 4 de, # 5 petit, # 13 le.

C.6.2 **Vocabulaire : la famille (Time on recording : 1 :01 :37)**

This is an optional exercise. If you wish to practice your pronunciation, this exercise covers the list on page 53 of your book.

C.6.3 **Vocabulaire : la maison (Time on recording : 1 :04 :27)**

This is an optional exercise. If you wish to practice your pronunciation, this exercise covers the list on page 59 of your book.

End of lab worksheet

C.7 Exercices de révision écrits

The nature of communication is that it is open-ended. Therefore, these written review exercises are unable to cover all the objectives of the chapter, since some of those objectives do not lend themselves to fill-in-the-blank exercises. These exercises focus more on the grammar and vocabulary of the chapter, because these can be practiced more easily in writing, and mastering them will enable you to perform the communicative objectives of the chapter.

C.7.1 Compositions

Ecrivez 5-7 phrases sur un des sujets suivants :

1. Une description de votre mère.

2. Une description de votre chambre.

3. Une description de vous-même [=yourself].

C.7.2 Vocabulaire : la famille

Complétez la phrase avec le mot approprié.

1. Mon parent masculin est mon _____ .
2. Les grands-parents ne sont pas sévères avec leurs _____ .
3. La soeur de ma mère est ma _____ .
4. Les autres enfants de mes parents sont mes _____ et _____ .
5. Les enfants de mon oncle sont mes _____ .
6. Mes grands-parents sont _____ ; ils ne sont pas divorcés.
7. Mon oncle s'appelle Paul. Sa _____ est ma tante Céleste.
8. L'enfant masculin est le _____ .
9. Je suis la _____ favorite de ma tante.
10. Ma _____ aime beaucoup son mari, mon grand-père.

C.7.3 Comment sont-ils ?

Donnez un adjectif qui décrit chaque membre de votre famille. Utilisez un adjectif différent pour chaque personne. Si vous n'avez pas une de ces personnes dans votre famille, changez la phrase pour décrire une personne différente.

1. Mon père est _____ .

2. Ma mère est _____.

3. Mon frère [prénom] _____ est _____.

4. Ma grand-mère est _____.

5. Mon oncle [prénom] _____ est _____.

6. Je suis _____.

7. Ma nièce est _____.

C.7.4 Où sont-ils ?

Quel est l'endroit [=the place] le plus logique pour chaque objet ?

1. le lit	a. la salle de bains
2. les livres	b. la commode
3. le portefeuille	c. le bureau
4. les devoirs	d. la salle à manger
5. le frigo	e. la chambre
6. la table	f. le cahier
7. le pupitre	g. le sac
8. l'ordinateur	h. la cuisine
9. le pull-over	i. la salle de classe
10. la douche	j. l'étagère

C.7.5 Comment sont vos possessions ?

Donnez un adjectif qui décrit chaque objet ou pièce. Utilisez un adjectif différent pour compléter chaque phrase. (N.B. : les couleurs sont aussi des adjectifs.)

1. Mes clés sont _____.

2. Mon sac à dos est _____.

3. Ma chambre est _____.

4. Mon appartement est _____. [Ma maison est _____.]

5. Ma cuisine est _____.

6. Mon lit est _____.

7. Mon portefeuille est _____.

C.7.6 Le verbe avoir

Complétez la phrase avec la forme correcte du verbe *avoir*.

1. Nous _____ un examen de français demain.

2. Est-ce que tu _____ tes clés ?

3. Je ne _____ pas de cours d'histoire ce semestre.

4. Vous _____ soif ?

5. Quel âge _____ -tu ?

6. Le professeur _____ les devoirs des étudiants.

7. Les étudiants _____ sommeil aujourd'hui.

8. Mon frère et moi _____ besoin d'une voiture.

9. Je _____ faim.

10. Marie _____ une télé dans sa chambre.

C.7.7 La négation

Ecrivez le négatif de chaque phrase (transformez la phrase en son opposée).

1. Je suis française.
2. Ma mère est plus jeune que mon père.
3. Notre cours de français est ennuyeux.
4. J'ai 15 ans.
5. Tu es riche.
6. Mes frères sont paresseux.
7. Le professeur parle japonais.
8. Il y a un tableau dans la salle de classe.
9. La pièce est froide.
10. Mes parents sont méchants.

C.7.8 Les adjectifs possessifs

Each person has his or her own possessions. Complete the sentence with the correct possessive adjective.

1. Jules a _____ portefeuille.
2. Marie et Michèle ont _____ clés.
3. Le professeur a _____ craie.
4. Nous avons _____ radio.
5. Est-ce que tu as _____ devoirs ?
6. Vous avez _____ lunettes.
7. Christophe et moi avons _____ voitures.
8. J'ai _____ clé.
9. Marie a _____ livre.
10. Vous avez _____ téléphone ?

C.7.9 Les expressions idiomatiques avec avoir

Complétez la phrase avec l'expression idiomatique appropriée. Conjugez le verbe *avoir*.

1. J'ai envie d'un coca parce que je _____ .
2. Marc a un devoir de français ; il _____ son livre.
3. Karen aide son père et ses frères. Elle prépare le dîner et fait ses devoirs. A minuit, elle _____ .
4. Tu as envie d'un hamburger ? Tu _____ ?
5. Les enfants _____ ! Ils ont besoin d'un pull-over.
6. Nous _____ une bonne note à l'examen.
7. Quel _____ -vous ? Je _____ 18 ans.
8. En juillet à Los Angeles, nous _____ !

C.8 Self-Check : Meeting chapter 2 objectives

Do you feel that you have mastered the objectives for this chapter? If you do not feel confident that you can do any of the following, please review the sections beginning on the indicated pages and then consult with your teacher for further assistance or practice. Please note that since grammar provides you with the tools you need to speak and understand a language, the relevant grammar section is indicated first, followed by the communicative activities to practice.

Communication Objectives :

Do you feel that you can :	If not, see pages :
Describe yourself, your family, and others?	110, 120, 79, 84, and 95
Describe your and your family members' house/apartment, belongings, and room?	74 and 87
Discuss and ask simple questions about lodging and belongings?	87, 96 and 96

Culture objectives :

Do you feel that you understand something about :	If not, see pages :
The role of the family in France and questions of family heritage?	82 and 80
French houses and apartments?	89

Grammar Objectives :

Do you feel that you understand and can use the following grammatical structures? In addition to using them in conversation, could you demonstrate your knowledge of them on a test?	If not, see pages :
The formation and use of the indefinite articles?	101
The formation and use of possessive adjectives?	110
The conjugation of the present tense of the verb avoir?	106
Simple negation?	116
Idiomatic expressions that use the verb avoir?	120

If you feel that you can do all these things, congratulations! You have met the goals for this chapter and are becoming more capable of communicating in French!

Answers to Written Section B Exercises

Note: items in parentheses are optional; the answer is correct with or without them. Items in brackets may vary. Items with a slash between them show different possible correct answers.

Answers to B.1.1, Definite and Indefinite Articles, page 102 1. un sac; 2. une craie; 3. un stylo; 4. des chaises; 5. un professeur; 6. des étudiantes; 7. un tableau; 8. une porte

Answers to B.1.2, Indefinite Articles, page 102 1. un livre; 2. une fenêtre; 3. une affiche; 4. des murs; 5. des devoirs; 6. une carte téléphonique; 7. des papiers; 8. un cahier; 9. une étudiante; 10. un étudiant; 11. un crayon; 12. un pupitre

Answers to B.2.1, Whose Is This Anyway?, page 103 1. C'est le portable de José; 2. C'est le sac à dos de Manuel; 3. C'est la clé (de voiture) d'Aaron; 4. C'est le cahier de Maria; 5. Ce sont les CD de Valérie; 6. Ce sont les livres de Paul; 7. c'est le journal de Leticia; 8. C'est le stylo d'Ann; 9. Ce sont les crayons de Cuong; 10. C'est la feuille (de papier) de Lashonda.

Answers to B.3.1, La chambre d'étudiant, page 105 1. devant; 2. entre; 3. devant / sous; 4. sur; 5. en face de; 6. sous; 7. derrière; 8. sous; 9. loin du bureau / à gauche du / à côté du ; 10. sur; 11. à côté de / à droite de; 12. sur; 13. à gauche de / loin de; 14. derrière

Answers to B.3.2, L'organisation de ma chambre, page 106 1. dans; 2. dans; 3. devant; 4. loin de; 5. sur; 6. sur; 7. en face de; 8. près de; 9. entre; 10. à gauche de

Answers to B.4.1, Practice conjugation, *avoir*, page 107 j'ai; tu as; il/elle a; nous avons; vous avez; ils ont

Answers to B.4.2, Verb endings, *avoir*, page 107 tu -s; nous -ons; vous -ez; ils/elles -nt

Answers to B.4.3, Conjugating *avoir*, page 108 1. J'ai; 2. a; 3. avons; 4. a; 5. ont; 6. a; 7. avez; 8. J'ai; 9. ont; 10. a; 11. as; 12. avons (Note: Remember *je* is not capitalized except at the beginning of a sentence.)

Answers to B.5.1, Questions et réponses - il y a, page 109 1. Oui, il y a des pupitres dans la salle de classe. 2. Oui, il y a des étudiants intelligents à cette université; 3. Oui, il y a une cafétéria à l'université; 4. Il y a [3] fenêtres dans la salle de classe. 5. Il y a [6] personnes dans ma famille. 6. Il y a 9 millions de personnes à Los Angeles (dans l'agglomération urbaine = L.A. County) / Il y a 4 millions de personnes à Los Angeles (la ville). 7. Dans mon sac, il y a [des crayons, des livres, des stylos, un portefeuille . . .]. 8. Il y a [des pupitres, un bureau, un tableau, des fenêtres . . .]. 9. Il y a [des livres, un ordinateur, des stylos . . .].

Answers to B.5.2, There it is!, page 110 1. voilà; 2. Il y a; 3. Voilà / Voici; 4. il y a; 5. voilà; 6. il y a; 7. voilà / voici

Answers to B.5.3, What's missing?, page 110 a; il; avons; j'; ai; a; ont; tu

Answers to B.6.1, C'est à moi ou à toi?, page 113 1. C'est ma robe (violette). 2. C'est ta poupée (blonde). 3. Ce sont mes CD. 4. C'est mon sac (rose). 5. C'est ton jeu (de Monopoly). 6. Ce sont tes cassettes. 7. C'est ta robe (bleue). 8. C'est mon stylo (noir). 9. C'est ma poupée (brune). 10. C'est ton sac (rouge).

Answers to B.6.2, C'est à qui?, page 114 1. C'est mon radiocassette. 2. C'est sa voiture. 3. C'est son ordinateur. 4. C'est ton livre. 5. Ce sont ses CD. 6. C'est ma radio. 7. C'est sa maison. 8. Ce sont tes devoirs.

Answers to B.6.3, C'est à toi ou à lui?, page 114 1. C'est son livre (de maths). 2. C'est sa carte téléphonique. 3. Ce sont mes fiches (de vocabulaire). 4. C'est son walkman. 5. C'est sa plante. 6. C'est mon téléphone (portable). 7. C'est son affiche. 8. C'est ma clé. 9. C'et mon ordinateur. 10. C'est ma photo.

Answers to B.6.4, C'est à vous?, page 115 1. Oui, ce sont nos classeurs. 2. Oui, c'est leur ordinateur portable. 3. Oui, ce sont vos livres. 4. Oui, c'est notre clé. 5. Oui, ce sont leurs magazines. 6. Oui, c'est votre cahier. 7. Oui, ce sont nos notes. 8. Oui, ce sont leurs stylos.

Answers to B.6.5, Faire les bagages, page 116 1. Ce sont nos souvenirs de vacances et notre sac de couchage. 2. C'est votre maillot de bain et ce sont nos lunettes de soleil. 3. Ce sont vos coquillages et leur crème solaire. 4. Ce sont leurs hamsters et votre shampooing. 5. C'est leur tente et ce sont vos livres.

Answers to B.7.1, Non!, page 117 1. Dominique n'est pas grand! 2. Pascale n'est pas petite! 3. Jérémy n'est pas intelligent! 4. Je n'ai pas trois voitures! 5. Nous n'avons pas cinq chiens! 6. Marthe n'est pas étudiante! 7. Loïc et David ne sont pas travailleurs! 8. Tu n'es pas riche!

Answers to B.7.2, In Other Words, page 117 There are various possible answers for this exercise; here are some of the most likely ones.
1. Je ne suis pas stupide. 2. George Bush n'est pas français / mexicain. 3. Nous ne sommes pas professeurs. 4. Jean-Luc n'est pas travailleur / sérieux. 5. Mireille ne va pas mal. 6. Le professeur n'a pas les examens. 7. Tu n'es pas paresseuse / sédentaire. 8. Mes amis n'ont pas 3 cours.

Answers to B.7.3, Qu'est-ce qu'il y a sur la photo?, page 118 Underline: *n'* and *pas* in "Ce n'est pas Claude"; *n'* and *pas* in "sa mère n'est pas américaine"; *n'* and *pas* in "Pascal n'a pas de chien";

n' and *pas* in "Ils n'ont pas d'animaux"; *ne* and *pas* in "Je ne sais pas"; *n'* and *pas* in "Ce n'est pas un ami de Pascal"; *n'* and *pas* in "Il n'a pas d'amis". Circle: *de* in "Pascal n'a pas de chien"; *d'* in "Ils n'ont pas d'animaux"; *de* in "Il n'a pas d'amis".

Answers to B.7.4, Ah non, ce n'est pas vrai!, page 118 1. Il n'y a pas de chaises dans la salle de classe. 2. Madame Leblanc n'est pas le professeur. 3. Je n'ai pas d'ordinateur. 4. Mes parents n'ont pas d'amis en France. 5. Les étudiants n'ont pas de stylos dans leur sac. 6. Marie n'a pas de fenêtre dans sa chambre. 7. Louis n'a pas de livres. 8. Claude n'a pas de téléphone portable.

Answers to B.8.1, Qui a quel âge?, page 120 1. Hans; 2. Monsieur Pernel; 3. Jean-Luc; 4. Caroline; 5. Naima; 6. Jacques.

Answers to B.8.2, Quel âge ont-ils?, page 120 1. a 6 ans. 2. a 9 ans; 3. a 26 ans; 4. a 30 ans; 5. ont 44 ans; 6. as 41 ans; 7. avons 20 ans; 8. a 24 ans; 9. avez 66 ans.

Answers to B.9.1, Les conditions physiques, page 121 1. j'ai soif / j'ai chaud. 2. avons chaud / avons soif; 3. a froid; 4. ont faim; 5. as sommeil; 6. as faim; 7. a soif; 9. avez froid; 9. j'ai sommeil; 10. ont chaud.

Answers to B.9.2, Raison ou tort?, page 122 1. Il a raison. 2. Ils ont raison! 3. Tu as tort./ Vous avez tort. Elle est brune. 4. Vous avez tort. "Pièce" veut dire "room." 5. Elle a tort. L'Algérie est en Afrique (du nord). 6. Tu as raison / Vous avez raison. 7. Ils ont raison. 8. Vous avez raison! Note: The answer to #8 means "You are right to do so!", i.e. "That's the right thing to do/ That's a good idea!"

Answers to B.9.3, Nos besoins, page 123 1. h.; 2. c.; 3. a.; 4. e.; 5. i.; 6. b.; 7. j.; 8. d.; 9. f.; 10. g.

Answers to B.9.4, "You Can't Always Get What You Want", page 124 The idea behind this exercise is that you may want something better, but you'll have to settle for what you absolutely must have. 1. Elles ont envie d'une voiture / d'un bus; Elles ont besoin d'un bus / d'une bicyclette. 2. Ils ont envie de quatre chambres; Ils ont besoin de deux chambres. 3. Il a envie d'un fauteuil; il a besoin d'une chaise. 4. Nous avons envie d'une tante riche; Nous avons besoin d'un job à Target. 5. J'ai envie d'un ordinateur portable; J'ai besoin d'un ordinateur pas cher. 6. Nous avons envie d'un lave-vaisselle; Nous avons besoin d'un évier. 7. Il a envie d'un bureau; il a besoin d'une table.

Answers to B.9.5, Qu'est-ce qu'ils ont?, page 125 There are many other possible answers. Make sure in each case that the subject and verb of your answer match these. 1. Il a besoin de 10 dollars. / Il a besoin d'argent. 2. Tu as envie d'un café. 3. Il a l'air intelligent. 4. J'ai sommeil. 5. Les Moscovites ont froid. 6. Ils ont de la chance. 7. Elle a 100 ans. 8. Elle a les yeux verts. 9. Nous avons chaud. 10. Tu as quel âge? Quel âge as-tu? 11. Elles ont tort. 12. Ils ont faim. 13. Vous avez raison! 14. Il a les cheveux noirs et raides. 15. J'ai soif!

Answers to Written Section C Exercises

Answers to C.1.4, Dans le sac à dos (le verbe avoir), page 127
1. ai; 2. a; 3. as; 4. a; 5. avons; 6. ai; 7. ont; 8. avez; 9. as; 10. avons; 11. a; 12. avez

Answers to C.2.1, Parlons de votre famille, page 128
1. six; 2. divorcés; 3. mère; 4. Jean-Pierre; 5. deux frères et une soeur; 6. Marc et Paul; Valérie; 7. deux; 8. quatre cousins et trois cousines.

Answers to C.2.2, La famille de Karen, page 128
1. (Karen va) bien, (mais sa famille va mal). 2. (La mère de Karen va) mal. 3. (Karen a) deux (frères). 4. Oui, (ses frères sont jeunes). 5. Oui, (elle a des devoirs). 6. Michel (a des difficultés à l'école). 7. Eric (est paresseux). 8. (Sa tante s'appelle) Hélène. 9. (C'est la soeur) de sa mère. 10. Vrai. 11. Vrai.

Answers to C.2.4, Les membres de ma famille, page 129
Michel: 22 ans; grand, fort, sportif, cheveux et yeux bruns; studieux, travailleur, sociable, un peu égoïste; le football et le tennis. // André: 57 ans; brun, grand, fort, sportif; travailleur, sévère, honnête, têtu; le golf // Ressemblances: Michel et son père sont grands, bruns, forts, sportifs, et travailleurs. Différences: Michel aime le football et le tennis, mais André préfère le golf. André est plus sévère que Michel. Michel est étudiant et André est professeur.

Answers to C.4.2, Les conditions physiques, page 132
Correct answers given on tape.

Answers to Written Review Exercises

Answers to C.7.1, Exercise 1, page 135
Your answers will vary. Be sure that in #1 and #2, all the adjectives describing your mother or your room are in the feminine form. In #3, the form of the adjective will depend on whether you are a man or a woman. Here are some examples of possible answers. At this level, you want to keep your answers very simple and follow the patterns you have practiced in class. This may not seem very exciting, but you must start with the basics and get them down before moving on to more complicated sentences!

1. Ma mère est américaine. Elle a 60 ans. Elle est petite et brune. Elle est gentille et généreuse. Elle est très travailleuse. Elle a les yeux marron et les cheveux courts.

2. Ma chambre est petite. Les murs sont blancs. Dans ma chambre, il y a un lit, un bureau, une lampe, et un placard. Il y a aussi beaucoup de livres. Mon lit est confortable. Le bureau est grand et brun. 3. [Man's answer:] Je suis étudiant à l'université. J'ai 20 ans.

Je suis grand et fort. Je ne suis pas sportif. Je ne suis pas sérieux. Je suis sociable. J'ai des amis à l'université. [Woman's answer:] Je suis étudiante à l'université. J'ai 20 ans. Je suis grande et forte. Je ne suis pas sportive. Je suis très sérieuse. Je ne suis pas sociable. Je n'ai pas d'amis à l'université.

Answers to C.7.2, Exercise 2, page 135 1. père; 2. petits-enfants; 3. tante; 4. frères et soeurs; 5. cousins; 6. mariés; 7. femme; 8. fils; 9. nièce; 10. grand-mère.

Answers to C.7.3, Exercise 3, page 135 Your answers will vary. The adjectives for #s 1, 3, 5 should be in the masculine form; the adjectives for #s 2, 4, 7 should be in the feminine form; #6 will be masculine or feminine depending what gender you are.
Possible answers are 1. honnête; 2. sévère; 3. Manuel . . . travailleur; 4. généreuse; 5. Benjamin . . . petit; 6. sportive; 7. blonde.

Answers to C.7.4, Exercise 4, page 136 1.e; 2.j; 3.g; 4.f; 5.h; 6.d; 7.i; 8.c; 9.b; 10.a.

Answers to C.7.5, Exercise 5, page 136 Your answers will vary. The adjective for #1 should be in the feminine plural form; for #s 2, 4 (if appartement), 6, 7 in the masculine singular; for #s 3, 4 (if maison), 5 in the feminine singular.
Possible answers are 1. lourdes; 2. bleu; 3. confortable; 4. petit (petite); 5. blanche; 6. grand; 7. noir.

Answers to C.7.6, Exercise 6, page 136 1. avons; 2. as; 3. n'ai; 4. avez; 5. as; 6. a; 7. ont; 8. avons; 9. j'ai; 10. a

Answers to C.7.7, Exercise 7, page 137 1. Je ne suis pas française. 2. Ma mère n'est pas plus jeune que mon père. 3. Notre cours de français n'est pas ennuyeux. 4. Je n'ai pas 15 ans. 5. Tu n'es pas riche. 6. Mes frères ne sont pas paresseux. 7. Le professeur ne parle pas japonais. 8. Il n'y pas de tableau dans la salle de classe. 9. La pièce n'est pas froide. 10. Mes parents ne sont pas méchants.

Answers to C.7.8, Exercise 8, page 137 1. son; 2. leurs; 3. sa; 4. notre; 5. tes; 6. vos; 7. nos; 8. ma; 9. son; 10. votre

Answers to C.7.9, Exercise 9, page 137 1. j'ai soif; 2. a besoin de; 3. a sommeil; 4. as faim; 5. ont froid; 6. avons envie d'/ avons besoin d'; 7. âge avez; J'ai; 8. avons chaud.

Chapter 3
Le travail et les loisirs

a / Le monde du travail

Objectives for chapter 3

Communication (what students will be able to do):

By the end of this chapter, students will be able to:

1. Talk about their schedule

2. Talk about their coursework and other aspects of university life

3. Talk about different professions

4. Talk (a little) about what they do in their free time

Culture (what students will know about the French-speaking world):

By the end of this chapter, students will know something about:

1. School in various Francophone countries

2. The use of French in different Francophone countries

Grammar/ Tools (what students need to know):

In order to perform these communicative tasks, students will have to understand and be able to use correctly the following grammatical structures:

1. How to tell time

2. The conjugation of regular -er verbs in the present tense

3. The conjugations of stem-changing -er verbs

4. How to ask and answer simple yes/no questions

A Activités

A.1 Mon emploi du temps

> Grammaire: Voir B.1, "L'heure," page 168.

A.1.1 Quelle heure est-il ?

Regardez les horloges et lisez l'heure.

Il est trois heures.	Il est huit heures et quart.	Il est six heures et demie.
Il est trois heures moins le quart.	Il est une heure dix.	Il est onze heures moins cinq.

En paires, posez la question "Quelle heure est-il?" et donnez la réponse correcte.

1. 10h	4. 12h30	7. 7h50	10. 5h40
2. 8h20	5. 3h30	8. 9h15	11. 4h45
3. 11h15	6. 4h	9. 2h06	12. 11h55

A.1.2 Mon matin

Mettez les éléments en ordre logique et associez l'heure avec l'activité. Lisez la phrase complète.

Exemple: A 11h30 ... j'ai faim.
A onze heures et demie, j'ai faim.

1. A 6h00   a. J'arrive à l'université.
2. A 6h15   b. Je mange des céréales.
3. A 6h45   c. Je regarde le journal télévisé.
4. A 7h   d. Mes cours commencent.
5. A 7h10   e. Mon radio-réveil joue de la musique.
6. A 7h30   f. Je trouve mon pantalon dans l'armoire.
7. A 8h00   g. Je quitte la maison.
8. A 8h50   h. Je prépare mon café.
9. A 9h40   i. Je prends une douche.

Mini-Vocabulaire:

heure(s)	[œr]
et quart	[e kar]
et demie	[e də mi]
moins	[mwɛ̃]
le quart	[lə kar]
midi	[mi di]
minuit	[mi nɥi]

A.1.3 **Nos habitudes**

Grammaire: Voir B.2, "Verbes en -er," page 172.

 Répondez aux questions. Indiquez si c'est le matin, l'après-midi, ou le soir. Notez la différence entre les structures "à X heures" et "de X heures à Y heures."

A onze heures et demie, j'ai sommeil.

Mini-Vocabulaire:

A quelle heure	[a kɛ loer]	at what time
Quand	[kɑ̃]	when
le matin	[lə ma tɛ̃]	the morning
du matin	[dy ma tɛ̃]	a.m.
l'après-midi	[la prɛ mi di	the afternoon
de l'après-midi	[də la prɛ mi di	p.m.
le soir	[lə swar]	the evening
du soir	[dy swar]	p.m.

Exemple: **A:** A quelle heure est-ce que tu arrives à l'université?

B: J'arrive à l'université à 10h du matin.

A: Quand est-ce que tu regardes la télé?

B: Je regarde la télé de huit heures à neuf heures du soir.

1. A quelle heure est-ce que ton réveil sonne?
2. Est-ce que tu manges le matin? A quelle heure?
3. Est-ce que tu regardes la télé le matin? A quelle heure?
4. A quelle heure est-ce que tu quittes la maison?
5. A quelle heure est-ce que tu arrives à l'université?
6. Quand est ton cours de français?
7. A quelle heure finissent tes cours?
8. Est-ce que tu travailles? Quand?
9. A quelle heure est-ce que tu rentres chez toi?
10. Quand est-ce que tu fais tes devoirs?
11. A quelle heure est-ce que tu prépares le dîner?
12. A quelle heure est-ce que tu manges?
13. Est-ce que tu utilises l'ordinateur le soir? A quelle heure?
14. A quelle heure du soir est-ce que tu as sommeil?
15. Est-ce que tu dors beaucoup? (Je dors ...)

Les jours de la semaine

Les jours de la semaine

Répétez les noms des jours de la semaine.

lundi [lœ̃ di]	mardi [mar di]	mercredi [mɛr krə di]	jeudi [ʒø di]	vendredi [vɑ̃ drə di]	samedi [sam di]	dimanche [di mɑ̃ʃ]

– En Europe, la semaine commence lundi. Le "week-end" est samedi et dimanche.
– On n'utilise pas de majuscules quand on écrit les noms des jours.

Mini-Vocabulaire:

Quel jour est-ce ?	[kɛl ʒur ɛs]	What day is it?
Quel jour sommes-nous ?	[kɛl ʒur sɔm nu]	What day is it?
le jour	[lə ʒur]	day
la semaine	[la sə mɛn]	week
aujourd'hui	[o ʒur dɥi]	today
demain	[də mɛ̃]	tomorrow
hier	[i jɛr] or [jɛr]	yesterday

Répondez aux questions.

1. Quel jour sommes-nous ?
2. Imaginez qu'aujourd'hui, c'est mardi. Et demain ?
3. Quels jours avons-nous le cours de français ?
4. Quel est votre jour préféré ? Que faites-vous ce jour-là ?
5. Combien de jours y a-t-il dans une semaine ?
6. Quels jours est-ce que vous n'êtes pas à l'université ?
7. Imaginez qu'aujourd'hui, c'est samedi. Et hier ?
8. Quel jour êtes-vous le plus paresseux ?

Quel enfant êtes-vous ?

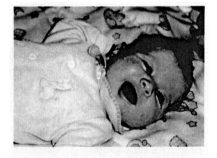

b / Un enfant du dimanche

Mini-Vocabulaire:

dieu	god
chagrin	sorrow
chemin	road
âme	soul
bien dur	very hard

> L'enfant du lundi est beau comme un **dieu**,
> L'enfant du mardi est tout gracieux,
> L'enfant du mercredi a du **chagrin**,
> L'enfant du jeudi doit faire long **chemin**,
> L'enfant du vendredi a **l'âme** pure,
> L'enfant du samedi travaille **bien dur**,
> Mais l'enfant du dimanche, comme tout le monde sait,
> Est gentil et joyeux et bon et gai.

– Quel est le jour de votre naissance ?
– Est-ce que le poème vous caractérise bien ?

A.2 La vie à l'université

Dans cette section, nous allons parler de la vie à l'université : les cours que vous avez, les matières que vous étudiez, les professeurs, le campus, la cuisine, etc. Nous allons aussi apprendre quelque chose sur la vie universitaire et les études dans certains pays francophones.

A.2.1 L'emploi du temps de Yasmine.

Regardez l'emploi du temps de Yasmine.

	lundi [lœ̃ di]	mardi [mar di]	mercredi [mɛr krə di]	jeudi [ʒø di]	vendredi [vɑ̃ drə di]	samedi [sam di]	dimanche [di mɑ̃ʃ]
matin (m.) [ma tɛ̃] (6h-12h)	9h-10h français		9h-10h français		9h-10h français		10h-11h leçon de tennis
après-midi (m.) [a prɛ mi di] (12h-17h)	14h10-15h50 maths	12h-13h40 communication	14h10-15h50 maths	12h-13h40 communication			
soir (m.) [swar] (18h-24h)		18h10-22h cinéma français					

 Avec un(e) partenaire, répondez aux questions. Consultez l'emploi du temps de Yasmine pour répondre correctement.

Exemple: Est-ce que le cours de français de Yasmine est le lundi et le mercredi ?

Oui, son cours de français est le lundi et le mercredi.

Quand est-ce qu'elle a son cours de communication ?

Elle a son cours de communication le mardi et le jeudi après-midi.

1. Est-ce que le cours de maths de Yasmine est le jeudi soir ?
2. Est-ce que son cours de communication est le matin ?
3. Combien de cours est-ce qu'elle a le soir ?
4. Quand est-ce qu'elle a son cours de cinéma ?
5. Quels jours est-ce qu'elle n'a pas de cours ?
6. Quel jour est-ce qu'elle a sa leçon de tennis ?
7. Est-ce qu'elle étudie l'espagnol ?
8. Est-ce qu'elle a plus de cours le matin, l'après-midi, ou le soir ?
9. Quels cours a-t-elle le mercredi ?
10. Quels cours est-ce qu'elle a le matin ?

Quels cours y a-t-il à l'université ?

The image illustrating *le français* is from a famous 1830 painting by Eugène Delacroix entitled *Liberté Guidant le Peuple* (*Liberty Leading the People*). Much like the United States, France sees itself as a defender of liberty around the world. You may know that the founders of the United States were heavily influenced by French philosophical writers, and that the Statue of Liberty was a gift from France to the United States. The woman in this picture represents Liberty. She is holding the French flag (blue, white, and red) in one hand and a bayonet in the other, and is leading a crowd of people across the barricades that were erected in Paris during the revolution of 1830. (The first French Revolution was in 1789).

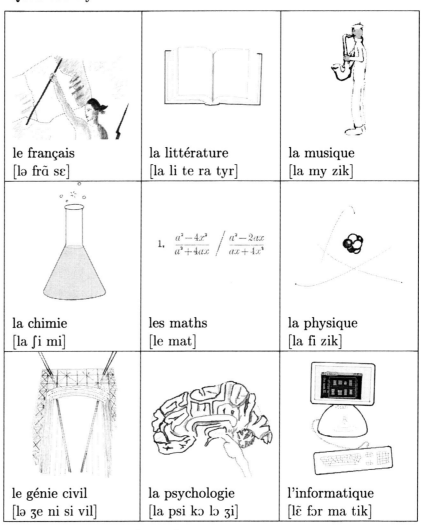

le français [lə frɑ̃ sɛ]	la littérature [la li te ra tyr]	la musique [la my zik]
la chimie [la ʃi mi]	les maths [le mat]	la physique [la fi zik]
le génie civil [lə ʒe ni si vil]	la psychologie [la psi kɔ lɔ ʒi]	l'informatique [lɛ̃ fɔr ma tik]

l'anglais	[lɑ̃ glɛ]
la biologie	[la bjɔ lɔ ʒi]
le marketing	[le mar kə tiŋ]
la communication	[la kɔ my ni ka sjɔ̃]
la composition	[la kɔ̃ po zi sjɔ̃]
la géographie	[la ʒe ɔ gra fi]
la géologie	[la ʒe ɔ lɔ ʒi]
l'histoire	[li stwar]
la sociologie	[la sɔ sjɔ lɔ ʒi]

(Si vous avez d'autres cours, demandez au professeur **"Comment dit-on ... en français ?"** et écrivez-les ici :)

_____   _____

_____   _____

Complétez la phrase avec le cours approprié.

1. On parle français dans le cours de _____ .
2. On fait des problèmes de calcul dans le cours de _____ .
3. On programme les ordinateurs dans le cours d' _____ .
4. On étudie les émotions humaines dans le cours de _____ .
5. On écrit des devoirs d'anglais dans le cours d' _____ .
6. On lit beaucoup de livres dans les cours de _____ .
7. On écoute du jazz dans le cours de _____ .
8. On parle beaucoup dans le cours de _____ .
9. On fait des expériences physiques dans le cours de _____ .
10. On étudie d'autres pays dans le cours de _____ .
11. On étudie le passé dans le cours d' _____ .
12. On analyse les entreprises dans le cours de _____ .
13. On étudie l'évolution dans le cours de _____ .
14. On étudie la terre dans le cours de _____ .

A.2.3 Mes cours

Quels cours avez-vous ce trimestre/ semestre ? Quelle est votre spécialité ?

 Parlez avec un partenaire de vos cours. Remplacez les éléments en gris pour personnaliser le dialogue.

> Ce semestre/ trimestre, j'ai quatre cours :
>
> Un cours d'histoire africaine, un cours de français, un cours de basket et un cours de composition.
>
> Ma spécialité, c'est l'anglais. Les cours de composition et de français sont obligatoires et le cours d'histoire africaine est facultatif.

⟹ Continuons!

Complétez les questions suivantes et demandez à votre partenaire :

1. Quel est ton cours préféré ?
2. Est-ce qu'il y a un cours que tu n'aimes pas ?
3. A quelle heure commence ton cours de ... ?
4. Est-ce que ton professeur de ... est strict ?
5. Quel professeur est le plus gentil ?
6. Quels jours as-tu le cours de ... ?
7. Préfères-tu les cours de science ou les cours de littérature ?
8. Quel cours est le plus difficile ?
9. As-tu des cours d' "éducation générale" ?
10. Quel cours est-ce que tu recommandes ?

L'UNIVERSITÉ EN FRANCE

Les universités françaises sont assez différentes des universités américaines. Cette différence est principalement due aux différences entre les **lycées** américains et français.

En France, les étudiants au lycée commencent **déjà à choisir** et à préparer leur spécialité. Ils ont aussi des cours plus avancés que les **lycéens** américains, et une grande variété de sujets. Quand ils arrivent à l'université, donc, ils n'ont pas besoin de cours d' "éducation générale" comme les étudiants dans les universités américaines, qui ne sont pas **toujours** sûrs de leur spécialité. Les étudiants français commencent immédiatement les cours obligatoires pour leur diplôme.

Les étudiants ont des cours différents chaque semestre, mais souvent ils décident en septembre quels cours ils vont suivre pendant toute l'année scolaire. Les cours à l'université en France sont généralement des "cours magistraux," où le professeur parle et les étudiants prennent des **notes**. La **note** pour le cours est souvent determinée par un seul examen ou un devoir final. Souvent, il n'y a pas de devoirs pendant le semestre, et **la présence** en cours n'est pas obligatoire !

L'avantage du système français, c'est que les étudiants sont généralement plus avancés dans leurs études que les étudiants américains ; ils finissent en 3 ans le diplôme équivalent au B.A. américain. Le désavantage, c'est qu'il est très difficile, et quelquefois même impossible, de changer de spécialité.

Comprenez-vous ? Répondez aux questions.

1. Est-ce qu'un lycéen français est généralement plus ou moins avancé dans ses études qu'un lycéen américain ?
2. Est-ce que les étudiants parlent beaucoup dans les cours magistraux en France ?
3. Comment est-ce que la note du cours est déterminée ?
4. Est-ce qu'il y a beaucoup de cours d' "éducation générale" à l'université en France ?
5. Est-ce qu'il est facile pour les étudiants universitaires en France de changer de spécialité ?
6. Combien de temps est-ce qu'un étudiant universitaire français prend normalement pour avoir le diplôme français équivalent au B.A. américain ?

c / Les Universités de Paris : La Sorbonne - Photo par Ke Ping

Mini-Vocabulaire:

le lycée	high school
déjà	already
choisir	to choose
lycéen(ne)	h.s. student
toujours	always
suivre	to take
ils prennent	they take
prendre	to take
la note	note, grade
présence	attendance

A.2.5 En classe et à la maison

Grammaire: Voir B.2, "Verbes en -er," page 172.

Mini-Vocabulaire:

Verbes en -er

corriger	[kɔ ri ʒe]	to correct
écouter	[e ku te]	to listen
parler	[par le]	to speak, to talk
passer un examen	[pa se]	to take a test
poser une question	[po ze]	to ask a question
pratiquer	[pra ti ke]	to practice
regarder	[rə gar de]	to look at
réviser	[re vi ze]	to review
travailler	[tra va je]	to work; to study
utiliser	[u ti li ze]	to use

Verbes en -ir

finir	[fi nir]	to finish
remplir	[rã plir]	to fill out

Verbes en -re

écrire*	[e krir]	to write
faire*	[fɛr]	to do
lire*	[lir]	to read
prendre*	[prã drə]	to take
répondre	[re põ drə]	to answer

Les verbes marqués de "*" sont irréguliers. Les formes de la troisième personne au singulier sont : "on écrit," "on fait," "on lit," et "on prend."

Indiquez si on fait l'activité en classe ou à la maison.

Exemple: **A:** utiliser le tableau   **B:** On utilise le tableau en classe.

1. prendre des notes
2. lire le livre
3. poser des questions
4. passer des examens
5. regarder le tableau
6. écouter le professeur
7. réviser

8. écrire des devoirs
9. pratiquer des exercices
10. avoir des discussions
11. répondre au professeur
12. étudier pour un examen
13. utiliser un ordinateur
14. préparer des présentations

A.2.6 Opinions

 Il y a toujours du bon et du mauvais dans la vie. Donnez votre opinion des différents aspects de votre université :

les professeurs ; les frais d'inscription ; la bibliothèque ; les restaurants ; les cours obligatoires de "G.E." ; les secrétaires ; les bureaux administratifs

Mini-Vocabulaire:

assez	rather, enough
pas assez	not enough
beaucoup	many, a lot
un peu	a little
très	very
trop	too

A.2.7 Deux cours différents

Etudiant A a un cours de français ; étudiant B a un cours de ballet. Avec un(e) partenaire, jouez le rôle des étudiants A et B. Posez des questions à votre partenaire. Exemple :

> **A: Avant** le cours de ballet, est-ce que tu manges beaucoup ?
> **B:** Non, je ne mange pas avant mon cours de ballet. Dans ton cours de français, est-ce que vous parlez français ?
> **A:** Bien sûr, nous parlons français !

Mini-Vocabulaire:

avant	before
après	after
suer	to sweat

Hint : If the question is directed only at your partner, use "tu." If you are asking what all the students in the class do, use "vous." If your partner asks you a question using "vous," s/he must mean "you all," so you should answer using "nous."

Combinez trois éléments pour formuler vos phrases :

Avant ton cours de	ballet	est-ce que tu ... ?
Dans ton cours de	français	est-ce que vous ... ?
Après ton cours de		

écouter le professeur	parler beaucoup	**suer**
écouter de la musique	conjuguer des verbes	être fatigué
répéter le vocabulaire	mémoriser un exercice	avoir chaud
pratiquer à la maison	changer de vêtements	avoir soif
pratiquer à la barre	répondre aux questions	utiliser un stylo
remplir des feuilles d'exercices	utiliser le tableau	étudier

A.2.8 Dialogue :Ton cours préféré

Quel est votre cours préféré ? Comment est ce cours ? Lisez et personnalisez le dialogue.

Mini-Vocabulaire:

d'abord	first
ensuite	then
souvent	often
pas mal	not bad
pas vraiment	not really
beaucoup	many, a lot
un peu	a little
sympa	nice
si	if

> **A:** Salut, Karen !
> **B:** Ah, salut, Marc.
> **A:** Est-ce que tu as de bons cours ce trimestre ?
> **B:** Pas mal. Mon cours préféré, c'est mon cours de maths.
> **A:** Est-ce que c'est un cours difficile ?
> **B:** Un peu, oui, mais très intéressant aussi.
> **A:** Est-ce qu'il y a **beaucoup** de devoirs ?
> **B:** Ah, ça, oui. Je passe 2 heures par nuit à faire mes devoirs.
> **A:** Comment est le professeur ?
> **B:** Elle **est** sympa. Elle aide beaucoup les étudiants. Elle explique bien les problèmes.
> **A:** Qu'est-ce que vous faites en classe ?
> **B: D'abord,** nous corrigeons les devoirs. **Ensuite,** la prof présente la nouvelle leçon. **Nous** posons des questions. Nous pratiquons les problèmes au tableau. **Souvent,** il y a un petit test à la fin.
> **A:** Est-ce que tu recommandes cette classe ?
> **B: Si on aime** les maths, c'est un bon cours.

A.2.9 Observation culturelle

 LE FRANÇAIS AU MAROC

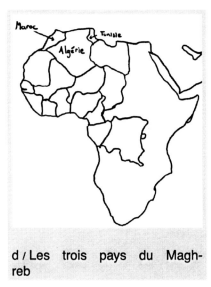

d / **Les trois pays du Maghreb**

Au Maroc, le français n'est pas **une langue** officielle, mais une très grande partie de la population parle français. Le Maroc (comme les autres pays du Maghreb : l'Algérie et la Tunisie), est une **ancienne** colonie française.

Les étudiants marocains **apprennent** le français comme langue secondaire de l'école élémentaire jusqu'au lycée. A l'université, **l'enseignement** des matières scientifiques (chimie, mathématiques, physique, biologie, etc.) est en français, mais l'enseignement des autres matières est en arabe. Le français est aussi très important au Maroc dans l'administration (le gouvernement), la presse (les médias), et l'économie (le commerce, le tourisme, etc.), mais l'arabe est la langue officielle et prédominante du pays.

Comprenez-vous ? Répondez aux questions.

1. Est-ce que le français est une langue officielle au Maroc ?
2. Est-ce que tout l'enseignement à l'école primaire est en français ?
3. Est-ce que tous les étudiants marocains étudient le français au lycée ?
4. Nommez deux matières enseignées en français à l'université au Maroc.
5. Est-ce que le français est important pour le gouvernement au Maroc ?
6. Quelle est la langue la plus importante au Maroc ?
7. Quels sont les 3 pays du Maghreb ?
8. Où est le Maghreb ?
9. Est-ce que le Maroc est **actuellement** un territoire français ?

Mini-Vocabulaire:

une langue	language
ancien(ne)	former, old
apprendre	to learn
enseignement	teaching
actuellement	currently, now

A.2.10 **Composition : Mes cours**

Utilisez le guide suivant pour écrire un paragraphe sur vos cours. Ecrivez sur une autre feuille.

Ce trimestre, j'ai _____ cours. Mon cours préféré, c'est _____ . Le sujet est _____ et le professeur est _____ . Nous avons _____ de devoirs, mais _____ .

Par contre, je n'aime pas trop mon cours de _____ . **[Expliquez pourquoi.]**

J'ai aussi un cours de _____ . **[Parlez de ce cours.]**

A.3 Le travail

Dans cette section, nous allons parler des métiers et des professions. Nous allons parler de l'importance de certaines matières pour préparer ces métiers.

A.3.1 Qu'est-ce qu'ils font ?

Reliez la profession à sa définition. Si vous ne reconnaissez pas tous les mots, utilisez le contexte pour comprendre.

1. Un professeur	a. arrête les criminels
2. Un médecin	b. enseigne dans une école primaire
3. Un(e) comptable	c. a un petit commerce ou un magasin
4. Un ingénieur	d. enseigne dans un lycée ou dans une universi
5. Un(e) infirmier(ère)	e. participe dans des matchs sportifs
6. Un policier	f. examine les malades et fait des diagnostics
7. Un(e) avocat(e)	g. fait des recherches en biologie, chimie, etc.
8. Un(e) scientifique	h. prépare des documents, téléphone, etc.
9. Un(e) architecte	i. défend une personne devant la cour de justic
10. Un jardinier	j. dessine et maintient la végétation
11. Un(e) instituteur(trice)	k. écrit des logiciels pour les ordinateurs
12. Un(e) athlète	l. aide les gens dans la communauté
13. Un(e) commerçant(e)	m. dessine des maisons et des bâtiments
14. Un(e) secrétaire	n. règle les affaires financières d'une entreprise
15. Un(e) informaticien(ne)	o. aide les médecins et les malades
16. Un(e) assistant(e) social(e)	p. dirige la construction d'un objet

A.3.2 Qu'est-ce qu'ils étudient ?

Maintenant, indiquez quelles matières on étudie pour préparer les carrières indiquées dans la dernière activité.

Exemple: Pour être instituteur, on étudie l'art, les maths, l'anglais.

Rappel de vocabulaire :

le calcul	le marketing
l'anglais	la sociologie
la chimie	l'informatique
l'histoire	la comptabilité
la biologie	les sciences politiques
les langues	l'éducation physique
la physique	la procédure policière
la nutrition	

1. Pour être professeur, . . .
2. Pour être médecin, . . .
3. Pour être comptable, . . .

(Continuez avec les autres métiers de l'activité précédente.)

A.3.3 Observation culturelle

LES GENRES ET LES MÉTIERS

Il y a des noms de professions qui sont toujours masculins en français, même si on parle d'une femme : par exemple, "un professeur." Il y a d'autres mots qui sont des deux genres : "un comptable, une comptable" ou qui ont deux formes : "un avocat, une avocate." La France est plus conservatrice que d'autres pays à cet égard ; au Canada, par exemple, on dit "un professeur, une professeure."

e / Homme ou femme ?

A.3.4 Observation culturelle

LE QUÉBEC ET LE CANADA Le Canada est un pays officiellement bilingue. Dans le gouvernement national et les **grandes sociétés**, beaucoup d'employés parlent français et anglais ; les produits **vendus** sur le territoire canadien ont des **étiquettes** dans les deux langues. **Pourtant**, la majorité de la population francophone habite au Québec. Le Québec est une province du Canada (on l'appelle "la Belle Province").

Au Québec, les 2 plus grandes **villes** sont Québec et Montréal. (Remarquez qu'on dit "à Québec" quand on parle de la ville, et "au Québec" quand on parle de la province.) Dans cette province, la majorité des écoles sont francophones, mais il existe aussi des écoles anglophones. Dans les écoles francophones, on étudie tout en français, et on a des cours d'anglais seulement une ou deux **fois** par semaine. Dans beaucoup d'écoles francophones, il est obligatoire de parler français tout le temps, sauf dans les cours d'anglais **comme** langue seconde. Quand on parle avec ses amis dans les **couloirs**, **il faut** parler français. Mais **comme** les Québecois sont une minorité des Canadiens (environ 25% de la population totale), il est pratique pour eux d'apprendre les deux langues de leur pays.

f / Le Québec, province du Canada

Mini-Vocabulaire:

grande société	corporation
vendu	sold
une étiquette	label
pourtant	however
une ville	city
une fois	one time
comme	as, since
un couloir	corridor
il faut	one must
Au Québec	in Québec (province)
A Québec	in Québec (city)

Comprenez-vous ? Répondez aux questions.

1. Est-ce que le Québec est un pays francophone ?
2. Est-ce que le Québec est la seule partie du Canada qui est bilingue ?
3. Est-ce que toutes les écoles québecoises sont francophones ?
4. Dans les écoles francophones au Québec, est-ce qu'on parle souvent anglais ?
5. Est-ce que les francophones canadiens sont concentrés au Québec ?
6. Nommez deux grandes villes francophones au Canada.
7. Pour quelles carrières est-il très important de parler deux langues au Canada ?

A.3.5 Dialogue : Le conseiller académique

> Grammaire: Voir B.3, "Deux verbes," page 177.

Quel métier cherchez-vous ? Qu'est-ce que vous avez besoin d'étudier à l'université ?

 Lisez le dialogue avec votre professeur. Puis, remplacez les éléments gris pour personnaliser le dialogue.

A: Bonjour, Madame.

B: Bonjour, Monsieur Bush. Voyons. Vous êtes étudiant en première année ici à l'université ?

A: C'est ça. Je voudrais devenir président, et je ne suis pas sûr quels cours choisir pour le semestre prochain.

B: Je recommande l'histoire américaine, **parce qu'**un président **doit** comprendre l'histoire de la nation.

A: C'est une bonne idée. Et quoi d'autre ?

B: La communication **est** nécessaire, **parce qu'**un président parle beaucoup.

A: D'accord.

B: Finalement, je recommande un cours de sciences politiques, c'est très important pour les présidents.

A: Merci beaucoup, Madame. Je vais suivre ces 3 cours le semestre **prochain** : l'histoire américaine, la communication, et les sciences po. Merci beaucoup de votre aide.

B: Je vous en prie, Monsieur. Au revoir.

A: Au revoir, Madame.

A.3.6 Votre carrière future

 Essayez de **deviner** la carrière désirée de votre partenaire. Posez 5-10 questions et suggérez trois carrières possibles pour votre partenaire.

Combinez les éléments suivants pour formuler vos questions :

tu aimes	travailler	seul / avec d'autres
tu veux	voyager	beaucoup / peu
tu désires	**gagner**	avec les enfants / avec le public
tu as	aider	de longues heures / des heures régulières
tu préfères	avoir	le soir / le week-end
	une spécialité	dans un magasin
	un travail	un emploi du temps flexible
	des vacances	la responsabilité / l'indépendance

Exemple: Est-ce que tu aimes avoir beaucoup de responsabilités ?
Est-ce que tu veux voyager beaucoup dans ton travail ?

A.4 Les loisirs

Dans cette section, nous allons parler de ce que vous aimez faire. Aimez-vous les sports, le cinéma, la lecture ? Comment passez-vous votre temps libre ?

A.4.1 Les loisirs

Mini-Vocabulaire:

les loisirs	[le lwa zir]	leisure-time activities; recreation
la lecture	[la lɛk tyr]	reading
passer du temps	[pa se dy tɑ̃]	to spend time
du temps libre	[dy tɑ̃ li brə]	free time
aller*	[a le]	to go
cuisiner	[kɥi zi ne]	to cook
une promenade	[prɔm nad]	a walk
bricoler	[bri kɔ le]	to do home improvements
conduire*	[kɔ̃ dɥir]	to drive
la plage	[plaʒ]	beach
jouer	[ʒwe]	to play

(Les verbes irréguliers sont marqués de "*.")

Demandez à votre partenaire s'il aime ou n'aime pas faire les activités suivantes. Utilisez l'intonation ou "est-ce que" pour poser vos questions.

Exemple: Tu aimes danser ? Oui, j'aime danser.
(ou) (ou)
Est-ce que tu aimes danser ? Non, je n'aime pas danser.

lire	regarder la télé	aller à la plage
aller au cinéma	faire du sport	aller en boîte
cuisiner	écouter de la musique	jouer au foot
dîner au restaurant	étudier	faire un pique-nique
faire des promenades	bricoler	jouer aux cartes
		danser

⟹ Continuons!

Pour les activités préférées de votre partenaire, essayez d'obtenir plus d'informations. Posez une autre question, par exemple :
"Est-ce que tu joues au football ou au tennis ?"
"Est-ce que tu dînes au restaurant avec tes amis ou avec ta famille ?"
"Est-ce que tu danses bien ?"

Rappel de vocabulaire utile : beaucoup – peu ; souvent – rarement ; bien – mal ; seul – avec . . .

g / Aimez-vous aller au cinéma ?

h / ou jouer au foot ?

i / Acheter des livres ?

j / ou des vêtements ?

A.4.2 "Nos choses favorites"

 Qu'est-ce que la classe préfère ? Le professeur va vous donner un sujet. Demandez à chaque personne dans le cercle en face, "Quel/le est ton/ta favori(te) ?" Marquez les réponses dans un tableau.

Exemple: [un sport]   **B:** C'est le football.
    A: Quel est ton sport favori ?
    [une musique]   **B:** C'est le jazz ;
    A: Quelle est ta musique favorite ?   c'est le rap ;
     c'est la musique pop ...

1. un film
2. une station de radio
3. un sport
4. un groupe de musique
5. une émission de télé
6. une actrice
7. un acteur
8. un restaurant
9. une cuisine
10. un magasin

⟹ **Continuons!**

Maintenant, mettez au tableau 4 des réponses données par vos camarades pour chaque catégorie. Les autres étudiants vont essayer de numéroter ces réponses (#1, #2, #3) par ordre de popularité.

A.4.3 Annonces-Rencontres

 Imaginez que vous êtes une personne qui cherche un(e) partenaire sur l'internet. Vous avez 20-40 ans et vous n'êtes pas marié(e). Inventez une personnalité et donnez les détails suivants :

Nom (inventé) :	
Je suis une femme/ un homme	qui cherche :
Age :	Origine(s) :
Religion :	Importance de la religion :
Fumeur :	Animaux :
Mon caractère :	Centres d'intérêts :
Je préfère :	Je déteste :

⟹ **Continuons!**

Echangez votre fiche avec une autre personne. Maintenant, imaginez que vous êtes la personne sur la nouvelle fiche que vous avez. Circulez et posez des questions pour essayer de trouver une personne qui a des intérêts similaires. Vous devez trouver aux moins 3 points communs avec votre partenaire possible.

A.4.4 Horaires de cinéma

 Après le travail, vous allez au cinéma UGC- Ciné-Cité - Les Halles avec votre ami. Vous avez une réservation au restaurant à 21h30. Votre restaurant est à 5 minutes du cinéma, et il y a 20 minutes de publicités avant le commencement du film. Considerez les horaires des films suivants, et décidez quel film vous voulez regarder. Le pays d'origine de chaque film est indiqué entre parenthèses. Tous les films étrangers sont en V.O. - version originale - avec des sous-titres en français. Regardez le modèle et parlez avec votre partenaire.

Paprika - Film d'animation (japonais) - 90 min. Séances : 18H45 20H40 22H35

Prête-moi ta main - Comédie (français) - 90 min. Séances : 18H50 20H45 22H40

Ne le dis à personne - Thriller (français) - 125 min. Séances : 19H30 22H15

Babel - Comédie dramatique - (américain) - 142 min. Séances : 19H 21H45

Borat - Comédie (américain) - 84 min. Séances : 18H30 20H25 22H20

The Host - Fantastique (sud-coréen) - 119 min. Séances : 17H 19H40 22H10

Casino royale - Aventure (américain) - 144 min. Séances : 19H 21H50

Coeurs - Comédie dramatique (français) - 120 min. Séances : 19H30 22H05

Je pense à vous - Comédie (français) - 82 min. Séances : 18H35 20H25 22H15

Black book - Thriller (néerlandais) - 145 min. Séances : 19H 21H50

Happy feet - Film d'animation - (américain) - 109 min. Séances : 17H50 20H10 22H25

Exemple :

> **A:** Je veux voir une comédie.
> **B:** Française ou américaine ?
> **A:** Française.
> **B:** Tu préfères "Je pense à vous" ou "Prête-moi ta main" ?
> **A:** Je préfère "Je pense à vous."
> **B:** Ce soir, il y a des séances à 18h30, 20h45, et 22h40.
> **A:** Les séances de 20h45 et de 22h40 sont trop tard. La séance de 18h50 finit vers 20h40. Ça va ?
> **B:** D'accord. Allons voir "Je pense à vous" à 18h50.

Vous pouvez consulter les horaires des films et lire des résumés au site internet http ://www.fra.cityvox.fr /cinema$_p$aris/Cinema.

A.5 Résumé

Les activités dans cette section sont un résumé de tout ce que vous avez appris dans le chapitre. Regardez les "objectifs" du chapitre à la page 145. Ces activités vous permettent de prouver vos capacités à faire tous ces objectifs!

A.5.1 Résumé : Mon agenda

 Complétez l'agenda avec vos activités pour la semaine prochaine. Mettez vos obligations scolaires, votre travail, et vos loisirs.

	lundi	mardi	mercredi	jeudi	vendredi	samedi	dimanche
matin							
après-midi							
soir							

⟹ Continuons!

Maintenant, posez des questions sur les activités de votre partenaire. Obtenez plus d'information en utilisant les phrases "à quelle heure" "avec qui" "quel jour."

Exemple: As-tu un examen mercredi? — Non, mais j'ai un examen jeudi.
A quelle heure? — De 10 heures à midi.

1. travailler
2. passer un examen
3. dîner avec des amis
4. préparer un devoir
5. avoir beaucoup de devoirs
6. jouer au foot
7. étudier à la bibliothèque
8. regarder la télé
9. avoir un cours de ...
10. Imaginez d'autres questions!

A.5.2 Résumé : La vie à l'université

 Vous rendez visite à votre ancien lycée et les lycéens vous posent des questions sur votre vie à l'université. Avec un(e) partenaire, pratiquez la conversation.

A.5.3 Résumé : Mon choix de profession

Quelle profession voulez-vous faire ? Comment est-ce que vos études vous y préparent ? Ecrivez une petite composition dans laquelle vous expliquez :

(1) la profession que vous voulez faire ;

(2) les aspects de cette profession qui vous intéressent.

(3 - facultatif) le rapport entre votre profession désirée et votre spécialité.

Consultez le vocabulaire de l'activité A.3.6, à la page 158.

Modèle : **Je veux être** professeur de français. **Les** professeurs **ont beaucoup d'** indépendance **et de** liberté. **Le salaire est** assez bien **et** on a les mois de juin, de juillet et d'août libres. **Maintenant, j'étudie** le français. **Je veux** aller en France **et** pratiquer mon français **pour me préparer à cette profession.**

⟹ Continuons!

Présentez l'information dans votre composition à la classe. Préparez des questions pour vérifier si les étudiants comprennent votre présentation.

> Exemple: Est-ce que je veux être professeur de français ou d'histoire ?
>
> Les professeurs ont beaucoup de liberté - vrai ou faux ?
>
> Je veux pratiquer mon français au Canada - vrai ou faux ?

A.5.4 Résume : Arranger un rendez-vous

Avec le/la partenaire de l'activité A.4.3, (1) inventez une conversation téléphonique où vous arrangez un rendez-vous. Parlez de vos intérêts et trouvez une activité intéressante à faire. (2) Sortez ensemble ! Imaginez la conversation : parlez de vos intérêts, de vos études, de votre travail, etc. Pratiquez les deux dialogues et présentez les conversations devant la classe.

N.B. : Les verbes irréguliers sont marqués d'un "*".

Les études

apprendre*	[a prɑ̃ drə]	to learn
le cours	[kur]	class
l'école	[e kɔl]	school
l'enseignement (m.)	[ɑ̃ sɛ ɲə mɑ̃]	teaching
enseigner	[ɑ̃ sɛ ɲe]	to teach
les études	[e tyd]	studies
un examen	[ɛg za mɛ̃]	test
un exercice	[ɛg zɛr sis]	exercise
facultatif	[fa kyl ta tif]	optional, elective
le lycée	[li se]	high school
une matière	[ma tjɛr]	subject
un métier	[me tje]	profession, trade
une note	[nɔt]	grade or note
obligatoire	[ɔ bli ga twar]	required
une spécialité	[spe sja li te]	specialization; the closest word ▮
une spécialisation	[spe sja li za sjɔ̃]	specialization; the closest word ▮
l'université	[y ni vɛr si te]	college, university

les matières

l'anglais	[ɑ̃ glɛ]	English
la biologie	[bjɔ lɔ ʒi]	biology
le calcul	[kal kyl]	calculus
la chimie	[ʃi mi]	chemistry
la communication	[kɔ my ni ka sjɔ̃]	communication
la comptabilité	[kɔ̃ ta bi li te]	accounting
la composition	[kɔ̃ po zi sjɔ̃]	composition
l'éducation physique	[e dy ka sjɔ̃ fi zik]	physical education
le français	[frɑ̃ sɛ]	French
le génie	[ʒe ni]	engineering
la géographie	[ʒe ɔ gra fi]	geography
la géologie	[ʒe ɔ lɔ ʒi]	geology
l'histoire	[i stwar]	history
l'informatique	[ɛ̃ fɔr ma tik]	computer science
les langues	[lɑ̃g]	languages
la littérature	[li te ra tyr]	literature
le marketing	[mar kə tiŋ]	marketing
les maths	[mat]	math
la musique	[my zik]	music
la nutrition	[ny tri sjɔ̃]	nutrition
la physique	[fi zik]	physics
la psychologie	[psi kɔ lɔ ʒi]	psychology
les sciences politiques	[sjɑ̃s pɔ li tik]	political science
la sociologie	[sɔ sjɔ lɔ ʒi]	sociology

L'heure, les jours, le temps qui passe

actuellement	[ak tɥɛl mɑ̃]	currently, now
l'après-midi	[a prɛ mi di]	afternoon
aujourd'hui	[o ʒur dɥi]	today
de l'après-midi	[də la prɛ mi di]	in the afternoon
déjà	[de ʒa]	already
demain	[də mɛ̃]	tomorrow
dimanche	[di mɑ̃ʃ]	Sunday
du matin	[dy ma tɛ̃]	in the morning
du soir	[dy swar]	in the evening
et demi(e)	[e də mi]	half past
et quart	[e kar]	quarter past
l'heure	[œr]	time, hour
hier	[i jɛr] or [jɛr]	yesterday
Il est deux heures	[i lɛ dø zœr]	It's two o'clock.
Il est midi	[i lɛ mi di]	It's twelve o'clock (noon).
Il est minuit	[i lɛ mi nɥi]	It's twelve o'clock (midnight).
jeudi	[ʒø di]	Thursday
le jour	[ʒur]	day
lundi	[lœ̃ di]	Monday
mardi	[mar di]	Tuesday
le matin	[ma tɛ̃]	morning
mercredi	[mɛr krə di]	Wednesday
moins le quart	[mwɛ̃ lə kar]	quarter to
quand	[kɑ̃]	when
Quelle heure est-il ?	[kɛ lœ rɛ til]	What time is it?
Quel jour est-ce ?	[kɛl ʒur ɛs]	What day is it?
Quel jour sommes-nous ?	[kɛl ʒur sɔm nu]	What day is it?
samedi	[sam di]	Saturday
la semaine	[la sə mɛn]	week
le soir	[swar]	evening
vendredi	[vɑ̃ drə di]	Friday
le week-end	[wi kɛnd]	weekend

Adverbes et Interrogatifs

assez	[a se]	enough, rather
beaucoup	[bo ku]	a lot, much, many
bien	[bjɛ̃]	well
mal	[mal]	badly
parce que	[par skə]	because
peu	[pø]	little, few
un peu	[œ̃ pø]	a little
pourquoi	[pur kwa]	why
quel(le)	[kɛl]	which, what
rarement	[rar mɑ̃]	rarely
très	[trɛ]	very
trop	[tro]	too much, too

Les verbes

aider	[e de]	to help
aller*	[a le]	to go
analyser	[a na li ze]	to analyze
bricoler	[bri kɔ le]	to do home improvements
conduire*	[kɔ̃ dɥir]	to drive
corriger	[kɔ ri ʒe]	to correct
cuisiner	[kɥi zi ne]	to cook
devoir*	[də vwar]	to have to; should
écouter	[e ku te]	to listen
écrire*	[e krir]	to write
étudier	[e ty dje]	to study
faire*	[fɛr]	to do
finir	[fi nir]	to finish
gagner	[ga ɲe]	to earn
jouer	[ʒwe]	to play
lire*	[lir]	to read
parler	[par le]	to speak, to talk
passer un examen	[pa se]	to take a test
passer du temps	[pa se dy tɑ̃]	to spend time
poser une question	[po ze]	to ask a question
pratiquer	[pra ti ke]	to practice
prendre*	[prɑ̃ drə]	to take
programmer	[prɔ gra me]	to program
regarder	[rə gar de]	to look at
remplir	[rɑ̃ plir]	to fill out
répondre	[re pɔ̃ drə]	to answer
réviser	[re vi ze]	to review
travailler	[tra va je]	to work; to study
utiliser	[u ti li ze]	to use
vouloir*	[vu lwar]	to want
voyager	[vwa ja ʒe]	to travel

Les loisirs

les loisirs	[lwa zir]	leisure-time activities; recreation
la boite (de nuit)	[bwat də nɥi]	nightclub
les cartes	[kart]	cards
le cinéma	[si ne ma]	movies; cinema
un film	[film]	film; movie
le foot(ball)	[fut bol]	soccer
la lecture	[lɛk tyr]	reading
la plage	[plaʒ]	beach
une promenade	[prɔm nad]	a walk
le sport	[spɔr]	sports
du temps libre	[dy tɑ̃ li brə]	free time

Les métiers

un(e) assistant(e) social(e)	[a si stɑ̃] [stɑ̃t] [sɔ sjal]	social worker
un(e) architecte	[ar ʃi tɛkt]	architect
un(e) athlète	[at lɛt]	athlete
un(e) avocat(e)	[a vo ka] [kat]	lawyer (or avocado!)
un(e) commerçant(e)	[kɔ mɛr sɑ̃] [sɑ̃t]	shopkeeper
un/e comptable	[kɔ̃ ta blə]	accountant
une femme d'affaires	[fɑm da fɛr]	businesswoman
un(e) fonctionnaire	[fɔ̃k sjɔ nɛr]	government employee
un homme d'affaires	[ɔm da fɛr]	businessman
un(e) infirmier(-ère)	[ɛ̃ fir mje] [mjɛr]	nurse
un(e) informaticien(ne)	[ɛ̃ fɔr ma ti sjɛ̃] [sjɛn]	computer programmer
un ingénieur	[ɛ̃ ʒe njœr]	engineer
un(e) instituteur(-trice)	[ɛ̃ sti ty tœr] [tris]	(elementary school) teacher
un jardinier(-ère)	[ʒar di nje] [njɛr]	gardener
un médecin	[med sɛ̃]	doctor
un policier	[pɔ li sje]	police officer
un professeur	[prɔ fɛ sœr]	(h.s. or university) teacher
un(e) scientifique	[sjɑ̃ ti fik]	scientist
un(e) secrétaire	[sə kre tɛr]	secretary

B Grammar

B.1 Telling time

Mini-Vocabulaire:

Quelle heure est-il ?	[kɛ lœ rɛ til]	What time is it?
Il est six heures	[i lɛ si zœr]	It's six o'clock.
Il est midi	[i lɛ mi di]	It's twelve o'clock (noon).
Il est minuit	[i lɛ mi nɥi]	It's twelve o'clock (midnight).
et quart	[e kar]	quarter past
et demi(e)	[e də mi]	half past
moins	[mwɛ̃]	less
moins le quart	[mwɛ̃ lə kar]	quarter to
du matin	[dy ma tɛ̃]	in the morning
de l'après-midi	[də la prɛ mi di]	in the afternoon
du soir	[dy swar]	in the evening

Quelle heure est-il?

Pour réviser les chiffres, voir la section B.6 du chapitre 1, à la page 46.

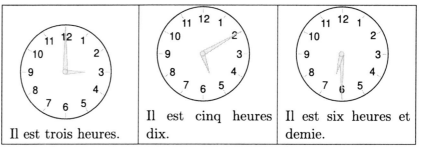

| Il est trois heures. | Il est cinq heures dix. | Il est six heures et demie. |

Traditionally, time up to the half-hour was given by "adding" the minutes to the hour, while time past the half hour was given by "subtracting" the minutes from the next hour.

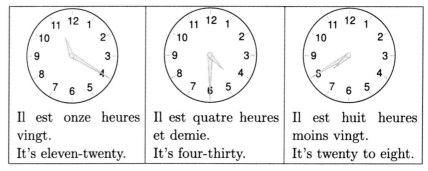

| Il est onze heures vingt. It's eleven-twenty. | Il est quatre heures et demie. It's four-thirty. | Il est huit heures moins vingt. It's twenty to eight. |

This is still very common, but with the increasing presence of digital watches, many people only "add." You will now also hear:

| Il est dix heures quarante. | Il est neuf heures cinquante. | Il est une heure trente-huit. |

The "adding" and "subtracting" methods are becoming interchangeable; people should understand you if you use either one, but you'll want to learn both so that you can understand other people, too!

- When "adding," you give the minutes directly after the hour: *dix heures dix*, *huit heures quinze*, except for the expressions *et quart* and *et demi(e)*. When "subtracting," use the word *moins* and the number of minutes, except for the expression *moins le quart*.

- In English, you do not have to say "o'clock," but in French, you always have to say "heure(s)."

- In English, you can say "twelve o'clock" or "noon/midnight" but in French you never say "douze heures" unless you are using military time; you have to say "midi" or "minuit."

- To write the time down using numerals, you use "h" where you would say "heures." So English 3:00 = French 3h; English 10:23 = French 10h23.

- French does not use the abbreviations "a.m." and "p.m." You may, but do not need to, say "du matin," "de l'après-midi," "du soir." For schedules, the twenty-four hour clock is usually used.

- The word "heure" is a feminine noun, so articles and adjectives agree with it: say "une heure," "deux heures," "trois heures et demie." However, the words "minuit" and "midi" are masculine nouns, so you say "midi et demi" and "minuit et demi."

B.1.1 L'heure

Give the time in a complete sentence. If the time is past the half-hour, subtract minutes from the next hour (e.g., 3h40= "Il est quatre heures moins vingt."

Quelle heure est-il?

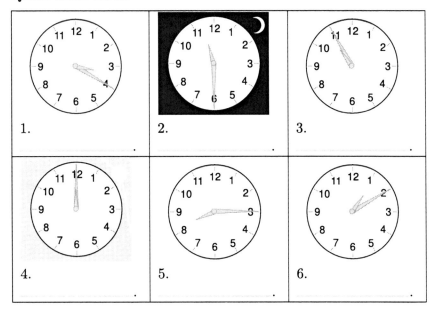

1.

2.

3.

4.

5.

6.

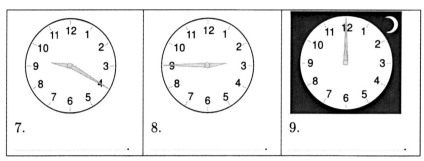

Answer the question in a complete sentence. If the time is past the half-hour, continue to add the minutes (e.g., 3h40= "Il est trois heures quarante."

1:05	4:14	8:50
6:49	3:40	5:15
10:16	2:07	7:22

24-hour time

The twenty-four hour clock, also called military time, is used very commonly for schedules in French – train schedules, TV schedules, movie times, etc. To go from 12-hour time to 24-hour time, add twelve hours to anything after noon. To go from 24-hour time to 12-hour time, subtract twelve hours from anything after noon. In 24-hour time, minutes are always added to the hour; e.g., for 8:40 p.m. (20h40), you must say "vingt heures quarante" and **never** "vingt et une heures moins vingt." The day begins at midnight (0h00) and goes until 11:59 p.m. (23h59).

B.1.2 **24-hour time**

Give the 24-hour time equivalents of these afternoon and evening times. (You may write them using numerals, e.g. 20h).

1. trois heures et quart

2. cinq heures du soir

3. minuit

4. six heures vingt

5. sept heures et demie

6. minuit moins vingt

7. une heure vingt de l'après-midi

8. trois heures moins le quart

9. cinq heures moins dix

10. huit heures quinze

Give the 12-hour time equivalents of these afternoon and evening times. (You should write these out in words).

1. 21h
2. 00h15
3. 15h23
4. 12h45
5. 22h30

6. 20h10
7. 19h50
8. 14h
9. 16h40
10. 23h35

A quelle heure

To ask at what time something happens, we ask, "A quelle heure?" To say that something happens at a given time, we state the action and use the preposition "à" plus the time.

A X heures

A quelle heure prends-tu ta douche?	At what time do you take a shower?
J'ai mon cours de français à dix heures cinquante.	I have my French class at 10:50.
A six heures du soir, nous allons dîner.	At six p.m., we will eat dinner.

De X heures à Y heures

To say that something happens from time X to time Y, we say, "de X heures à Y heures."

J'ai mon cours de français de dix heures à midi.	I have my French class from 10 to 12.
Je regarde la télé de 20h à 22h tous les soirs.	I watch TV from 8 to 10 pm every night.

Notice that the sentence stating the time has the verb "être", always in the expression "Il est":

Il est dix heures.	**It is** ten o'clock (now).

but that sentences telling at what time something happens use a different verb to indicate what is happening, and then add the preposition *à* and the time that action starts, or *de* time X *à* time Y to indicate a period of time during which that action happens:

Le film **commence** à 20h30.	The movie **starts** at 8:30 p.m.
Je **travaille** dans la bibliothèque chaque soir de 19h à 21h.	I **study** in the library every night from 7 to 9 p.m.

Indicate at what time the following things happen. You may give one time or a range, as appropriate.

1. Le matin, je quitte la maison   .

2. J'arrive à l'université   .

3. Mon cours de français commence   .

4. Mon cours de français finit   .

5. Je suis à l'université   .

6. Je travaille

7. Je retourne à la maison   .

8. Je dîne   .

9. Je regarde la télé   .

10. Je fais mes devoirs   .

B.2 Regular verbs in the present tense

You have already learned the present tense of the two most common French verbs, **être** and **avoir**. You have seen that an infinitive must always be conjugated, that is, changed to match the subject of the sentence. Fortunately, you do not need to memorize each French verb individually.

The vast majority of verbs are regular, meaning that they follow one of three conjugation patterns. Verbs are categorized according to the ending of their infinitives. The first group ends in **-er**; the second group ends in **-ir**, and the third group ends in **-re**.

All regular verbs in each of these categories follow the same pattern for conjugation – this means that every regular -er verb is conjugated in the same way as every other regular -er verb; the same is true for regular -ir and -re verbs. So instead of learning thousands of different verb conjugations, learning the three regular patterns will instantly allow you to conjugate thousands and thousands of verbs.

To conjugate a regular verb, you remove the infinitive ending (-er, -ir, or -re) and then add the appropriate ending for the subject. When we talk about verb conjugation, we will speak of the "stem" (*la racine*, what is left when you remove the infinitive ending) and the "ending" (*la terminaison*, what you add to the stem). We are going to present all three groups here so you can see their similarities, but we will concentrate on this chapter on the -er verbs.

Regular -er verb endings

je	-e	*nous*	-ons
tu	-es	*vous*	-ez
il	-e	*ils*	-ent

-er verbs, Example: parler: parl / er	
je parle [ʒə parl]	nous parlons [nu par lɔ̃]
tu parles [ty parl]	vous parlez [vu par le]
il/elle parle [il parl]	ils/elles parlent [il parl]

Regular -ir verb endings

je	-is	*nous*	-issons
tu	-is	*vous*	-issez
il	-it	*ils*	-issent

-ir verbs, Example: finir: fin / ir	
je finis [ʒə fi ni]	nous finissons [nu fi ni sɔ̃]
tu finis [ty fi ni]	vous finissez [vu fi ni se]
il/elle finit [il fi ni]	ils/elles finissent [il fi nis]

Regular -re verb endings

je	-s	*nous*	-ons
tu	-s	*vous*	-ez
il		*ils*	-ent

-re verbs, Example: répondre: répond / re	
je réponds [ʒə re pɔ̃]	nous répondons [nu re pɔ̃ dɔ̃]
tu réponds [ty re pɔ̃]	vous répondez [vu re pɔ̃ de]
il/elle répond [il re pɔ̃]	ils/elles répondent [re pɔ̃d]

- The "stem" (*la racine*) plus the "ending" (*la terminaison*) form the complete verb form. If we take the infinitive *finir*, "fin" is the stem and "ir" is the infinitive ending. In the form *nous répondons*, "répond" is the stem and "ons" is the ending.

- The endings (*terminaisons*) for regular verbs are the same for every verb in that group. You must memorize these endings.

- The -ent ending on the *ils/elles* form is silent. This is especially important for -er verbs, as it means four of the six forms (*je*, *tu*, *il*, and *ils*) are pronounced exactly the same, although they are written differently. This is why the subject noun or pronoun must be used in French; if you only said the verb form (as occurs in Spanish, for example), people would not know who you were talking about.

- The plural forms of the -ir verbs all have -iss-, but the singular forms do not.

- You hear the "d" sound in the plural forms of the -re verbs, but not in the singular forms.

- For your information, about 95% of French verbs are -er verbs. All -er verbs with the exception of *aller* (to go) are regular, except for minor spelling-related changes that occur within the stem. The endings for all -er verbs (except *aller*) are the same.

- Since all -er verbs are regular (except for some spelling changes in the stem), this means that irregular verbs fall into the -ir and -re categories. When you want to conjugate a new -ir or -re verb, therefore, you need to find out if it is regular or irregular.

Reminder: "singular" forms are the *je*, *tu*, and *il/elle* forms because those are the singular subjects; "plural" forms are the *nous*, *vous*, and *ils/elles* forms, because those are the plural subjects. See section B.2 on page 35 if you need to review this.

B.2.1 Self-Test: Regular Verb Conjugations

Please add the ending (*la terminaison*) to the stem (*la racine*) of each verb.

	parler	**finir**	**répondre**
je	parl	fin	répond
tu	parl	fin	répond
il	parl	fin	répond
nous	parl	fin	répond
vous	parl	fin	répond
ils	parl	fin	répond

Your answers should look like this:

je	parle	finis	réponds
tu	parles	finis	réponds
il	parle	finit	répond
nous	parlons	finissons	répondons
vous	parlez	finissez	répondez
ils	parlent	finissent	répondent

B.2.2 Self-Test: Verb Endings

You should immediately see that there are some similarities among these verb endings. Look at them carefully and answer the questions.

1. What letter do the je forms end in? ____ or ____

2. What letter do all the tu forms end in? ____

3. What letter do the il/elle forms end in? ____, ____, or ____

4. What 3 letters do all the nous forms end in? ____

5. What 2 letters do the vous forms end in? ____

6. What 3 letters do the ils/elles forms end in? ____

Answers: 1. e or s; 2. s; 3. e, t, or d; 4. ons; 5. ez; 6. ent

So we can see that in many cases, the verbs have the same types of endings, that is, they end in the same letters. Although the actual terminaison may be different (e.g. -es or -s for *tu* forms, -ons or -issons for *nous* forms), if you understand the underlying patterns, you will have a far easier time remembering not only these regular patterns, but the irregular ones as well.

Let us look at these patterns, based on your answers in the preceding exercise. On the left, you can see what we can observe by comparing these three groups of regular verbs. On the right, I have given you some information about all French verbs.

Our observations about these verbs	Rules about form in all French verbs
je forms:	
-er verbs end in -e, other verbs end in -s	This is true for almost all verbs. The only exceptions in the present tense are *j'ai* and *je peux* (I can)/ *je veux* (I want). While the stem of irregular verbs may change, the ending will always be -s.
tu forms:	
-er verbs end in -es, other verbs end in-s	This is true for all verbs. The only exceptions are *tu peux* and *tu veux*. While the stem of irregular verbs may change, the ending will be -s.
il/elle forms:	
-er verbs end in -e, regular -ir verbs end in -it, -re verbs end in nothing.	This is a little harder to remember than the others, but really there are two main rules; -er verbs end in -e, and other verbs almost always end with -d or -t. This is because -re verbs are almost always -dre verbs, so when you take off the -re and add nothing, the last letter of the stem is a -d. There are few common exceptions to this -e or -d/t rule, including *il a*, which you already know, and *il va* (he goes).
nous forms:	
all verbs end in -ons; regular -ir verbs end in -issons.	*Nous* forms are the easiest of all verbs. There is only one verb in the entire language where the nous form does not end in -ons; that's *nous sommes*, which you already know. Also, the stem of the *nous* form tends to look like the infinitive, for reasons we will discuss later, so it is usually very easy to guess correctly the *nous* form of any verb even if the verb is irregular.
vous forms:	
all verbs end in -ez; regular -ir verbs end in -issez.	Next to *nous* forms, *vous* forms are the second most-regular forms in the language. Like the *nous* form, the stem of the *vous* form almost always looks like the infinitive. There are only 3 that do not end in -ez: *vous êtes, vous faites* (you do), and *vous dites* (you say).
ils/elles forms:	
all verbs end in -ent; regular -ir verbs end in -issent.	Almost all verbs end in -ent; there are some extremely common verbs that end in -ont instead of -ent, including *ils sont, ils ont, ils font* (they do), *ils vont* (they go).

We generally refer to this tense as the "present," but its full name is the "present indicative." The present tense in French corresponds to three different forms in English: the simple present, the emphatic present, and the present progressive. In other words, *je mange* means "I eat," "I do eat," and "I am eating." Students sometimes get confused when trying to translate the English in their heads into French, and will try to combine two verbs (*être* and *manger*) to come up with the French for "I am eating." However, that would make no sense in French – you just say *je mange*. Similarly, we have already seen that in English, "do" is used as a question marker; to ask "Do you speak French," we just ask a question in French using the present tense of *parler*, plus either *est-ce que* or inversion, as described in chapter 1: *Est-ce que vous parlez français?* or *Parlez-vous français?* It is important to remember that French is not a weird form of English – the two languages do not correspond word-for-word and you need to try as hard as you can to incorporate French speech patterns from the beginning of your study, and not just concentrate on learning specific words.

Before we move on, let's practice the -er conjugation a few times.

An excellent way to practice verb endings on your own is simply to choose a regular verb and write it out several times in this way. Flash cards are also very helpful for many people. You might try color-coding the endings if you are more visually oriented.

travailler	donner
(to work)	(to give)
je _____	je _____
tu _____	tu _____
il/elle _____	il/elle _____
nous _____	nous _____
vous _____	vous _____
ils/elles _____	ils/elles _____

étudier	pratiquer
(to study)	(to practice)
je _____	je _____
tu _____	tu _____
il/elle _____	il/elle _____
nous _____	nous _____
vous _____	vous _____
ils/elles _____	ils/elles _____

B.2.4 La classe de français

As previously stated, this chapter, we will be concentrating on -er verbs. This exercise contains only -er verbs in addition to *être* and *avoir*, which you have already learned. Please complete the following conversation by conjugating the verbs in parentheses.

–Madame, comment (être) _____ les devoirs dans ce cours?
–Au début, les devoirs (consister) _____ en beaucoup de répétitions. Pour apprendre le vocabulaire, vous (utiliser) _____ les mots dans des contextes appropriés. Pour la grammaire, vous (copier) _____ les conjugaisons.
–Est-ce qu'il (être) _____ difficile d'avoir une bonne note?
–Je (penser) _____ que non. Quand les étudiants (écouter) _____ et (parler) _____ en classe, (travailler) _____ à la maison, et (étudier) _____ avant les examens, ils (avoir) _____ de bonnes notes. Est-ce que vous (avoir) _____ le temps de faire tout cela?
–Oui, Madame. Je (être) _____ enthousiaste aussi; dans ma famille, nous (parler) _____ espagnol, et je (avoir) _____ envie de parler trois langues.
–Alors, comme ça, vous allez bientôt apprendre à parler français!

B.2.5 Choisir les cours

Complete the dialogue by conjugating each verb in parentheses. Check your answers when done. These verbs are regular but from all three groups; consult the charts on page 174.

Une conversation entre deux amis à l'université.

–Salut, Julie!

–Salut, Paul! Comment vas-tu?

–Très bien, merci. Et toi?

–Bien. Dis, Paul, comment est-ce que tu (choisir) _____ tes cours ici? C'est mon premier semestre et je (ne pas comprendre) _____ comment choisir.

–Ben, moi, d'abord, je (demander) _____ à mes amis qui sont les bons profs. Je (parler) _____ aussi à mon conseiller académique. Il (indiquer) _____ les cours obligatoires.

–Est-ce qu'ici, les professeurs (donner) _____ beaucoup de devoirs?

–Moi, je (penser) _____ que oui. Je (ne pas arriver) _____ toujours à finir mes devoirs.

–Et si on (ne pas finir) _____ les devoirs, est-ce que les professeurs (être) _____ compréhensifs?

–Cela (dépendre) _____. Ce semestre, mon prof de maths (accepter) _____ les devoirs en retard, mais mes autres professeurs non.

> Hints: (1) The verb *comprendre* is partly irregular, but the form you need here is regular. (2) "On" and "cela" take the "il" form. (3) The negative "ne pas" is given in front of the infinitive; remember that when conjugating the verb, the "ne" goes before the verb and the "pas" after it.

B.3 Two-verb sentences

Very often, you will need to use two verbs together. If the verbs function together and belong to the same subject, you only conjugate one of them; the second one remains in the infinitive. This is just like English.

French	*English*
J'aime parler français.	I like to speak French.
Georges veut visiter le Sénégal.	George wants to visit Senegal.
Nous devons faire nos devoirs ce soir.	We have to do our homework tonight.

The first verb is conjugated to match the subject (*J'aime, Georges veut, Nous devons*), but the second verb (*parler, visiter, faire*) is in the infinitive form, which you will remember ends in -er, -ir, or -re, and is the equivalent of "to X" in English.

However, if you have two separate subjects (one for each verb), or the same subject is named or implied as doing two separate activities, you will conjugate each verb:

> Two important verbs to be aware of are *vouloir* (to want) and *devoir* (to have to, must). These verbs will be learned in chapter 6; however, you can begin to recognize their forms now:
>
> je veux (I want), tu veux, il veut, nous voulons, vous voulez, ils veulent
> je dois (I must), tu dois, il doit, nous devons, vous devez, ils doivent
>
> The conditional forms *je voudrais* (I would like) and *je devrais* (I should) are also very common.

French	English
Je danse et Marie chante.	I dance and Marie sings.
Le professeur parle et nous écoutons.	The teacher speaks and we listen.
J'aime l'hiver parce que je skie beaucoup.	I like winter because I ski a lot.
Mon père écoute la radio et chante.	My father listens to the radio and sings.

Note that all the conjugated verbs either have a subject of their own or follow a conjunction with the same subject implied for the two clauses.

B.3.1 How many conjugated verbs?

Indicate how many verbs are conjugated in each sentence. Write the conjugated verb(s).

Exemple: Il préfère dîner au restaurant.   1: préfère

1. Je parle français et italien.

2. J'aime parler français.

3. Nous écoutons le professeur et répétons la phrase.

4. Tu veux aller au cinéma?

5. Georges n'aime pas faire des promenades.

6. Vous regardez beaucoup de télé!

7. Ma mère prépare le dîner parce qu'elle aime cuisiner.

8. Je voudrais dîner au restaurant italien.

9. Mon frère déteste étudier mais ma soeur adore faire ses devoirs.

B.3.2 To conjugate or not to conjugate?

All verbs in this exercise are given in parentheses in the infinitive form. Either conjugate each verb or leave it in the infinitive as necessary. Write out the entire sentence.

Exemple: Nous (aimer) (parler) français.   Nous aimons parler français.

1. Georges (détester) les fruits.

2. Paul (aimer) (jouer) au foot, mais Marie (détester) tous les sports.

3. Je (préférer) (écrire) un e-mail; je n'(aimer) pas (écrire) des lettres.

A conjunction is a word like *and*, *but*, *or*, *because* in English, or *et, mais, ou, parce que* in French. Conjunctions join two parallel grammatical structures.

Hint: the conjugated verb and infinitive may be separated by a preposition such as *à* or *de*.

4. Nous (regarder) la télé et (dîner) dans le salon.

5. Est-ce que tu (avoir) besoin de (travailler) ce soir?

6. Pauline (refuser) de (parler) anglais en classe.

7. Je (jouer) de la flûte et mon mari (jouer) du saxophone.

B.4 Yes/No Questions

In chapter 1 (B.8, page 52), you were introduced to the three main ways to ask questions in French: intonation, inversion, and *est-ce que*. In this chapter, we would like you to begin using *est-ce* que and inversion to ask questions in French. Right now, you will focus on yes/no questions; that is, questions which will be answered by a "yes" or "no" answer. You will also understand and be able to answer questions requiring more information (who, why, what, etc.), and you will gradually become more familiar with them; in chapter 6, you will practice forming informational questions yourself.

Questions with est-ce que

To ask a question with est-ce que, you simply place *Est-ce que* in front of the subject of a declarative sentence. It does not matter whether the subject is a noun or a pronoun. *Est-ce que* is pronounced [ɛ skə] – the "s" sound is from the "ce," since the letters "st" in the verb "est" are silent. If the word immediately following "est-ce que" begins with a vowel or a silent h, you will change "que" to "qu'." Remember that this is called "élision." Observe the following examples.

Phrase déclarative	Question
Tu es français.	Est-ce que tu es français?
Il est américain.	Est-ce qu'il est américain?
Vous parlez français.	Est-ce que vous parlez français?
Hélène aime le fromage.	Est-ce qu'Hélène aime le fromage?
Les professeurs sont stricts.	Est-ce que les professeurs sont stricts?

B.4.1 Est-ce que vous comprenez?

Transform the following sentences into questions using "est-ce que." Pay attention to the proper punctuation of your question. For simplicity, in this exercise, do not change the subject given. That is, if the subject of the sentence is "tu," the subject of your question should remain "tu."

1. Tu étudies le français.

2. Le président est intelligent.

3. Karim aime le football.

4. Nous avons un examen demain.

5. Les professeurs ici donnent beaucoup de devoirs.

6. Elles regardent un film.

7. Abdel joue au basket.

8. Vous travaillez à la bibliothèque.

Questions with inversion

Asking a question with inversion is somewhat more difficult. Inversion is used when the subject is a pronoun rather than a noun. Additionally, inversion is not used when the subject is "je."[1] To form a question by inversion, you invert (switch the order of) the subject pronoun and the verb, placing the verb before the subject and connecting them with a hyphen.

Phrase déclarative	Question
Tu es français.	Es-tu français?
Il est américain.	Est-il américain?
Vous parlez français.	Parlez-vous français?
Elle arrive demain.	Arrive-t-elle demain?

In the last example above, the letter "t" has been added between the verb and the pronoun. This happens when the verb ends in a written vowel and the subject pronoun also begins with a vowel, to avoid having two vowels together. (It is called the *t euphonique*, if you are interested!). The only cases in which this can happen are in the third person singular forms (*il, elle, on*) when the verb ends with a vowel, i.e. -er verbs and the verbs *avoir* (*il a*) and *aller* (*il va*). Two hyphens are used to join the "t" to the subject and verb. Here are some more examples of this.

Phrase déclarative	Question
Elle va bien.	Va-t-elle bien?
Il raconte une histoire.	Raconte-t-il une histoire?
Elle dîne avec nous.	Dîne-t-elle avec nous?
Il travaille beaucoup.	Travaille-t-il beaucoup?
Il aime danser.	Aime-t-il danser?

Inversion with a noun subject

If the subject is a noun instead of a pronoun, inversion can be used by reduplicating the noun with the appropriate pronoun.[2] If the

---

[1] There are three set phrases that invert with "je": suis-je? ai-je? and puis-je? (the latter ("may I?") is an obsolete form of "je peux," used only in this context). Since one doesn't really ask questions about oneself very often, this is not something you need to remember in first-year French.

[2] If the question contains an interrogative word and is very short, basically just the subject and verb, one occasionally sees the noun inverted; for example, "Où est le train?" Do not worry if you see this structure!

noun is a masculine singular noun, for example, the appropriate pronoun would be "il." You keep the noun in the usual position (before the verb), but you also use inversion with the verb and added pronoun. Observe:

Phrase déclarative	Question
Hélène aime le fromage.	Hélène aime-t-elle le fromage?
Les professeurs sont stricts.	Les professeurs sont-ils stricts?
Le train arrive.	Le train arrive-t-il?
Marc et Christine parlent au téléphone.	Marc et Christine parlent-ils au téléphone?
Vous détestez parler en classe.	Détestez-vous parler en classe?

If the verb is negative, the negative remains around the entire verb-subject hyphenation, for that is now considered one word.

Phrase déclarative	Question
Elle ne va pas bien.	Ne va-t-elle pas bien?
Vous ne parlez pas italien.	Ne parlez-vous pas italien?
Elle n'arrive pas aujourd'hui.	N'arrive-t-elle pas aujourd'hui?
Gilles et Paul n'écoutent pas le prof.	Gilles et Paul n'écoutent-ils pas le prof?

To answer "yes" to a negative question (i.e., to contradict the questioner), French uses the word *si* ("yes") instead of *oui*. E.g. "Tu n'as pas de cours ce soir?" "Si, j'ai un cours de maths."

B.4.2 **Comprenez-vous?**

Transform the following sentences into questions using inversion. Pay attention to the proper punctuation of your question. For simplicity, in this exercise, do not change the subject given. That is, if the subject of the sentence is "tu," the subject of your question should remain "tu."

1. Tu travailles à la bibliothèque.

2. Nous dînons à la cafétéria.

3. Le professeur donne beaucoup d'examens.

4. Elle chante bien.

5. Mireille et Joseph aiment les Etats-Unis.

6. Vous êtes chinoise.

7. Les étudiants n'ont pas beaucoup d'argent.

8. Tu n'es pas italienne.

9. Ils sont contents.

10. La fille répond toujours au professeur.

B.5 -er verbs with spelling changes

All -er verbs except *aller* are regular. However, some have minor spelling changes. The most common of these spelling changes affects verbs that end in a vowel, a single consonant, and then the -er ending. Because French pronunciation makes it difficult to have any vowel other than [ɛ] in a syllable ending in a consonant, the spelling of these verbs changes to produce an [ɛ] in four of the forms.

At this stage of your French study, you should at least be aware of these verbs. Remember that these changes occur simply in order to maintain the correct pronunciation; these are not true "irregular" verbs like the verbs *être* and *avoir* that you have already learned.

These verbs follow what is known as the "shoe" pattern: the *je, tu, il,* and *ils* forms change their stems, while the *nous* and *vous* forms do not. As you learned earlier, the *je, tu, il,* and *ils* forms of -er verbs are all pronounced the same, with silent verb endings (*-e, -es, -e, -ent*). It makes sense, therefore, that the spelling changes affect these four forms.

In the following patterns, a capital C represents any consonant.

Verbs ending in -éCer

Exemple: préférer ([pre fe re]	
je préf**è**re [ʒə pre fɛr]	nous préf**ér**ons [nu pre fe rɔ̃]
tu préf**è**res [ty pre fɛr]	vous préf**ér**ez [vu pre fe re]
il/elle préf**è**re [il pre fɛr]	ils/elles préf**è**rent [il pre fɛr]

Since the [e] sound (written é) cannot be pronounced in a syllable that ends in a consonant (this is called a "closed" syllable), it changes to [ɛ] (written è) in the *je, tu, il,* and *ils* forms.

Verbs ending in -eCer

Exemple: appeler ([ap le] ou [a pə le])	
j'app**e**lle [ʒa pɛl]	nous app**e**lons [nu zap lɔ̃] ou [nu za pə lɔ̃]
tu app**e**lles [ty a pɛl]	vous app**e**lez [vu za ple] ou [vu za pə le]
il/elle app**e**lle [i la pɛl]	ils/elles app**e**llent [il za pɛl]

Exemple: peser ([pə ze]	
je p**è**se [ʒə pɛz]	nous p**e**sons [nu pə ʒɔ̃]
tu p**è**ses [ty pɛz]	vous p**e**sez [vu pə ze]
il/elle p**è**se [il pɛz]	ils/elles p**è**sent [il pɛz]

The reason for these changes is the same as in the first type of verbs. The [ə] sound is also impossible in a "closed" syllable (ending in a consonant), so the spelling changes to produce the [ɛ] sound in the *je, tu, il,* and *ils* forms.

There are two ways to produce this sound. Some verbs in this pattern double the final consonant in the *je, tu, il,* and *ils* forms, while others add an accent grave (è). Common verbs like peser include lever (to raise), enlever (to take off), emmener (to bring) and amener (to take); common verbs like appeler include jeter (to throw) and épeler (to spell). In either case, the pronounciation changes from the mute e [ə] to [ɛ] in these forms, while in the infinitive and the nous and vous forms, it remains unchanged, [ə].

Verbs ending in -ayer, -oyer, -uyer

Exemple: balayer ([ba la je]	
je balaie [ʒə ba lɛ]	nous balayons [nu ba lɛ jɔ̃]
tu balaies [ty ba lɛ]	vous balayez [vu ba lɛ je]
il/elle balaie [il ba lɛ]	ils/elles balaient [il ba lɛ]

Exemple: nettoyer ([nə twa je]	
je nettoie [ʒə nɛ twa]	nous nettoyons [nu nɛ twa jɔ̃]
tu nettoies [ty nɛ twa]	vous nettoyez [vu nɛ twa je]
il/elle nettoie [il nɛ twa]	ils/elles nettoient [il nɛ twa]

Exemple: essuyer ([ɛ sɥi je]	
je essuie [ʒɛ sɥi]	nous essuyons [nu zɛ sɥi jɔ̃]
tu essuies [ty ɛ sɥi]	vous essuyez [vu zɛ sɥi je]
il/elle essuie [i lɛ sɥi]	ils/elles essuient [il zɛ sɥi]

In these forms, the -y- changes to -i- in the je, tu, il, and ils forms, but remains unchanged in the nous and vous forms. (With verbs of the -ayer type, you have the choice of changing or not changing, but it is easiest to remember the change since in the other two types (-oyer and -uyer), the change is required.)

Verbs ending in -cer and -ger

A further type of stem change occurs in verbs that end in -cer and -ger. Because the letters c and g each have two pronunciations, a spelling change must occur to keep the proper pronuncation. The letter c is hard ([k]) before a, o, and u, and soft ([s]) before e and i. The letter g is also hard ([g]) before a, o, and u, and soft ([ʒ]) before e and i. Since all -er endings except for the *nous* form end in -e, we must make a spelling change to the *nous* form to ensure a soft consonant before the *-ons* ending. For -ger verbs, we simply add an -e before the -ons. For -cer verbs, we change the -c to -ç, which is always pronounced [s]. All -cer and -ger verbs make these changes in the *nous* form of the present tense.

Exemple: manger ([mɑ̃ ʒe]	
je mange [ʒə mɑ̃ʒ]	nous mangeons [mɑ̃ ʒɔ̃]
tu manges [ty mɑ̃ʒ]	vous mangez [mɑ̃ ʒe]
il/elle mange [il mɑ̃ʒ]	ils/elles mangent [il mɑ̃ʒ]

commencer ([kɔ mɑ̃ se]	
je commence [ʒə kɔ mɑ̃s]	nous commençons [kɔ mɑ̃ sɔ̃]
tu commences [ty kɔ mɑ̃s]	vous commencez [vu kɔ mɑ̃ se]
il/elle commence [il kɔ mɑ̃s]	ils/elles commencent [il kɔ mɑ̃s]

B.5.1 Stem-changing -er verbs

For practice, consult the charts above and write the correct form of the verb in the present tense.

1. Je (préférer) _____ la salsa.

2. Mon cours de français (commencer) _____ à 10h50.

3. Il s'(appeler) _____ Georges.

4. Nous (nettoyer) _____ la cuisine tous les jours.

5. Mon frère (essuyer) _____ la vaisselle.

6. Nous (ranger) _____ nos affaires sur les étagères.

7. Mes amis (balayer) _____ leur chambre.

8. Jean n'(essayer) _____ pas de nouvelles choses.

9. Nous (commencer) _____ à parler français!

10. Mon sac à dos (peser) _____ lourd.

11. A quelle heure (emmener) _____ -vous votre fille à l'école?

12. Qu'est-ce que vous (manger) _____ ?

13. Vous (préférer) _____ les oranges ou les pommes?

14. Les clients (payer) _____ à la caisse.

C Lab Worksheet and Review

C.1 La vie à l'université

C.1.1 Dans quel cours ? (Time on recording : 0 :00)

You will hear a sentence describing an activity done in a given class. The sentence will be read twice. On your worksheet, you will have a choice of two classes. Pick the class that best fits the sentence given and repeat the sentence, adding *dans le cours de X*. After your answer, the correct answer will be read ; repeat it.

Exemple: Your answer sheet says :   l'anglais – le français
            You hear :   On parle français
            You say :   On parle français dans le cours de français.

1. les mathématiques – l'histoire
2. l'éducation physique – l'informatique
3. la comptabilité – la biologie
4. la littérature anglaise – la géologie
5. la musique – le marketing
6. le calcul – la psychologie
7. la géographie – la nutrition
8. la chimie – les langues
9. la composition – les sciences politiques

C.1.2 Quels cours ont-ils ? (Time on recording : 4 :20)

Listen to the following conversation and write down on your answer sheet which courses each person is taking. Remember that you are not expected to understand every word in the conversation ; but you should be able to get the necessary information out of it. The conversation will be read only one time, but you can listen to it as many times as you need.

cours de Paul   **cours de Véronique**

C.2 L'emploi du temps

C.2.1 Les jours de la semaine (Time on recording : 5 :45)

The speaker will give a day of the week. Respond by stating what tomorrow will be.

Exemple: Aujourd'hui, c'est lundi.   Demain, c'est mardi.

C.2.2 Les activités de Béatrice (Time on recording : 8 :05)

Listen to Beatrice talking about her schedule. On your answer sheet, write when she has to do each activity. You should read the cues on your answer sheet before beginning so that you know what to listen for. The passage will only be read once, but you can replay it as many times as necessary.

Activité	jour	partie du jour
cours de physique	lundi	matin
examen de biologie		
travail au magasin		
dîner avec Luc		
cours de biologie		
cinéma		
cuisine		
dîner avec la famille		
labo de physique		
cours de chimie		
tennis avec Claude		
télé		
promenade avec Isabelle		

C.2.3 On le fait en classe ou à la maison ? (Time on recording : 9 :50)

The speaker will read a sentence describing an academic activity. The sentence will be read twice. You should then repeat the sentence and state whether the activity is done in class or at home. After you answer, the correct answer will be given ; repeat the correct answer. You may use the cues on your answer sheet to guide you, but you must conjugate the verb as the speaker does.

[en classe]   [à la maison]

1. passer un examen
2. écrire un devoir
3. corriger les examens
4. réviser leurs notes
5. écouter le professeur
6. répondre aux questions orales

7. prendre des notes quand le professeur parle

8. prendre des notes du livre

9. écrire au tableau

10. poser des questions au professeur

C.2.4 Le cours de français (Time on recording : 13 :05)

What do you do in order to succeed in French ? Answer each question by stating whether you do or do not do each activity in relation to your French studies. The question will be read twice. After your answer, one possible answer will be given ; repeat that answer. Note that you must change the verb from the *vous* form in the question to the *je* form in the answer.

C.2.5 Changeons la phrase ! (Time on recording : 17 :00)

In this exercise, you will be given a new subject, verb or object for the sentence and you must insert the new element given and change all necessary parts of the sentence. For example, if you are given a new subject, you must change the subject and conjugate the verb to match the new subject. The sentence will continue to evolve as you change one element each time. After you have formed each new sentence, it will be read so that you can verify your answer. Repeat the correct answer. Listen to the example before you continue.

Exemple :		Je parle français en classe.
	(nous)	Nous parlons français en classe.
	(le professeur)	Le professeur parle français en classe.
	(à la maison)	Le professeur parle français à la maison.
	(vous)	Vous parlez français à la maison.
	(cuisiner)	Vous cuisinez à la maison.
	(ils)	Ils cuisinent à la maison.

Now begin. Note : you do not need to write your answers ; the blanks are only to help guide you as to what element of the sentence is being changed.

Je parle en classe.

1. (Nous) _____ .

2. (Tu) _____ .

3. (Je) _____ .

4. (Vous) _____ .

5. _____ (français).

6. (Paul et Sylvie) _____ .

7. _____ (au téléphone).

8. (Georges) _____ .

9. _____ (beaucoup).

10. (Tu) _____ .

11. _____ (travailler) _____ .

12. (Je) _____ .

13. (Nous) _____ .

14. _____ (regarder la télé).

15. (Marc) _____ .

16. (Vous) _____ .

17. (Je) _____ .

18. _____ (passer un examen).

19. (Nous) _____ .

20. (Mes frères) _____ .

C.3 **Le travail**

C.3.1 Nous avons besoin d'un ... (Time on recording : 21 :55)

The speaker will describe a situation or problem, and then give you the choice of two people. You will state which person is needed in each situation. Look at the example.

Exemple:	Your answer sheet says :	Nous voulons des plantes.
	You hear :	Nous voulons des plantes. Nous avons besoin d'un jardinier, ou d'un médecin ?
	You say :	Vous avez besoin d'un jardinier.

1. Notre mère va mal.

2. Je suis victime d'un crime !

3. Mon ordinateur ne fonctionne pas.

4. Je suis accusée d'un crime.

5. Je veux une nouvelle maison.

6. Je commence mes études universitaires.

7. Mes finances personnelles sont en désordre.

8. J'ai beaucoup de devoirs à préparer !

C.4 **Les loisirs**

C.4.1 Mes loisirs (Time on recording : 24 :30)

Answer each question about whether you like to do the following activities or not. One possible answer will be given after your response ; repeat the reponse given.

C.4.2 Les loisirs de ma famille (Time on recording : 27 :30)

Listen to the following passage and indicate what the hobbies are of each person in the speaker's family. The passage will be read only once, but you can replay it as many times as you need.

C'est Paul qui parle.

Paul	son frère

son père	sa mère

C.5 L'heure et le jour

C.5.1 Quelle heure est-il ? (Time on recording : 28 :45)

Listen to the speaker and write down the time they give. You do not have to write out the numbers in words. Each sentence will be read twice. Repeat the sentence for practice.

1. _____   4. _____

2. _____   5. _____

3. _____   6. _____

7. _____	12. _____
8. _____	13. _____
9. _____	14. _____
10. _____	15. _____
11. _____	16. _____

C.5.2 24-hour time (Time on recording : 31 :00)

The speaker will give a time using the 24-hour clock. Give the equivalent using the 12-hour clock. After your response, the correct answer will be given. Repeat the correct answer. Although there will be a pause to allow you to calculate the answer, it may not be long enough. You may wish to listen to the exercise one time and simply write down the 24-hour time that is given, pause the recording to calculate the correct answer, and then restart the recording so that you may give the correct answer and check your pronunciation and answer.

1. _____	7. _____
2. _____	8. _____
3. _____	9. _____
4. _____	10. _____
5. _____	11. _____
6. _____	12. _____

C.6 Vocabulaire

This section is optional, for those students wishing to practice their pronunciation. You may turn to pages 164 to 167 of your textbook to follow along with your vocabulary lists.

C.6.1 Les matières (Time on recording : 34 :28)

You may follow along on page 164 of your book if you wish.

C.6.2 Les jours de la semaine (Time on recording : 36 :52)

lundi	[lœ̃ di]
mardi	[mar di]
mercredi	[mɛr krə di]
jeudi	[ʒø di]
vendredi	[vɑ̃ drə di]
samedi	[sam di]
dimanche	[di mɑ̃ʃ]

C.6.3 Les verbes (Time on recording : 37 :27)

You may follow along on page 166 of your book if you wish.

C.6.4 **Les métiers (Time on recording : 40 :02)**

You may follow along on page 167 of your book if you wish.

C.6.5 **Les verbes en -er ; la forme "ils" (Time on recording : 42 :03)**

Since students often have trouble remembering how to pronounce the "ils" form of -er verbs, we will say the infinitive of an -er verb followed by the "ils" form. The "ils" form is written with the -ent at the end, but those letters are silent.

aider	[e de]	ils aident	[il zɛd]
analyser	[a na li ze]	ils analysent	[il za na liz]
bricoler	[bri kɔ le]	ils bricolent	[il bri kɔl]
corriger	[kɔ ri ʒe]	ils corrigent	[il kɔ riʒ]
cuisiner	[kɥi zi ne]	ils cuisinent	[il kɥi zin]
écouter	[e ku te]	ils écoutent	[il ze kut]
étudier	[e ty dje]	ils étudient	[il ze ty di]
gagner	[ga ɲe]	ils gagnent	[il ga ɲə]
jouer	[ʒwe]	ils jouent	[il ʒu]
parler	[par le]	ils parlent	[il parl]
passer	[pa se]	ils passent	[il pas]
poser	[po ze]	ils posent	[il poz]
pratiquer	[pra ti ke]	ils pratiquent	[il pra tik]
programmer	[prɔ gra me]	ils programment	[il prɔ gram]
regarder	[rə gar de]	ils regardent	[il rə gard]
réviser	[re vi ze]	ils révisent	[il re viz]
travailler	[tra va je]	ils travaillent	[il tra vaj]
utiliser	[u ti li ze]	ils utilisent	[il zy ti liz]
voyager	[vwa ja ʒe]	ils voyagent	[il vwa jaʒ]

End of lab worksheet

C.7 Exercices de révision écrits

The nature of communication is that it is open-ended. Therefore, these written review exercises are unable to cover all the objectives of the chapter, since some of those objectives do not lend themselves to fill-in-the-blank exercises. These exercises focus more on the grammar and vocabulary of the chapter, because these can be practiced more easily in writing, and mastering them will enable you to perform the communicative objectives of the chapter.

C.7.1 Compositions

Ecrivez 5-7 phrases sur un des sujets suivants :

1. Les cours que vous avez ce trimestre.

2. La profession que vous voulez faire.

C.7.2 Vocabulaire : les matières et les professions

Quelles matières est-ce qu'on étudie pour préparer sa profession désirée ? Indiquez deux matières que chaque étudiant choisit.

1. Patricia veut être médecin.
   Elle étudie _____ et _____ .

2. Cédric veut être informaticien.
   Il étudie _____ et _____ .

3. Mélanie veut être institutrice.
   Elle étudie _____ et _____ .

4. Matthieu veut être biologiste.
   Il étudie _____ et _____ .

5. Benjamin veut être prof d'espagnol.
   Il étudie _____ et _____ .

6. Sylvie veut être comptable.
   Elle étudie _____ et _____ .

C.7.3 Vocabulaire : les loisirs

Selon les indications données, choisissez les loisirs préférés des personnes suivantes.

1. Sébastien aime la nature, surtout l'océan. Il est assez sportif.   a. cuisiner

2. Charlotte a un travail difficile. Elle préfère des activités solitaires et calmes.   b. jouer aux cartes

3. Julie aime aller à Las Vegas. Elle adore aussi parler avec ses amies.   c. regarder la télé

4. David est intellectuel. Il aime les discussions animées et intéressantes.   d. aller aux matchs des Lakers

5. Jérémy aime la musique, les filles, et la bière.   e. faire des promenades à la plage

6. Elodie est passionnée pour le basket. Elle est avocate et elle gagne beaucoup.   f. bricoler

7. Lucie préfère rester à la maison, mais elle aime les films.   g. faire de la lecture

8. Antoine n'est pas marié. Il aime inviter ses amis chez lui pour dîner.   h. jouer au foot

9. Loïc s'intéresse à la condition de sa maison.   i. aller au ciné-club

10. Justine est très sportive. Elle aime les activités compétitives.   j. aller en boîte

C.7.4 Les activités de la famille

Conjuguez les verbes en -er pour indiquer quelles sont les activités des différentes membres de la famille.

1. Mon frère Philippe (parler) _____ au téléphone.

2. Mon grand-père (préparer) _____ le dîner.

3. Ma grand-mère et moi (écouter) _____ la radio.

4. Mon père (demander) _____, "Qu'est-ce que vous (écouter) _____ ?"

5. Mon père et ma soeur (bricoler) _____ .

6. Je (jouer) _____ aux cartes avec ma grand-mère.

7. Mes cousins (réviser) _____ pour un examen.

8. Je (gagner) _____ le jeu.

9. Ma grand-mère (commencer) _____ à tricoter.

10. Je (demander) _____ "Philippe, à qui (parler) _____ - tu ?"

C.7.5 Les préférences

Conjuguez le verbe si c'est nécessaire. Mettez la négation dans la position correcte.

1. Je (aimer) (jouer) au tennis.
2. Michel (détester) les escargots.
3. Nous (ne pas parler) anglais en classe de français.
4. Les psychiatres (analyser) les émotions de leurs clients.
5. Est-ce que vous (regarder) souvent la télé ?
6. Je (détester) (conduire) à Los Angeles.
7. Le professeur (être) content parce que les étudiants (pratiquer) beaucoup.
8. Est-ce que tu (avoir) besoin de (travailler) ce soir ?
9. Quand on (ne pas étudier), on (ne pas avoir) de bonnes notes.
10. Vous (préférer) (parler) français, Monsieur, n'est-ce pas ?

C.7.6 Les questions

Les questions suivantes utilisent l'intonation. Récrivez la même question sous une autre forme. Pour les questions 1-5, utilisez la forme "est-ce que." Pour les questions 6-10, utilisez l'inversion.

Exemple: Georges est français ?   Est-ce que Georges est français ? (est-ce que) Georges est-il français ? (inversion)

1. Tu es américaine ?
2. Le professeur corrige les examens ce week-end ?
3. Vous jouez au basket ?
4. Les étudiants révisent le chapitre ?
5. Madame, nous sommes à la page 10 ?
6. Vous pratiquez votre prononciation au labo ?
7. Nous passons un examen aujourd'hui ?
8. Les comptables utilisent des calculatrices ?
9. Ton ami arrive demain ?
10. Tu aimes voyager ?

C.7.7 Quelle heure est-il ?

Répondez à la question "Quelle heure est-il ?" Vous pouvez utiliser la méthode (addition ou soustraction) que vous préférez. Ecrivez la phrase complète.

Exemple: 9h50		Il est neuf heures cinquante.
ou		Il est dix heures moins dix.

1. 2h50	5. 3h15	9. 7h02
2. 12h	6. 6h45	10. 10h15
3. 5h30	7. 9h30	11. 4h
4. 8h20	8. 11h10	12. 1h40

C.7.8 L'horaire de train

Votre ami américain ne comprend pas l'horaire de train. Trouvez une autre forme pour lui dire quand arrivent les trains.

Exemple: Le train de Nice arrive à   Il arrive à 10h10 du soir.
         22h10.

1. Le train de Bruxelles arrive à 13h.

2. Le train de Marseille arrive à 14h40.

3. Le train de Dijon arrive à 0h20.

4. Le train de Beaune arrive à 19h10.

5. Le train de Carcassonne arrive à 23h.

6. Le train de Tours arrive à 20h30.

7. Le train de Brest arrive à 15h50.

8. Le train de Bordeaux arrive à 21h.

9. Le train de Strasbourg arrive à 22h15.

10. Le train de Boulogne arrive à 17h45.

C.8 Self-Check : Meeting chapter 3 objectives

Do you feel that you have mastered the objectives for this chapter? If you do not feel confident that you can do any of the following, please review the sections beginning on the indicated pages and then consult with your teacher for further assistance or practice. Please note that since grammar provides you with the tools you need to speak and understand a language, the relevant grammar section is indicated first, followed by the communicative activities to practice.

Communication Objectives :

Do you feel that you can :	If not, see pages :
Talk about your coursework and other aspects of university life?	172, 149, 153, and 154
Talk about different professions?	172 and 156
Talk (a little) about what you do in your free time?	168, 162 and 159

Culture objectives :

Do you feel that you have an idea of :	If not, see pages :
School in various Francophone countries?	152, 155 and 157
The use of French in different Francophone countries?	155, 157 and 157

Grammar Objectives :

Do you feel that you understand and can use the following grammatical structures? In addition to using them in conversation, could you demonstrate your knowledge of them on a test?	If not, see pages :
The conjugation of regular present tense verbs?	172, 154
How to ask and answer simple yes/no questions?	179, 158
How to tell time?	168, 146
The conjugation of stem-changing -er verbs?	182

If you feel that you can do all these things, congratulations! You have met the goals for this chapter and are becoming more capable of communicating in French!

Answers

Answers to Written Section B Exercises

Answers to B.1.1, L'heure, page 169 first part: Il est trois heures vingt; Il est onze heures et demie / Il est onze heures trente; Il est onze heures moins cinq; Il est midi; Il est huit heures et quart / Il est huit heures quinze; Il est une heure dix; Il est neuf heures vingt; Il est trois heures moins le quart; Il est minuit.

second part: Il est une heure cinq; Il est quatre heures quatorze; Il est huit heures cinquante; Il est six heures quarante-neuf; Il est trois heures quarante; Il est cinq heures quinze; Il est dix heures seize; Il est deux heures sept; Il est sept heures vingt-deux.

Answers to B.1.2, 24-hour time, page 170 part one: 1. 15h15; 2. 17h; 3. 24h ou 0h; 4. 18h20; 5. 19h30; 6. 23h40; 7. 13h20; 8. 14h45; 9. 16h50; 10. 20h15

part two: 1. neuf heures; 2. minuit et quart; 3. trois heures vingt-trois; 4. une heure moins le quart / midi quarante-cinq; 5. dix heures et demie / dix heures trente; 6. huit heures dix; 7. sept heures cinquante / huit heures moins dix; 8. deux heures; 9. quatre heures quarante / cinq heures moins vingt; 10. onze heures trente-cinq / minuit moins vingt-cinq

Answers to B.1.3, A quelle heure?, page 172 Your answers will be different, but be sure you have the same form as these sample answers. Look for the proper use of à and de. 1. à 6h30. 2. à 7h30. 3. à 18h10; 4. à huit heures du soir; 5. de 7h30 à 21h; 6. de 9h à 1h; 7. à 22h; 8. à 17h; 9. de onze heures à minuit; 10. de minuit à une heure.

Answers to B.2.3, Regular -er verbs, page 176 je travaille, tu travailles; il travaille; nous travaillons; vous travaillez; ils travaillent; je donne; tu donnes; il donne; nous donnons; vous donnez; ils donnent; j'étudie; tu étudies; il étudie; nous étudions; vous étudiez; ils étudient; je pratique; tu pratiques; il pratique; nous pratiquons; vous pratiquez; ils pratiquent

Answers to B.2.4, La classe de français, page 176 sont; consistent; utilisez; copiez; est; pense; écoutent; parlent; travaillent; étudient; ont; avez; suis; parlons; j'ai

Answers to B.2.5, Choisir les cours, page 177 choisis; ne comprends pas; demande; parle; indique; donnent; pense; n'arrive pas; ne finit pas; sont; dépend; accepte

Answers to B.3.1, How many conjugated verbs?, page 178 The answers first indicate how many conjugated verbs are in the sentence, and then list the conjugated verbs. 1. 1: parle; 2. 1: aime; 3. 2: écoutons, répétons; 4. 1: veux; 5. 1: aime; 6. 1: regardez; 7. 2: prépare, aime; 8. 1: voudrais; 9. 2: déteste, adore.

Answers to B.3.2, To conjugate or not to conjugate?, page 178
1. Georges déteste les fruits. 2. Paul aime jouer au foot, mais Marie déteste tous les sports. 3. Je préfère écrire un e-mail; je n'aime pas écrire des lettres. 4. Nous regardons la télé et dînons dans le salon. 5. Est-ce que tu as besoin de travailler ce soir? 6. Pauline refuse de parler anglais en classe. 7. Je joue de la flûte et mon mari joue du saxophone.

Answers to B.4.1, Est-ce que vous comprenez?, page 179 1. Est-ce que tu étudies le français? 2. Est-ce que le président est intelligent? 3. Est-ce que Karim aime le football? 4. Est-ce que nous avons un examen demain? 5. Est-ce que les professeurs ici donnent beaucoup de devoirs? 6. Est-ce qu'elles regardent un film? 7. Est-ce qu'Abdel joue au basket? 8. Est-ce que vous travaillez à la bibliothèque?

Answers to B.4.2, Comprenez-vous?, page 181 Travailles-tu à la bibliothèque? 2. Dînons-nous à la cafétéria? 3. Le professeur donne-t-il beaucoup d'examens? 4. Chante-t-elle bien? 5. Mireille et Joseph aiment-ils les Etats-Unis? 6. Etes-vous chinoise? 7. Les étudiants n'ont-ils pas beaucoup d'argent? 8. N'es-tu pas italienne? 9. Sont-ils contents? 10. La fille répond-elle toujours au professeur?

Answers to B.5.1, Stem-changing -er verbs, page 184 1. préfère; 2. commence; 3. appelle; 4. nettoyons; 5. essuie; 6. rangeons; 7. balaient; 8. essaie; 9. commençons; 10. pèse; 11. emmenez; 12. mangez; 13. préférez; 14. paient

Answers to Written Section C Exercises

Answers to C.1.2, Quels cours ont-ils?, page 185 Paul: histoire anglaise, histoire espagnole, littérature française médiévale. Véronique: histoire anglaise, anglais; philosophie; littérature italienne.

Answers to C.2.2, Les activités de Béatrice, page 186 examen de biologie: lundi après-midi; travail au magasin: mardi après-midi; dîner avec Luc: mardi soir; cours de biologie: lundi et mercredi après-midi; cinéma: mercredi soir; cuisine: jeudi (toute la journée); dîner avec la famille: jeudi soir; labo de physique: vendredi; cours de chimie: vendredi; tennis: samedi matin; télé: samedi soir; promenade: dimanche après-midi.

Answers to C.4.2, Les loisirs de ma famille, page 189 Paul: jouer au foot, regarder le foot à la télé; écouter de la musique; aller aux clubs de jazz; faire un pique-nique. son frère: bricoler, regarder les émissions de bricolage; regarder la télé (les documentaires); écouter de la musique, aller aux clubs de jazz, faire un pique-nique. son père: jouer au foot, faire des promenades; jouer au golf, écouter de la musique, aller aux clubs de jazz, faire un pique-nique; sa mère: dîner au restaurant, jardiner, faire des promenades, écouter de la musique, aller aux clubs de jazz, faire un pique-nique.

Answers to C.5.1, Quelle heure est-il?, page 189 1. 10h20; 2. 8h; 3. 9h30; 4. 5h10; 5. midi (12h); 6. 3h15; 7. 11h45; 8. 2h26; 9. 6h50; 10. minuit et quart (0h15); 11. 2h45; 12. 7h30; 13. 10h40; 14. 1h15; 15. 4h07; 16. 8h45

Answers to C.5.2, 24-hour time, page 190 1. 11h; 2. 8h30; 3. 9h; 4. 10h15; 5. 3h; 6. 5h10; 7. 7h45; 8. 4h30; 9. 1h; 10. 8h20; 11. 6h; 12. 2h15

Answers to Written Review Exercises

Answers to C.7.2, Vocabulaire: les matières et les professions, page 192 (Vos réponses peuvent être différentes.) 1. la biologie, la chimie, la physique 2. l'informatique, les mathématiques 3. l'anglais, les mathématiques, la musique, la psychologie 4. la biologie, la physique 5. l'espagnol et l'histoire 6. les mathématiques et la comptabilité.

Answers to C.7.3, Vocabulaire: les loisirs, page 193 1.e.; 2.g.; 3.b.; 4.i.; 5.j.; 6.d.; 7.c.;8.a.; 9.f.; 10.h.

Answers to C.7.4, Les activités de la famille, page 193 1. parle; 2. prépare; 3. écoutons; 4. demande, écoutez; 5. bricolent; 6. joue; 7. révisent; 8. gagne; 9. commence; 10. demande, parles

Answers to C.7.5, Les préférences, page 194 1. J'aime jouer; 2. Michel déteste; 3. Nous ne parlons pas; 4. Les psychiatres analysent; 5. vous regardez; 6. Je déteste conduire; 7. Le professeur est, les étudiants pratiquent; 8. tu as besoin de travailler; 9. on n'étudie pas, on n'a pas; 10. vous préférez parler

Answers to C.7.6, Les questions, page 194 Avec est-ce que: 1. Est-ce que tu es américaine? 2. Est-ce que le professeur corrige les examens ce week-end? 3. Est-ce que vous jouez au basket? 4. Est-ce que les étudiants révisent le chapitre? 5. Madame, est-ce que nous sommes à la page 10? **Avec inversion:** 6. Pratiquez-vous votre prononciation au labo? 7. Passons-nous un examen aujourd'hui? 8. Les comptables utilisent-ils des calculatrices? 9. Ton ami arrive-t-il demain? 10. Aimes-tu voyager?

Answers to C.7.7, Quelle heure est-il?, page 195 1. Il est deux heures cinquante. / Il est trois heures moins dix. 2. Il est midi. 3. Il est cinq heures et demie. / Il est cinq heures trente. 4. Il est huit heures vingt. 5. Il est trois heures et quart. / Il est trois heures quinze. 6. Il est sept heures moins le quart. / Il est six heures quarante-cinq. 7. Il est neuf heures et demie. / Il est neuf heures trente. 8. Il est onze heures dix. 9. Il est sept heures deux. 10. Il est dix heures et quart. / Il est dix heures quinze. 11. Il est quatre heures. 12. Il est deux heures moins vingt. / Il est une heure quarante.

Answers to C.7.8, L'horaire de train, page 195 1. Il arrive à une heure de l'après-midi. 2. Il arrive à deux heures quarante. / Il arrive à trois heures moins vingt. 3. Il arrive à minuit vingt. 4. Il arrive à sept heures dix. 5. Il arrive à onze heures. 6. Il arrive à huit heures et demie. / Il arrive à huit heures trente. 7. Il arrive à quatre heures moins dix. / Il arrive à trois heures cinquante. 8. Il arrive à neuf heures. 9. Il arrive à dix heures et quart. / Il arrive à dix heures quinze. 10. Il arrive à six heures moins le quart. / Il arrive à cinq heures quarante-cinq.

Chapter 4
Sorties et voyages

Objectives for chapter 4

Communication (what students will be able to do):

By the end of this chapter, students will be able to:

1. Talk about their favorite places in a city

2. Talk about what they will do in the near future

3. Give and understand directions to a specific location

4. Describe the weather

5. Communicate in basic travel situations

Culture (what students will know about the French-speaking world):

By the end of this chapter, students will know:

1. How to prepare for a trip to a Francophone country

2. Some information about Switzerland and New Caledonia

3. Some cultural differences between the U.S. and France

Grammar/ Tools (what students need to know):

In order to perform these communicative tasks, students will have to understand and be able to use correctly the following grammatical structures:

1. The prepositions *à* and *de* and their contractions with the definite articles

2. The conjugation of the verb *aller* and its uses, including the immediate future

3. The conjugation of regular -ir verbs

4. The conjugation of the verb *faire* and some of its idiomatic uses

5. The basic structure of the passé composé with the auxiliary *avoir*

A Activités

A.1 En ville

Dans cette section, nous allons découvrir les commerces et d'autres bâtiments importants en ville.

> Grammaire: Voir B.2, "Le verbe aller," page 222.

A.1.1 Où est-ce qu'il faut aller ?

Mini-Vocabulaire:

la **banque**	[bɑ̃k]
la **bibliothèque**	[bi bli ɔ tɛk]
la **boîte**	[bwat]
la **boulangerie**	[bu lɑ̃ʒ ri]
le **bureau**	[by ro
de poste	də pɔst]
le **café**	[ka fe]
le **cinéma**	[si ne ma]
le **collège**	[kɔ lɛʒ]
le **commissariat**	[kɔ mi sa rja
de police	də pɔ lis]
la **crêperie**	[krɛp ri]
l'**école** (f.)	[e kɔl]
l'**église** (f.)	[e gliz]
la **gare**	[gar]
l'**hôpital** (m.)	[o pi tal]
l'**hôtel** (m.)	[o tɛl]
le **jardin**	[ʒar dɛ̃
public	py blik]
la **laverie**	[lav ri]
la **librairie**	[li brɛ ri]
le **lycée**	[li se]
le **marché**	[mar ʃe]
la **mosquée**	[mɔs ke]
la **poste**	[pɔst]
le **restaurant**	[rɛs to rɑ̃]
la **station**	[sta sjɔ̃
de métro	də me tro]
le **supermarché**	[sy pɛr mar ʃe]
la **synagogue**	[si na gɔg]
le **temple** [a]	[tɑ̃ plə]
l'**université** (f.)	[y ni vɛr si te]

———
[a] "temple" est un faux ami : ce n'est pas un lieu religieux juif, mais un lieu religieux protestant

Lisez les définitions des endroits, et puis indiquez dans quelle situation on va à chaque endroit.

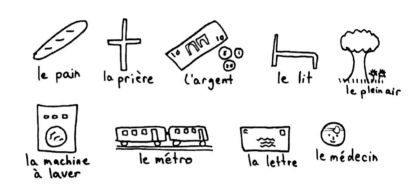

1. A la boulangerie, on achète le pain et les croissants. Je vais à la boulangerie ...
2. A la station de métro, on prend le métro. Je vais à la station de métro ...
3. Au jardin public, on apprécie le plein air. On regarde les arbres. Je vais au jardin public ...
4. A l'hôpital, on se fait opérer. Je vais à l'hôpital...
5. A la crêperie, on achète des crêpes pour le dîner ou le dessert. Je vais à la crêperie ...
6. A l'église, on assiste aux cérémonies religieuses. Je vais à l'église ...
7. A la banque, on endosse des chèques et on s'occupe de son compte. Je vais à la banque ...
8. A l'hôtel, on a une chambre avec un lit, un bureau, et une salle de bain. Je vais à l'hôtel ...
9. A la librairie, on achète des livres. Je vais à la librairie ...
10. A la laverie, on utilise des machines à laver pour ses vêtements sales. Je vais à la laverie ...
11. Au marché en plein air, on achète des produits alimentaires frais. Je vais au marché...

a. quand je vais au travail.
b. quand j'ai faim l'après-midi ou le soir.
c. quand j'ai besoin d'argent.
d. le dimanche matin.

e. quand mes nièces et neveux désirent jouer.
f. quand mes amis vont dîner chez moi.
g. quand je visite une ville.
h. quand je commence l'année scolaire.
i. quand je n'ai pas de jeans propres.
j. tous les dimanches pour prier.
m. quand je suis très malade.

A.1.2 Où vont-ils ?

En partant de la phrase "Mireille va au magasin," substituez chaque fois l'élément indiqué. Faites les autres changements nécessaires.

Exemple: Mireille va au magasin.
      [l'hôtel]   Mireille va à l'hôtel.
      [Nous]   Nous allons à l'hôtel.

Mireille va au magasin.

1. Je	9. Mes parents	17. Les étudiants
2. la librairie	10. la crêperie	18. le cinéma
3. le marché	11. Daniel	19. les magasins
4. Vous	12. le temple	20. Vous
5. Pauline	13. la laverie	21. l'hôpital
6. la poste	14. Nous	22. la gare
7. Tu	15. le restaurant	23. Je
8. le café	16. l'université	24. le lycée

A.1.3 Observation culturelle : Cafés et restaurants

En France, il y a beaucoup de cafés et de restaurants. Les Français apprécient la bonne cuisine et le bon vin ! Dans un café, on peut boire du café, du **vin**, de la bière, et d'autres **boissons**. On peut aussi manger certains plats. Les cafés servent très souvent des croque-monsieur (un sandwich grillé de **fromage** et de **jambon**), des quiches (une tarte d'**oeufs** et de fromage), et des salades. On peut **s'asseoir** à l'intérieur ou à l'extérieur d'un café. Les chaises à l'extérieur sont souvent tournées vers le **trottoir** pour permettre aux clients de regarder les personnes qui passent.

Pour manger un repas plus complet, on va dans un restaurant. En France, il y a plusieurs guides qui décrivent les bons restaurants. Ces guides indiquent la qualité d'un restaurant avec des "**étoiles**" ou avec des "toques" (le chapeau blanc d'un chef). **Il y a** quelques années, un chef français s'est suicidé quand il a découvert que son restaurant allait perdre une de ses étoiles !

a / Les plats du jour

Mini-Vocabulaire:

vin	wine
boisson	drink
fromage	cheese
jambon	ham
oeuf	egg
s'asseoir	to sit
trottoir	sidewalk
étoile	star
il y a . . .	. . . ago
avis	opinion

b / Avez-vous besoin d'argent ?

c / de fruits ?

d / ou de vêtements propres ?

Avez-vous compris ?

1. Si on n'a pas faim mais on a soif, où va-t-on ?
2. Si on veut manger rapidement, où va-t-on ?
3. Est-ce qu'il y a des oeufs dans un croque-monsieur ?
4. Si on reste à l'extérieur d'un café, qu'est-ce qu'on regarde ?
5. Comment peut-on trouver un bon restaurant ?
6. Quels symboles indiquent la qualité d'un restaurant ?
7. A votre **avis**, est-ce que la cuisine est plus importante en France qu'aux Etats-Unis ?

A.1.4 Beaucoup de choses à faire !

Nous avons tous beaucoup de choses à faire aujourd'hui. Chaque étudiant va avoir quatre lieux à visiter. Pour déterminer ce que vous devez faire :

a. Ecrivez les chiffres qui correspondent aux quatre premières lettres de votre prénom dans le tableau suivant.

1	2	3	4	5	6	7	8	9	10
A	B	C	D	E	F	G	H	I	J
K	L	M	N	O	P	Q	R	S	T
U	V	W	X	Y	Z				

Exemple: Manuel = 3, 1, 4, 1 (M, A, N, U).

b. Si vous avez deux chiffres qui sont les mêmes, continuez avec les prochaines lettres de votre prénom jusqu'à avoir 4 chiffres différents.

Exemple: Manuel = 3,1,4,5 (M, A, N, E – le U est éliminé parce qu'il donne le même chiffre que le A.)

c. Prenez les activités qui correspondent aux quatre chiffres que vous avez. Allez aux lieux appropriés et suivez les directions à chaque endroit.

Exemple: Manuel va faire les activités 3, 1, 4, 5 (dans cet ordre !) de la liste suivante.

1. Déposez un chèque.
2. Achetez un chocolat chaud.
3. Empruntez un livre.
4. Passez un examen de mathématiques.
5. Envoyez une carte postale à votre grand-père.
6. Regardez un film.
7. Lavez vos vêtements.
8. Achetez des fruits.

9. Achetez du pain.

10. Assistez à une messe catholique.

A.1.5 Nos projets du week-end

 Qu'est-ce que vous allez faire ce week-end? Posez des questions à votre partenaire pour découvrir ses projets. Utilisez **le futur proche** du verbe donné.

Exemple: **regarder un film**

Est-ce que tu vas regarder un film ce week-end?	Oui, je vais regarder un film.
Est-ce que tu vas acheter des livres?	Non, je ne vais pas acheter de livres.

1. écouter de la musique jazz

2. laver des vêtements

3. envoyer une lettre

4. jouer au foot

5. acheter du pain

6. manger avec des amis

7. assister à une cérémonie religieuse

8. retirer de l'argent de votre compte

9. rendre visite à un ami malade

10. faire le rapport d'un crime

⟹ Continuons!

Nommez deux autres activités que vous allez faire.

Nommez deux activités qu'un autre membre de votre famille va faire.

Racontez à la classe deux choses que votre partenaire va faire, et deux choses qu'il/elle ne va pas faire.

A.1.6 Où va-t-on?

Maintenant, demandez où on va pour faire chaque activité de la liste ci-dessus.

Exemple: Où est-ce qu'on va pour regarder un film?	Pour regarder un film, on va au cinéma.

Avec votre partenaire, donnez une raison pour aller à chaque lieu.

Exemple: Je vais à l'hôpital parce que j'ai besoin d'un docteur.
Je vais à la gare pour prendre un train.

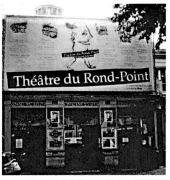

A.2 Directions

Dans cette partie, on va apprendre à donner et à suivre des directions à un lieu qu'on cherche.

Mini-Vocabulaire:

à gauche	[a goʃ]	left; on the left
à droite	[a drwat]	right; on the right
(juste) là	[ʒyst la]	(right) there
en face	[ã fas]	in front; facing
tout droit	[tu drwa]	straight
tourner	[tur ne]	to turn
continuer	[kɔ̃ ti nɥe]	to go on, to continue
traverser	[tra vɛr se]	to cross
prendre	[prã drə]	to take
vous prenez	[vu prə ne]	you take
se trouver*	[sə tru ve]	to be located
le coin	[kwɛ̃]	corner
un plan	[plã]	street map of a city
une carte	[kart]	map of a larger region

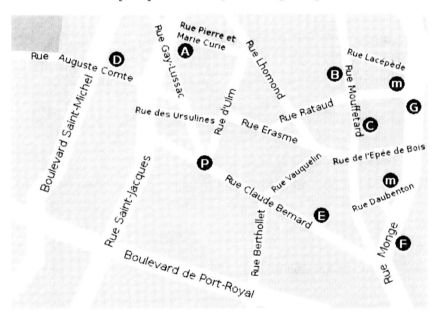

 Il est évident de ce plan que les villes françaises sont différentes des villes américaines assez symétriques. Pour cette raison, il n'y a pas de mot français équivalent au mot "block" en anglais. En anglais, vous dites normalement "go three blocks and turn left," mais en français, on dit plutôt "allez jusqu'à la troisième rue" ou "jusqu'à la rue Soufflot et tournez à gauche." C'est un bon exemple d'une différence linguistique qui existe à cause d'une différence culturelle!

Note : "se trouver" literally means "to find itself." It is more common in French to say "L'hôtel se trouve à ..." (literally, "The hotel finds itself at ...") than to say "'L'hôtel est à ....'"

A.2.1 45, rue d'Ulm

Vous êtes un pensionnaire étranger à l'ENS, l'Ecole Normale Supérieure. Vous habitez à l'internat au 45, rue d'Ulm, dans le cinquième arrondissement de Paris. Vous avez besoin d'aller aux lieux suivants. Demandez des directions à un(e) passant(e). Regardez le modèle, et puis remplacez les éléments gris pour personnaliser le dialogue.

Exemple: La Paroisse Saint Jacques du Haut Pas, 252, rue Saint Jacques

---

A: Pardon, Madame. Pouvez-vous me dire où se trouve l'église ?

B: Bien sûr. Vous prenez la rue d'Ulm jusqu'à la rue des Feuillantines. **Vous** tournez à droite. Vous tournez encore à droite à la rue Saint-Jacques. L'église se trouve au coin de la rue Gay Lussac et de la rue Saint-Jacques.

A: Merci beaucoup, Madame.

B: Je vous en prie.

A La paroisse Saint Jacques du Haut Pas, 252, rue Saint Jacques, 75005 Paris ; tél. 01 43 25 91 70

B La crêperie Cousin Cousine, 36, rue Mouffetard, 75005 Paris ; tél. 01 47 07 73 83

C le marché en plein air, rue Mouffetard, 75005 Paris

D L'hôtel Observatoire Luxembourg, 107, Bd. St. Michel, 75005 Paris ; tél. 01 46 34 10 12

E La boulangerie Francis Patin, 13, rue Claude Bernard, 75005 Paris ; tél. 01 43 31 82 74

F La laverie self-service Monge, 113, rue Monge, 75005 Paris ; tél. 01 47 07 68 44

G la BNP (Banque Nationale de Paris), 72, rue Monge, 75005 Paris ; tél. 01 53 73 70 80

P le bureau de poste, 47, rue d'Ulm, 7500 Paris

l'Hôpital du Val de Grace ; 74 Bd. Port Royal, 75005 Paris ; tél. 01 42 34 84 95

M la station de métro

le RER

Le Jardin du Luxembourg

A.2.2 **Révision : les chiffres**

 Lisez le numéro d'un des lieux ci-dessus. Votre partenaire va écrire ce que vous dites et va identifier le lieu par le numéro de téléphone.

⟹ Continuons!

Si vous désirez voir une photo de ces bâtiments, vous pouvez taper les adresses au site internet www.pagesjaunes.fr ; e.g. pour la boulangerie, tapez "boulangerie" dans la case "Activité," "Claude Bernard" dans la case "Adresse" et "75005" dans la case "Localité." Puis, cliquez sur "photo."

A.2.3 Ma route à l'université

 Attention! You may not want to give your exact address to your classmates; that is fine – just invent a route that you can describe well.

Mini-Vocabulaire:

en voiture	[ɑ̃ vwa tyr]	by car
en bus	[ɑ̃ bys]	by bus
à pied	[a pje]	on foot
je prends	[ʒə prɑ̃]	I take
le nord	[nɔr]	north
le sud	[syd]	south
l'est	[ɛst]	east
l'ouest	[wɛst]	west
une autoroute	[o to rut]	freeway
la circulation	[sir ky la sjɔ̃]	traffic
un embouteillage	[ɑ̃ bu tɛ jaʒ]	traffic jam

Comment arrivez-vous à l'université? Quelle route prenez-vous? Combien de temps mettez-vous pour arriver? Décrivez oralement la route que vous suivez. Votre partenaire va essayer de dessiner la route pendant que vous la décrivez!

A.2.4 Les lieux cool de la ville

 Est-ce que vos camarades connaissent les secrets de votre ville? Choisissez un des sujets suivants et interviewez vos camarades jusqu'à avoir deux recommandations. Pourquoi est-ce qu'ils recommandent ces lieux? Demandez aussi comment on arrive à ces endroits.

1. un bon restaurant mexicain
2. un bon restaurant chinois
3. un musée intéressant
4. un bon centre commercial
5. un bon cinéma
6. un bon restaurant (d'un autre type de cuisine)
7. une bonne boîte pour danser
8. un bon endroit pour les enfants
9. un joli jardin public
10. un bon magasin

⟹ Continuons!

Présentez à la classe l'information que vous avez trouvée.

A.3.1 Les fêtes, les événements sportifs, et les jours fériés

Les mois de l'année

Les mois de l'année :

janvier	[ʒɑ̃ vje]
février	[fe vri je]
mars	[mars]
avril	[a vril]
mai	[mɛ]
juin	[ʒɥɛ̃]
juillet	[ʒɥi jɛ]
août	[u] ou [ut]
septembre	[sɛp tɑ̃ brə]
octobre	[ɔk tɔ brə]
novembre	[nɔ vɑ̃ brə]
décembre	[de sɑ̃ brə]

Les jours fériés (où on est payé mais ne travaille pas) sont soulignés au calendrier.

Quel est le mois de chaque événement ?

Exemple: l'Ascension   L'Ascension est en mai.

1. la Saint-Valentin
2. la fête du Travail
3. Noël
4. Pâques
5. la rentrée

6. les grandes vacances
7. la Toussaint
8. la fête nationale
9. le jour de l'an
10. la fin de l'année scolaire

⟹ Continuons!

Il y a 11 jours fériés en France. Combien ont une origine religieuse ?

Quelles fêtes populaires aux Etats-Unis ne se célèbrent pas en France ?

A.3.2 **Les saisons**

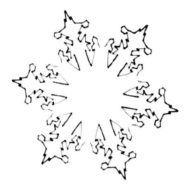

l'hiver

le printemps

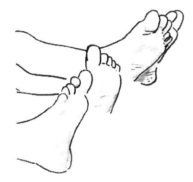

l'été

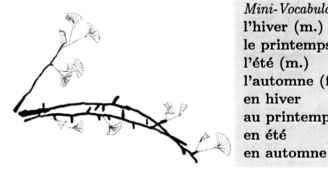

l'automne

Mini-Vocabulaire:

l'hiver (m.)	[li vɛr]
le printemps	[lə prɛ̃ tɑ̃]
l'été (m.)	[le te]
l'automne (f.)	[lo tɔn]
en hiver	[ɑ̃ ni vɛr]
au printemps	[o prɛ̃ tɑ̃]
en été	[ɑ̃ ne te]
en automne	[ɑ̃ no tɔn]

1. Quels mois associez-vous avec chaque saison ?
2. Est-ce que les saisons présentent de la variété dans votre région ?
3. Quelles activités aimez-vous faire dans chaque saison ?
4. Quelle est votre saison préférée ? Pourquoi ?

A.3.3 **Quelle saison ?**

 Avec votre partenaire, dites la saison où on fait chaque activité. Suivez la forme du modèle.

Exemple: faire du golf   On fait du golf en été.

1. aller à la plage
2. faire du ski
3. regarder les feuilles colorées des arbres
4. aller à Paris
5. aller au cinéma
6. jouer au foot
7. boire un chocolat chaud
8. planter des tulipes
9. manger un sorbet
10. nettoyer la maison
11. acheter des livres scolaires

Mini-Vocabulaire:

Quel temps	[kɛl tɑ̃
fait-il ?	[fɛ til]
il fait beau	[il fɛ bo]
mauvais	[mo vɛ]
(du) soleil	[dy sɔ lɛj]
chaud	[ʃo]
froid	[frwa]
frais	[frɛ]
du vent	[dy vɑ̃]
il pleut	[il plø]
il neige	[il nɛʒ]
il y a	[i lja]
des nuages	[de nɥaʒ]
du soleil	[dy sɔ lɛj]

> Grammaire: Voir B.5, "Le temps," page 229.

Il fait frais.
Il y a des nuages.

Il fait beau.
Il fait du soleil.

Il fait chaud.
Il y a du soleil.

Il fait froid.
Il neige.

Il pleut.
Il fait frais.

Quel temps fait-il ?

Exemple: à Paris en été
Quel temps fait-il à Paris en été ?

A Paris en été, il fait très chaud et il y a du soleil.

1. à Los Angeles au printemps ?
2. à Chicago en hiver ?
3. au Mexique en été ?
4. en Italie au printemps ?
5. à Moscou en hiver ?
6. à Costa Rica en été ?
7. en Nouvelle-Angleterre en automne ?
8. en Côte d'Ivoire en décembre ?

Grammaire: Voir B.4, "Le verbe faire," page 228.

Vous allez interviewer vos camarades de classe au sujet de leurs activités préférées dans différentes conditions métérologiques. Le professeur va vous donner une question. Posez votre question à plusieurs camarades. Marquez les réponses que vous recevez sur une feuille.

Qu'est-ce que tu fais ... ?

1. quand il pleut ?
2. quand il fait chaud ?
3. quand il y a du soleil ?
4. quand il neige ?

5. quand il fait beau ?
6. quand il y a des nuages ?
7. quand il fait frais ?
8. quand il fait froid ?

$\Longrightarrow$ Continuons!

Quelles sont nos activités les plus populaires ? Est-ce que certaines activités sont populaires par tous les temps ?

A.3.6 **Observation culturelle : les vacances françaises**

En France comme dans beaucoup de pays européens, les employés ont beaucoup de vacances. En France, la **loi** garantit 5 semaines de **congés payés**, plus 11 **jours fériés**, à tous les employés. Quand il y a un jour férié le mardi ou le jeudi, très souvent on "fait le **pont**" – on ne travaille pas le jour entre le jour férié et le week-end, pour avoir ainsi un week-end de 4 jours. En général, les employés prennent au moins 2 semaines de vacances en juillet ou en août, pendant la période des "grandes vacances" ; pour le reste des vacances, ils les prennent à un autre moment. Comme la grande majorité des Français partent en vacances en été, beaucoup d'entreprises françaises ferment complètement en août, et à Paris, une grande partie de la population disparaît. La majorité des Français prennent leurs vacances en France, mais beaucoup partent à l'étranger.

Comprenez-vous ? Répondez aux questions.

1. Est-ce que les Français ont plus de vacances que les Américains ?
2. Est-ce que certains employés ont seulement deux semaines de vacances ?
3. Expliquez l'expression "faire le pont" ?
4. Est-ce que la majorité des Français passent leurs vacances en Italie ?

Mini-Vocabulaire:

congé	vacation day
loi	law
jour férié	holiday
pont	bridge
soit ... soit	either ... or
avis	notice

Les bénévoles d'INTER 7 vous souhaitent de bonnes vacances

et vous retrouveront le LUNDI 30 août à 9h avec grand plaisir

e / Avis de fermeture annuelle

5. Regardez la photo de l'avis. Quel message transmet-il ?

A.4 Les voyages

Dans cette section, on va partir en voyage !

A.4.1 Faire un voyage

 Il y a beaucoup de façons différentes de préparer un voyage, et beaucoup de voyages possibles. Avec votre partenaire, discutez vos préférences. Suivez le modèle.

Exemple: voyager en avion ou voyager en train

f / Préférez-vous voyager en avion ...

g / ou en train ?

h / Circuler en voiture ...

i / ou utiliser les transports en commun ?

> **A:** Est-ce que tu préfères voyager en avion ou en train ?
> **B:** Je préfère voyager en avion.
> **A:** Pourquoi ?
> **B:** Parce que c'est plus rapide. Et toi ?
> **A:** Moi, je préfère voyager en train, parce que j'aime regarder le paysage.

Mini-Vocabulaire:

une croisière	[krwa zjɛr]	cruise
la gare	[gar]	train station
l'agence de voyages	[a ʒɑ̃s də vwa jaʒ]	travel agency
un billet	[bi jɛ]	ticket
réserver	[re zɛr ve]	to reserve
une vaccination	[vak si na sjɔ̃]	vaccination
une carte de crédit	[kart də cre di]	credit card
un chèque de voyage	[ʃɛk də vwa jaʒ]	traveler's check
un passeport	[pas pɔr]	passport
une voiture	[vwa tyr]	car
louer	[lwe]	to rent
une valise	[va liz]	suitcase
l'aéroport	[a e rɔ pɔr]	airport
les transports en commun	[trɑ̃ spɔr ɑ̃ kɔ mɛ̃]	public transportation
la veille	[vɛj]	night before

1. faire une croisière ou aller à la montagne
2. réserver une chambre d'hôtel par téléphone ou sur internet
3. louer une voiture ou utiliser les transports en commun
4. prendre une carte de crédit ou des chèques de voyage
5. arranger tout à l'avance ou être spontané
6. faire ses valises une semaine en avance ou la veille du départ
7. lire des brochures ou faire des recherches sur internet
8. voyager scul ou avec un ami

A.4.2 Préparatifs de voyage

 Vous partez en voyage avec un(e) ami(e). Divisez les préparatifs que vous avez à faire, et allez aux lieux appropriés pour faire ces choses. Choisissez au moins 6 choses que vous devez faire avant de partir.

Mini-Vocabulaire:

un permis de conduire	[pɛr mi de kɔ̃ dɥir]	driver's license
arrêter	[a rɛ te]	to stop
le courrier	[ku rje]	mail
faire le plein	[fɛr le plɛ̃]	fill up the car
pîqure	[pi kyr]	shot, injection

prendre l'avion	se faire faire des pîqures
prendre le train	obtenir un permis de conduire international
acheter un bikini	faire des recherches sur le climat
arrêter le courrier	acheter des bottes d'hiver
acheter un billet de train	réserver une voiture de location
obtenir un passeport	acheter des chèques de voyage
acheter un billet d'avion	parler à l'agent de voyage
acheter une nouvelle valise	réserver une chambre d'hôtel
acheter des médicaments	faire le plein dans la voiture

1. Vous allez faire un week-end de ski à la montagne.
2. Vous allez participer à un voyage organisé en Europe.
3. Vous allez passer deux semaines à Paris.
4. Vous allez visiter les ruines mayas au Mexique.
5. Vous allez faire un safari au Congo.
6. Vous allez faire une croisière de 4 jours à Acapulco.
7. Vous allez partir à Tahiti.

⟹ Continuons!

Avec un autre groupe, racontez les préparatifs que vous avez faits. **Ecoutez** l'autre groupe. **Ecrivez quelque chose** qu'ils ont fait dans leurs préparatifs que vous n'avez pas fait, et **écrivez quelque chose** que vous avez fait dans vos préparatifs qu'ils n'ont pas fait. Donnez la feuille au professeur.

A.4.3 Les activités en voyage

Quel type d'activités aimez-vous faire quand vous êtes en voyage ? Choisissez les 3 activités de la liste suivante qui vous intéressent le plus. Ecrivez ces activités sur une feuille. Puis, essayez de trouver un camarade pour partir en voyage avec vous. Circulez dans la salle, et demandez à vos camarades s'ils aiment les mêmes activités que vous. Expliquez pourquoi vous aimez ces activités.

Mini-Vocabulaire:

un musée	museum
une randonnée	hike
goûter	to taste
se reposer	to relax

aller à la plage
visiter les musées
visiter les ruines
goûter la cuisine du pays
faire des randonnées
acheter des produits typiques
aller à des concerts

se reposer
utiliser la piscine de l'hôtel
rester dans une ville
visiter beaucoup de villes
faire du camping

j / La Nouvelle-Calédonie :
photo par Bruno Menetrier

Mini-Vocabulaire:

le pays	country
plusieurs	several
la plage	beach
le récif	reef
outre-mer	overseas
autochtone	indigenous
bien sûr	of course
le paysage	scenery
la montre	watch
la propreté	cleanliness
lequel	which
la plongée	diving

k / Les Alpes suisses :
photo par ronet

A.4.4 Observation culturelle : la Nouvelle-Calédonie et la Suisse

Si vous désirez visiter un **pays** francophone, vous avez un choix énorme. Vous préférez un climat tropical ? La Nouvelle-Calédonie est un groupe de **plusieurs** îles dans l'Océan Pacifique. Elle offre un climat paradisiaque, de très belles **plages**, des **récifs** de corail, et une flore et une faune rares. La Nouvelle-Calédonie fait partie de la France, mais elle possède une certaine indépendance et un statut particulier, celui de "**collectivité d'outre mer**." Certains habitants, surtout les "kanaks" (les Mélanésiens **autochtones**, 42% de la population), désirent être un pays complètement indépendant - il va y avoir un référendum décisif en 2014.

Par contre, vous préférez un climat plus frais ? Vous pouvez aller en Suisse. La Suisse est un pays européen, mais elle ne fait pas partie de l'Union Européenne. C'est un pays montagneux : les montagnes sont le Jura au nord-ouest et les Alpes au sud. Le climat est très varié. Il dépend de l'altitude, **bien sûr**, mais aussi de la latitude : au sud des Alpes il fait beaucoup plus chaud qu'au nord des Alpes. Il n'y a pas de langue "suisse," mais il y a quatre langues officielles en Suisse : l'allemand, le français, l'italien et le romanche. On parle français dans la partie ouest de la Suisse : Genève et Lausanne sont des villes francophones importantes. La Suisse est célèbre pour ses beaux **paysages**, ses belles montagnes, ses stations de ski, son chocolat, ses **montres**, et sa **propreté**.

Comprenez-vous ? Répondez aux questions.

1. Dans **lequel** de ces pays est-ce qu'il fait plus chaud ?
2. Pouvez-vous faire de la **plongée** sous-marine en Suisse ?
3. Quels sont les statuts politiques de la Nouvelle-Calédonie et de la Suisse ?
4. Qu'est-ce qui détermine le climat en Suisse ?
5. Est-ce que les "kanaks" sont une majorité en Nouvelle-Calédonie ?
6. Est-ce que toute la Suisse est francophone ?
7. Lequel de ces climats préférez-vous ?

A.4.5 Situations de voyage

Choisissez une des situations suivantes et imaginez une conversation. Pratiquez la conversation avec votre partenaire.

Mini-Vocabulaire:

la douane	[dwan]	customs
l'agent au sol	[a ʒɑ̃ (t)o sɔl]	airline representative
déclarer	[de kla re]	to declare
rien à déclarer	[rjɛ̃ na de kla re]	nothing to declare
louer	[lwe]	to rent
une location	[lɔ ka sjɔ̃]	rental
le comptoir	[kɔ̃ twar]	counter
un vol	[vɔl]	flight (also means theft)
un lit simple	[li sɛ̃ plə]	single bed
un lit double	[lit du blə]	double bed

1. Vous cherchez la gare. Votre train part dans 30 minutes et vous n'avez pas encore de billet.

2. Vous passez par la douane à l'aéroport.

3. Vous louez une voiture. Vous êtes au comptoir de location de voitures.

4. Vous avez manqué votre vol de Paris à Nice. Vous parlez avec l'agent au sol.

5. Vous arrivez à l'hôtel mais ils n'ont pas votre réservation.

6. Vous avez perdu votre passeport.

A.5 Résumé : chapitre 4

A.5.1 Sortir en ville

Recommandez trois lieux à visiter dans votre région pour les personnes suivantes. Expliquez pourquoi vous recommandez ces lieux, et donnez des directions (générales ou précises).

une femme cultivée de 60 ans qui habite à San Francisco
deux enfants de 10 et 12 ans qui sont de Boston
un Français de 24 ans qui visite votre ville pour la première fois

A.5.2 Un voyage surprise

 Pour le trentième anniversaire de mariage de vos parents, votre famille va leur offrir un voyage. Vous parlez avec votre soeur de ce voyage. Où vont-ils aller ? Comment ? Qui va faire les préparatifs ? Utilisez le **futur proche** dans votre conversation.

A.5.3 Un touriste à Paris

Vous êtes à Paris et vous demandez des renseignements au propriétaire de votre hôtel. Qu'est-ce que vous voulez visiter ? Qu'est-ce qu'il recommande ?

A.6 Vocabulaire français-anglais

Les lieux

l'aéroport	[a e rɔ pɔr]	airport
l'agence de voyages	[a ʒɑ̃s də vwa jaʒ]	travel agency
la banque	[bɑ̃k]	bank
la bibliothèque	[bi bli ɔ tɛk]	library
la boîte	[bwat]	nightclub
la boulangerie	[bu lɑ̃ʒ ri]	bakery
le bureau de poste	[by ro də pɔst]	post office
le café	[ka fe]	café
le cinéma	[si ne ma]	cinema
le collège	[kɔ lɛʒ]	junior high school
le commissariat de police	[kɔ mi sa rja də pɔ lis]	police station
la crêperie	[krɛp ri]	creperie
la discothèque	[di sko tɛk]	discotheque, dance club
l'école (f.)	[e kɔl]	school
l'église (f.)	[e gliz]	church
la gare	[gar]	train station
l'hôpital (m.)	[o pi tal]	hospital
l'hôtel (m.)	[o tɛl]	hotel
le jardin public	[ʒar dɛ̃ py blik]	park
la laverie	[lav ri]	laundromat
la librairie	[li brɛ ri]	bookstore
le lycée	[li se]	high school
le marché	[mar ʃe]	market
la mosquée	[mɔs ke]	mosque
le musée	[my se]	museum
la pharmacie	[far ma si]	pharmacy
la piscine	[pi sin]	swimming pool
la poste	[pɔst]	post office
le restaurant	[rɛs to rɑ̃]	restaurant
la station de métro	[sta sjɔ̃ də me tro]	subway station
la station-service	[sta sjɔ̃ sɛr vis]	gas station
le supermarché	[sy pɛr mar ʃe]	supermarket
la synagogue	[si na gɔg]	synagogue
le temple	[tɑ̃ plə]	Protestant church
l'université (f.)	[y ni vɛr si te]	university

En ville

à gauche	[a goʃ]	left; on the left
à droite	[a drwat]	right; on the right
(juste) là	[ʒyst la]	(right) there
en face	[ɑ̃ fas]	in front; facing
tout droit	[tu drwa]	straight
tourner	[tur ne]	to turn
continuer	[kɔ̃ ti nɥe]	to go on
traverser	[tra vɛr se]	to cross
prendre	[prɑ̃ drə]	to take
se trouver	[sə tru ve]	to be located, to be at
le coin	[kwɛ̃]	corner
le trottoir	[trɔ twar]	sidewalk
un plan	[plɑ̃]	street map of a city
une carte	[kart]	map of a larger region
en voiture	[ɑ̃ vwa tyr]	by car
en bus	[ɑ̃ bys]	by bus
à pied	[a pje]	on foot
le nord	[nɔr]	north
le sud	[syd]	south
l'est	[ɛst]	east
l'ouest	[wɛst]	west
une autoroute	[o to rut]	freeway
la circulation	[sir ky la sjɔ̃]	traffic
un embouteillage	[ɑ̃ bu tɛ jaʒ]	traffic jam

Les voyages

un voyage	[vwa jaʒ]	trip
une croisière	[krwa zjɛr	cruise
un billet	[bi jɛ]	ticket
réserver	[re zɛr ve]	to reserve
une pîqure	[pi kyr]	shot, injection
une carte de crédit	[kart də kre di]	credit card
un chèque de voyage	[ʃɛk də vwa jaʒ]	traveler's check
un passeport	[pas pɔr]	passport
une voiture	[vwa tyr]	car
louer	[lwe]	to rent
une valise	[va liz]	suitcase
les transports en commun	[trɑ̃ spɔr ɑ̃ kɔ mɛ̃]	public transportation
la douane	[dwan]	customs
déclarer	[de kla re]	to declare
rien à déclarer	[rjɛ̃ na de kla re]	nothing to declare
une location	[lɔ ka sjɔ̃]	rental
le comptoir	[kɔ̃ twar]	counter
un vol	[vɔl]	flight (also means theft)
un lit simple	[li sɛ̃ plə]	single bed
un lit double	[lit du blə]	double bed
une randonnée	[rɑ̃ dɔ ne]	hike

Le Temps qu'il fait

Quel temps fait-il ?	[kɛl tɑ̃ fɛ til]	What's the weather like?
il fait beau	[il fɛ bo]	it's nice out
il fait mauvais	[il fɛ mo vɛ]	the weather is bad
il fait moche	[il fɛ mɔʃ]	the weather is lousy
il fait du soleil	[il fɛ dy sɔ lɛj]	it's sunny
il y a du soleil	[i lja dy sɔ lɛj]	it's sunny
il fait chaud	[il fɛ ʃo]	it's hot out
il fait froid	[il fɛ frwa]	it's cold out
il fait frais	[il fɛ frɛ]	it's cool
il fait du vent	[il fɛ dy vɑ̃]	it's windy
il pleut	[il plø]	it's raining
il neige	[il nɛʒ]	it's snowing
il y a des nuages	[i lja de nɥaʒ]	it's cloudy

Les mois et les saisons

un mois	[mwa]	month
janvier	[ʒɑ̃ vje]	January
février	[fe vri je]	February
mars	[mars]	March
avril	[a vril]	April
mai	[mɛ]	May
juin	[ʒɥɛ̃]	June
juillet	[ʒɥi jɛ]	July
août	[u], [ut]	August
septembre	[sɛp tɑ̃ brə]	September
octobre	[ɔk tɔ brə]	October
novembre	[nɔ vɑ̃ brə]	November
décembre	[de sɑ̃ brə]	December
en janvier	[ɑ̃ ʒɑ̃ vje]	in January

une saison	[sɛ zɔ̃]	season
l'hiver (m.)	[li vɛr]	winter
le printemps	[lə prɛ̃ tɑ̃]	spring
l'été (m.)	[le te]	summer
l'automne (f.)	[lo tɔn]	fall
en hiver	[ɑ̃ ni vɛr]	in (the) winter
au printemps	[o prɛ̃ tɑ̃]	in (the) spring
en été	[ɑ̃ ne te]	in (the) summer
en automne	[ɑ̃ no tɔn]	in (the) fall

D'autres mots importants

congé	[kɔ̃ ʒe]	vacation day, leave
loi	[lwa]	law
jour férié	[ʒur fe rje]	holiday
un pont	[pɔ̃]	bridge
faire le pont	[fɛr lə pɔ̃]	to take an extra day off

B Grammar

B.1 The prepositions "à" and "de" and their contractions with the definite article

The two most common prepositions in French are "à" (most commonly meaning "at" or "to" in English) and "de" (most commonly meaning "of" or "from" in English).

When these prepositions occur before certain definite articles, they combine with them in an obligatory contraction. These changes must occur; they are not optional. Consider the following table:

	+ le	+ la	+ l'	+ les
à	au [o]	à la [a la]	à l' [a l]	aux [o]
de	du [dy]	de la [də la]	de l' [də l]	des [de]

To illustrate these contractions, let us review a construction we previously learned, the use of the preposition "de" to illustrate possession (see chapter 2, B.2, on page 103).

de + Claire	C'est le livre **de Claire**.	It's **Claire**'s book.
de + le professeur	Ce sont les livres **du pro-fesseur**.	They're **the teacher**'s books.
de + la bib-liothèque	C'est le livre **de la bib-liothèque**.	It's **the library**'s book.
de + l'université	C'est le symbole **de l'université**.	It's the symbol of **the university**.
de + les étudiants	Ce sont **les livres des étudiants**.	They're **the students**' books.

You can see that "**le** professeur" and "**les** étudiants" combine with the preposition, but "**la** bibliothèque" and "**l'**université" do not.

In the same way, if "le" or "les" follow the preposition "à," they must combine with it.

à + Paris	Je vais à Paris.	I'm going to Paris.
à + le cinéma	Je vais **au cinéma**.	I'm going to the movies.
à + la bib-liothèque	Je vais **à la bibliothèque**.	I'm going to the library.
à + l'université	Je vais **à l'université**.	I'm going to school.
à + les Etats-Unis	Je vais **aux Etats-Unis**.	I'm going to the United States.

B.1.1 Where is everybody?

Say where each person is. Use the verb *être*. Combine the preposition *à* with the definite article if necessary.

Exemple: Georges - le super-marché

Georges est au super-marché.

1. Ma mère - la banque

2. Nous - l'université

3. Tu - la bibliothèque

4. Ban Ki-Moon - les Nations Unies

5. Vous - le téléphone

6. Je - la cafétéria

7. Jacques - le gymnase

8. Marie et Nathalie - l'opéra

9. Paul et Philippe - le zoo

B.2 Le verbe *aller*

As we saw in the last chapter, the only irregular -er verb is *aller*. While some other -er verbs have minor spelling changes, their endings all follow the regular conjugation pattern. Here is the conjugation of the verb *aller*.

aller [a le] *(to go)*	
je vais [ʒə vɛ]	nous allons [nu za lɔ̃]
tu vas [ty va]	vous allez [vu za le]
il/elle va [il va]	ils/elles vont [il vɔ̃]

Notes:

- The *tu* and *il* forms are pronounced alike, but as always, the *tu* form ends in the letter -s.

- The pattern of changes we see here is a common one, sometimes called the "shoe" or "boot" pattern. (If you outline the four irregular forms (*je*, *tu*, *il*, and *ils*) in the table, they are in the shape of a shoe.) These are usually the four forms that change the most compared to the infinitive.

- On the other hand, the *nous* and *vous* forms resemble the infinitive closely, with the regular -ons and -ez endings. Since these verb forms begin with a vowel, liaison must be made with the subject pronoun.

- Students sometimes at first confuse the forms of this verb with those of the verb *avoir*. Although the verb *aller* has no -v- in the infinitive, four of the forms begin with the letter v! It is thus an extremely irregular verb. Compare the two verbs:

aller [a le]	
je vais	nous allons
tu vas	vous allez
il va	ils vont

avoir [a vwar]	
j'ai	nous avons
tu as	vous avez
il a	ils ont

B.2.1 Conjugation, *aller*

Practice the conjugation of the verb *aller* by writing it out a few times. If your teacher has already demonstrated the correct pronunciation of the forms to you, please read the forms out loud to yourself as you write them. Refer to the IPA to refresh your memory of your teacher's model pronunciation. Remember to make liaison between the subject pronoun and verb in the "nous" and "vous" forms.

aller	aller	aller
je	je	je
tu	tu	tu
il/elle	il/elle	il/elle
nous	nous	nous
vous	vous	vous
ils/elles	ils/elles	ils/elles

Uses of the verb *aller*: Movement to a place

The verb *aller* has three principal uses.

First, in accordance with its basic meaning of "to go," *aller* is used to indicate where people are going.

B.2.2 Où vont-ils?

Conjugate the verb and combine the elements with the correct form of the preposition "à" to indicate where each person is going. Remember that the preposition "à" must change form before the masculine definite or plural definite article (see section B.1, page 221).

Exemple: Jacques/aller/la banque.
Jacques va à la banque.

Marie/aller/le cinéma.
Marie va au cinéma.

Rappel: moi + une autre personne = nous; toi + une autre personne = vous

1. Nous/aller/l'université.

2. Tu/aller/le lavomatic.

3. Mes frères/aller/l'école.

4. Je/aller/le temple.

5. Vous/aller/le restaurant.

6. Charles et Sylvie/aller/la bibliothèque.

7. Ma mère et moi/aller/l'église.

8. Luc/aller/la boulangerie.

9. Mon père/aller/le café.

10. Je/aller/le musée.

11. Christophe et Paul/aller/le supermarché.

12. Tu/aller/le jardin public.

13. Yasmine/aller/la librairie.

14. Ton ami et toi/aller/le cinéma.

Uses of the verb *aller*: Health

You have already encountered the idiomatic use of the verb *aller* to describe someone's health, in expressions such "Ça va?" and "Comment allez-vous?" Previously, we simply answered with the appropriate adverb, but a more complete answer can be given with the properly conjugated form of the verb *aller*.

Comment allez-vous?	Je vais bien, merci.
Comment va ta mère?	Elle va assez bien.
Comment va votre famille?	Nous allons bien, merci.

- Remember that "Comment va-t-il?" means "How is he?," while "Comment est-il?" means "What is he like?"

- You have already seen that the verb *aller* is often left out of the answer. For example, while it is not grammatically incorrect to say "Je vais pas mal," it would be more common to simply respond with "pas mal." At this stage, do not worry about such nuances; if you continue to study French, some things will simply begin to sound more natural than others.

B.2.3 **Comment vont-ils?**

Consult the chart and answer the question about each person by using the proper form of the verb "aller." Replace any proper names with the appropriate pronoun.

mal	assez bien	bien	très bien
Raoul	moi	mes grands-parents	Julie et Jean-Michel
Pauline	Marie	ma soeur et moi	Louise et sa mère

Exemple: Comment va Pauline?
Elle va mal.

1. Comment vas-tu?

2. Comment vont tes grands-parents?

3. Comment vont Julie et Jean-Michel?

4. Comment allez-vous, ta soeur et toi?

5. Comment va Raoul?

6. Comment va Marie?

7. Comment vont Louise et sa mère?

Uses of the verb *aller*: Immediate Future

The third main use of the verb *aller* is to indicate that someone is going to do something in the future. Although this is referred to as the "immediate future" ("futur proche"), it can actually be used to indicate events fairly far off. It is called the "immediate future" simply to distinguish it from another future tense conjugated differently.

Just as in English, the verb *aller* is used in this way in conjunction with another infinitive. It is the second infinitive that tells you what the person is actually going to do, but it is the verb *aller*, as the first verb in the sentence, that will be conjugated to match the subject. The second verb remains in the infinitive.

Compare:

French	*English*
Le prof va corriger les devoirs ce soir.	The teacher is going to correct papers tonight.
Nous allons jouer au tennis ce week-end.	We are going to play tennis this weekend.
Je vais aller au cinéma demain.	I'm going to go to the movies tomorrow.

If you wish to make a two-verb sentence negative, the negation always surrounds the conjugated verb. For example:

Je ne vais pas étudier ce soir.
Marc ne va pas travailler ce week-end.
Nous n'allons pas aller au cinéma avec eux.

B.2.4 Qu'est-ce qu'ils vont faire ce soir?

Using the immediate future, state that each person is going to do the indicated activity this evening. Note that you will have to supply the correct form of the verb *aller*, but do not conjugate the second verb.

Exemple: Tu/préparer un devoir
        Tu vas préparer un devoir ce soir.

1. Claude/dîner au restaurant avec Christine.

2. Nous/étudier notre leçon de français.

3. Je/manger à la maison.

4. Gilles/travailler à la pharmacie.

5. Bérénice et Charlotte/aller au supermarché.

6. Vous/lire un livre.

7. Francine et moi/regarder la télé.

8. Tu/finir tes devoirs.

9. Je/écrire une lettre à ma grand-mère.

10. Matthieu et Cédric/jouer au foot.

B.3 Révision: les verbes en -ir

Last chapter, we introduced all three regular verb conjugations: -er, -ir, and -re verbs, but we concentrated on -er verbs, which virtually all follow the regular conjugation pattern (except for minor spelling changes). Before we continue with the new irregular verbs we will be learning in this chapter, let us review the **regular** -ir verb conjugations. Remember that the irregular verbs in French fall into the second (-ir) and third (-re) groups; so when you learn a new -ir or -re verb, you must remember whether it is a regular or an irregular verb.

The regular -ir verbs are strange because they add an extra syllable in the plural forms.

Regular -ir verb endings

je	-is	*nous*	-issons
tu	-is	*vous*	-issez
il	-it	*ils*	-issent

-ir verbs, Example: finir: fin / ir

je fi**nis** [ʒə fi ni]	nous fi**nissons** [nu fi ni sɔ̃
tu fi**nis** [ty fi ni]	vous fi**nissez** [vu fi ni se]
il/elle fi**nit** [il fi ni]	ils/elles fi**nissent** [il fi nis

You will note that all the singular forms (*je*, *tu*, and *il*) sound the same, while the plural forms, including the plural *ils* form, are distinguished by their inclusion of the [is] sound. Unlike -er verbs, where the singular *il* and plural *ils* forms are pronounced exactly the same (e.g. *il parle*, *ils parlent* = [il parl]), the singular vs. the plural forms of -ir and -re verbs, regular or irregular, are easily distinguishable from each other.

Common regular -ir verbs include those formed from the feminine form of many adjectives. Observe:

adjectif (fém.)		verbe en -ir	
blanche	white	blanchir	to turn white, to bleach
brune	brown	brunir	to brown, to tan
rouge	red	rougir	to turn red, to blush
grosse	fat	grossir	to gain weight
maigre	thin	maigrir	to lose weight
pâle	pale	pâlir	to turn pale

Some other common regular -ir verbs include:

Mini-Vocabulaire:

finir	[fi nir]	to finish
choisir	[ʃwa zir]	to choose
accomplir	[a kɔ̃ plir]	to accomplish
réussir	[re y sir]	to succeed
réfléchir	[re fle ʃir]	to think (about)
obéir	[o be ir]	to obey
punir	[py nir]	to punish

B.3.1 Conjugation, regular -ir verbs

Practice the conjugation of regular -ir verbs by writing these examples out a few times. If your teacher has already demonstrated the correct pronunciation of the forms to you, please read the forms out loud to yourself as you write them. Refer to the IPA to refresh your memory of your teacher's model pronunciation. Remember to make élision where necessary.

obéir	réussir	blanchir
je	je	je
tu	tu	tu
il/elle	il/elle	il/elle
nous	nous	nous
vous	vous	vous
ils/elles	ils/elles	ils/elles

B.3.2 Cause et effet

Complete the sentences by correctly conjugating the verbs in parentheses. The verbs are all regular -ir verbs. Since there are some unfamiliar object pronouns in the sentences, the subject in each case is in bold type to help you.

1. Est-ce que **tu** (obéir) _____ à tes parents? –Oui, parce que si **je** ne leur (obéir) _____ pas, **ils** me (punir) _____ .

2. **Les étudiants** (réfléchir) _____ avant de répondre aux questions. Comme cela, **ils** (choisir) _____ la bonne réponse et **ils** ne (rougir) _____ pas devant la classe.

3. Les jours chauds d'été, qu'est-ce que **vous** (choisir) _____ de faire? – **Nous** (brunir) _____ sur la plage! Tous sauf Michel, parce que lui, il est très pâle et **il** ne (brunir) _____ pas. **Il** (rougir) _____ !

4. Je ne comprends pas! Je fais beaucoup d'exercice, mais **je** ne (maigrir) _____ pas! **Je** (grossir) _____ !

–**Vous** (grossir) _____ ? C'est peut-être parce que
vous (finir) _____ toujours les dîners et les desserts
de vos enfants!

B.4 The verb _faire_

The verb _faire_ means "to do" or "to make." It is difficult in both
its irregular forms and their pronunciations, so please practice it
carefully.

faire [fɛr] _(to do, to make)_	
je fais [ʒə fɛ]	nous faisons [nu fə zɔ̃]
tu fais [ty fɛ]	vous faites [vu fɛt]
il/elle fait [il fɛ]	ils/elles font [il fɔ̃]

Notes:

- The singular forms are all pronounced alike; the endings (-s, -s, -t) are what you would expect.

- The pronunciation of the nous form is extremely unusual, for the letters "ai" are pronounced just like the [ə] in "je" ([ʒə]).

- The vous form is one of only three vous forms in the language that do not finish with the letters -ez. You already have learned _vous êtes_, one of the other forms.

B.4.1 Conjugation, _faire_

Practice the conjugation of the verb _faire_ by writing it out a few
times. If your teacher has already demonstrated the correct pronunciation of the forms to you, please read the forms out loud to
yourself as you write them. Refer to the IPA to refresh your memory
of your teacher's model pronunciation.

faire	faire	faire
je	je	je
tu	tu	tu
il/elle	il/elle	il/elle
nous	nous	nous
vous	vous	vous
ils/elles	ils/elles	ils/elles

Faire as a "substitute" verb. You have already seen and heard the
verb _faire_ many times in questions: if someone asks "Qu'est-ce que
vous faites?" ("What are you doing?"), you usually reply not with
the verb _faire_ itself, but with the verb that describes the activity
you are doing. _Faire_ thus often substitutes for another verb; when
the question is answered, _faire_ is replaced by a different verb.

B.4.2 Qu'est-ce que vous faites?

Conjugate the verb *faire* in the question and the regular -er verb in the answer.

1. Charles, que (faire) _____ -tu? –Je (manger) _____ un sandwich.

2. Alors, les amis, qu'est-ce que nous (faire) _____ ce soir? – Nous (rencontrer) _____ Paul et Stéphane au cinéma, bien sûr!

3. Que (faire) _____ Marie? – Elle (réviser) _____ pour l'examen.

4. Monsieur, qu'est-ce que vous (faire) _____ ? – Je (chercher) _____ mes clés.

5. Qu'est-ce qu'ils (faire) _____ , les enfants? – Ils (jouer) _____ au foot.

6. Madame, qu'est-ce que je (faire) _____ après l'exercice? – Vous (continuer) _____ avec le reste du chapitre, Marthe.

B.5 *Faire* and weather expressions

Another common use of *faire* is in expressions describing the weather. These expressions are always expressed in the third person singular form, known as an "impersonal" expression. The subject pronoun *il* must be used in an impersonal expression, so these expressions occur in only one verb form.

Mini-Vocabulaire:

Quel temps fait-il ?	[kɛl tɑ̃ fɛ til]	What's the weather like?
il fait beau	[il fɛ bo]	it's nice out
il fait mauvais	[il fɛ mo vɛ]	the weather is bad
il fait moche	[il fɛ mɔʃ]	the weather is lousy
il fait (du) soleil	[il fɛ dy sɔ lɛj]	it's sunny
il y a du soleil	[i lja dy sɔ lɛj]	it's sunny
il fait chaud	[il fɛ ʃo]	it's hot out
il fait froid	[il fɛ frwa]	it's cold out
il fait frais	[il fɛ frɛ]	it's cool
il fait du vent	[il fɛ dy vɑ̃]	it's windy
il pleut	[il plø]	it's raining
il neige	[il nɛʒ]	it's snowing

Notes:

- The word "temps" can mean "weather" or "time." You must deduce its meaning from its context. Remember that to ask what time it is, you say, "Quelle heure est-il?"

- Use of "il fait soleil," "il fait du soleil," or "il y a du soleil" depends on the region.

- "Il pleut" and "il neige" conjugate the verbs for "to rain" (pleuvoir) and "to snow" (neiger) rather than using *faire*.

- "Moche" literally means "ugly." "Il fait moche" is used on days when it is unpleasant to go outside because of rain, snow, mud, etc.

B.5.1 Quel temps fait-il?

Choose the correct weather expression for each of the situations given.

1. l'Alaska en décembre: Il fait froid / il fait chaud.

2. Los Angeles en juillet: Il fait beau / il fait moche.

3. Los Angeles en février: Il pleut / il neige.

4. Paris en avril: Il fait frais / il fait chaud.

5. Buffalo en février: Il neige / il fait frais.

6. New York en janvier: Il fait moche / il fait chaud.

7. Tahiti en mai: Il fait beau / il fait mauvais.

8. Los Angeles en août: Il fait mauvais / il fait chaud.

9. San Francisco en septembre: Il fait frais / il neige.

10. San Diego en juin: Il y a du soleil / il pleut.

Les mois de l'année:

janvier	[ʒɑ̃ vje]
février	[fe vri je]
mars	[mars]
avril	[a vril]
mai	[mɛ]
juin	[ʒɥɛ̃]
juillet	[ʒɥi je]
août	[ut]
septembre	[sɛp tɑ̃ brə]
octobre	[ɔk tɔ brə]
novembre	[nɔ vɑ̃ brə]
décembre	[de sɑ̃ brə]

The words "chaud" and "froid" are used with different verbs depending on whether they describe people, objects or weather.

People Avoir	Objects Etre	Weather Faire
J'ai chaud.	La soupe est chaude.	Il fait chaud.
Elle a froid.	Les biscuits sont froids.	Il fait froid.

Note that when they are used with the verb *être* , *chaud* and *froid* are adjectives and must agree in number and gender with the object being described; however, in the idiomatic expressions "avoir froid," "avoir chaud," "faire chaud" and "faire froid," they are nouns and do not change form.

Chaud-froid

Complete the sentence with the appropriate verb (avoir, être, or faire) and the appropriate form of "chaud" or "froid."

1. Georges est à la plage en juillet. Georges _____ .

2. Au pôle nord, il _____ .

3. Garçon! Mon dîner _____ .

4. Ma mère aime les fenêtres ouvertes, même en décembre. Notre maison _____ .

5. Quel temps fait-il à Paris en janvier? Il _____ .

6. Vous _____ ? –Oui! J'ai une température élevée!

7. Nous sommes en août, l'électricité ne marche pas, et il _____ .
Ma chambre _____ . Moi, je _____ aussi.

B.6 Recognition: Le passé composé

There are two main past tenses in French, called the "passé composé" and the "imparfait." We will begin to work on these tenses next chapter, but in this chapter, you will learn to recognize the forms of the passé composé.

The passé composé is used to recount events that happened in the past. It is called the "passé composé" ("composed past") because it is composed of two parts. These two parts are known as the "verbe auxiliaire" ("helping verb") and the "participe passé" ("past participle.")

These two parts together make up the past tense of a single verb. Observe:

French	*English*
J'ai mangé au restaurant.	I ate at the restaurant.
Tu as fait tes devoirs, n'est-ce pas?	You did your homework, right?
Marie a parlé en classe.	Marie spoke in class.
Nous avons regardé la télé.	We watched t.v.
Vous avez corrigé les examens, Madame?	Did you correct the tests, Ma'am?
Mes parents ont préparé un grand dîner.	My parents prepared a big dinner.

You can see that the helping verb in all these cases is *avoir*. The verb *avoir* is conjugated to agree with the subject. Next, the past participle of the main verb is formed and put together with the helping verb. The past participles of -er verbs are all formed by taking off the -er ending and adding an -é. This is pronounced just like the -er infinitive ending: [e].

In a very small number of verbs, the helping verb used is *être* instead of *avoir* . This does not change the meaning of the passé composé; it still corresponds to the simple past in English.

French	*English*
Je suis allé au supermarché.	I went to the store.
Il est arrivé à dix heures.	He arrived at ten o'clock.
Nous sommes tombés.	We fell down.

In this chapter, we will not ask you to form the passé composé, but you will be asked to recognize it when you see it and when you hear it.

With the passé composé, the present, and the futur proche, you can now talk about past, present, and future events.

B.6.1 Tense recognition

Indicate whether the verb in each sentence is in the present, past, or future. Remember that a present tense verb will be a single word, the ' passé composé will have a form of *avoir* plus a past participle, and the futur proche will have a form of *aller* plus another infinitive. The goal of this exercise is to help you begin to distinguish the three tenses from each other.

	présent	passé	futur
1. J'adore le français.	___	___	___
2. Je vais acheter des croissants à la boulangerie.	___	___	___
3. Il a étudié sa leçon.	___	___	___
4. Nous sommes contents.	___	___	___
5. Tu as réservé ta chambre?	___	___	___
6. Nous avons une nouvelle voiture.	___	___	___
7. J'ai traversé la rue.	___	___	___
8. Marie prend le bus.	___	___	___
9. Puis, vous allez tourner à gauche.	___	___	___
10. Paul a trois frères.	___	___	___

B.6.2 Résultats

Rewrite the three sentences, putting them in chronological order. First write the sentence in the past, then the one in the present, and finally the one in the future. Remember that the passé composé will have a form of *avoir* plus a past participle, and the futur proche will have a form of *aller* plus another infinitive. The goal of this exercise is to make you more familiar with the forms of the three tenses.

Exemple: Je vais recevoir une excellente note. J'ai étudié pour l'examen. J'ai beaucoup de confiance!

You write: J'ai étudié pour l'examen. J'ai beaucoup de confiance. Je vais recevoir une excellente note!

1. Marie a réussi son examen. Elle va aller au cinéma. Elle est contente.

2. Je vais inviter Paul à la fête. Marc a oublié mon anniversaire. Je déteste Marc.

3. Ils n'ont pas besoin de leur ancienne voiture. Ils vont me donner leur ancienne voiture! Mes parents ont acheté une nouvelle voiture.

4. Tu as copié le devoir de Philippe? Le professeur va vous punir! Ce n'est pas bien!

5. Nous allons continuer à étudier le français à l'université. Nous avons étudié à Paris. Nous parlons un peu le français.

6. Mais non, vous allez finir les devoirs d'abord et jouer après. Et vous jouez? Emilie et Mélanie, vous n'avez pas fini vos devoirs?

C Lab Worksheet and Review

C.1 En ville

C.1.1 Où vont-ils ? (Time on recording : 0 :00)

The speaker will name a person and a destination. You should supply the correct form of "aller" and of the prepostion "à" and say where each person is going. The correct answer will then be given ; repeat the correct answer. Listen to the example.

Exemple : Guillaume - le café
Guillaume va au café.

C.1.2 Vocabulaire - les endroits (Time on recording : 3 :25)

Each person has a need or a problem that requires them to go to a specific place. Using the verb "aller," indicate where they should go. The correct answer will then be given ; repeat the correct answer.

Exemple : Je vais acheter du pain.
Tu vas à la boulangerie.

1. Marc adore l'art.
2. Les vêtements de Sandra sont sales.
3. Je vais envoyer une lettre.
4. Ma mère désire prier.
5. Mon grand-père a besoin d'une opération.
6. Je suis victime d'un crime.
7. Nous voulons boire du vin.
8. Marc et Jennifer veulent regarder un film .
9. Nous voulons danser.
10. Philippe veut prendre un train.

C.1.3 Nos projets du week-end (Time on recording : 5 :47)

The speaker ask if various persons plan to do certain activities this weekend. Answer in the affirmative or negative as you wish, being sure to use the immediate future in your answer.

Exemple : Tu vas aller au cinéma ce week-end ?
Oui, je vais aller au cinéma.

C.1.4 Aller dans quel sens ? (Time on recording : 9 :05)

Listen to each of the sentences and mark on your answer sheet whether aller is used to mean movement, health, or the future. Repeat the sentence during the pause.

	mouvement	santé	futur
1.			
2.			
3.			
4.			
5.			
6.			
7.			
8.			
9.			
10.			
11.			
12.			

C.2 Les verbes réguliers en -ir

C.2.1 Conjuguez le verbe (Time on recording : 11 :30)

Conjugate the verb and write the correct form on your answer sheet ; read the sentence aloud.

1. Vous _____ toujours vos devoirs ?
2. Quand _____ -nous nos cours ?
3. On _____ beaucoup si on travaille dur.
4. Je _____ toujours à mes examens.
5. Est-ce que tu _____ avant d'agir ?
6. Ces enfants n' _____ pas à leurs parents.
7. Leurs parents les _____ régulièrement.
8. Marie ne mange pas assez. Elle _____ .
9. Quand je suis confuse, je _____ .
10. Vous devez aller souvent à la plage ces jours-ci - vous _____ !

C.2.2 Singulier/pluriel (Time on recording : 13 :55)

Change the subject of the sentence from singular to plural or vice versa. You will also have to conjugate the verb to match the new subject. The pairs of singular/plural subjects are je/nous, tu/vous, il/ils, and elle/elles. Remember that with -ir verbs, you can hear the difference between the il singular and ils plural forms.

Exemple: Nous finissons le trimestre la semaine prochaine.
(You say :) Je finis le trimestre la semaine prochaine.

1. Pourquoi rougissez-vous ?
2. Elle brunit.
3. Les enfants pâlissent parce qu' ils ont peur.
4. Est-ce que tu obéis à tes parents ?
5. Les étudiants travailleurs accomplissent beaucoup.
6. L'institutrice punit les élèves.
7. Nous réfléchissons.
8. Quand j'étudie, je réussis à l'examen.
9. Elles choisissent leurs robes pour le bal.
10. Il grossit.

C.3 **Les directions**

C.3.1 Dictée - Vocabulaire des directions (Time on recording : 17 :00)

Write down the expressions you hear on your answer sheet. Each will be read twice. Pay attention to spelling and pronunciation. Many of the verbs are given in the vous imperative form, that is, ending in -ez (pronounced [e]).

1. _____
2. _____
3. _____
4. _____
5. _____
6. _____
7. _____
8. _____

C.3.2 Les sorties en ville (Time on recording : 18 :55)

Starting at 45, rue d'Ulm (the cross on your map, on the right-hand (east) side of the street), follow the directions given and state where you end up. You can simply give the letter of your new location. Write the answer on your answer sheet.

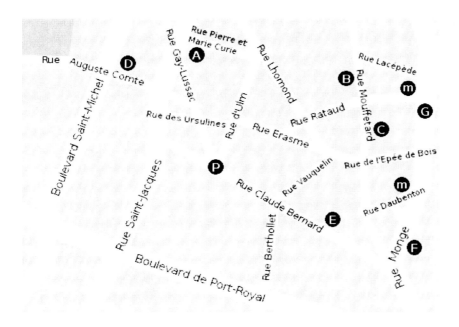

1. (Time on recording : 19 :15)

2. (Time on recording : 19 :40)

3. (Time on recording : 20 :00)

4. (Time on recording : 20 :15)

C.4 Les mois et les saisons

C.4.1 Les mois (Time on recording : 20 :45)

During the first pause, give the month that follows the month named. The correct answer will then be given; repeat the pair of months.

Exemple: septembre
        (You say :) octobre

C.4.2 Les fêtes françaises (Time on recording : 22 :50)

Say when each event or holiday occurs in France. You may consult your book on p. 169 if you need to, but you should first try to do this exercise from memory. The correct answer will be given. Repeat the correct answer.

Exemple: la fête nationale.
        La fête nationale est en juillet.

C.4.3 Quelle saison ? (Time on recording : 25 :00)

Say in which season each of the following months falls.

Exemple: juin
        Juin est en été.

C.5 Le temps qu'il fait

C.5.1 Le temps et les saisons (Time on recording : 26 :48)

For each picture, tell what season it is and describe the weather. After a pause, the speaker will give a description (which may differ from yours). She will pause after each sentence to give you time to repeat. On your worksheet, write down the description given by the speaker.

1. _____   2. _____

3. _____   4. _____

C.5.2 Quel temps fait-il ? (Time on recording : 29 :05)

The speaker will give an activity. Say under what weather condition you do the activity. The speaker will then give one possibility, which may differ from yours. Repeat the sentence.

Exemple: aller à la plage
Je vais à plage quand il fait chaud.

1. rester à la maison
2. manger de la soupe
3. mettre des lunettes de soleil

4. mettre des bottes

5. faire une promenade

6. ne pas brunir

C.6 Les voyages

C.6.1 Où faut-il aller ? (Time on recording : 31 :02)

The speaker will name an activity you do when preparing for or taking a trip. Say where you go to do each activity. The speaker will then give the correct answer. Repeat the correct answer.

Exemple: prendre le train
        Pour prendre le train, je vais à la gare.

1. prendre l'avion

2. obtenir des informations sur les hôtels

3. acheter un guide de voyage

4. obtenir un passeport

5. prendre le métro

6. goûter la cuisine du pays

7. prendre le train

8. acheter des chèques de voyage

9. faire des recherches sur ma destination

C.6.2 Préparatifs de voyage (Time on recording : 33 :57)

The Petit sisters are taking a 6-day trip to Nice. Listen to their conversation and then answer the questions written on your answer sheet. Use complete sentences in your answers. The conversation will be read only once, but you may listen to it as many times as you like. Remember that in these conversations, you are not expected to understand everything, but you should be able to pick out the familiar phrases that you have learned in the chapter and understand most of the content of the conversation.

1. Quand est-ce que les soeurs vont faire leurs derniers préparatifs de voyage ?

2. Qu'est-ce que Sylvie va acheter au grand magasin ?

3. Est-ce que Marie a besoin de lunettes de soleil ?

4. Qui va téléphoner à l'hôtel ?

5. Est-ce qu'il faut faire la réservation d'hôtel, ou confirmer la réservation ?

6. Où est-ce que Sylvie va acheter le plan de Nice ?

7. Qu'est-ce qu'il y a dans le Guide Michelin ?

C.7 Tense recognition

C.7.1 Tense practice (Time on recording : 35 :38)

The same sentence will be read in the past, present, and future. Repeat each sentence so that you can become familiar with these tenses.

1. J'ai mangé au restaurant. Je mange au restaurant. Je vais manger au restaurant.

2. Tu as acheté ton billet. Tu achètes ton billet. Tu vas acheter ton billet.

3. Marie a assisté à la messe. Marie assiste à la messe. Marie va assister à la messe.

4. Jean a lavé ses vêtements. Jean lave ses vêtements. Jean va laver ses vêtements.

5. Nous avons étudié la leçon. Nous étudions la leçon. Nous allons étudier la leçon.

6. Vous avez joué au foot ? Vous jouez au foot ? Vous allez jouer au foot ?

7. Les filles ont bricolé. Les filles bricolent. Les filles vont bricoler.

8. Mes frères ont passé un examen. Mes frères passent un examen. Mes frères vont passer un examen.

C.7.2 Past, present, or future ? (Passé, présent, ou futur ?) (Time on recording : 38 :00)

The speaker will read a sentence in the passé composé, the présent, or the futur proche. Repeat the sentence, and mark the correct tense of the verb on your answer sheet.

	passé	présent	futur
1.			
2.			
3.			
4.			
5.			
6.			
7.			
8.			
9.			
10.			
11.			
12.			

C.8 Le vocabulaire - Optional

C.8.1 Les lieux (Time on recording : 40 :40)

This is an optional exercise to help your prononciation ; it is a list of the places on page 177 of your book.

C.8.2 Le temps (Time on recording : 42 :57)

This is an optional exercise to help your prononciation ; it is a list of the weather expressions on page 179 of your book.

C.8.3 Les mois et les saisons (Time on recording : 43 :55)

This is an optional exercise to help your prononciation ; it is a list of the months and seasons on page 177 of your book.

End of lab worksheet

C.9 Exercices de révision écrits

The nature of communication is that it is open-ended. Therefore, these written review exercises are unable to cover all the objectives of the chapter, since some of those objectives do not lend themselves to fill-in-the-blank exercises. These exercises focus more on the grammar and vocabulary of the chapter, because these can be practiced more easily in writing, and mastering them will enable you to perform the communicative objectives of the chapter.

C.9.1 Compositions

Ecrivez 7-10 phrases sur un des sujets suivants :

1. Ce soir, vous invitez votre meilleur(e) ami(e) à sortir pour son anniversaire. Où allez-vous ? Pourquoi ? Comment vous déplacez-vous ? Quel est votre trajet ?

2. Qu'est-ce que vous allez faire après vos études universitaires ? Utilisez le futur proche.

3. Imaginez que vous partez en vacances ce week-end. Décrivez les préparatifs que vous allez faire aujourd'hui. Ecrivez au présent ou au futur proche.

C.9.2 Vocabulaire : sorties en ville

Mini-Vocabulaire:

déplacez-vous	get around
trajet	route
blessé	injured
frais	fresh

Complétez chaque phrase avec l'article défini et le lieu appropriés. Faites attention aux contractions obligatoires !

1. Quand je veux manger un croque-monsieur à midi, je vais à _____ .

2. Le dimanche, mes parents (qui sont protestants) vont à _____ .

3. Quand j'ai ma paye, je vais à _____ pour la déposer sur mon compte.

4. Avant d'aller à l'université américaine, on a besoin d'obtenir son diplôme à _____ .

5. Quand il n'y a pas de pain à la maison, je vais à _____ .

6. Si on est blessé dans un accident de voiture, on va à _____ .

7. Quand mes amies ont envie de danser, elles vont en _____ .

8. Pour envoyer des lettres, je vais à _____ .

9. Pour faire des recherches, les étudiants vont à _____ .

10. Pour acheter leurs livres, ils vont à _____ .

11. Je préfère voir un film à _____ plutôt que de louer une vidéocassette.

12. Si on veut des fruits frais, on peut aller à _____ en plein air.

C.9.3 Vocabulaire : Transports et voyages

Complétez les phrases avec des mots appropriés.

1. Pour prendre un _____, on va à l'aéroport. On présente son _____ à l'agent au sol.

2. Pour prendre un train, on va à _____.

3. Le bus et le _____ sont deux types de transports _____.

4. A Los Angeles, il est difficile de sortir si on n'a pas de _____.

5. Quand ma mère va faire un voyage, elle téléphone à _____. Moi, je préfère faire mes réservations moi-même, sur internet.

6. Pour aller en France, on a besoin d'un _____.

7. Marc veut prendre des vacances dans le Colorado, parce qu'il aime la neige. Mais sa copine n'aime pas quand il fait _____.

8. Les parents qui voyagent avec de petits enfants ont beaucoup de _____.

9. Si je vais à Hawaii, je vais demander une _____ d'hôtel qui a une vue sur la _____.

10. Louise est très intellectuelle. Quand elle visite une ville, elle va toujours aux _____.

C.9.4 Vocabulaire : les mois et les saisons

Répondez aux questions en utilisant des phrases complètes.

Mini-Vocabulaire:
avoir lieu to take place
fleurir to bloom

1. Quels mois ont 30 jours ?

2. Il neige en quelle saison ?

3. Quel est le mois le plus court ?

4. Les fêtes nationales américaine et française ont lieu pendant quel mois ?

5. Les plantes fleurissent en quelle saison ?

6. Quand est la rentrée scolaire ?

7. A Los Angeles, quel est le mois le plus chaud ?

8. En Australie, le mois de décembre fait partie de quelle saison ?

9. En quelle saison est-ce que les feuilles changent de couleur et tombent des arbres ?

10. Quel est le mois de votre anniversaire ?

C.9.5 Quel temps fait-il ?

Regardez la météo dans un journal ou sur internet (p.e. weather.yahoo.com). Choisissez 6 villes où les conditions météorologiques sont différentes et décrivez le temps qu'il fait dans chacune de ces villes. Notez la date. **Exemple :** Aujourd'hui, c'est le 2 juin. A Buffalo, il pleut.

C.9.6 Les possessions

Utilisez la préposition "de" pour indiquer qui possède les objets suivants. Faites la contraction obligatoire de la préposition et de l'article défini si c'est nécessaire.

Exemple: la calculatrice/ le comptable   C'est la calculatrice du comptable.

1. les livres / les étudiants
2. l'ordinateur / l'informaticien
3. le sac / la femme d'affaires
4. le manteau blanc / le médecin
5. le stylo rouge / le professeur
6. l'argent / le commerçant
7. le cahier / la scientifique
8. les plantes / les jardiniers

C.9.7 A qui parlent-ils ?

Utilisez la préposition "à" pour indiquer qui parle à qui. Faites la contraction obligatoire de la préposition "à" et de l'article défini si c'est nécessaire.

Exemple: l'étudiant / le professeur   L'étudiant parle au professeur.

1. l'avocat / le policier
2. l'élève / l'institutrice
3. l'informaticien / la femme d'affaires
4. le professeur / les étudiants
5. l'ingénieur / l'architecte
6. l'homme d'affaires / la secrétaire
7. la commerçante / le comptable
8. le médecin / les infirmières

C.9.8 **Réactions et résultats**

Choisissez un verbe de la liste pour compléter chaque phrase. Conjuguez le verbe correctement.

			Mini-Vocabulaire:	
accomplir	maigrir	rougir	**voir**	to see
blanchir	pâlir		**avoir peur**	to be afraid
brunir	punir		**c'est pour ça**	that's why
grandir	réussir		**une nappe**	tablecloth
			une serviette	napkin

1. L'enfant a ruiné la robe de sa mère ; sa mère _____ l'enfant.

2. Tu _____, mon fils ! Ton jean est trop petit !

3. Quand elles préparent un examen, elles _____ toujours.

4. Pierre voit la fille qu'il aime ; il _____.

5. Quand nous passons une journée à la plage, nous _____.

6. Vous ne mangez pas de dessert ? C'est pour ça que vous _____ !

7. Tu as peur des serpents ? –Oui, je _____ quand je vois un serpent !

8. Les restaurants _____ les nappes et les serviettes.

C.9.9 **En retard le matin**

La famille Duroc a toujours des difficultés le matin. Complétez chaque phrase avec la forme correcte du verbe *aller*.

1. La mère, Sylvie, _____ au travail.

2. Les filles, Emmanuelle et Corinne, _____ à l'école.

3. Le père, Roger, dit à ses filles, "Vous _____ être en retard ! Mangez vite !"

4. Emmanuelle répond, "C'est vrai, Corinne ! Regarde l'heure ! On _____ manquer le bus !"

5. Corinne dit, "Mais Papa, tu _____ en ville aujourd'hui, n'est-ce pas ? Tu peux nous emmener en voiture !"

6. Le père répond, "Un de ces jours, je _____ partir sans vous ! Si vous voulez venir avec moi, nous _____ partir dans 5 minutes !"

C.9.10 Aujourd'hui comme hier

Pour ce groupe d'amis, la vie ne change pas! Lisez leur conversation sur ce qu'ils ont fait hier, et indiquez que tout le monde va faire la même chose ce soir. (Transformez le verbe du passé composé au futur proche ; faites attention au sujet.)

1. Paul, tu **as étudié** à la bibliothèque hier ? –Oui, et je _____ à la bibliothèque ce soir aussi.

2. Marie et Madeleine, vous **avez travaillé** au magasin hier ? –Oui, et nous _____ ce soir aussi.

3. Est-ce que Christophe **est allé** au cinéma hier ? –Oui, et il _____ encore au cinéma ce soir !

4. Maryse, est-ce que tes cousins **ont dîné** chez toi hier ? –Oui, et ils _____ encore chez moi ce soir !

5. Tu sais, Anne, nous **avons dansé** avec des garçons très gentils hier soir ! – Ah bon ? Et est-ce que vous _____ avec d'autres garçons ce soir ?

6. Gilles, est-ce qu'il **a neigé** hier soir ? –Oui, et il _____ ce soir aussi.

7. Jean-Luc, est-ce que tu **as révisé** tes notes hier soir ? –Oui, et je _____ ce soir aussi – j'ai un examen demain ! Et toi ?

8. Et ben, moi, j'**ai joué** au tennis avec Carlos hier. –Et sans doute tu _____ avec lui ce soir aussi ?

Self-Check : Meeting chapter 4 objectives

Do you feel that you have mastered the objectives for this chapter? If you do not feel confident that you can do any of the following, please review the sections beginning on the indicated pages and then consult with your teacher for further assistance or practice. Please note that since grammar provides you with the tools you need to speak and understand a language, the relevant grammar section is indicated first, followed by the communicative activities to practice.

Communication Objectives :

Do you feel that you can :	If not, see pages :
Talk about places to go in your city?	222, 202, 209, and 217
Talk about what you will do in the near future?	222, 225, 205
Give and understand directions?	223 and 207
Describe the weather?	229, 210
Communicate in basic travel situations?	214, 215, and 216

Culture objectives :

Do you feel that you have an idea of :	If not, see pages :
How to prepare for a trip?	214 and 215
Some information about Switzerland and New Caledonia	216
Some cultural differences between France and the United States?	203, 210, and 213

Grammar Objectives :

Do you feel that you understand and can use the following grammatical structures? In addition to using them in conversation, could you demonstrate your knowledge of them on a test?	If not, see pages :
The prepositions à and de and their contractions with the definite articles?	221
The conjugation of the verb *aller* and its uses?	222
The conjugation of regular -ir verbs?	226
The conjugation of the verb *faire* and some of its idiomatic uses?	228, 229
The basic structure of the passé composé?	231

If you feel that you can do all these things, congratulations! You have met the goals for this chapter and are becoming more capable of communicating in French!

Answers to Written Section B Exercises

Answers to B.1.1, Where is everybody?, page 222 1. Ma mère est à la banque; 2. Nous sommes à l'université; 3. Tu es à la bibliothèque; 4. Kofi Annan est aux Nations Unis; 5. Vous êtes au téléphone; 6. Je suis à la caféteria; 7. Jacques est au gymnase; 8. Marie et Nathalie sont à l'opéra; 9. Paul et Philippe sont au zoo.

Answers to B.2.1, Conjugation, *aller*, page 223 je vais, tu vas, il va, nous allons, vous allez, ils vont

Answers to B.2.2, Où vont-ils?, page 271 1. Nous allons à l'université. 2. Tu vas au lavomatic. 3. Mes frères vont à l'école. 4. Je vais au temple. 5. Vous allez au restaurant. 6. Charles et Sylvie vont à la bibliothèque. 7. Ma mère et moi allons à l'église. 8. Luc va à la boulangerie. 9. Mon père va au café. 10. Je vais au musée. 11. Christophe et Paul vont au supermarché. 12. Tu vas au jardin public. 13. Yasmine va à la librairie. 14. Ton ami et toi allez au cinéma.

Answers to B.2.3, Comment vont-ils?, page 224 1. Je vais assez bien. 2. Ils vont bien. 3. Ils vont très bien. 4. Nous allons bien. 5. Il va mal. 6. Elle va assez bien. 7. Elles vont très bien.

Answers to B.2.4, Qu'est-ce qu'ils vont faire ce soir?, page 225 1. Claude va dîner au restaurant avec Christine. 2. Nous allons étudier notre leçon de français. 3. Je vais manger à la maison. 4. Gilles va travailler à la pharmacie. 5. Bérénice et Charlotte vont aller au supermarché. 6. Vous allez lire un livre. 7. Francine et moi allons regarder la télé. 8. Tu vas finir tes devoirs. 9. Je vais écrire une lettre à ma grand-mère. 10. Matthieu et Cédric vont jouer au foot.

Answers to B.3.1, Conjugation, regular -ir verbs, page 227 j'obéis, tu obéis, il obéit, nous obéissons, vous obéissez, ils obéissent
je réussis, tu réussis, il réussit, nous réussissons, vous réussissez, ils réussissent
je blanchis, tu blanchis, il blanchit, nous blanchissons, vous blanchissez, ils blanchissent

Answers to B.3.2, Cause et effet, page 227 1. obéis, obéis, punissent. 2. réfléchissent, choisissent, rougissent. 3. choisissez, brunissons, brunit, rougit. 4. maigris, grossis, grossissez, finissez.

Answers to B.4.1, Conjugation, *faire*, page 228 je fais, tu fais, il fait, nous faisons, vous faites, ils font

Answers to B.4.2, Qu'est-ce que vous faites?, page 229 1. fais, mange. 2. faisons, rencontrons. 3. fait, révise. 4. faites, cherche. 5. font, jouent. 6. fais, continuez.

Answers to B.5.1, Quel temps fait-il?, page 230 1. Il fait froid. 2. Il fait beau. 3. Il pleut. 4. Il fait frais. 5. Il neige. 6. Il fait moche. 7. Il fait beau. 8. Il fait chaud. 9. Il fait frais. 10. Il y a du soleil.

Answers to B.5.2, Chaud-froid, page 231 1. a chaud. 2. fait froid. 3. est froid. 4. est froide. 5. fait froid. 6. avez chaud. 7. fait chaud; est chaude; j'ai chaud.

Answers to B.6.1, Tense recognition, page 232 Présent: #1, #4, #6, #8, #10; Passé composé: #3, #5, #7; futur: # 2, #9

Answers to B.6.2, Résultats, page 233 1. Marie a réussi son examen. Elle est contente. Elle va aller au cinéma. 2. Marc a oublié mon anniversaire. Je déteste Marc. Je vais inviter Paul à la fête. 3. Mes parents ont acheté une nouvelle voiture. Ils n'ont pas besoin de leur ancienne voiture. Ils vont me donner leur ancienne voiture! 4. Tu as copié le devoir de Philippe? Ce n'est pas bien! Le professeur va vous punir! 5. Nous avons étudié à Paris. Nous parlons un peu le français. Nous allons continuer à étudier le français à l'université. 6. Emilie et Mélanie, vous n'avez pas fini vos devoirs? Et vous jouez? Mais non, vous allez finir les devoirs d'abord et jouer après.

Answers to Written Section C Exercises

Answers to C.1.4, Aller dans quel sens?, page 235 Mouvement: #2, #5, #6, #8, #10; Santé: #1, #4, #9; Futur: #3, #7, #11, #12

Answers to C.2.1, Conjuguez le verbe, page 235 1. finissez; 2. choisissons; 3. accomplit; 4. réussis; 5. réfléchis; 6. obéissent; 7. punissent; 8. maigrit; 9. rougis; 10. brunissez.

Answers to C.3.1, Dictée - Vocabulaire des directions, page 236 1. Tournez à gauche. 2. Continuez tout droit. 3. L'église est là. 4. Prenez le plan. 5. La boulangerie se trouve en face de l'hôpital. 6. Traversez la rue. 7. Regardez la carte. 8. Prenez l'autoroute.

Answers to C.3.2, Les sorties en ville, page 236 1. C; 2. A; 3. E; 4. M

Answers to C.5.1, Le temps et les saisons, page 238 1. C'est l'automne. Il fait beau. Il fait soleil. Il fait frais. 2. C'est l'hiver. Il fait froid. Il neige. Il fait du vent. 3. C'est le printemps. Il fait frais. Il y a des nuages. Il pleut. 4. C'est l'été. Il faut chaud. Il y a du soleil. Il fait beau.

Answers to C.6.2, Préparatifs de voyage, page 239 Note: These answers contain many grammar nuances that you have not learned yet. As long as you got the correct subject, verb form, and object, do not worry about every word in the sentence. 1. Elles vont faire leurs derniers préparatifs de voyage aujourd'hui / cet après-midi. 2. Sylvie va acheter de nouvelles valises (de la crème solaire, des lunettes de soleil) au grand magasin. 3. Non, Marie n'a pas besoin de lunettes de soleil. 4. Sylvie va téléphoner à l'hôtel. 5. Il faut confirmer la réservation. 6. Elle va acheter le plan de Nice à la librairie. 7. Il y a de bons restaurants dans le Guide Michelin.

Answers to C.7.2, Past, present, or future? (Passé, présent, ou futur?, page 240 Passé: #3, #5, #7, #8, #10; Présent: #1, #6, #9, #11, #12; Futur: #2, #4

Answers to C.9.2, Vocabulaire: sorties en ville, page 242 The preposition is repeated from the worksheet so you can see where it combines with the article.
1. au café; 2. au temple; 3. à la banque; 4. au lycée; 5. à la boulangerie; 6. à l'hôpital; 7. en boîte; 8. à la poste / au bureau de poste; 9. à la bibliothèque; 10. à la librairie; 11. au cinéma; 12. au marché en plein air

Answers to C.9.3, Vocabulaire: Transports et voyages, page 243 1. avion; billet; 2. la gare; 3. train / métro; en commun; 4. voiture; 5. l'agence / l'agent de voyages; 6. passeport / billet d'avion; 7. froid; 8. valises / bagages / patience; 9. chambre; plage / mer; 10. musées

Answers to C.9.4, Vocabulaire: les mois et les saisons, page 243 1. Avril, juin, septembre, et novembre ont 30 jours. 2. Il neige en hiver. 3. Février est le mois le plus court. 4. Les fêtes nationales américaine et française ont lieu en juillet. 5. Les plantes fleurissent au printemps. 6. La rentrée scolaire est en automne / en septembre. 7. Il fait le plus chaud en août. / Le mois d'août est le mois le plus chaud. 8. En Australie, le mois de décembre fait partie de l'été. 9. Les feuilles changent de couleur et tombent des arbres en automne. 10. Mon anniversaire est en [février]. / Le mois de mon anniversaire est [février].

Answers to C.9.5, Quel temps fait-il?, page 244 Check your answers with the vocabulary to make sure you had the correct spelling and meaning.

Answers to C.9.6, Les possessions, page 244 1. Ce sont les livres des étudiants. 2. C'est l'ordinateur de l'informaticien. 3. C'est le sac de la femme d'affaires. 4. C'est le manteau (blanc) du médecin. 5. C'est le stylo (rouge) du professeur. 6. C'est l'argent du commerçant. 7. C'est le cahier de la scientifique. 8. Ce sont les plantes des jardiniers.

Answers to C.9.7, A qui parlent-ils?, page 244 1. L'avocat parle au policier. 2. L'élève parle à l'institutrice. 3. L'informaticien parle à la femme d'affaires. 4. Le professeur parle aux étudiants. 5. L'ingénieur parle à l'architecte. 6. L'homme d'affaires parle à la secrétaire. 7. La commerçante parle au comptable. 8. Le médecin parle aux infirmières.

Answers to C.9.8, Réactions et résultats, page 245 1. punit; 2. grandis; 3. réussissent; 4. rougit; 5. brunissons; 6. maigrissez; 7. pâlis; 8. blanchissent

Answers to C.9.9, En retard le matin, page 245 1. va; 2. vont; 3. allez; 4. va; 5. vas; 6. vais; allons

Answers to C.9.10, Aujourd'hui comme hier, page 246 1. vais étudier; 2. allons travailler; 3. va aller; 4. vont dîner; 5. allez danser; 6. va neiger; 7. vais réviser; 8. vas jouer

Chapter 5

Les voyages de ma famille

Objectives for chapter 5

Communication (what students will be able to do):

By the end of this chapter, students will be able to:

1. Discuss their family's origins

2. Talk about their family's immigration to the United States

3. Name key dates and events from their family's past

4. Plan an imaginary trip to the countries of origin of their family

Culture (what students will know about the French-speaking world):

By the end of this chapter, students will know something about:

1. Immigration in France

2. Former French colonies

3. Islam in France today

Grammar/ Tools (what students need to know):

In order to perform these communicative tasks, students will have to understand and be able to use correctly the following grammatical structures:

1. The verb *venir*

2. Use of prepositions with place names

3. The *passé composé* with *avoir*

4. The *passé composé* in negative and inverted sentences

5. Dates

6. Informational Questions

l'Afrique

l'Afrique du Sud	l'Algérie
le Burkina	le Congo
la Côte d'Ivoire	l'Égypte
l'Éthiopie	le Kenya
la Libye	le Mali
le Maroc	la Namibie
le Niger	le Nigeria
le Sénégal	le Soudan
le Tchad	la Tunisie
la Zambie	le Zaïre

l'Amérique

l'Argentine	la Bolivie
le Brésil	le Canada
le Chili	la Colombie
le Costa Rica	Cuba
l'Équateur	les États-Unis
le Guatemala	la Guyane
Haïti	le Honduras
le Mexique	le Nicaragua
le Paraguay	le Salvador
le Surinam	le Vénézuela

l'Asie

l'Afghanistan	l'Arabie Saoudite
l'Arménie	le Cambodge
la Chine	la Corée
l'Inde	l'Indonésie
l'Irak	l'Iran
Israël	le Japon
la Jordanie	le Liban
le Pakistan	les Philippines
la Russie	la Syrie
la Thaïlande	la Turquie
le Vietnam	le Yémen

L'Europe

l'Allemagne	l'Angleterre
l'Autriche	la Belgique
la Bulgarie	la Croatie
le Danemark	l'Écosse
l'Espagne	la Finlande
la France	la Grèce
la Hongrie	l'Irlande
l'Italie	la Norvège
la Pologne	la Rép. tchèque
la Slovaquie	la Suède
la Suisse	la Yougoslavie

A Activités

A.1 Les origines

Dans cette section, nous allons parler des origines de nos familles.

> Grammaire: Voir B.1, "Le verbe venir," page 267.

> Grammaire: Voir B.2, "Les lieux," page 269.

A.1.1 Nos cuisines

Savez-vous d'où viennent les plats ou produits suivants? Suivez le modèle.

Exemple: le kimchee   Le kimchee vient de Corée.

1. le couscous
2. les hamburgers
3. la vodka
4. la pizza
5. les pommes frites
6. la moussaka
7. le sushi
8. las enchiladas
9. la quiche
10. les rouleaux de printemps
11. le rosbif
12. la paella

⟹ Continuons!

Quels plats d'autres pays aimez-vous? Dites leurs noms et leurs origines à vos camarades de classe.

A.1.2 Retour au pays natal

 Selon les lieux de naissance des personnes, dites dans quel pays ils vont pour visiter leur ville natale. Suivez le modèle.

Exemple: Issa est né à Amman.   Il va en Jordanie.

1. Marie est née à Abidjan.
2. Les Thomas sont nés à Paris.
3. Vicente est né à Tegucigalpa.
4. Corazón est née à Manille.
5. Hamid est né à Téhéran.
6. Tu es né à Madrid?
7. Nous sommes nés à Montréal.
8. Pervez est né à Islamabad.
9. Ozlem est née à Ankara.
10. Sarah et Andrew sont nés à Londres.
11. Je suis née à Tombouctou.

A.1.3 Immigration mondiale

Dans cet exercice, on va parler des origines et des destinations de différentes personnes. Substituez le nouvel élément à la phrase et changez tout ce qu'il faut.

Exemple:		Carlos vient du Mexique.
	habiter	Carlos habite au Mexique.
	Los Angeles	Carlos habite à Los Angeles.
	Nous	Nous habitons à Los Angeles.
	venir de	Nous venons de Los Angeles.

Rappel :
pays masculin : au, du ;
pays féminin : en, de ;
ville : à, de

Phrase de départ : David vient de Paris.

1. le Sénégal	9. New-York	17. venir de
2. habiter	10. habiter	18. Marc
3. la Russie	11. Nous	19. habiter
4. Moscou	12. venir de	20. Marie
5. venir de	13. Athènes	21. le Tchad
6. Masha et Ivan	14. aller	22. venir de
7. aller	15. Je	23. Tu
8. les Etats-Unis	16. la France	24. le Japon

A.1.4 Nos origines

Maintenant, on va parler de nos origines. Lisez le dialogue modèle avec le professeur, et puis adaptez-le pour parler de vos propres origines.

> **A:** Annie, d'où vient ta famille ?
> **B:** La famille de ma mère vient de Pologne et la famille de mon père vient de Grèce.
> **A:** Vous êtes des immigrés récents ?
> **B:** Non ; ce sont mes grands-parents qui ont immigré aux Etats-Unis. Et toi, David ? D'où vient ta famille ?
> **A:** Mon père vient du Mexique, mais ma mère est américaine.
> **B:** Et quelles sont les origines de la famille de ta mère ?
> **A:** Mon grand-père maternel vient d'Ecosse. Ma grand-mère maternelle est américaine aussi, mais sa famille vient d'Angleterre.
> **B:** Ta famille a une histoire intéressante !

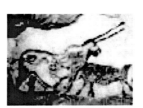

Une peinture préhistorique dans les grottes à Lascaux

Un aqueduc romain à Nîmes

Mini-Vocabulaire:

se considérait	considered itself
les Gaulois	Gauls
à travers	throughout
propre	own
une loi	law
une vague	wave
étranger	foreign

Pendant longtemps, la France **se considérait** comme une nation assez homogène. Dans les années 50, les livres scolaires d'histoire parlaient de "nos ancêtres **les Gaulois**," même si les étudiants étaient algériens ou sénégalais ! Aujourd'hui, les Français prennent conscience de la diversité ethnique de leur pays, mais cette diversité n'est pas nouvelle - en fait, beaucoup d'invasions ont façonné la France **à travers** l'histoire.. Les "Gaulois" étaient un peuple celtique, mais l'invasion romaine dans les Ier et IIe siècles avant Jésus-Christ a changé la langue (le français est une langue romane) et la culture (construction de routes, d'aqueducs, de villes). Après la dissolution de l'Empire romain au Ve siècle, les Francs (un peuple germanique) sont arrivés, avec leurs **propres** coutumes et **lois**. Plus tard, les Norrois (un peuple scandinave) sont venus du Nord. Toutes ces **vagues** d'invasion ont changé la langue et la société française.

Avec la Renaissance, la France devient un centre culturel et politique en Europe ; pendant le dix-septième et dix-huitième siècles, la France attire beaucoup de visiteurs, mais peu d'immigrés.

Mais aux dix-neuvième et vingtième siècles, l'immigration en France commence à changer la population. D'abord, ce sont des individus du sud de l'Europe (Espagnols, Italiens, Portugais) qui viennent chercher du travail. Ensuite, les citoyens des colonies françaises d'Afrique du Nord et d'Afrique centrale viennent travailler et étudier en France. On constate aussi une immigration non-francophone. Ces personnes viennent du Pakistan, de Turquie, etc. et désirent habiter en France pour des raisons économiques. Aujourd'hui, environ 10% de la population française est immigré, et un Français sur quatre a un grand-parent **étranger** dans la famille.

Comprenez-vous ? Répondez aux questions.
1. Est-ce que l'histoire des Français ressemble à l'histoire américaine ?
2. Qui sont les "Gaulois" ? Les Gaulois sont les ancêtres de qui ?
3. Qui a envahi la France au premier siècle av. J.-C. ?
4. Qu'est-ce que les Romains ont construit en France ?
5. Quand est-ce que l'immigration moderne a commencé en France ?
6. Est-ce que la France est toujours une société homogène ?

A.2 Notre voyage aux Etats-Unis

Dans cette section, vous allez parler de l'immigration de votre famille aux Etats-Unis.

Grammaire: Voir B.3, "Le passé composé," page 272.

Mini-Vocabulaire:

en autobus	[ɑ̃ no tɔ bys]	by bus
en train	[ɑ̃ trɛ̃]	by train
en bateau	[ɑ̃ ba to]	by boat
en avion	[ɑ̃ a vjɔ̃]	by plane
en voiture	[ɑ̃ vwa tyr]	by car
à pied	[a pjɛ]	on foot
la liberté	[li bɛr te]	freedom
d'expression	[dɛk sprɛ sjɔ̃]	of speech
du culte	[dy kylt]	of religion
d'entreprise	[dɑ̃ trə priz]	of business
une raison	[rɛ zɔ̃]	reason
l'opportunité (f.)	[ɔ pɔr ty ni te]	opportunity
l'oppression (f.)	[ɔ prɛ sjɔ̃]	oppression
le travail	[tra vaj]	work
la faim	[fɛ̃]	hunger
la guerre	[gɛr]	war
l'éducation	[e dy ka sjɔ̃]	education
économique	[e kɔ nɔ mik]	economic/ financial
politique	[pɔ li tik]	political
religieux	[rə li ʒjø]	religious
sexuel(le)	[sɛk sɥɛl]	sexual
ethnique	[ɛt nik]	ethnic
à travers	[a tra vɛr]	across
par	[par]	through

A.2.1 Les vagues d'immigration

Que savez-vous de l'immigration aux Etats-Unis ? Dans votre groupe de 4 personnes, imaginez une réponse logique à chaque question.

Immigré	Destination	Route	Transport	Raison
un Anglais en 1620				
un Acadien en 1755				
un Irlandais en 1850				
un Chinois en 1865				
un Grec en 1890				
un Juif en 1940				
un Cubain en 1950				
un Vietnamien en 1975				
un Mexicain en 1985				
un Rwandais en 1995				

A.2.2 L'immigration de ma famille

Mini-Vocabulaire:

quitter	[ki te]	to leave
arriver*	[a ri ve]	to arrive (*être verb)
voyager	[vwa ja ʒe]	to travel
arrêter	[a rɛ te]	to stop
il y a … ans	[i lja … ɑ̃]	…years ago
seul	[sœl]	alone

 Quelle est l'histoire de l'immigration de votre famille ? Interviewez votre partenaire et notez ses réponses.

1. De quel(s) pays vient ta famille ?
2. Qui est venu le premier aux Etats-Unis ?
3. Comment est-ce que cette personne est venue ?
4. Avec qui ?
5. Quand ?
6. Pourquoi ?
7. Et les autres membres de ta famille ?

⟹ **Continuons!**

Quand vous aurez fini votre discussion, vérifiez les réponses que vous avez écrites. Puis, allez au tableau et marquez les réponses **de votre partenaire**.

A.2.3 Chez le consul

 En paires ou en groupes de trois, imaginez une conversation entre un consul américain et une ou deux personnes qui veulent immigrer aux Etats-Unis. Développez les questions et les réponses ; justifiez la requête des immigrés. Pratiquez votre conversation et présentez-la devant la classe.

A.2.4 Observation culturelle : Les colonies françaises et l'immigration

Mini-Vocabulaire:

colonisation	colonization
le plus	the most
sanglant(e)	bloody
le lien	link
le niveau	level

Pourquoi est-ce qu'on parle français en Afrique, au Canada, dans le bassin de la Méditérannée ? C'est parce que dans toutes ces régions, des Français sont venus vivre pendant les périodes d'exploration et de **colonisation**. Pour la France, c'est la colonisation de l'Algérie qui a **le plus** affecté le pays. L'Algérie a obtenu son indépendance en 1962, après une guerre **sanglante**. Mais la majorité des Algériens continuent à parler français, et beaucoup ont immigré en France, car la distance entre ces deux pays est petite. L'immigration maghrébine (algérienne, tunisienne, marocaine) en

France a commencé dans les années 50, après la deuxième guerre mondiale, quand la France avait besoin de travailleurs. Au début, les immigrés étaient principalement des hommes ; plus tard, les femmes et les enfants sont venus pour réunifier leur famille. Dans les années 70, certains Français ont commencé à rejeter l'immigration, mais le **lien** entre ses anciennes colonies et la France reste très fort, aux **niveaux** économique, politique, et social.

Comprenez-vous ? Répondez aux questions.

1. Pourquoi parle-t-on français sur tous les continents ?
2. Quelle ancienne colonie française a joué un grand rôle dans l'évolution de la société française ?
3. Quand est-ce que l'Algérie a eu son indépendance ?
4. Quand est-ce que l'immigration maghrébine en France a commencé ?
5. Est-ce qu'il y a toujours beaucoup d'Algériens qui habitent en France ?

A.2.5 **Les aventures de ma famille**

 Demandez à votre partenaire si les membres de sa famille ont fait les activités suivantes. Mettez le verbe au passé composé. Suivez le modèle.

Exemple: mère/ prendre un avion   Est-ce que ta mère a pris un avion ?

Oui, elle a pris un avion. / Non, elle n'a pas pris d'avion.

1. père / voyager en France
2. grand-mère / travailler dans une usine
3. cousin / visiter la Chine
4. grand-père / avoir 10 enfants
5. arrière-grand-mère / voyager en bateau
6. tante / nager dans l'Océan Atlantique
7. arrière-grand-père / voir (p.p. vu) un train
8. grand-tante / conduire (p.p. conduit) une voiture
9. tu / prendre un avion
10. tu / visiter Sacramento

A.3 L'histoire de ma famille

Grammaire: Voir B.4, "Les dates," page 278.

A.3.1 L'histoire d'une vieille famille américaine

Mini-Vocabulaire:

une ferme	[fɛrm]	farm
l'or (m.)	[ɔr]	gold
déménager	[de me na ʒe]	to move
épouser	[e pu ze]	to marry
un convoi de chariots	[kɔ̃ vwa də ʃa rjɔ]	wagon train

 Avec votre partenaire, mettez les événements en ordre logique et trouvez une date possible pour chaque événement.

1. 1620   a. Paul Smith a participé à la guerre d'Indépendance
2. 1623   b. John Smith a bâti une maison en Virginie
3. 1637   c. Matthew Smith a fondé une ferme dans le Nebraska
4. 1640   d. Philip Smith a trouvé de l'or en Californie
5. 1776   e. John Smith a pris le bateau pour le Nouveau Monde
6. 1830   f. Les Smith ont déménagé à Los Angeles
7. 1835   g. Martha Johns est arrivée d'Angleterre
8. 1845   h. John Smith a épousé Martha Johns
9. 1849   i. Philip Smith a quitté le Nebraska
10. 1920   j. Matthew Smith et sa famille ont traversé le pays avec un convoi de chariots

A.3.2 L'histoire de ma famille

Rappel : *le verbe *naître* est conjugué avec *être* au passé composé. Je suis né, il est né, etc. Le verbe *arriver* est aussi conjugué avec *être* au passé composé. Je suis arrivé, elle est arrivée, etc.

 Racontez les moments importants dans l'histoire de votre famille en choisissant les phrases appropriées pour votre famille. Mettez le verbe au passé composé et donnez la date.

Exemple: acheter notre maison   Mes parents ont acheté notre maison en 1980.

– immigrer aux Etats-Unis
– arriver* à Los Angeles
– ma mère / rencontrer / mon père
– mon père / épouser / ma mère
– acheter une maison

– trouver un travail
– naître*
– déménager
– changer de (travail, appartement . . .)
– décider de . . .

A.3.3 Questionnaire pour la famille

> Grammaire: Voir B.5, "Interrogatifs," page 279.

Mini-Vocabulaire:

à quelle heure	[a kɛ lœr]	at what time
avec qui	[a vɛk ki]	with whom
où	[u]	where
d'où	[du]	from where
pourquoi	[pur kwa]	why
comment	[kɔ mã]	how
quand	[kã]	when
que	[kə]	what
quel	[kɛl]	which

 Formez un groupe de 4 personnes et écrivez 10 questions que vous pouvez poser à un membre de votre famille pour apprendre son passé. Décidez à qui vous allez poser les questions. Ecrivez les questions en français dans le groupe, mais traduisez-les, bien sûr, pour les poser à la personne dans votre famille!

⟹ Continuons!

Comme devoirs, posez les questions à une personne de votre famille. A la prochaine classe, racontez ce que vous avez appris et résumez les réponses du groupe.

A.3.4 Observation culturelle : l'Islam en France aujourd'hui

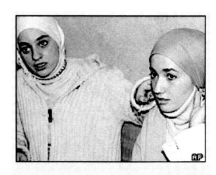

L'immigration des Maghrébins en France a créé une importante minorité de musulmans dans ce pays traditionnellement chrétien. La France d'aujourd'hui est le pays européen avec la plus grande population musulmane et aussi avec la plus grande population juive. Les conflits au Moyen-Orient (Iraq, Israël) ont aggravé certaines tensions dans la société. Après une longue **enquête** et beaucoup d'arguments pour et contre, le gouvernement a prohibé les symboles religieux dans les écoles publiques en France. Cette prohibition inclut la croix catholique (si elle est "**trop**" évidente") et la **kippa** juive, mais le débat se concentre surtout sur le **foulard** ou le **voile** islamique. Pour certaines femmes, le port du foulard est une expression de modestie et de **foi** religieuse. Mais pour d'autres personnes, cela suggère certaines valeurs culturelles négatives, comme l'oppression de la femme et le refus de la **laïcité**.

A la différence des Etats-Unis, où la pratique de la religion a une importance primordiale, la France insiste sur sa tradition de laïcité, qui date de la Révolution française (1789). Dans les années 1880, le gouvernement a assumé la direction des écoles et a éliminé la parti-

Mini-Vocabulaire:

une enquête	investigation
trop	too
la kippa	yarmulke
le foulard	(head)scarf
le voile	veil
la foi	faith
la laïcité	secularism

cipation de l'Eglise catholique dans l'éducation publique. Si on veut éliminer les symboles religieux des écoles, dit le gouvernement, c'est pour "respecter les différences." L'ancien président Jacques Chirac a insisté que le "modèle américain," où toutes les différences culturelles sont acceptées et même encouragées, ne peut pas fonctionner en France. Mais tous les Français n' **ont pas été d'accord** avec cette idé, et il y a eu des **manifestations** dans les rues contre ces règles.

Mais il y a aussi une confusion entre identité nationale et religion. En octobre et novembre 2005, après la mort accidentelle de deux jeunes de **banlieue** qui **fuyaient** la police, des manifestations violentes ont eu lieu dans plusieurs villes françaises. On **a brûlé** des voitures et attaqué la police et d'autres personnes. Les médias américains ont présenté cela comme des "**émeutes** musulmanes," mais toutes les personnes minoritaires en France ne sont pas musulmanes. Il y a beaucoup de Maghrébins, bien sûr, mais aussi des Africains et des Asiatiques. (Officiellement, la France refuse d'identifer ses habitants par race.) **Même chez** les musulmans, beaucoup ne pratiquent pas leur religion. C'est souvent une identité culturelle **plutôt que** religieuse. Ces émeutes **témoignent** d'une frustration culturelle et économique : ces jeunes gens souffrent de préjugés et de désavantages éconnomiques (**manque** de travail, éducation, crime) et se sentent isolés de la culture française.

Avez-vous compris ?

1. Est-ce qu'il y a beaucoup de musulmans en France ?

2. Quel pays européen a la plus grande population de musulmans ?

3. Quelles expressions de foi sont prohibées dans les écoles publiques ?

4. Selon le président, est-ce que c'est la liberté d'expression ou la laïcité qui a le plus d'importance ?

5. Qu'est-ce que le foulard islamique représente ?

6. Est-ce que tous les Français approuvent la décision du président ?

7. Est-ce que tous les Maghrébins sont des musulmans fervents ?

8. Pourquoi est-ce que certains habitants de banlieue sont frustrés ?

⟹ Continuons!

Pour une présentation intéressante de cette question (en anglais !), regardez ces trois pages sur le web :

http ://www.sunderland.ac.uk/ os0tmc/contemp1/immig1.htm
http ://www.sunderland.ac.uk/ os0tmc/contemp1/immig2.htm
http ://www.sunderland.ac.uk/ os0tmc/contemp1/immig3.htm

Il y aussi un magnifique film appelé *La Haine* qui traite cette question.

A.4 Résumé : Visite au pays d'origine

A.4.1 Projets de voyage

Avec un(e) partenaire, choisissez un de vos pays d'origine et faites des projets de vacances. Quels lieux allez-vous visiter ? Qu'est-ce que vous allez voir ? Est-ce qu'il y a des membres de votre famille qui habitent là-bas ? Comment allez-vous voyager ? Qu'est-ce que vous allez faire pendant votre visite ? Pourquoi voulez-vous faire ce voyage ?

A.4.2 Résumé : Rapport de voyage

Maintenant, on va parler des voyages que nous avons faits à nos pays d'origine. (Ce peut être le voyage que vous avez imaginé dans le dernier exercice, ou un vrai voyage que vous avez fait.) Le professeur va vous donner un numéro. Formulez au passé composé la question qui correspond à ce numéro et posez cette question aux autres étudiants ; notez les réponses. Ils vont également vous poser leur question ; répondez-y.

1. Dans quel pays / voyager ?
2. Quelle(s) ville(s) / visiter ?
3. Voir / des parents ?
4. Voir / des monuments ?
5. Louer / une chambre d'hôtel ?
6. Prendre / un avion ?
7. Prendre / des photos ?
8. Acheter / des souvenirs de vacances ?
9. Manger / de la cuisine locale ?
10. Visiter / des musées ?

A.4.3 Résumé : L'histoire de ma famille

Préparez au moins 10 phrases qui racontent l'histoire de votre famille. Donnez vos origines, votre voyage aux Etats-Unis, et d'autres moments importants. Précisez les dates. Racontez votre histoire dans votre groupe de 4. Trouvez-vous des points communs avec les histoires de vos camarades ? Notez les points communs et rapportez-les à la classe.

Les pays d'Afrique

l'**Afrique du Sud**	[a frik dy syd]	South Africa
l'**Algérie**	[al ʒe ri]	Algeria
le **Burkina**	[byr ki na]	Burkina-Faso
le **Congo**	[kɔ̃ go]	Congo (Rep. of Congo)
la **Côte d'Ivoire**	[kot di vwar]	Ivory Coast
l'**Égypte**	[e ʒipt]	Egypt
l'**Éthiopie**	[e tjɔ pi]	Ethiopia
le **Kenya**	[kɛn ja]	Kenya
la **Libye**	[li bi]	Libya
le **Mali**	[ma li]	Mali
le **Maroc**	[ma rɔk]	Morocco
le **Niger**	[ni ʒɛr]	Niger
le **Nigéria**	[ni ʒe rja]	Nigeria
le **Sénégal**	[se ne gal]	Senegal
le **Soudan**	[su dɑ̃]	Sudan
le **Tchad**	[tʃad]	Chad
la **Tunisie**	[ty ni zi]	Tunisia
le **Zaïre**	[za ir]	Zaire (now Dem. Rep. of Congo)

**Les pays d'Amérique du Nord, Amérique Centrale,
et Amérique du Sud**

l'**Argentine**	[ar ʒɑ̃ tin]	Argentina
la **Bolivie**	[bɔ li vi]	Bolivia
le **Brésil**	[bre zil]	Brazil
le **Canada**	[ka na da]	Canada
le **Chili**	[ʃi li]	Chile
la **Colombie**	[kɔ lɔ̃ bi]	Colombia
le **Costa Rica**	[kɔ sta ri ka]	Costa Rica
Cuba	[ky ba]	Cuba
l'**Équateur**	[e kwa tœr]	Ecuador
les **États-Unis**	[e ta zy ni]	United States
la **Guadeloupe**	[gwad lup]	Guadeloupe (French D.O.M.)
le **Guatemala**	[gwa te ma la]	Guatemala
la **Guyane**	[gɥi jan]	French Guiana
Haïti	[a i ti]	Haiti
le **Honduras**	[ɔ̃ dy ras]	Honduras
la **Martinique**	[mar ti nik]	Martinique (French D.O.M.)
le **Mexique**	[mɛk sik]	Mexico
le **Nicaragua**	[ni ka ra gwa]	Nicaragua
le **Paraguay**	[pa ra gɥɛj]	Paraguay
le **Salvador**	[sal va dɔr]	El Salvador
le **Surinam**	[sy ri nam]	Surinam
l'**Uruguay**	[y ry gwɛ]	Uruguay
le **Venezuela**	[ve ne zɥe la]	Venezuela

Les pays du Moyen-Orient, d'Asie, et d'Australie

l'Afghanistan	[af ga ni stɑ̃]	Afghanistan
l'Arabie Saoudite	[a ra bi sa u dit]	Saudi Arabia
l'Arménie	[ar me ni]	Armenia
l'Australie	[o stra li]	Australia
le Cambodge	[kɑ̃ bɔdʒ]	Cambodia
la Chine	[ʃin]	China
la Corée	[kɔ re]	Korea
l'Inde	[ɛ̃d]	India
l'Indonésie	[ɛ̃ dɔ ne zi]	Indonesia
l'Irak (m.)	[i rak]	Iraq
l'Iran (m.)	[i rɑ̃]	Iran
Israël	[is ra ɛl]	Israel
le Japon	[ʒa põ]	Japan
la Jordanie	[ʒɔr da ni]	Jordan
le Liban	[li bɑ̃]	Lebanon
le Pakistan	[pa ki stɑ̃]	Pakistan
les Philippines	[fi li pin]	Philippines
la Russie	[ry si]	Russia
la Syrie	[si ri]	Syria
la Thaïlande	[ta ij lɑ̃d]	Thailand
la Turquie	[tyr ki]	Turkey
le Vietnam	[vjɛt nam]	Vietnam

Les pays d'Europe

l'Allemagne	[al maɲ]	Germany
l'Angleterre	[ɑ̃ glə tɛr]	England
l'Autriche	[o triʃ]	Austria
la Belgique	[bɛl ʒik]	Belgium
la Bulgarie	[byl ga ri]	Bulgaria
la Croatie	[krɔ a si]	Crotia
le Danemark	[dan mark]	Denmark
l'Écosse	[e kɔs]	Scotland
l'Espagne	[ɛ spaɲ]	Spain
la Finlande	[fɛ̃ lɑ̃d]	Finland
la France	[frɑ̃s]	France
la Grèce	[grɛs]	Greece
la Grande-Bretagne	[grɑ̃d brə ta ɲə]	Great Britain
la Hongrie	[õ gri]	Hungary
l'Irlande	[ir lɑ̃d]	Ireland
l'Italie	[i ta li]	Italy
la Norvège	[nɔr vɛʒ]	Norway
la Pologne	[pɔ lɔ ɲə]	Poland
la République tchèque	[re py blik tʃɛk]	Czech Republic
la Slovaquie	[slɔ va ki]	Slovakia
la Suède	[sɥɛd]	Sweden
la Suisse	[sɥis]	Switzerland
la Yougoslavie	[ju gɔ sla vi]	Yugoslavia

Les mots interrogatifs

à quelle heure	[a kɛ lœr]	at what time
où	[u]	where
d'où	[du]	from where
pourquoi	[pur kwa]	why
comment	[kɔ mɑ̃]	how
quand	[kɑ̃]	when
que	[kə]	what
quel	[kɛl]	which
qui	[ki]	who, whom
avec qui	[a vɛk ki]	with whom

Verbes

arrêter	[a rɛ te]	to stop
arriver	[a ri ve]	to arrive (être verb)
déménager	[de me na ʒe]	to move
épouser	[e pu ze]	to marry
immigrer	[i mi ɡre]	to immigrate
quitter	[ki te]	to leave
venir	[və nir]	to come (être verb)
voyager	[vwa ja ʒe]	to travel

D'autres mots

une vague	[vag]	wave
étranger	[e trɑ̃ ʒe]	foreign (noun or adj.)
en autobus	[ɑ̃ no tɔ bys]	by bus
en train	[ɑ̃ trɛ̃]	by train
en bateau	[ɑ̃ ba to]	by boat
en avion	[ɑ̃ na vjɔ̃]	by plane
en voiture	[ɑ̃ vwa tyr]	by car
à pied	[a pjɛ]	on foot
la liberté	[li bɛr te]	freedom
d'expression	[dɛk sprɛ sjɔ̃]	of speech
du culte	[dy kylt]	of religion
d'entreprise	[dɑ̃ trə priz]	of business
une raison	[rɛ zɔ̃]	reason
l'opportunité (f.)	[ɔ pɔr ty ni te]	opportunity
l'oppression (f.)	[ɔ prɛ sjɔ̃]	oppression
le travail	[tra vaj]	work
la faim	[fɛ̃]	hunger
la guerre	[ɡɛr]	war
l'éducation	[e dy ka sjɔ̃]	education
économique	[e kɔ nɔ mik]	economic/ financial
politique	[pɔ li tik]	political
religieux	[rə li ʒjø]	religious
sexuel(le)	[sɛk sɥɛl]	sexual
ethnique	[ɛt nik]	ethnic
à travers	[a tra vɛr]	across
par	[par]	through
il y a … ans	[i lja ɑ̃]	…years ago
seul	[sœl]	alone

B Grammar

B.1 The verb *venir*

The verb *venir*, meaning "to come," is an irregular verb. As is usually the case for irregular verbs, the nous and vous forms resemble the infinitive while the other forms have an irregular stem.

venir [və nir]	
je viens [ʒə vjɛ̃]	nous venons [nu və nɔ̃]
tu viens [ty vjɛ̃]	vous venez [vu və ne]
il vient [il vjɛ̃]	ils viennent [il vjɛn]

Notes:

- The singular forms are all pronounced alike, with a nasal sound. The endings are typical: -s for the je and tu forms, -t for the il/elle/on form.

- The nous and vous forms use the same stem as the infinitive. The e is pronounced [ə].

- The ils plural form is written with a double n, which means that the vowel is no longer nasalized. The n is pronounced. Thus the il singular and ils plural forms can be distinguished orally as well as in writing.

B.1.1 Practice conjugation, *venir*

Please practice the conjugation by writing it out a few times. If your teacher has already demonstrated the correct pronunciation of the forms to you, please read the forms out loud to yourself as you write them. Refer to the IPA to refresh your memory of your teacher's model pronunciation. Remember to distinguish between the nasal and non-nasal vowel sounds.

venir	venir	venir
je	je	je
tu	tu	tu
il/elle	il/elle	il/elle
nous	nous	nous
vous	vous	vous
ils/elles	ils/elles	ils/elles

Uses of the verb *venir*

- *Venir* can simply mean "to come" to or from a place, at a given time, etc.

French	English
Tu viens à la fête?	Are you coming to the party?
Il vient seul.	He's coming alone.
Venez à huit heures.	Come at eight o'clock.

- *Venir* is also used with the preposition "de" to indicate national or regional origin. (*Être* can also be used in this way.)

French	English
D'où venez-vous?	Where are you from?
Je viens d'Australie.	I'm from Australia.
(Il est de Normandie.	He's from Normandy.)
(Nous sommes du Mexique.	We're from Mexico.)

- Finally, the idiomatic expression "venir de + infinitif" means that something has just happened. *Venir* is conjugated in the present tense to agree with the subject, and the second verb, describing what has just been done, remains in the infinitive. Note that although the expression describes something that has happened, the present tense of *venir* is used in French. This construction is known as the recent or immediate past (le passé immédiat).

French	English
Je viens de finir mes devoirs.	I have just finished my homework.
Le professeur vient d'arriver.	The teacher has just arrived.
Le trimestre vient de commencer.	The quarter has just begun.
Nous venons de rentrer.	We've just gotten back.

B.1.2 Visites

Plusieurs parents de Luc viennent chez lui pour la fête nationale. Complétez les phrases avec la forme correct du verbe *venir* .

1. La grand-mère de Luc _____ demain.

2. Son cousin Gilles _____ d'arriver ce matin.

3. Sa soeur mariée et son beau-frère _____ de Provence.

4. Le père de Luc demande, "Luc, tu _____ à la gare avec moi pour chercher ta soeur?"

5. Luc répond, "Non papa, je ne _____ pas. Sylvie et moi, nous _____ de rentrer de l'université et nous sommes fatigués. Nous allons attendre Crystal et Nicolas ici."

⟹ Continuons!

Quels verbes dans cet exercice indiquent le passé immédiat?

Venez avec nous!

Pauline demande à Marie, une nouvelle étudiante à la fac, si elle vient à une fête ce week-end. Complétez les phrases avec la forme correcte du verbe *venir* .

A: Salut, Marie! Ça va?

B: Ah, salut, Pauline. Oui, ça va. Et toi?

A: Ça va bien, merci. Dis, Marie, est-ce que tu (1) _____ à la fête chez Marc ce week-end?

B: Oh non, je ne pense pas.

A: Mais pourquoi? Tout le monde (2) _____ ! Nous allons nous amuser beaucoup, tu sais!

B: C'est que je ne connais pas beaucoup des autres étudiants . . . .

A: Mais justement, c'est pour ça qu'il est important de (3) _____ ! C'est une occasion parfaite de rencontrer de nouveaux amis.

B: Mais tu sais, je (4) _____ d'arriver dans ce pays, et je suis un peu timide.

A: Ah oui? D'où (5) _____ -tu?

B: Je (6) _____ du Sénégal. Ma famille et moi, nous sommes arrivés ici en décembre.

A: En effet, vous (7) _____ d'arriver! Mais ce n'est pas une raison de ne pas venir à la fête. Elodie et moi, nous allons (8) _____ te chercher. Comme ça, nous (9) _____ à la fête tous ensemble, et tu n'as pas besoin de t'inquiéter. D'accord?

B: D'accord. C'est très sympa.

$\Longrightarrow$ **Continuons!**

Quels verbes dans cet exercice indiquent le passe immédiat?

B.2 Prepositions with Place Names

In chapter 3 (B.1, page 221), we learned that the prepositions *à* and *de* contract with the definite articles. These contractions are also used when these prepositions are used with certain place names.

To say that someone or something is in, from or going to a certain place, the structure in French depends on whether the place is a city, island, or country, and also on whether the place is masculine or feminine!

The basic distinction is that *à* or *en* are used to indicate location in or movement toward a place, while *de* is used to mean from a certain place. These prepositions are sometimes combined with definite articles.

For cities, no article is used.[1]

French	English
Je vais à Paris.	I'm going to Paris.
Nous sommes à Los Angeles.	We are in Los Angeles.
Paul vient de New-York.	Paul is from New York.
Marco est de Mexico.	Marco is from Mexico City.

For states, provinces, or countries, the definite article is used if the country is masculine or plural, and *en* replaces *à* if the country is feminine.[2]

	Masculine Singular	*Feminine Singular*	*Plural*
to, in	au	en	aux
from	du	de	des

Examples:

	to, in a feminine country	
la France	Je vais en France.	I'm going to France.
la Belgique	Elle habite en Belgique.	She lives in Belgium.
	of, from a feminine country	
la France	Ils viennent de France.	They are from France.
la Suisse	Ce sont des chocolats de Suisse.	These are chocolats from Switzerland.
	to, in a masculine country	
le Danemark	Nous allons au Danemark la semaine prochaine.	We're going to Denmark next week.
le Mexique	Les pyramides mayas sont au Mexique.	The Mayan pyramids are in Mexico.
	of, from a masculine country	
le Portugal	Nous venons du Portugal.	We are from Portugal.
le Canada	Le sirop d'érable est un produit du Canada.	Maple syrup is a product of Canada.
	to, in a plural country	
les Etats-Unis	Nous habitons aux Etats-Unis.	We live in the United States.
les Pays-Bas	Tu veux voyager aux Pays-Bas?	Do you want to travel to the Netherlands?
	of, from a plural country	
les Etats-Unis	Je suis des Etats-Unis.	I am from the United States.
les Philippines	Nous importons des orchidées des Philippines.	We import orchids from the Philippines.

---

[1] If an article is part of the city's name, then it is used; for example, "Cairo" in French is *Le Caire*, so we say *Je vais au Caire, je viens du Caire*.

[2] If the country begins with a vowel, it is usually treated like a feminine country, whether it is one or not.

B.2.1 **D'où sont-ils?**

Match the people with their countries of origin. Follow the example.

l'Angleterre	l'Allemagne	l'Autriche	la Belgique	le Canada
le Congo	la Corée	la Chine	les Etats-Unis	la France
la Grèce	le Japon	le Mexique	les Pays-Bas	la Pologne
le Salvador	le Sénégal	le Togo	la Turquie	le Vietnam

Exemple: Elizabeth est anglaise.   Elle vient d'Angleterre.

1. Arnold est autrichien.

2. Thu est vietnamien.

3. Cecilia est salvadorienne.

4. Hans et Marthe sont néerlandais.

5. Lech est polonais.

6. Sung est coréenne.

7. Marc est canadien.

8. José et Miguel sont mexicains.

9. Je suis américaine.

10. Vous êtes française.

B.2.2 **Où vont-ils?**

Tell where everyone is going. Follow the example, and refer to the list of countries in the preceding exercise.

Exemple: Lisa va à Rome.   Elle va en Italie.

1. Je vais à Tokyo.

2. Sylvie va à Dakar.

3. Maxime va à New-York.

4. Elodie va à Nice.

5. Jérémy et sa mère vont à Ankara.

6. Pauline et moi allons à Bruxelles.

7. Guillaume et toi, vous allez à Mexico.

8. Sophie va à Berlin.

9. Tu vas à Pékin.

10. Antoine et Caroline vont à Brazzaville.

B.3 Le passé composé

In the last chapter (section B.6, page 231), we began to look at the **passé composé**. In this chapter, we will continue to study this tense, and you will learn how to form and use it.

The **passé composé** is one of the two main past tenses in French. The other tense is called the **imparfait**, or imperfect.

You do not yet need to distinguish between the passé composé and the imparfait, but it is important that as you begin to use the passé composé, you observe in which contexts it is used. In the next two chapters, we will focus only on the formation and use of the passé composé.

The passé composé is used when speaking of actions and events that took place at a particular, defined time in the past, while the imparfait is used to describe actions in progress at a given time or physical, mental, and emotional conditions in the past. While both verb tenses are used to describe events that happened in the past, the passé composé emphasizes that the action occurred at a particular moment in the past. It is the tense commonly used to tell what someone did at a certain time.

Formation of the passé composé

The passé composé is formed ("composed") of two parts: the helping verb (verbe auxiliaire) and the past participle (participe passé). The helping verb must be conjugated to agree with the subject. The vast majority of verbs use *avoir* as their helping verb. We will refer to verbs that use *avoir* as their helping verb as "avoir verbs."

To form the passé composé of an avoir verb, we conjugate *avoir* in the present tense and add the past participle of the verb.

You will remember from chapter 3 that there are three groups of regular verbs: -er, -ir, and -re verbs. To form the past participle of a regular verb, take off the infinitive ending and add the following endings:

-er verbs	-ir verbs	-re verbs
-é	-i	-u

Here are three regular verbs in the passé composé.

parler	finir	attendre
j'ai parlé	j'ai fini	j'ai attendu
tu as parlé	tu as fini	tu as attendu
il a parlé	il a fini	il a attendu
nous avons parlé	nous avons fini	nous avons attendu
vous avez parlé	vous avez fini	vous avez attendu
ils ont parlé	ils ont fini	ils ont attendu

Note: The accent on the -é ending of the past participle of -er verbs is extremely important, as it causes the -é to be pronounced [e].

Without the accent, the e would be silent and the verb would not be recognizable as a past tense to a French speaker.

B.3.1 Verb conjugation, passé composé

Conjugate each of the following verbs in the passé composé.

travailler	réussir	répondre
je	je	je
tu	tu	tu
il/elle	il/elle	il/elle
nous	nous	nous
vous	vous	vous
ils/elles	ils/elles	ils/elles

B.3.2 Hier

Conjugate each of the verbs in parentheses in the passé composé to describe what each person did yesterday. Remember that it is the helping verb that conjugates to agree with the subject.

1. Je (parler) _____ français en classe.

2. Tu (attendre) _____ ton ami.

3. Aurélie (acheter) _____ une robe.

4. David (aider) _____ sa mère dans la cuisine.

5. Nous (passer) _____ un examen.

6. Vous (choisir) _____ le restaurant.

7. Philippe et Vincent (rougir) _____ devant les filles.

8. Sarah et Camille (tondre) _____ le gazon.

Mini-Vocabulaire:
tondre   to mow
le gazon the lawn

Etre verbs in the passé composé

A small number of verbs in the passé composé are conjugated with *être* as their helping verb instead of *avoir* . We will concentrate more on these verbs in the next chapter, but here is a brief introduction to them.

An être verb is different from an avoir verb in two ways. First, obviously, are the forms of the helping verb. If a verb is an être verb, to form the passé composé, we conjugate *être* in the present tense and add the past participle. Secondly, when the helping verb is *être*, the past participle is treated like an adjective, and agrees in gender and number with the subject. The two parts of the verb therefore act differently: (a) the **helping verb (verbe auxiliaire)** is **conjugated** to match the subject, and (b) the **past participle (participe passé)** acts like an adjective and **agrees** with the subject in number and gender. Look at the verb *aller*.

aller

je suis allé (a masculine *je*)	nous sommes allés (masculine or mixed *nous*)
je suis allée (a feminine *je*)	nous sommes allées (all feminine *nous*)
tu es allé (a masculine *tu*)	vous êtes allé (singular, masculine *vous*)
tu es allée (a feminine *tu*)	vous êtes allée (singular, feminine *vous*)
	vous êtes allés (plural, masculine or mixed *vous*)
	vous êtes allées (plural, all feminine *vous*)
il est allé	ils sont allés (mixed or all masculine group)
elle est allée	elles sont allées (all feminine group)

- Since *vous* can be either singular or plural, masculine or feminine, there are four possible forms for the past participle. However, there is only one form for the helping verb, because a verb has only one form to go with the subject *vous* , no matter to how many people the *vous* refers.

- The agreement of the past participle with the subject occurs **only** with être verbs. The past participle of avoir verbs never changes to agree with the subject.

- Etre verbs are always intransitive verbs of motion; we will look at them more closely in chapter 6. In this chapter, être verbs will be marked by an asterisk. If a verb is not marked as an être verb, assume it is an avoir verb.

- Despite the difference in form, the passé composé of a verb means the same thing whether its helping verb is *avoir* or *être*. *Je suis allé* means *I went* .

Irregular past participles You may have noticed that the past participle in French (-é, -i, or -u) corresponds to the form -ed in English. Just as English has many irregular verbs in the past, however, so does French include many irregular past participles. Most irregular verbs have irregular past participles. Here are the irregular verbs you have learned so far, together with their past participles.

Infinitive	Past Participle	Passé composé
être	été	J'ai été au musée.
avoir	eu	Elle a eu mal à l'estomac.
faire	fait	Tu as fait tes devoirs?
venir*	venu	Marc est venu à l'université à 8h.
prendre	pris	Nous avons pris l'autobus.
comprendre	compris	Vous avez compris la question?

Meaning of verbs in the passé composé

To an English speaker, French verbs in the passé composé look like "I have worked, I have succeeded, I have answered." While the passé composé occasionally corresponds to this usage in English, the most common and basic usage of the passé composé corresponds to the simple past in English, e.g. "I worked, I succeeded, I answered."

B.3.3 Comment dit-on ... en français?

Your friend has just begun studying French. Tell her how to say each of the following in French.

1. We ate a sandwich.

2. John worked last night.

3. The teachers gave a test.

4. I studied in the library.

5. You [tu] finished your homework!

6. We waited for the bus.

7. You [vous] listened to the teacher.

8. The students practiced in the lab.

9. I liked the movie.

10. My parents visited Paris.

The passé composé in negative and interrogative sentences

We have learned (see chapter 2, section B.7, 116) that to make a sentence negative, we must put "ne ... pas" around the conjugated verb. In the passé composé, this rule still applies, except that the negation surrounds only the helping verb. If you remember that in the passé composé, only the helping verb is conjugated to agree with the subject, it may be easier for you to remember where to place the negative.

Observe the following examples:

J'ai parlé en classe.	Je n'ai pas parlé en classe.
Nous avons réussi à l'examen.	Nous n'avons pas réussi à l'examen.
Vous avez fini les devoirs?	Vous n'avez pas fini les devoirs?

Similarly, when we use inversion to form a question in the passé composé, only the helping verb is inverted with the subject pronoun.

Remember that to form a question using inversion, the subject pronoun is placed after the conjugated verb, and attached to it with a hyphen.

Observe the following examples of inversion in the present and in the passé composé:

Je parle français.	Parles-tu français?
Nous habitons à Los Angeles.	Habitez-vous à Los Angeles?
Le professeur évalue les étudiants.	Le professeur évalue-t-il les étudiants?
J'ai parlé en classe.	As-tu parlé en classe?
Nous avons visité Los Angeles.	Avez-vous visité Los Angeles?
Le professeur a évalué les étudiants.	Le professeur a-t-il évalué les étudiants?

B.3.4 Pas encore!

None of the following people have done what they were supposed to. Answer each question in the negative. In each case, answer as if someone were directing the question to you (e.g., if the question is "tu," answer with "je").

1. Avez-vous fini vos devoirs?

2. Georges a-t-il tondu le gazon?

3. Ton père a-t-il préparé le dîner?

4. As-tu écouté la cassette?

5. Avons-nous assez pratiqué notre prononciation?

6. Est-ce que j'ai fait tous mes devoirs?

7. Est-ce que vos amis ont révisé pour l'examen?

8. Est-ce que vous avez écrit à votre grand-mère?

B.3.5 Notre voyage en France

Every year, your family travels to France. Answer the questions about your family members' completed activities. You may use *pas encore* (not yet) or *déjà* (already) in your answer. These adverbs will be placed between the helping verb and the past participle.

Exemple: Avez-vous fait du ski dans les Alpes?	Non, je n'ai pas (encore) fait de ski dans les Alpes.
Votre mère a-t-elle visité Paris?	Oui, elle a (déjà) visité Paris.

Mini-Vocabulaire:

la Joconde	the Mona Lisa
monter	to climb
trouver	to find
voir (p.p. vu)	to see

1. Avez-vous trouvé un bon hôtel?

2. Votre père a-t-il visité la Normandie?

3. Vos cousins ont-ils acheté du parfum aux Champs-Elysées?

4. Avez-vous vu la Joconde au Louvre?

5. Est-ce que vos frères ont voyagé en Bretagne?

6. Est-ce que votre grand-mère a dîné à la Tour Eiffel?

7. Votre soeur et vous, avez-vous visité le Musée d'Orsay?

8. Est-ce que votre famille a pris le métro?

9. Avez-vous acheté des souvenirs de vacances?

10. Vos petites cousines, ont-elles joué à la plage?

B.3.6 Les soucis d'une mère

As the mother of 6, you try to keep track of everyone's activities. Use the following cues to ask questions of or about the different members in the family. Use inversion to form your questions.

Mini-Vocabulaire:	
sortir	to take out
la poubelle	garbage car
la vaisselle	dishes
donner à manger	to feed
le chien	the dog

Exemple: tu (Marie) - faire tes devoirs — Marie, as-tu fait tes devoirs?

Patrice - sortir la poubelle — Patrice a-t-il sorti la poubelle?

1. ton père - téléphoner au restaurant

2. vous (Patrice et Marie) - faire la vaisselle

3. tu (Philippe) - donner à manger au chien

4. Sylvie - tondre le gazon

5. Marc - préparer sa présentation

6. nous - acheter un steak

7. vous (Marc et Philippe) - finir vos devoirs

8. Sylvie et Marie - pratiquer le violon

B.4 Dates

Dates in French are given in reverse order than in American English.

French	English
Quelle est la date?	What is the date?
Nous sommes le combien aujourd'hui?	What is the date today?
C'est quelle date?	What's the date?
C'est le 8 février, 2004.	It's February 8, 2004.
Aujourd'hui, c'est le 10 mars.	Today is March 10.
Demain, c'est samedi 23 septembre.	Tomorrow is Saturday, September 23.
Nous sommes le 14 juillet.	It's July 14.
C'est le premier novembre.	It's November 1.

- Remember that neither months nor days are capitalized in French.

- Note that where spoken English uses the ordinal number (March second, third, fourth), French uses the cardinal number (two, three, four) in both written and spoken French. The only exception to this is for the first of the month, which can be written *premier* or *1ᵉʳ*.

- Dates in French are abbreviated in the same order that they are said; e.g., le 23 janvier 1961 = 23/01/61. The day comes first, then the month, then the year.

- To give a year or month, use the preposition *en*. You can also say *au mois de ...* (in the month of ...) for months.

French	English
Mon anniversaire est en février.	My birthday is in February.
Je suis née en 1965.	I was born in 1965.
Je suis née au mois de février.	I was born in February.

- To say years before 2000, you have the choice of two structures.

  Il est né en mille neuf cent quatre-vingt-quatre.

  Il est né en dix-neuf cent quatre-vingt-quatre.

  In English, we say "nineteen-eighty-four," but in French, you can never eliminate the word *cent* in the year.

B.4.1 C'est quelle date?

Give the dates for the following American and French holidays. If the dates change, give the date for the holiday in the current year. For the French holidays, consult chapter 4, page 210 if necessary. Follow the model.

Exemple: Halloween   C'est le 31 octobre.

1. la fête nationale française
2. Noël
3. le Jour de l'An
4. l'Armistice
5. Martin Luther King Day
6. la Saint-Valentin
7. votre anniversaire
8. la fête du Travail américaine
9. la fête du Travail française
10. la fête nationale américaine
11. April Fool's Day
12. Flag Day
13. la fête des mères américaine
14. Thanksgiving

B.4.2 Quand sont-ils nés?

Tell in what year each person was born. Read the year aloud to yourself. (Assume that each person has already had their birthday this year).

Mini-Vocabulaire:
arrière-grand-père   great-grand-father

Exemple: Georges a 79 ans.   Il est né en mille neuf cent vingt-six.

J'ai 39 ans.   Vous êtes né en mille neuf cent soixante-six.

1. Mon professeur a 40 ans. Il est né _____
2. Ma nièce Gisèle a 4 ans. Elle est née _____
3. Mes cousins ont 17 ans. Ils sont nés _____
4. Mon grand-père a 68 ans. Il est né _____
5. Mon arrière-grand-père a 99 ans. Il est né _____
6. Ma mère a 51 ans. Elle est née _____

B.5 Informational Questions

You already know the meaning of most of the interrogatives in French, but you have not yet practiced forming questions with them. In this section, you will learn how to ask a question using an interrogative word. You will remember (see chapter 1, B.8, 52 and chapter 3, B.4, 179 that to form a yes/no question in French, we have the choice of using *est-ce que* or inversion:

Est-ce que
Est-ce que tu es français?
Est-ce qu'elle arrive demain?

Inversion
Es-tu français?
Arrive-t-elle demain?

Either of these structures may be used when forming a question with an interrogative. You simply put the interrogative at the beginning of the question, before the *est-ce que* or inverted verb-subject.

Mini-Vocabulaire:

à quelle heure	[a kɛ lœr]	at what time
où	[u]	where
d'où	[du]	from where
pourquoi	[pur kwa]	why
comment	[kɔ mɑ̃]	how
quand	[kɑ̃]	when
que	[kə]	what
quel	[kɛl]	which
qui	[ki]	who, whom
avec qui	[a vɛk ki]	with whom

Est-ce que	*Inversion*
Comment est-ce que tu viens à l'universite?	Comment viens-tu à l'université?
A quelle heure est-ce que tu as quitté la maison?	A quelle heure as-tu quitté la maison?
Avec qui est-ce qu'elle joue au tennis?	Avec qui joue-t-elle au tennis?
Pourquoi est-ce que vous étudiez le français?	Pourquoi étudiez-vous le français?
Quand est-ce que nous avons l'examen?	Quand avons-nous l'examen?
Qu'est-ce que vous regardez?	Que regardez-vous?
Où est-ce qu'ils habitent?	Où habitent-ils?

B.5.1 **Questionnaire - La vie de tous les jours**

Using the given elements, form questions in the present tense. Use inversion for questions #1-4 and *est-ce que* for questions #5-8.

Exemple: comment / tu / réviser avant un examen?	Comment révises-tu avant un examen? [ou] Comment est-ce que tu révises avant un examen?

1. à quelle heure / tu / faire tes devoirs?

2. avec qui / tu / étudier?

3. comment / ta mère / cuisiner?

4. où / ta famille / habiter?

5. quand / tu / travailler?

6. d'où / ta famille / venir?

7. que / ton père / faire?

8. Quelles émissions / vous / regarder à la télé?

B.5.2 Questionnaire - Hier

Using the given elements, form questions in the passé composé. Use inversion for questions #1-4 and *est-ce que* for questions #5-8.

Exemple: avec qui/tu/manger au restaurant?

Avec qui as-tu mangé au restaurant? [ou] Avec qui est-ce que tu as mangé au restaurant?

1. comment/ tu / voyager en France?

2. avec qui / le professeur / parler français?

3. pourquoi / vous / ne pas étudier?

4. où / tu / acheter ce pull?

5. quand / nous / apprendre (p.p. appris) cela?

6. que / tes frères / faire au parc?

7. à quelle heure / ton père / préparer le dîner?

8. Quel film / vous / regarder à la télé?

l'Afrique			

l'Afrique

l'Afrique du Sud	l'Algérie
le Burkina	le Congo
la Côte d'Ivoire	l'Égypte
l'Éthiopie	le Kenya
la Libye	le Mali
le Maroc	la Namibie
le Niger	le Nigeria
le Sénégal	le Soudan
le Tchad	la Tunisie
la Zambie	le Zaïre

l'Amérique

l'Argentine	la Bolivie
le Brésil	le Canada
le Chili	la Colombie
le Costa Rica	Cuba
l'Équateur	les États-Unis
le Guatemala	la Guyane
Haïti	le Honduras
le Mexique	le Nicaragua
le Paraguay	le Salvador
le Surinam	le Vénézuela

l'Asie

l'Afghanistan	l'Arabie Saoudite
l'Arménie	le Cambodge
la Chine	la Corée
l'Inde	l'Indonésie
l'Irak	l'Iran
Israël	le Japon
la Jordanie	le Liban
le Pakistan	les Philippines
la Russie	la Syrie
la Thaïlande	la Turquie
le Vietnam	le Yémen

L'Europe

l'Allemagne	l'Angleterre
l'Autriche	la Belgique
la Bulgarie	la Croatie
le Danemark	l'Écosse
l'Espagne	la Finlande
la France	la Grèce
la Hongrie	l'Irlande
l'Italie	la Norvège
la Pologne	la Rép. tchèque
la Slovaquie	la Suède
la Suisse	la Yougoslavie

C Lab Worksheet and Review

C.1 Les origines

C.1.1 Qui vient à la réunion de famille ? (Time on recording : 0 :00)

Listen to the speaker and fill in the blanks on your answer sheet with the proper form of the verb *venir*.

A: Allo ?

B: Bonjour. Est-ce que Caroline est là, s'il vous plaît ?

A: C'est moi à l'appareil. C'est toi, Cédric ? Ça va ?

B: Oui ! Je finis mes préparations pour notre réunion de famille ce vendredi. Tu _____ avec toute ta famille, n'est-ce pas ?

A: Bien sûr que nous _____ ! Et je _____ de parler à grand-père ; il arrive par le train de midi.

B: Très bien. Tu vas le chercher à la gare ?

A: Oui, et il viendra à la réunion avec nous. Qui _____ d'autre ?

B: Tu sais que le cousin Gilles et sa famille _____ du Canada ?

A: Oui, c'est super. Et tante Georgette ? Est-ce qu'elle va _____ de Genève ?

B: Non, elle ne _____ pas. Elle a une affaire importante à traiter ce week-end.

A: C'est dommage ! Mais on sera nombreux quand même, n'est-ce pas ? Dis-moi si je peux t'aider en quoi que ce soit.

B: Merci, mais ça va. Tous mes frères et soeurs m'aident avec les préparations finales. Mais ne _____ pas trop tard - il va y avoir des jeux très amusants au début.

A: D'accord. Nous allons arriver vers 18h. Bon, je dois partir à la gare ! Je te verrai vendredi. Salut, Cédric !

B: A vendredi, Caroline.

C.1.2 D'où viennent-ils ? (Time on recording : 1 :37)

The speaker will give you the nationality of a number of people. Using the verb *venir* and the correct preposition, name the country each person is from. The correct answer will then be given ; repeat the correct answer.

Exemple: Carlos est bolivien.   Il vient de Bolivie.

1. congolais	5. français	9. chinoise
2. égyptienne	6. marocaine	10. espagnols
3. belges	7. cambodienne	11. arménien
4. américain	8. vietnamiens	12. algérien

C.1.3 Quel pays visitent-ils ? (Time on recording : 4 :22)

Your friends are taking many trips this summer. Say what country they are visiting.

Exemple: Pamela va à Moscou.   Elle va en Russie.

1. Tokyo
2. Mexico
3. Tunis
4. Le Caire
5. Manille

6. Londres
7. Baghdad
8. Lisbonne
9. Buenos Aires
10. Montréal

C.2 Le passé composé

C.2.1 Révision : Préparatifs de voyage (Time on recording : 6 :37)

This exercise reviews the chapter 4 vocabulary on taking a trip and also practices the new construction of the passé composé.

You are planning a surprise trip to be given to your parents at their anniversary party tonight. Your sister wants to know whether you have done all of the necessary preparations. Answer each question affirmatively in the passé composé.

Exemple: As-tu choisi la destina-   Oui, j'ai choisi la desti-
            tion ?   nation.

1. acheter
2. acheter
3. trouver
4. réserver
5. prendre

6. réserver
7. obtenir (p.p. obtenu)
8. emprunter [=to borrow]
9. faire
10. signer

C.2.2 Révision : en classe de français (Time on recording : 9 :52)

This exercise reviews the vocabulary on course activities and also practices the new construction of the passé composé.

Answer each question about French class this week.

Exemple: Est-ce que le professeur   Non, le professeur n'a
            a donné un examen ?   pas donné d'examen.

C.2.3 Nous ne sommes pas prêts pour l'examen ! (Time on recording : 13 :10)

There is an exam coming up in French class, but neither the teachers nor the students are ready. Make a negative sentence in the passé composé using the subject and verb given.

Exemple: vous/ finir les devoirs   Vous n'avez pas fini les devoirs.

1. Mon ami / finir les exercices
2. Nous / étudier à la bibliothèque
3. Le professeur / corriger les devoirs
4. Nos amis / prendre des notes
5. Les étudiants / passer leur examen
6. Vous / écouter la cassette
7. Je / faire les devoirs
8. Tu / réviser pour l'examen
9. Le professeur / rendre les devoirs
10. Vous / réfléchir aux questions
11. Tu / pratiquer le vocabulaire
12. Nous / avoir un examen

C.3 L'immigration

C.3.1 Les origines de ma famille (Time on recording : 16 :50)

Answer the questions about the national origins and immigration of your family. After your answer, a sample answer will be given, but remember that each student's answer will be different.

C.3.2 L'immigration aux Etats-Unis (Time on recording : 19 :22)

The speaker will talk about an immigrant's trip to America. After listening, mark whether the statement on your worksheet is "vrai" (true) or "faux" (false).

1. Vrai ou faux : John Smith a voyagé en bateau.
2. Vrai ou faux : François Lasalle est venu aux Etats-Unis avant la guerre d'indépendance américaine.
3. Vrai ou faux : Wei Li a immigré à cause de l'oppression politique.
4. Vrai ou faux : Charles Schwartz est venu aux Etats-Unis à cause de l'oppression ethnique et religieuse.
5. Vrai ou faux : Anh Nguyen a immigré en voiture.
6. Vrai ou faux : Mario Salinas est venu aux Etats-Unis pour trouver du travail.

⟹ Continuons!

Now, listen again and fill in the details about each trip.

Immigré	Pays d'origine	Date d'immigration	Raison
John Smith			
Francis Lasalle			
Wei Li			
Charles Schwartz			
Anh Nguyen			
Mario Salinas			

C.3.3 Compréhension auditive : l'immigration en France (Time on recording : 21 :53)

Listen to the passage and then write the correct answers to the questions on your worksheet. Remember that you are not expected to understand everything in this passage.

1. En France, quand commence l'immigration dans le sens moderne ?

2. Les immigrés trouvent du travail dans les usines, la _____ et l' _____

3. En général, jusqu'aux années _____, les immigrés viennent de quels pays ?

4. Quelle est la situation économique après 1930 ?

5. Quand est-ce que la France recommence à encourager l'immigration ?

6. Quel pays a fourni le plus grand nombre d'immigrés en France ?

7. Est-ce que le gouvernement français identifie les gens par leurs origines ethniques ou nationales ?

8. Quel pourcentage de la population française aujourd'hui est de nationalité étrangère ?

C.4 Dans le passé

C.4.1 Les aventures de ma famille (Time on recording : 24 :35)

Answer the following questions in the passé composé.

Exemple: Est-ce que votre mère a voyagé en France ?   Oui, elle a voyagé en France.

1. étudier
2. visiter
3. prendre
4. travailler
5. conduire
6. déménager
7. acheter
8. réserver

C.4.2 L'histoire de la famille de Paul (Time on recording : 27 :44)

Tell when each of these events occurred in Paul's family.

1950 Marc Duclos arrive aux Etats-Unis du Canada. Il trouve un appartement et un travail à Détroit.

1954 Marc retourne au Canada pour voir sa famille. Il rencontre Marie.

1955 Marie vient aux Etats-Unis pour épouser son fiancé Marc.

1956 Marc et Marie changent d'appartement.

1957 Paul, le premier enfant de Marc et de Marie, est né.

1958 Marc change d'emploi ; il gagne plus d'argent maintenant.

1959 Sophie, la soeur de Paul, est née.

1960 L'appartement est trop petit - les Duclos achètent une maison.

1962 Paul commence l'école.

1966 Marie devient présidente de son chapitre de la "PTA."

1975 Marie commence des études à l'université.

1977 Sophie va à l'université.

1979 Paul trouve un poste à San Francisco. Il quitte la famille.

1980 Marie obtient son diplôme universitaire et commence à travailler comme comptable.

1983 Sophie épouse Georges.

1986 Sophie et Georges ont une fille.

C.4.3 Mon dernier voyage (Time on recording : 30 :53)

Answer the following questions about the last trip you took.

C.5 Les Dates

C.5.1 Quand sont-ils nés ? (Time on recording : 33 :35)

Consult your worksheet and give the birthdate for each answer.

Exemple: Sophie - 1/4/04   Sophie est née le premier avril 2004.

1. Valérie - 16/8/86
2. Marc - 23/4/67
3. Vincent - 1/10/90
4. Angélique - 12/6/85
5. Loïc - 7/12/92
6. Morgane - 30/5/73
7. David - 3/9/79
8. Pauline - 31/3/42
9. Alexandre - 6/1/02
10. Marie - 21/7/98
11. Thomas - 11/2/74
12. Charlotte - 8/11/33

Quelle date sommes-nous ? Consult the calendar on your worksheet and give the date.

Exemple: la Saint-Valentin   Nous sommes le 14 février.

1. l'Armistice
2. la fête des Rois
3. l'Assomption
4. la Toussaint
5. la fête de la Victoire
6. La Chandeleur
7. la fête du Travail
8. le Jour de l'An
9. la fête nationale
10. Noël

End of lab worksheet

C.6 Exercices de révision écrits

The nature of communication is that it is open-ended. Therefore, these written review exercises are unable to cover all the objectives of the chapter, since some of those objectives do not lend themselves to fill-in-the-blank exercises. These exercises focus more on the grammar and vocabulary of the chapter, because these can be practiced more easily in writing, and mastering them will enable you to perform the communicative objectives of the chapter.

C.6.1 Compositions

Ecrivez 7-10 phrases sur un des sujets suivants :

1. Les origines de votre famille et/ou l'immigration de votre famille aux Etats-Unis.
2. Les activités de votre famille la semaine dernière.
3. Des dates importantes dans l'histoire de votre famille.

C.6.2 Vocabulaire : l'immigration

Complétez la phrase avec le mot approprié.

1. Les Pèlerins sont venus aux Etats-Unis pour chercher la liberté du _____ .
2. Pour aller en Europe aujourd'hui, on prend l' _____ .
3. Je vais au supermarché _____ parce que j'ai besoin d'exercice.
4. Les divisions _____ au Rwanda ont causé une guerre civile.
5. La raison principale pour l'immigration des Irlandais dans les années 1850 a été la _____ .
6. Aujourd'hui, beaucoup de personnes viennent aux Etats-Unis pour chercher du _____ .
7. Je n'ai pas de voiture, donc je viens à l'université _____ .
8. Mes grands-parents _____ la Pologne et la Grèce pour venir aux Etats-Unis vers 1915.
9. Est-ce que la _____ en Iraq est finie ?
10. Mon grand-père _____ ma grand-mère dans une cérémonie religieuse.

C.6.3 Vocabulaire : les pays

Donnez le pays ou la ville d'origine des personnes suivantes.

Exemple: Georges est français.   Il vient de France.

1. Marisol est colombienne.

2. Paul et Jacques sont belges.

3. Carlos et moi sommes mexicains.

4. Alejandro est espagnol.

5. Paolo est italien.

6. Maria et Silvia sont portugaises.

7. Francis est sénégalais.

8. Marthe est canadienne.

9. Je suis parisienne.

10. Sachiko est japonaise.

C.6.4 L'immigration mondiale

Donnez l'origine et l'endroit où habitent actuellement les personnes suivantes.

Exemple:

Personne : Origine :   Endroit où elle habite :

Carlos les Philippines   le Nicaragua

Carlos vient des Philippines et il habite au Nicaragua.

	Personne :	Origine :	Habitation :
1.	Shonda	San Diego	Los Angeles
2.	Emiliano	le Guatemala	les Etats-Unis
3.	Berthe	la Turquie	l'Allemagne
4.	Vous	l'Algérie	la France
5.	Mathilde	Paris	Nice
6.	Malik	le Liban	Chicago
7.	Je	le Salvador	le Mexique
8.	Nous	la Chine	les Philippines
9.	Stanislaus	la Pologne	la Slovaquie
10.	Jin	la Corée	le Japon

C.6.5 Nos activités récentes

Complétez chaque phrase avec la forme correcte du verbe *venir*. Ces phrases sont au passé immédiat et décrivent des activités toutes récentes.

Il y a un examen de mathématiques aujourd'hui.

1. Le professeur _____ de faire des photocopies.

2. Les étudiants _____ de réviser.

3. Je _____ de regarder le livre une dernière fois.

4. Nous _____ de sortir nos calculatrices.

5. Charles arrive en retard et le professeur demande, "Pourquoi est-ce que vous _____ d'arriver ?"

6. Tu dis, "Je _____ de regarder ce problème dans le livre !"

C.6.6 L'histoire américaine

Mettez les verbes au passé composé pour compléter la phrase.

1. Les Vikings (visiter) _____ l'Amérique il y a très longtemps.
2. Christophe Colon (faire) _____ son voyage en 1492.
3. Les Puritains (débarquer) _____ à Plymouth en 1620.
4. Nous (déclarer) _____ notre indépendance en 1776.
5. On (trouver) _____ de l'or en Californie en 1849.
6. Les états du Sud (perdre) _____ la guerre civile en 1865.
7. La Grande Dépression (avoir) _____ lieu dans les années 1930.
8. L'expansion américaine (ralentir) _____ dans les années 1980. Et votre famille...
9. Est-ce que tu (naître*) _____ aux Etats-Unis ?
10. Quand est-ce que vous (acheter) _____ votre maison actuelle ?

C.6.7 Les non-aventures de ma famille

Répondez aux questions **au négatif**.

1. Etes-vous né en France ?
2. Votre arrière-grand-mère a-t-elle pris l'avion ?
3. Votre grand-père a-t-il obtenu un diplôme universitaire ?
4. Votre mère a-t-elle visité l'Australie ?
5. Vos cousins ont-ils voyagé en bateau ?
6. Avez-vous visité l'Arabie Saoudite ?
7. Est-ce que votre père et vous avez voyagé ensemble en train ?
8. Vos grands-parents, ont-ils tous épousé des Américains ?

C.6.8 Les anniversaires importants

Ecrivez (en mots) les anniversaires des personnes suivantes.

Exemple: vous   Mon anniversaire est le 19 février.

1. vous
2. votre mère
3. votre père
4. votre frère favori

5. votre soeur favorite

6. votre grand-mère favorite

7. votre grand-père favori

8. votre oncle favori

9. votre tante favorite

10. votre meilleur ami

C.6.9 Quelques événements historiques américains

Combinez les éléments donnés pour écrire une phrase complète au passé composé.

Exemple: La guerre civile / com-   La guerre civile a com-
         mencer / 1861.   mencé en 1861.

1. Les colonies / déclarer l'indépendance / 1776

2. La guerre d'indépendance / finir / 1781

3. On / établir la constitution américaine / 1789

4. On / faire la guerre avec le Mexique / 1846

5. Les Etats-Unis / acheter l'Alaska / 1867

6. Henry Ford / fonder sa compagnie d'automobiles / 1903

7. Les femmes / avoir le droit de vote / 1920

8. La Grande Dépression / commencer / 1929

9. Martin Luther King / donner son discours "J'ai un rêve" / 1963

10. On / perdre la guerre du Vietnam / 1975

C.6.10 Poser des questions

Formez des questions au présent ou au passé composé avec les éléments donnés.

1. A quelle heure / le film / commencer

2. Où / vous / acheter vos livres

3. D'où / votre famille / venir

4. Pourquoi / tu / étudier le français

5. Comment / le professeur / corriger les examens

6. Quand / tu / commencer à étudier le français

7. Que / vous / faire

8. Quel cours / tu / préférer

9. Avec qui / votre père / travailler

C.7 Self-Check : Meeting chapter 5 objectives

Do you feel that you have mastered the objectives for this chapter? If you do not feel confident that you can do any of the following, please review the sections beginning on the indicated pages and then consult with your teacher for further assistance or practice. Please note that since grammar provides you with the tools you need to speak and understand a language, the relevant grammar section is indicated first, followed by the communicative activities to practice.

Communication Objectives :

Do you feel that you can :	If not, see pages :
Discuss your family's origins?	267, 267, 254, and 255
Talk about your family's immigration to the United States?	272, 257
Name key dates and events from your family's past?	272, 278 and 260
Plan a trip to your family's countries of origin?	(Review : 215, 216), and 263

Culture objectives :

Do you feel that you have an idea of :	If not, see pages :
Immigration in France?	256 and 261
Some former French colonies?	258
Islam in France today?	261

Grammar Objectives :

Do you feel that you understand and can use the following grammatical structures? In addition to using them in conversation, could you demonstrate your knowledge of them on a test?	If not, see pages :
The conjugation of the verb *venir* and its uses?	267, 267
The use of prepositions with place names?	269
The *passé composé* with *avoir*?	272
The *passé composé* in negative and inverted sentences?	275
Dates?	278
Asking informational questions?	279

If you feel that you can do all these things, congratulations ! You have met the goals for this chapter and are becoming more capable of communicating in French !

Answers to Written Section B Exercises

Answers to B.1.2, Visites, page 268 1. vient; 2. vient; 3. viennent; 4. viens; 5. viens; 6. venons
#2 et #6 indiquent le passé immédiat.

Answers to B.1.3, Venez avec nous!, page 269 1. viens; 2. vient; 3. venir; 4. viens; 5. viens; 6. viens; 7. venez; 8. venir; 9. venons
#4 et #6 indiquent le passé immédiat.

Answers to B.2.1, D'où sont-ils?, page 271 1. Il vient d'Autriche. 2. Il vient du Vietnam. 3. Elle vient du Salvador. 4. Ils viennent des Pays-Bas. 5. Il vient de Pologne. 6. Elle vient de Corée. 7. Il vient du Canada. 8. Ils viennent du Mexique. 9. Tu viens des Etats-Unis / Vous venez des Etats-Unis / Je viens des Etats-Unis. 10. Je viens de France / Vous venez de France.

Answers to B.2.2, Où vont-ils?, page 271 1. Tu vas au Japon. / Vous allez au Japon. / Je vais au Japon. 2. Elle va au Sénégal. 3. Il va aux Etats-Unis. 4. Elle va en France. 5. Ils vont en Turquie. 6. Vous allez en Belgique. / Nous allons en Belgique. 7. Nous allons au Mexique. / Vous allez au Mexique. 8. Elle va en Allemagne. 9. Je vais en Chine. / Tu vas en Chine. 10. Ils vont au Congo.

Answers to B.3.1, Verb conjugation, passé composé, page 273
travailler: j'ai travaillé, tu as travaillé, il a travaillé, nous avons travaillé, vous avez travaillé, ils ont travaillé; réussir: j'ai réussi, tu as réussi, il a réussi, nous avons réussi, vous avez réussi, ils ont réussi; répondre: j'ai répondu, tu as répondu, il a répondu, nous avons répondu, vous avez répondu, ils ont répondu

Answers to B.3.2, Hier, page 273 1. j'ai parlé; 2. tu as attendu; 3. Aurélie a acheté; 4. David a aidé; 5. Nous avons passé; 5. Vous avez choisi; 6. Philippe et Vincent ont rougi; 7. Sarah et Camille ont tondu

Answers to B.3.3, Comment dit-on . . . en français?, page 275 1. Nous avons mangé un sandwich. 2. John a travaillé hier soir. 3. Les professeurs ont donné un examen. 4. J'ai étudié à la bibliothèque. 5. Tu as fini tes devoirs! 6. Nous avons attendu le bus. 7. Vous avez écouté le professeur 8. Les étudiants ont pratiqué au labo. 9. J'ai aimé le film. 10. Mes parents ont visité Paris.

Answers to B.3.4, Pas encore!, page 276 1. Non, je n'ai pas fini mes devoirs. Non, nous n'avons pas fini nos devoirs. 2. Non, il n'a pas tondu le gazon. 3. Non, il n'a pas préparé le dîner. 4. Non, je n'ai pas écouté la cassette. 5. Non, nous n'avons pas assez pratiqué notre prononciation. / Non, vous n'avez pas assez pratiqué votre prononciation. 6. Non, vous n'avez pas fait tous vos devoirs. / Non, tu n'as pas fait tous tes devoirs. 7. Non, ils n'ont pas révisé pour l'examen. 8. Non, je n'ai pas écrit à ma grand-mère.

Answers to B.3.5, Notre voyage en France, page 276 1. Oui, nous avons (déjà) trouvé un bon hôtel. / Non, nous n'avons pas (encore) trouvé un bon hôtel. / Oui, j'ai (déjà) trouvé un bon hôtel. Non, je n'ai pas (encore) trouvé un bon hôtel. 2. Oui, il a (déjà) visité la Normandie. Non, il n'a pas (encore) visité la Normandie. 3. Oui, ils ont (déjà) acheté du parfum aux Champs-Elysées. Non, ils n'ont pas (encore) acheté de parfum aux Champs-Elysées. 4. Oui, nous avons (déjà) vu la Joconde. / Non, nous n'avons pas (encore) vu la Joconde. / Oui, j'ai (déjà) vu la Joconde. / Non, je n'ai pas (encore) vu la Joconde. 5. Oui, ils ont (déjà) voyagé en Bretagne. Non, ils n'ont pas (encore) voyagé en Bretagne. 6. Oui, elle a (déjà) dîné à la Tour Eiffel. / Non, elle n'a pas (encore) dîné à la Tour Eiffel. 7. Oui, nous avons (déjà) visité le Musée d'Orsay. / Non, nous n'avons pas (encore) visité le Musée d'Orsay. 8. Oui, ma famille a (déjà) pris le métro. / Oui, nous avons (déjà) pris le métro. / Non, ma famille n'a pas (encore) pris le métro./ Non, nous n'avons pas (encore) pris le métro. 9. Oui, j'ai (déjà) acheté des souvenirs de vacances. / Oui, nous avons (déjà) acheté des souvenirs de vacances. / Non, je n'ai pas (encore) acheté de souvenirs de vacances. / Non, nous n'avons pas encore acheté de souvenirs de vacances. 10. Oui, elles ont (déjà) joué à la plage. Non, elles n'ont pas (encore) joué à la plage.

Answers to B.3.6, Les soucis d'une mère, page 277 1. Ton père a-t-il téléphoné au restaurant? 2. Patrice et Marie, avez-vous fait la vaisselle? 3. Philippe, as-tu donné à manger au chien? 4. Sylvie a-t-elle tondu le gazon? 5. Marc a-t-il préparé sa présentation? 6. Avons-nous acheté un steak? 7. Marc et Philippe, avez-vous fini vos devoirs? 8. Sylvie et Marie ont-elles pratiqué le violon?

Answers to B.4.1, C'est quelle date?, page 278 (Some of these dates will change every year so your answers may be different - the answers given are for 2005). 1. C'est le 14 juillet. 2. C'est le 25 décembre. 3. C'est le premier janvier. 4. C'est le 11 novembre. 5. C'est le 15 janvier. 6. C'est le 14 février. 7. (Your answer will vary, but follow format C'est le [X] [mois].) 8. C'est le premier septembre. 9. C'est le premier mai. 10. C'est le 4 juillet. 11. C'est le premier avril. 12. C'est le 14 juin. 13. C'est le 8 mai. 14. C'est le 24 novembre.

Answers to B.4.2, Quand sont-ils nés?, page 279 If this is 2005: 1. en mille neuf cent soixante-cinq / en dix-neuf cent soixante cinq. (All following answers may substitute dix-neuf cent for mille neuf cent as well.) 2. en deux mille un. 3. en mille neuf cent quatre-vingt-huit. 4. en mille neuf cent trente-sept. 5. en mille neuf cent six. 6. en mille neuf cent cinquante-quatre.

Answers to B.5.1, Questionnaire- La vie de tous les jours, page 280 1. A quelle heure fais-tu tes devoirs? 2. Avec qui étudies-tu? 3. Comment ta mère cuisine-t-elle? 4. Où ta famille habite-t-elle? 5.

Quand est-ce que tu travailles? 6. D'où est-ce que ta famille vient? 7. Qu'est-ce que ton père fait? 8. Quelles émissions est-ce que vous regardez à la télé?

Answers to B.5.2, Questionnaire - Hier, page 281 1. Comment as-tu voyagé en France? 2. Avec qui le professeur a-t-il parlé français? 3. Pourquoi n'avez-vous pas étudié? 4. Où as-tu acheté ce pull? 5. Quand est-ce que nous avons appris cela? 6. Qu'est-ce que tes frères ont fait au parc? 7. A quelle heure est-ce que ton père a préparé le dîner? 8. Quel film est-ce que vous avez regardé à la télé?

Answers to Written Section C Exercises

Answers to C.1.1, Qui vient à la réunion de famille?, page 282
tu viens; nous venons; je viens; qui vient; Gilles et sa famille viennent; elle va venir; elle ne vient pas; ne venez pas trop tard

Answers to C.3.2, L'immigration aux Etats-Unis, page 284 1. vrai; 2. vrai; 3. faux (il est venu pour travailler); 4. vrai; 5. faux (elle est venue en avion ou en bateau); 6. vrai

Immigré	Pays d'origine	Date d'immigration	Raison
John Smith	Angleterre	1620	liberté du culte
Francis Lasalle	Canada	1755	oppression ethnique
Wei Li	Chine	1860	travail
Charles Schwartz	Allemagne	1940	oppression ethnique
Anh Nguyen	Vietnam	1975	oppression politique
Mario Salinas	Mexique	1980	travail

Answers to C.3.3, Compréhension auditive: l'immigration en France, page 285 1. dans les années 1850; 2. la construction, l'agriculture; 3. 1930, l'Italie, l'Espagne, le Portugal, la Belgique, la Pologne; 4. dépression économique; 5. dans les années 1950 et 1960; 6. Algérie; 7. non; 8. 10%

Answers to Written Review Exercises

Answers to C.6.2, Vocabulaire: l'immigration, page 288 1. culte; 2. avion; 3. à pied; 4. ethniques; 5. faim; 6. travail; 7. en autobus; 8. ont quitté; 9. guerre; 10. a épousé

Answers to C.6.3, Vocabulaire: les pays, page 288 1. Elle vient de Colombie. 2. Ils viennent de Belgique. 3. Vous venez du Mexique. 4. Il vient d'Espagne. 5. Il vient d'Italie. 6. Elles viennent du Portugal. 7. Il vient du Sénégal. 8. Elle vient du Canada. 9. Tu viens de Paris./ Vous venez de Paris. 10. Elle vient du Japon.

Answers to C.6.4, L'immigration mondiale, page 289 1. Shonda vient de San Diego et elle habite à Los Angeles. 2. Emiliano vient du Guatemala et il habite aux Etats-Unis. 3. Berthe vient de Turquie et elle habite en Allemagne. 4. Vous venez d'Algérie et vous habitez en France. 5. Mathilde vient de Paris et elle habite à Nice. 6. Malik vient du Liban et il habite à Chicago. 7. Je viens du Salvador et j'habite au Mexique. 8. Nous venons de Chine et nous habitons aux Philippines. 9. Stanislaus vient de Pologne et il habite en Slovaquie. 10. Jin vient de Corée et il/elle habite au Japon.

Answers to C.6.5, Nos activités récentes, page 289 1. vient; 2. viennent; 3. viens; 4. venons; 5. venez; 6. viens

Answers to C.6.6, L'histoire américaine, page 290 1. ont visité; 2. a fait; 3. ont débarqué; 4. avons déclaré; 5. a trouvé; 6. ont perdu; 7. a eu; 8. a ralenti; 9. es né(e); 10. avez acheté

Answers to C.6.7, Les non-aventures de ma famille, page 290 1. Non, je ne suis pas né(e) en France. 2. non, elle n'a pas pris l'avion; 3. Non, il n'a pas obtenu de diplôme universitaire; 4. Non, elle n'a pas visité l'Australie; 5. Non, ils n'ont pas voyagé en bateau; 6. Non, je n'ai pas visité l'Arabie Saoudite / nous n'avons pas ...; 7. Non, nous n'avons pas voyagé en train; 8. Non, ils n'ont pas tous épousé des Américains.

Answers to C.6.8, Les anniversaires importantes, page 290 Your answers will vary, but they should all have the form of "Son anniversaire est le X Y" where X is a number and Y is a month. "C'est le X Y" is also correct. #1 will be "Mon" instead of "son."

Answers to C.6.9, Quelques événements historiques américains, page 291 1. Les colonies ont déclaré l'indépendance en 1776. 2. La guerre d'indépendance a fini en 1781. 3. On a établi la constitution américaine en 1789. 4. On a fait la guerre avec le Mexique en 1846. 5. Les Etats-Unis ont acheté l'Alaska en 1867. 6. Henry Ford a fondé sa compagnie en 1903. 7. Les femmes ont eu la vote en 1920. 8. La Grande Dépression a commencé en 1929. 9. MLK a donné son discours en 1963. 10. On a perdu la guerre du Vietnam en 1975.

Answers to C.6.10, Poser des questions, page 291 1. A quelle heure est-ce que le film commence? / A quelle heure le film commence-t-il? A quelle heure est-ce que le film a commencé? / A quelle heure le film a-t-il commencé? 2. Où achetez-vous vos livres? / Où est-ce que vous achetez vos livres? Où avez-vous acheté vos livres? / Où est-ce que vous avez acheté vos livres? 3. D'où vient votre famille? (most natural way to say it) 4. Pourquoi étudies-tu le français? / Pourquoi est-ce que tu étudies le français? 5. Comment est-ce que le professeur corrige les examens? / Comment le professeur corrige-t-il les examens? / Comment est-ce que le professeur a corrigé les examens? / Comment le professeur a-t-il corrigé les examens? 6. Quand as-tu commencé à étudier le français? / Quand est-ce que tu as commencé à étudier le français? 7. Que faites-vous? / Qu'est-ce que vous faites? / Qu'avez-vous fait? / Qu'est-ce que vous avez fait? 8. Quels cours préfères-tu? / Quels cours est-ce que tu préfères? 9. Avec qui est-ce que votre père travaille? / Avec qui votre père travaille-t-il? / Avec qui est-ce que votre père a travaillé? / Avec qui votre père a-t-il travaillé?

Chapter 6
Tant de choses à faire

Objectives for chapter 6

Communication (what students will be able to do):

By the end of this chapter, students will be able to:

1. Describe their own and family members' household duties

2. Discuss their duties at work

3. Discuss their tastes and preferences

4. Discuss their current and desired lifestyles in terms of balancing work and leisure

Culture (what students will know about the French-speaking world):

By the end of this chapter, students will know about:

1. Gender distribution of household chores in France

2. Some differences between French and American lifestyles

3. Popular leisure-time activities in France

Grammar/ Tools (what students need to know):

In order to perform these communicative tasks, students will have to understand and be able to use correctly the following grammatical structures:

1. Regular -re verbs

2. The verbs *vouloir, pouvoir,* and *devoir*

3. The *passé composé* with *être*

4. The interrogative adjective *quel*

A Activités

A.1 Nos activités récentes

Dans les chapitres 3 et 4, nous avons parlé de nos activités et de notre emploi du temps. Dans ce chapitre, nous allons parler de ces mêmes activités, mais *au passé*. Qu'est-ce que nous avons fait **hier, la semaine dernière, l'année dernière** ?

Mini-Vocabulaire:

hier	[jɛr] ou [i jɛr]	yesterday
la semaine dernière	[la sə mɛn dɛr njɛr]	last week
le mois dernier	[lə mwa dɛr nje]	last month
l'année dernière	[la ne dɛr njɛr]	last year

A.1.1 Révision et expansion : Une journée d'étudiant

 Répondez aux questions de votre partenaire au sujet de vos activités d'hier. Utilisez le passé composé. Les participes passés irréguliers sont indiqués dans la marge. Suivez le modèle.

Exemple: **A:** Est-ce que tu as travaillé hier ?
B: Est-ce que tu as eu ton cours de français hier ?

B: Oui, j'ai travaillé hier matin.
A: Non, je n'ai pas eu mon cours de français.

Infinitif	Participe passé
faire	fait
écrire	écrit
avoir	eu
voir	vu
lire	lu

1. **faire** des devoirs
2. jouer au foot
3. étudier à la bibliothèque
4. passer un examen
5. **écrire** une dissertation
6. travailler
7. **avoir** cours
8. faire une promenade
9. utiliser l'ordinateur
10. **voir** un film au cinéma
11. **lire** le journal
12. parler au téléphone
13. regarder la télé
14. poser des questions
15. acheter des livres
16. envoyer des SMS
17. dîner au restaurant
18. écouter de la musique
19. participer en classe
20. réviser la leçon à la maison

⟹ Continuons!

Répétez pour la classe ce que votre partenaire a fait (2 activités) et ce qu'il n'a pas fait (2 activités).

Exemple: Hier, Paul a étudié à la bibliothèque et il a travaillé. Il n'a pas dîné au restaurant et il n'a pas joué au foot.

A.1.2 Les activités récentes de ma famille

Dans cet exercice, on va nommer les activités récentes des différents membres de la famille. Substituez le nouvel élément à la phrase et faites les changements nécessaires. Les phrases sont au passé composé.

Exemple :		Mardi, j'ai étudié 5 heures.
	travailler	Mardi, j'ai travaillé 5 heures.
	mon père	Mardi, mon père a travaillé 5 heures.
	jeudi	Jeudi, mon père a travaillé 5 heures.
	nous	Jeudi, nous avons travaillé 5 heures.

Phrase de départ : Hier, mes soeurs ont fait la cuisine.

1. je
2. ma grand-mère
3. dimanche
4. lire le journal
5. mon père
6. je
7. regarder la télé
8. hier soir
9. finir mes devoirs
10. mes frères
11. samedi
12. jouer au basket
13. mon amie
14. visiter le musée
15. acheter des provisions
16. ce matin
17. nous
18. attendre le bus
19. ma mère
20. perdre ses clés
21. je
22. mes soeurs
23. passer un examen
24. réussir à l'examen
25. nous

A.1.3 La semaine dernière

  Répondez aux questions de votre partenaire sur les activités de votre famille pendant la semaine dernière. Indiquez le jour dans votre réponse.

1. Est-ce que toute la famille a dîné ensemble un jour ?
2. Qui a préparé le repas ?
3. Est-ce que vous avez regardé ensemble un film à la télé ?
4. Est-ce que tu as fait quelque chose avec ton frère ou ta soeur ?
5. Samedi soir, qui a quitté la maison le premier ?
6. Qui a acheté des provisions la semaine dernière ?
7. Qui dans ta famille a travaillé le plus la semaine dernière ?
8. Est-ce que tu as aidé tes parents à la maison ?

Rappel :	
les jours	**de la semaine**
lundi	[lœ̃di]
mardi	[mar di]
mercredi	[mɛr krə di]
jeudi	[ʒœ di]
vendredi	[vɑ̃ drə di]
samedi	[sam di]
dimanche	[di mɑ̃ʃ]

A.2 Les travaux ménagers

> Grammaire: Voir B.1, "Verbes en -re," page 318.

A.2.1 Qui le fait ?

 Dans votre famille, qui fait le ménage ? Interviewez votre partenaire pour découvrir qui fait les tâches suivantes dans sa famille.

Mini-Vocabulaire:

le ménage	[lə me naʒ]	housework
arroser	[a rɔ ze]	to water
balayer (le sol)	[ba lɛ je lə sɔl]	to sweep (the floor)
bricoler	[bri kɔ le]	to do household repairs
enlever la poussière	[ɑ̃ lə ve la pu sjɛr]	to dust
la facture	[la fak tyr]	bill
essuyer	[ɛ sɥi je]	to wipe, to dry
faire la cuisine	[fɛr la kɥi zin]	to cook
faire la lessive	[fɛr la lɛ siv]	to do laundry
faire la vaisselle	[fɛr la vɛ sɛl]	to wash dishes
jardiner	[ʒar di ne]	to garden
laver	[la ve]	to wash
nettoyer	[nɛ twa je]	to clean
passer l'aspirateur	[pa se la spi ra tœr]	to vacuum
ranger	[rɑ̃ ʒe]	to tidy, to arrange
récurer	[re ky re]	to scour
sortir (les ordures)	[sɔr tir le zɔr dyr]	to take out (the garbage)
tondre le gazon	[tɔ̃ drə lə ga zɔ̃]	to mow the lawn
trier	[tri e]	to sort
vider (la poubelle)	[vi de la pu bɛl]	to empty (the garbage can)

Exemple: faire la cuisine

A: Qui fait la cuisine dans ta famille ?   **B:** Ma grand-mère fait la cuisine.

1. faire la vaisselle
2. balayer le sol
3. tondre le gazon
4. faire la lessive
5. jardiner
6. réparer une porte
7. nettoyer la voiture
8. passer l'aspirateur
9. sortir les ordures
10. laver le sol
11. payer les factures
12. enlever la poussière
13. changer l'huile de la voiture
14. récurer la baignoire

LE PARTAGE DES TÂCHES MÉNAGÈRES

En France, ce sont toujours les femmes qui font la majorité des tâches ménagères. La femme consacre **en moyenne** plus de trois heures par jour au travail de la maison : la cuisine, le ménage, la lessive, et la vaisselle sont les tâches qui consomment le plus de temps. Les hommes participent un peu à la cuisine et à la vaisselle, mais leurs grandes tâches relèvent du domaine traditionnellement masculin : le bricolage et le jardinage. Les tâches des hommes consomment environ **la moitié** du temps de **celles** des femmes. Ces calculs ne **comprennent** pas le temps **passé** aux **soins** des enfants.

Mini-Vocabulaire:	
en moyenne	on average
moitié	half
celles	those
comprennent	include
passé	spent
soins	care
accompli	accomplished
une boîte	can

Avez-vous compris ? et Discussion

1. Combien de temps est-ce que les femmes passent aux tâches ménagères, en moyenne ? Et combien de temps passent les hommes ?

2. Considérez les activités suivantes. A quelle catégorie (cuisine, ménage, lessive, vaisselle, bricolage, ou jardinage) appartient chaque activité ? C'est probablement une tâche plus souvent **accomplie** par une femme, ou par un homme ?

aller au supermarché	tondre le gazon	trier les vêtements
planter des fleurs	préparer le dîner	balayer le sol
vider le lave-vaisselle	peindre un mur	faire un lit
mettre la table	passer l'aspirateur	ranger **les boîtes** dans les placards

3. Dans l'exercice précédent (A.2.1, "Qui le fait ?"), vous avez nommé les personnes qui font les différentes tâches ménagères chez vous. Comparez la distribution des tâches ménagères entre les hommes et les femmes aux Etats-Unis, puis comparez avec la France. Discutez.

4. Pensez-vous que les Français passent plus de temps aux tâches ménagères que les Américains ?

5. Pour vous, une maison propre est-elle très importante ? Croyez-vous qu'on passe moins de temps aujourd'hui que dans le passé à nettoyer la maison ?

6. Pensez-vous que la distribution des tâches ménagères a beaucoup changé depuis quelques générations ? Qu'est-ce qui a changé ? Qu'est-ce qui n'a pas changé ?

⟹ Continuons!

Dans des groupes de 3 ou 4, nommez les 2 tâches ménagères que vous préférez faire, et les 2 que vous détestez le plus. Comparez vos réponses.

Mini-Vocabulaire:

l'aspirateur	[la spi ra tœ r]	vacuum cleaner
le balai	[lə ba lɛ]	broom
le balai-éponge	[lə ba lɛ e põʒ]	sponge-mop
le chiffon	[lə ʃi fõ]	(dust)cloth
une éponge	[y ne põʒ]	sponge
le lave-vaisselle	[lə lav vɛ sɛl]	dishwasher
la machine à laver	[la ma ʃi na la ve]	washing machine
la moquette	[la mɔ kɛt]	carpet
le seau	[lə so]	bucket
la serviette	[la sɛr vjɛt]	towel
le tapis	[lə ta pi]	rug
le torchon	[lə tɔr ʃõ]	(dish)rag
laver	[la ve]	to wash

Associez l'outil qu'on utilise et la tâche qu'on fait. Existe-t-il différentes possibilités ?

1. nettoyer la moquette   a. une éponge
2. laver la table   b. un balai
3. récurer l'évier   c. le lave-vaisselle
4. laver le sol   d. un torchon
5. balayer la cuisine   e. un chiffon
6. enlever la poussière   f. un seau
7. faire la vaisselle   g. la machine à laver
8. essuyer la vaisselle   h. un aspirateur
9. faire la lessive   i. un balai-éponge
10. nettoyer le frigo   j. une serviette

A.2.4 **Comment le faire ?**

 Illustrez et expliquez comment vous faites les tâches suivantes. Donnez le maximum de détail.

Exemple :

Pour nettoyer ma chambre, je vais dans ma chambre. Je range tous les livres sur les étagères. Je mets les vêtements sales dans la buanderie. Je fais mon lit. Quelquefois, je change les draps du lit. Je balaie le sol et j'enlève la poussière de la télé avec un chiffon.

1. nettoyer le sol de la cuisine

2. faire des spaghettis

3. faire la vaisselle

4. faire la lessive

5. nettoyer votre bureau

6. nettoyer la moquette

Mini-Vocabulaire:

les draps	sheets
l'eau de Javel	bleach
le détergent	detergent
la lessive	laundry soap
l'eau	water
la buanderie	laundry room
le garage	garage
le balcon	balcony
le sous-sol	basement
un bassin	basin, bowl
un seau	bucket
une casserole	cooking pot
remplir	to fill
mettre*	to put
brancher	to plug in
allumer	to turn on

A.2.5 **Une cuisine sale !**

 Cette cuisine est très sale. Dans un groupe de trois, imaginez que vous allez la nettoyer. A tour de rôle, nommez toutes les choses que vous allez faire pour la nettoyer. N'oubliez pas de nommer les outils que vous allez employer.

Dans votre famille, quelles tâches faites-vous le plus souvent ? Demandez si la famille de votre partenaire fait souvent les tâches suivantes.

Mini-Vocabulaire:

toujours	[tu ʒur]	always
tout le temps	[tu lə tɑ̃]	all the time
(pas) souvent	([pa]) [su vɑ̃]	(not) often
peu	[pø]	seldom
de temps en temps	[də tɑ̃ zɑ̃ tɑ̃]	from time to time
quelquefois	[kɛl kə fwa]	sometimes
presque jamais	[prɛsk ʒa mɛ]	almost never
(ne . . .) jamais*	[ʒa mɛ]	never
tous les jours	[tu le ʒur]	every day
tous les (3) jours	[tu le (trwa) ʒur]	every (3) days
une fois par semaine	[yn fwa par sə mɛn]	once a week
deux fois par mois	[dø fwa par mwa]	twice a month
la dernière fois	[la dɛr njɛr fwa]	the last time
il y a (trois jours)	[i lja]	(three days) ago

[*Note : avec un verbe, vous utilisez "ne . . . jamais" comme "ne . . . pas" ; e.g. "Je ne fais jamais la cuisine."]

Exemple: **faire la vaisselle**

A: Est-ce que vous faites souvent la vaisselle chez vous ?

B: Oui, nous faisons la vaisselle tous les jours.

Mini-Vocabulaire:
un jouet toy
le trottoir sidewalk

1. récurer les éviers
2. vider les poubelles
3. mettre la table
4. ranger **les jouets**
5. enlever la poussière
6. nettoyer les fenêtres
7. faire les lits
8. tondre le gazon

9. laver la voiture
10. faire la cuisine
11. faire la lessive
12. balayer **le trottoir**
13. passer l'aspirateur
14. bricoler
15. ranger les placards
16. payer les factures

⟹ Continuons!

Utilisez le passé composé pour trouver **la dernière fois** que votre partenaire a fait les activités précédentes. Suivez le modèle.

Exemple: **faire la vaisselle**

A: Quelle est **la dernière fois** que tu as fait la vaisselle ?

B: J'ai fait la vaisselle hier.

TÂCHES MÉNAGÈRES DANS LA LANGUE QUOTIDIENNE

La vie quotidienne informe souvent la langue d'expressions idiomatiques. Voici quelques expressions idiomatiques qui emploient le vocabulaire des tâches ménagères. Associez l'expression idiomatique au sens :

Mini-Vocabulaire:

jeter	to throw
Va-t'en !	Go !, Get out !
un manche	handle

1. **jeter** l'éponge
2. être lessivé
3. remettre sur le tapis
4. donner un bon coup de balai
5. parler chiffons
6. fêter ses trente balais
7. droit comme **un manche** à balai
8. avoir les cheveux tondus
9. du balai !

a. avoir les cheveux très courts
b. **Va-t'en !**
c. changer les habitudes
d. être extrêmement fatigué
e. abandonner
f. avec une posture très rigide
g. parler de la mode, des vêtements
h. discuter un problème
i. célébrer ses 30 ans

A.2.8 **Une pièce bien propre !**

Votre femme ou votre mari vous a demandé de nettoyer une des pièces suivantes. Maintenant, il/elle pose des questions. Avec votre partenaire, préparez un dialogue. Utilisez le passé composé.

Exemple : le salon

> **A:** Gilles, as-tu fini de nettoyer le salon ?
> **B:** Oui, chérie. J'ai tout nettoyé.
> **A:** As-tu rangé les magazines sur la table du salon ?
> **B:** Euh, non ... J'**ai oublié de** faire **ça**.
> **A:** As-tu passé l'aspirateur ?
> **B:** Oui. Ça, j'ai fait.
> **A:** Alors, pourquoi est-ce qu'il y a des **morceaux** de papier sur la moquette ?
> **B:** Euh ... je n'ai peut-être pas fait attention.
> **A:** Est-ce que tu as essuyé la télé ?
> **B:** Oui ! J'ai enlevé la poussière de tous les meubles.
> **A:** Merci ... mais tu peux repasser l'aspirateur et ranger les magazines, s'il te plaît ?

Mini-Vocabulaire:

oublier de	to forget to
ça	that
un morceau	piece, scrap
manquer	to miss
il faut	it is necessary

1. la salle de bains (américaine)

2. la cuisine

3. la chambre à coucher

A.3 Mes responsabilités au travail

A.3.1 Responsabilités

> Grammaire: Voir B.2, "Vouloir, pouvoir, devoir," page 319.

Qu'est-ce que les personnes suivantes doivent faire dans leur travail? Trouvez 3 responsabilités pour chaque personne. Regardez le modèle.

Exemple: **Quentin** doit préparer des cours, il doit ..., et il doit ...

Barbara, secrétaire d'un PDG **Jacques**, inspecteur de police
Malik, assistant social **Mireille**, médecin et chercheur médical
Quentin, professeur de chimie **Paul**, propriétaire et chef d'un restaurant
Sylvie, petite commerçante **Anne**, employée dans une agence de publicité

aider les clients
aller à la banque
arrêter les criminels
assister à des réunions
choisir des marchandises
corriger des examens
enseigner
écrire des lettres
écrire des rapports
examiner des malades
faire des diagnostics
faire des recherches
lire des documents
observer les clients

organiser les affaires du bureau
préparer des cours
préparer des documents
proposer des idées
répondre à des mels
surveiller les employés
téléphoner
travailler à la caisse
travailler dans la cuisine
travailler au laboratoire
utiliser l'ordinateur
vendre des marchandises

A.3.2 Une journée chargée

 Les individus de l'exercice A.3.1 ont tous eu une journée très chargée hier. Imaginez leur journée.

Dans votre groupe, prenez une feuille de papier et écrivez les activités d'hier d'une de ces personnes. Utilisez des verbes au passé composé. Chaque étudiant doit écrire une phrase avant de passer la feuille à l'étudiant suivant. Travaillez votre imagination!

A.3.3 Vingt questions : Mon travail

 Une personne dans le groupe choisit un travail imaginaire. Les autres doivent poser 20 questions pour essayer de deviner sa profession. Attention! Le "sujet" peut répondre seulement "oui," "non," "quelquefois," ou "peut-être" aux questions.

A.3.4 Observation culturelle

 LE TRAVAIL EN FRANCE

Les Français travaillent **moins que** les Américains. D'une part, ils ont cinq semaines de vacances payées plus onze jours fériés ; la semaine de travail est de 35 heures ; **la retraite** est à 60 ans ; les études sont plus longues. D'autre part, il y a beaucoup de **chômage** en France (10%), surtout chez les jeunes et chez certains groupes ethniques. 55% de la population française de plus de 15 ans travaille, contre 73% aux Etats-Unis.

Comme aux Etats-Unis, le monde du travail évolue. Le nombre de manutentionnaires diminue et le nombre d'employés dans les bureaux et les magasins augmente. **Malgré** le stress normal du travail, les Français refusent de faire du travail le centre de leur vie. La majorité des Français **disent** que le travail n'entre jamais en conflit avec leur vie personnelle. Les Français considèrent les Américains comme **obsédés** par l'argent et par le travail. Etes-vous d'accord ?

Mini-Vocabulaire:	
moins que	less than
la retraite	retirement
le chômage	unemployment
comme	like, as
plutôt que	rather than
ils disent	they say
obsédé	obsessed

Avez-vous compris ? Répondez aux questions.

1. Nommez un facteur positif qui explique pourquoi les Français travaillent moins que les Américains.

2. Nommez un facteur négatif.

3. Combien de semaines de vacances ont les Français ?

4. A quel âge peut-on prendre la retraite en France ? et aux Etats-Unis ?

5. Combien d'heures par semaine les Français travaillent-ils ? et aux Etats-Unis ?

6. Donnez un exemple d'un manutentionnaire ["blue-collar worker"].

7. Est-ce que pour la majorité des Français, le travail est l'occupation la plus importante de leur vie ?

8. Pensez-vous que pour la majorité des Américains, le travail est le plus important ?

9. Préférez-vous l'attitude française, ou l'attitude américaine ?

A.3.5 Une augmentation de salaire

 Vous travaillez beaucoup, et votre patron vous donne continuellement de nouvelles responsabilités. Vous décidez de demander une augmentation de salaire. Imaginez la conversation. Présentez vos raisons et citez le travail supplémentaire que vous avez fait récemment. Quelle va être la réaction du patron ? Présentez votre dialogue devant la classe.

A.4 **Pas de temps !**

> Grammaire: Voir B.3, "Le passé composé avec être," page 322.

A.4.1 Une vie débordante ?

 Avez-vous une vie débordante ? Utilisez les éléments donnés pour formuler des questions au passé composé et posez-les à votre partenaire. Les éléments entre parenthèses sont à utiliser uniquement si la réponse à la question précédente est affirmative. Les verbes conjugués avec "être" au passé composé sont indiqués par une étoile.

1. Hier, à quelle heure / ta journée / commencer ?
2. tu / prendre / le petit déjeuner ?
3. à quelle heure / tu / quitter / la maison ?
4. tu / faire quelque chose / avant de venir à l'université ?
5. (Quoi ?)
6. comment / tu / venir* / à l'université ?
7. combien de temps / tu / être / sur la route ?
8. tu / travailler ?
9. (Où ?) (Pendant combien de temps ?)
10. Que / tu / faire à l'université ?
11. Où / tu / aller* ?
12. Quels cours / tu / avoir ?
13. Hier soir, à quelle heure / tu / rentrer* à la maison ?
14. tu / manger ?
15. (qui / préparer le dîner ?)
16. tu /faire des devoirs ?
17. tu / faire le ménage ?
18. tu / regarder la télé ?

Vous pouvez aussi poser d'autres questions !

⟹ Continuons!

– Avec un partenaire, comparez vos emplois du temps.
– Quels sont les facteurs qui déterminent si on a une vie débordante ?

Gilles a beaucoup de projets et aussi beaucoup de rêves pour son avenir. En regardant le dessin, décrivez ce qu'il va faire et ce qu'il veut faire dans le futur. Donnez le maximum de détail.

A.4.3 Mon avenir professionnel et ma vie privée

 Et vous, comment voyez-vous votre avenir ? Quelles sont vos priorités - le travail, l'argent, la famille, les loisirs ? Est-ce qu'il y a une incompatibilité entre certains de vos choix ? Etes-vous réaliste ? Posez les questions suivantes à votre partenaire.

1. Combien d'argent voulez-vous gagner dans 10 ans ?
2. Voulez-vous avoir une maison ?
3. Voulez-vous être marié(e) ?
4. Voulez-vous avoir des enfants ?
5. Combien d'heures par semaine voulez-vous travailler ?
6. Est-ce qu'il peut y avoir un conflit entre votre travail et votre vie personnelle ?
7. Qui va faire le ménage dans votre famille ?
8. Combien de vacances voulez-vous avoir par an ?
9. Que voulez-vous faire pendant votre temps libre ?
10. A quel âge voulez-vous prendre la retraite ?

⟹ **Continuons!**

Commentez les projets et les désirs de votre partenaire. Est-ce qu'ils sont réalistes ? Va-t-il pouvoir gagner autant qu'il veut ? Est-ce qu'il va avoir des difficultés à gerer son temps ?

A.4.4 Discussion culturelle

En groupes, parlez des questions suivantes. Il va être difficile d'expliquer vos idées en français, mais utilisez des phrases simples et faites un effort pour parler uniquement français.

- Est-ce que vous pensez que les Américains travaillent trop ?
- Admirez-vous ou enviez-vous le fait que les Français ont plus de loisirs que les Américains ?
- Pourquoi pensez-vous que les Américains travaillent plus que les Français ? Est-ce nécessaire pour vivre ; est-ce un résultat de notre histoire et/ ou des valeurs de notre société ; est-ce que c'est à cause du capitalisme ; est-ce parce que nous consommons trop ?
- Préférez-vous une société où les femmes restent à la maison avec leurs enfants ? Est-ce meilleur pour la famille ?

A.5 Mon temps libre

Grammaire: Voir B.4, "Quel," page 325.

A.5.1 Mon temps libre

 Quand vous avez du temps libre, comment le passez-vous ? Avec les éléments donnés, formulez des questions à poser à votre partenaire. Après sa réponse, posez une autre question pour avoir plus de détails. Utilisez l'adjectif interrogatif "quel" dans votre deuxième question.

Exemple: regarder / la télé

| Est-ce que tu regardes la télé ? | Oui, je regarde souvent la télé. |
| Quelles émissions aimes-tu ? | J'aime *Friends* et *Les Simpson.* |

1. regarder / la télé
2. aller / au cinéma
3. pratiquer / un sport
4. sortir / avec des amis

5. aller / à ...
6. avoir / un passe-temps
7. faire / le weekend
8. faire / en été

⟹ Continuons!

Quels sont les loisirs les plus populaires parmi les étudiants de notre classe ?

A.5.2 Nos goûts et nos préférences

 Utilisez l'adjectif interrogatif "quel" pour interviewer vos camarades de classe au sujet de leurs goûts et préférences. Marquez leurs réponses dans un tableau.

Exemple: chanteur   Quel chanteur préfères-tu ?

1. cuisine
2. sport (à pratiquer)
3. sport (à regarder)
4. musique
5. acteur
6. genre de films

7. jour de la semaine
8. saison
9. ville
10. émission de télé
11. type d'art
12. passe-temps

La réduction de la semaine de travail à 35 heures a donné plus de temps libre aux Français. Certains estiment qu'ils ont jusqu'à 6 heures par jour de loisirs ! (D'autres calculent qu'ils ont entre 3 et 4 heures). Comment le passent-ils ? Voici quelques activités populaires, en minutes par jour.

Télévision	127
Conversations et visites	33
Lecture	25
Repas au restaurant	25
Promenade, tourisme	20
Bricolage	17
Sport	16
Jeux	16
Spectacles	6

Information de *Francoscopie 2001*, Gérard Mermet (Larousse), 389.

Avez-vous compris ? et Discussion

Répondez aux questions.

1. Qu'est-ce qui est plus populaire, la lecture ou le sport ?

2. Quel est le loisir qui occupe le plus de temps ?

3. Quelles activités font partie de la catégorie "spectacles," à votre avis ?

4. Combien d'heures par semaine est-ce que le Français moyen passe à pratiquer un sport ?

5. Comparez les loisirs de votre famille à ceux des Français. Est-ce que les mêmes activités sont importantes ?

6. Les Américains regardent (en moyenne) 8h30 de télévision chaque jour. Comment est-ce possible si nous travaillons plus que les Français ?

Mini-Vocabulaire:

la gymnastique	[ʒim na stik]	exercise
le vélo	[ve lo]	bicycle
le roller	[rɔ lɛr]	rollerblading
la natation	[na ta sjɔ̃]	swimming
le footing	[fu tiŋ]	fast walking, jogging
le jogging	[ʒɔ giŋ]	jogging
l'aquagym	[a kwa ʒim]	water aerobics
une randonnée	[rɑ̃ dɔ ne]	hike
une promenade	[prɔm nad]	walk, stroll
les boules	[bul]	a game w/ steel balls tossed on ground
le cirque	[sirk]	circus
le parc d'attractions	[park da trak sjɔ̃]	amusement park
un timbre	[tɛ̃br]	stamp
une pièce de monnaie	[pjɛs de mɔ nɛ]	coin
un jeu	[ʒø]	game
tricoter	[tri kɔ te]	to knit

 Parlez des activités que vous avez essayées et de celles que vous faites fréquemment.

Sports collectifs et individuels : tennis, football, football américain, golf, basket, handball, aérobic, gymnastique, vélo, roller, natation, ski, snowboard, danse, yoga, jogging, footing, judo, aquagym, randonnée, promenade, pétanque

Spectacles et activités culturelles : concert classique, concert de rock/ pop, musée, opéra, cirque, théâtre, danse, parc d'attractions, cinéma

Loisirs à la maison : collectionner des timbres / des pièces de monnaie, bricoler, jardiner, jeux électroniques / vidéos, tricoter, faire du crochet, faire du point de croix, jouer aux cartes, lire, cuisiner, surfer sur Internet, tchatche.

A.6 Résumé

A.6.1 Résumé : Comment faire un lit ?

 Vous avez gagné à la loterie et vous n'avez plus besoin de faire le ménage vous allez embaucher un(e) domestique ! Mais après tant d'années à faire tout le ménage vous-même, vous avez des idées strictes à ce sujet. Imaginez que vous interviewez des candidats pour découvrir s'ils peuvent suivre votre routine ménagère. Pratiquez la conversation.

A.6.2 Résumé : Qui veut, peut

Vous désirez obtenir un poste plus élevé (et mieux rémunéré) dans votre compagnie. Votre patron veut savoir si vous êtes capable de faire le travail. Imaginez ses questions et vos réponses.

A.6.3 Résumé : Notre emploi du temps

Les Américains se plaignent souvent d'avoir moins de temps libre que dans le passé. Est-ce vrai dans votre cas ? Racontez à votre partenaire (au passé composé) ce que vous avez fait hier, avec les heures. Votre partenaire va écrire ce que vous dites et calculez les heures que vous avez passées à travailler, à étudier, et aux loisirs. Changez de rôles et faites la même chose pour votre partenaire.

⟹ Continuons!

Maintenant, comparez vos réponses et celles de la paire à côté de vous.

A.6.4 Excuses

Vous êtes invité à sortir avec une personne qui ne vous intéresse pas. Trouvez des excuses en parlant de vos obligations. La personne est persistante, et vous devez donc trouver des excuses toujours plus imaginatives !

A.7 Vocabulaire français-anglais

Faire le ménage

un aspirateur	[a spi ra tœr]	vacuum
le balai	[ba lɛ]	broom
le balai-éponge	[ba lɛ e põʒ]	sponge-mop
le balcon	[bal kõ]	balcony
un bassin	[ba sɛ̃]	basin, bowl
la buanderie	[by ã dri]	laundry room
une casserole	[kas rɔl]	cooking pot
le chiffon	[ʃi fõ]	(dust)cloth
la cuisine	[kɥi zin]	cooking
le détergent	[de tɛr ʒɑ̃]	detergent
les draps	[dra]	sheets
l'eau	[o]	water
l'eau de Javel	[o də ʒa vɛl]	bleach
une éponge	[e põʒ]	sponge
la facture	[fak tyr]	bill
le garage	[ga raʒ]	garage
le gazon	[ga zõ]	lawn
la lessive	[lɛ siv]	laundry
la lessive	[lɛ siv]	laundry soap
le ménage	[me naʒ]	housework
la moquette	[mɔ kɛt]	carpet
les ordures	[ɔr dyr]	garbage
la poussière	[pu sjɛr]	dust
un seau	[so]	bucket
la serviette	[ʃɛr vjɛt]	towel
le sous-sol	[su sɔl]	basement
le tapis	[ta pi]	rug
le torchon	[tɔr ʃõ]	(dish)rag
la vaisselle	[vɛ sɛl]	dishes
allumer	[a ly me]	to turn on
arroser	[a rɔ se]	to water
balayer	[ba la je]	to sweep
brancher	[brã ʃe]	to plug in
essuyer	[ɛ sɥi je]	to wipe, dry
laver	[la ve]	to wash
mettre*	[mɛtr]	to put
nettoyer	[nɛ twa je]	to clean
ranger	[rã ʒe]	to pick up
récurer	[re ky re]	to scour
remplir	[rã plir]	to fill
sortir	[sɔr tir]	to take out
trier	[tri e]	to sort
vider	[vi de]	to empty

Expressions de temps

toujours	[tu ʒur]	always
tout le temps	[tu lə tɑ̃]	all the time
souvent	[su vɑ̃]	often
pas souvent	[pa su vɑ̃]	not often
peu	[pø]	seldom
de temps en temps	[də tɑ̃ zɑ̃ tɑ̃]	from time to time
quelquefois	[kɛl kə fwa]	sometimes
presque jamais	[prɛsk ʒa mɛ]	almost never
(ne ...) jamais*	[ʒa mɛ]	never
tous les jours	[tu le ʒur]	every day
tous les 3 jours	[tu le trwa ʒur]	every 3 days
une fois par semaine	[yn fwa par sə mɛn]	once a week
deux fois par mois	[dø fwa par mwa]	twice a month

Loisirs

la gymnastique	[ʒim na stik]	exercise
le vélo	[ve lo]	bicycle
le roller	[rɔ lɛr]	rollerblading
la natation	[na ta sjɔ̃]	swimming
le footing	[fu tiŋ]	fast walking, jogging
l'aquagym	[a kwa ʒim]	water aerobics
une randonnée	[rɑ̃ dɔ ne]	hike
une promenade	[prɔm nad]	walk, stroll
les boules	[bul]	a game w/ steel balls tossed o
le cirque	[sirk]	circus
le parc d'attractions	[park da trak sjɔ̃]	amusement park
un timbre	[tɛ̃br]	stamp
une pièce de monnaie	[pjɛs de mɔ nɛ]	coin
un jeu	[ʒø]	game
tricoter	[tri kɔ te]	to knit

> **Mots apparentés :**
> le tennis, le football, le football américain, le golf, le basket, le handball, l'aérobic, le ski, le snowboard, la danse, le yoga, le jogging, le judo
> un concert classique, un concert de rock/ pop, un musée d'art, un musée historique ou scientifique, un opéra, le théâtre, le cinéma
> collectionner, surfer sur Internet

Nouveaux verbes
Verbes réguliers en -re

attendre	[a tã drə]	to wait (for)
défendre	[de fã dr]	to defend, to forbid
descendre	[de sã drə]	to descend
entendre	[ã tã drə]	to hear
fondre	[fõ drə]	to melt
mordre	[mɔr drə]	to bite
pendre	[pã drə]	to hang
perdre	[pɛr drə]	to lose
pondre	[põ drə]	to lay (eggs)
prétendre	[pre tã drə]	to claim
rendre	[rã drə]	to give (back)
répandre	[re pã drə]	to spread
répondre	[re põ drə]	to answer
tendre	[tã drə]	to hold out
tondre	[tõ drə]	to clip, to shear
tordre	[tɔr drə]	to twist, to wring
vendre	[vã drə]	to sell

Autres verbes

devoir	[də vwar]	to have to
mener	[mə ne]	to lead
amener	[am ne]	to take (a person)
emmener	[ãm ne]	to bring (a person)
lever	[lə ve]	to raise
peser	[pə ze]	to weigh
pouvoir	[pu vwar]	to be able
vouloir	[vu lwar]	to want

Verbes conjugués avec être

aller	[a le]	to go
arriver	[a ri ve]	to arrive
descendre	[de sã drə]	to come down
devenir	[də və nir]	to become
entrer	[ã tre]	to enter
monter	[mõ te]	to go up
mourir (mort)	[mu rir]	to die
naître (né)	[nɛ trə]	to be born
partir	[par tir]	to leave
passer	[pa se]	to pass
rentrer	[rã tre]	to come back
repartir	[rə par tir]	to leave again
rester	[rɛ ste]	to stay
retourner	[rə tur ne]	to return
revenir	[rə və nir]	to come back
sortir	[sɔr tir]	to go out
tomber	[tõ be]	to fall
venir	[və nir]	to come

B Grammar

B.1 Révision: les verbes en -re

In chapter 3, we previewed all three regular verb groups in the present tense. We concentrated on the regular -er endings in chapter 3 (section B.2, page 172), and reviewed the regular -ir endings in chapter 4 (section B.3, page 226). In this chapter, we will review the regular -re verbs. To conjugate a regular -re verb in the present tense, you take off the -re ending of the infinitive and add the following endings:

Regular -re verb endings

je	-s	*nous*	-ons
tu	-s	*vous*	-ez
il		*ils*	-ent

Example: *répondre: répond / re*

je	réponds	nous	répondons
tu	réponds	vous	répondez
il	répond	ils	répondent

The singular and plural forms, even of the *ils* form, differ in pronunciation because the final consonant (usually a -d) is silent in the singular forms and heard in the plural forms. All three of the singular forms are pronounced the same.

je réponds	[ʒə re pɔ̃]	nous répondons	[nu re pɔ̃ dɔ̃]
tu réponds	[ty re pɔ̃]	vous répondez	[vu re pɔ̃ de]
il répond	[il re pɔ̃]	ils répondent	[il re pɔ̃d]

In the passé composé, the past participle of -re verbs ends in -u, as explained in chapter 5. Observe:

répondre	*perdre*
j'ai répondu	j'ai perdu
tu as répondu	tu as perdu
il/elle a répondu	il/elle a perdu
nous avons répondu	nous avons perdu
vous avez répondu	vous avez perdu
ils/elles ont répondu	ils/elles ont perdu

Unfortunately, there are far more irregular -re verbs than regular -re verbs, so you must be careful when encountering a new -re verb to learn whether it is irregular or regular. The only good point is that after you learn a few of the irregular -re verbs, you will start to see that the variations are mostly minor and predictable, as long as you know the regular pattern.

B.1.1 Conjugaison, verbes réguliers en -re

Conjuguez les verbes au présent.

défendre	attendre	tendre
je _____	je _____	je _____
tu _____	tu _____	tu _____
il/elle _____	il/elle _____	il/elle _____
nous _____	nous _____	nous _____
vous _____	vous _____	vous _____
ils/elles _____	ils/elles _____	ils/elles _____

Verbes réguliers en -re	
attendre	to wait (for)
défendre	to defend, to forbid
descendre	to descend
entendre	to hear
fondre	to melt
mordre	to bite
pendre	to hang
perdre	to lose
pondre	to lay (eggs)
prétendre	to claim
rendre	to give (back)
répandre	to spread
répondre	to answer
rompre	to break
tendre	to hold out
tondre	to clip, to shear
tordre	to twist, to wring
vendre	to sell

B.1.2 Qu'est-ce qui se passe à la ferme?

Conjuguez le verbe entre parenthèses au présent pour décrire des activités à la ferme.

Le matin, je (descendre) 1. _____ à la cuisine pour prendre mon petit déjeuner. Les poules (pondre) 2. _____ des oeufs tous les jours, et donc nous avons toujours des oeufs frais. Maman (fondre) 3. _____ du fromage sur nos oeufs, et c'est très bon!

Après le petit déjeuner, nous commençons le travail. Aujourd'hui, nous (tondre) 4. _____ les moutons. Les moutons ne nous (mordre) 5. _____ pas, mais on (entendre) 6. _____ beaucoup de bêlements!

L'après-midi, Maman fait la lessive et je l'aide. Elle (tordre) 7. _____ les serviettes et nous les (pendre) 8. _____ à la corde à linge. Elle dit, "si le téléphone sonne, tu (répondre) 9. _____, d'accord?" parce que les clients téléphonent pour nous donner leurs commandes.

Le premier coup de téléphone, c'est une dame qui demande, "Est-ce que vous (vendre) 10. _____ des oeufs?" Je lui (répondre) 11. _____ que oui, et elle me demande de lui en réserver une douzaine.

Il y a beaucoup d'autres choses à faire avant la fin de la journée, car on travaille dur à la ferme!

B.2 Les verbes vouloir, pouvoir, et devoir

Three important irregular verbs are *vouloir* (to want), *pouvoir* (to be able), and *devoir* (to have to).

vouloir [vu lwar]	
je veux [ʒə vø]	nous voulons [nu vu lɔ̃]
tu veux [ty vø]	vous voulez [vu vu le]
il veut [il vø]	ils veulent [il vœl]

pouvoir [pu vwar]	
je peux [ʒə pø]	nous pouvons [nu pu vɔ̃]
tu peux [ty pø]	vous pouvez [vu pu ve]
il peut [il pø]	ils peuvent [il pœv]

devoir [də vwar]	
je dois [ʒə dwa]	nous devons [nu də vɔ̃]
tu dois [ty dwa]	vous devez [vu də ve]
il doit [il dwa]	ils doivent [il dwav]

- These three verbs' conjugation follows what is commonly called the "shoe" or "boot" pattern: the je, tu, il, and ils forms undergo a vowel change, while the nous and vous forms keep the same vowel as the infinitive. Students often do not realize why this is; it is because the forms that change all have only one pronounced syllable, while the nous and vous forms have two pronounced syllable, just like the infinitive. Linguistic changes in the history of French led to this pattern in these (and many other) verbs.

- The unusual endings of the forms "je veux/peux" and "tu veux/peux," on the other hand, are the result of a *lack* of linguistic evolution. Instead of changing to "-s" like all other je and tu forms, these two verbs kept their "-x" spelling. In liaison, however, the -x is pronounced just like the -s. And normally, of course, the final consonant is not pronounced at all.

- As is always the case in all verbs except -er verbs, the difference between the *il* and *ils* forms can be heard not in the pronoun, but in the verb form itself, where the consonant before the -ent ending is pronounced.

- To express more politeness or a different meaning, these verbs are often used in another tense, the **conditional**. You do not need to learn the conditional now, but you will often see these forms: je voudrais (I would like), je pourrais (I could), je devrais (I should). In contrast, the simple present tense you are learning here translates to: je veux (I want), je peux (I can), and je dois (I must).

- The past participles of these verbs are voulu, pu, and dû, respectively. They are all avoir verbs: j'ai voulu (I wanted); j'ai pu (I was able); j'ai dû (I had to).

- The common French expression "Je veux bien" means something like "That's fine with me," or "I'd like to do that."

B.2.1 Conjugaison: vouloir, pouvoir, devoir

Conjugez les trois verbes au présent.

vouloir	pouvoir	devoir
je	je	je
tu	tu	tu
il/elle	il/elle	il/elle
nous	nous	nous
vous	vous	vous
ils/elles	ils/elles	ils/elles

B.2.2 Possibilités

Complétez la phrase avec la bonne forme du verbe logique (vouloir, pouvoir, ou devoir).

Au téléphone

A: Olivier, 1. _____ -tu aller au cinéma ce soir?
B: Désolée, Cécile, mais je ne 2. _____ pas. Je 3. _____ étudier pour notre examen de maths. Je ne comprends pas tous les exercices.
A: Et ta soeur aînée, la prof de maths, ne t'a pas aidé?
B: Elle 4. _____ bien m'aider, mais elle est trop occupée. Elle 5. _____ corriger beaucoup d'examens ce soir.
A: C'est dommage. Attends, j'ai une idée. Je vais te rappeler dans quelques minutes.
[Quelques minutes plus tard] **B:** Allo?
A: Salut, Olivier, C'est Cécile. Bon, j'ai la solution. Je t'invite à dîner chez moi. J'ai parlé à mes parents, et ils 6. _____ que tu viennes. Avant le dîner, nous 7. _____ travailler ensemble. Mes parents 8. _____ nous aider; ils aiment les maths.
B: Génial! A tout à l'heure, alors.
A: A bientôt.

Chez Cécile Riffaterre

A: M. Riffaterre, est-ce que vous 9. _____ nous expliquer ce problème? Comment 10. _____ -nous calculer la vélocité?
B: Laissez-moi voir. Ah, c'est ça. Vous 11. _____ calculer l'intégrale de l'accélération.
C: Ah, d'accord. Enfin! je comprends. Et toi, Olivier?
A: Oui, moi aussi.
B: Dans ce cas, mes enfants, ne 12. _____ -vous pas aller au cinéma? Ta mère 13. _____ vous y emmener, Cécile.
C: Qu'en dis-tu, Olivier? Tu es prêt?
A: Oui, Cécile. Allons-y! Merci, M. Riffaterre.

B.3 Passé composé of être verbs

Last chapter, we learned that all verbs in the passé composé are composed of two parts. The present tense of the auxiliary verb and a past participle make up the passé composé of a verb. In most cases, the auxiliary verb is *avoir*. However, there are some verbs that use *être* as their auxiliary verb in the passé composé we will refer to them as être verbs. Compare:

parler, an avoir verb   *aller*, an être verb

j'ai parlé	je suis allé(e)
tu as parlé	tu es allé(e)
il a parlé	il est allé
elle a parlé	elle est allée
nous avons parlé	nous sommes allé(e)s
vous avez parlé	vous êtes allé(e)(s)
ils ont parlé	ils sont allés
elles ont parlé	elles sont allées

- In both avoir verbs and etre verbs, the auxiliary (helping) verb is **conjugated** to agree with the subject we use the present tense of the helping verb in each case.

- Remember that the past participle of an être verb behaves like an adjective it agrees in gender and number with the subject of the verb, adding an -e if the subject is feminine and/or an -s if the subject is plural.

- You must choose the appropriate past participle for the *nous* and *vous* forms. For example, one would use *vous êtes allé* for a man, *vous êtes allée* for a woman, *vous êtes allés* for more than one man or a mixed group, and *vous êtes allées* for more than one woman (see also chapter 5, section B.3, page 273).

B.3.1 Conjugaison verbale, verbes avec être

Conjuguez les verbes entre parenthèses au passé composé. Ces verbes utilisent "être" comme verbe auxiliaire.

venir (p.p. venu)	entrer
je _____	je _____
tu _____	tu _____
il _____	il _____
elle _____	elle _____
nous _____	nous _____
vous _____	vous _____
ils _____	ils _____
elles _____	elles _____

Depending on how you count them, there are 15-18 important être verbs. (Some people count compounds of a verb separately; some people leave them out of their count.) [1]

aller	monter	rentrer	sortir
arriver	mourir	repartir	tomber
descendre	naître	rester	venir
devenir	partir	retourner	
entrer	passer	revenir	

How can you remember these? In the end, you must memorize them, either by brute drilling or just by the fact that you will use them enough that eventually they will "sound right" to you with être and "sound wrong" with avoir. Here are some tricks to help you in the meantime:

- You should know the basic grammatical fact that an être verb must be intransitive, i.e. unable to have a direct object. They may be followed by a preposition, but will never be followed by a noun that is the object of the verb. Note: All intransitive verbs are not être verbs, but all être verbs are intransitive. So if you see that a verb has a direct object, it cannot be an être verb.[2] However, just because a verb does not have a direct object, it is not necessarily an être verb.

- You can use the mnemonic (= trick to remember something) familiar to generations of Anglophone students of French: Dr. [and] Mrs. Vandertramp. A different version I prefer is "Mrs. P. Vandertramp," which ensures that you do not forget the two Ps. The initial letters of the verbs spell "MRS. P. VANDERTRAMP," as you can see in the margin. (Revenir, Devenir, and Repartir don't get their own letter in this list; they are included with venir and partir respectively). If you are hesitating as to whether, say, "conduire" is an être verb, you will remember that there is no "C" in Mrs. Vandertramp, so you will know that conduire cannot be an être verb.

- As you memorize your list, you will see that many of the verbs come in logical pairs: naître-mourir, arriver-partir, entrer-sortir, monter-descendre. That will help you come up with the complete list.

---

[1]There are some fairly rare verbs that also use être that we will not discuss here; and there is a large category of verbs known as reflexive verbs that always use être. We will discuss reflexive verbs in chapter 7.

[2]In fact, six of the être verbs listed here sometimes become avoir verbs because they occasionally take a direct object, with a slightly different meaning. For example, "je suis sortie" means "I went out," but "j'ai sorti la plante" means "I took the plant outside." While this is an important grammatical point, it is a complication that first-year students do not need, so we will only use these verbs in cases where their auxiliary is être.

Mini-Vocabulaire:

aller	to go
arriver	to arrive
descendre	to come down
devenir	to become
entrer	to enter
monter	to go up
mourir (mort)	to die
naître (né)	to be born
partir	to leave
passer	to pass
rentrer	to come back
repartir	to leave again
rester	to stay
retourner	to return
revenir	to come back
sortir	to go out
tomber	to fall
venir	to come

Mourir
Rentrer
Sortir

Passer

Venir (revenir, devenir)
Aller
Naître
Descendre
Entrer
Retourner
Tomber
Rester
Arriver
Monter
Partir (repartir)

- Etre verbs are often described as "verbs of motion." Again, all verbs of motion are not être verbs, but all être verbs are verbs of motion (you have to imagine "naître" and "mourir" as motion into and out of the world, and "rester" as a verb of motion even though it's really a temporary pause in motion).

B.3.2 L'histoire de ma famille

Conjuguez les verbes entre parenthèses au passé composé. Faites attention au verbe auxiliaire (être ou avoir?) et à la forme du participe passé.

1. Ma grand-mère (naître) _____ au Mexique.

2. Elle (venir) _____ aux Etats-Unis en 1946.

3. Elle (trouver) _____ un travail et un appartement.

4. Mon grand-père, lui, (arriver) _____ en 1948.

5. Il (rencontrer) _____ ma grand-mère à l'église.

6. Ils (tomber) _____ amoureux.

7. Ils (retourner) _____ au Mexique pour leur mariage.

8. Les deux familles (célébrer) _____ les noces pendant 6 jours.

9. Mes grands-parents (aller) _____ au Costa Rica pour leur lune de miel.

10. Puis, ils (rentrer) _____ aux Etats-Unis et (reprendre) _____ leur travail.

11. Ils (acheter) _____ une maison en 1950.

12. Mon père (naître) _____ en 1953.

dur = hard; obtenir, p.p. obtenu = to obtain, to get

13. Il (étudier) _____ dur et (obtenir) _____ une bourse à l'université.

14. Il (avoir) _____ son diplôme en 1975. Ma grand-mère lui (donner) _____ une ancienne voiture et il (partir) _____ à son nouveau poste à San Francisco.

15. Mes parents (revenir) _____ à Los Angeles en 1980 et je (naître) _____ en 1982.

B.3.3 Quelle journée!

Conjuguez les verbes entre parenthèses au passé composé.

A: Salut chéri! Tu as l'air fatigué. Tu (avoir) 1. _____ une journée difficile?

B: Tu peux bien le dire! D'abord, je (quitter) 2. _____ la maison à 6h30. Mais à cause de la circulation, je ne (arriver) 3. _____ au bureau qu'à 7h30. Je (devoir) 4. _____ immédiatement me mettre au travail, et je (finir) 5. _____ ma présentation juste avant notre réunion à 8h30.

A: Pourquoi (faire) 6.n' _____ -tu pas _____ la présentation hier?

B: Je (ne pas pouvoir) 7. _____ . En tout cas, les clients (aimer) 8. _____ nos idées, et nous (obtenir) 9. _____ le contrat.

A: Ça, c'est bien!

B: Oui, mais puis ils (vouloir) 10. _____ sortir déjeuner ensemble, et ça (prendre) 11. _____ deux bonnes heures. Je (être) 12. _____ en retard pour prendre Marc à l'école, et la secrétaire m' (téléphoner) 13. _____ sur mon portable. Je n'aime pas parler au téléphone pendant que je roule, et ça m' (stresser) 14. _____ .

A: Mon pauvre! Qu'est-ce que vous (faire) 15. _____ après, toi et Marc?

B: Nous (aller) 16. _____ à son match de foot, où je (réussir) 17. _____ à passer quelques coups de téléphone importants pendant son entraînement. Puis, nous (rentrer) 18. _____ à la maison et je (aider) 19. _____ Marc avec ses devoirs.

A: Qu'est-ce que vous (préparer) 20. _____ pour le dîner?

B: Nous (commander) 21. _____ une pizza. La voilà qui arrive.

A: Quelle bonne idée! J'ai très faim.

B.4 L'adjectif interrogatif Quel

French has several different constructions that correspond to the English interrogative "what." You already know the interrogative *que*, which is used with a verb. You have already also seen different forms of the interrogative adjective *quel*, which is used with a noun. *Quel* can be translated into English as "what" or as "which" depending on the context, and even as "who" if it is referring to a person. In French, however, anytime you are asking "What/ which *something*," you will use a form of *quel*. As an adjective, *quel* has four forms:

	masculin	*féminin*
singuler	quel	quelle
pluriel	quels	quelles

In terms of its position, *quel* can come directly in front of the noun it is modifying, or it may precede the verb *être*, with the noun coming later in the sentence. Observe the following examples:

French	*English*
Quelle heure est-il?	What time is it?
Quel est ton acteur préféré?	Who (which) is your favorite actor?
Quel jour sommes-nous?	What day is it?
Quels sont les meilleurs étudiants de la classe?	Which (who) are the best students in the class?
Quelles émissions est-ce que tu regardes souvent?	What t.v. shows do you watch often?

B.4.1 Quelles sont tes préférences?

Complétez les questions avec la forme correcte de l'adjectif interrogatif "quel."

une actrice
un groupe
un restaurant
une fleur
un parfum
une couleur
une marque
une émission
un sport
une cuisine

1. _____ actrices aimes-tu?

2. _____ groupes de musique aimes-tu?

3. _____ restaurant aimes-tu?

4. _____ fleurs préfères-tu?

5. _____ parfum aimes-tu?

6. _____ couleur aimes-tu?

7. _____ marque de jean préfères-tu?

8. _____ émissions de télé aimes-tu?

9. _____ sports pratiques-tu?

10. _____ cuisine préfères-tu?

C Lab Worksheet and Review

C.1 Les travaux ménagers

C.1.1 Faire les travaux ménagers (Time on recording : 0 :00)

Give a room or place in which you do each chore. After a pause for your answer, one possible answer will be given. Repeat the sentence.

1. passer l'aspirateur

2. payer les factures

3. balayer

4. récurer

5. faire la lessive

6. faire la vaisselle

7. faire le lit

8. ranger

9. arroser

C.1.2 Une distribution de travail idéale (Time on recording : 2 :40)

The members of the Duchamp family have different preferences as far as household chores are concerned. Luckily, it turns out that they end up doing the chores they like more often than the ones they dislike. Given the intensity of their preference, say how often they do the given chores.

Si la personne préfère la tâche,	elle fait tout le temps cette tâche.
Si la personne aime la tâche,	elle fait souvent cette tâche.
Si la personne n'aime pas beaucoup la tâche,	elle fait de temps en temps cette tâche.
Si la personne déteste la tâche,	elle ne fait jamais cette tâche.

Exemple: Marcel déteste tondre le gazon.
Stéphanie préfère balayer la cuisine.

Il ne tond jamais le gazon.
Elle balaie tout le temps la cuisine .

C.1.3 Une routine bien établie (Time on recording : 6 :25)

The children in the Robert family must do certain chores every day. Consult the chart below and respond to the prompt by saying what each person must do. Imagine that you are Dominique and you are talking to your sister Charlotte.

Exemple: Qu'est-ce que je dois faire le lundi ?

Tu dois enlever la poussière.

	lundi	mardi	mercredi	jeudi	vendredi
Dominique (toi)	passer l'aspirateur	balayer la cuisine	faire les lits	vider les poubelles	faire la lessive
Charlotte	enlever la poussière	faire la vaisselle	récurer l'évier	faire la cuisine	faire la lessive
Nicolas	faire les lits	faire les courses	faire la vaisselle	balayer la cuisine	sortir les ordures
Thomas	faire la vaisselle	faire les courses	passer l'aspirateur	faire la cuisine	faire les lits

C.2 Mes reponsabilités au travail

C.2.1 Caissier aux Galeries Lafayette (Time on recording : 9 :20)

Imagine that you work as a salesperson at the Galeries Lafayette, a large French department store. At dinner, your father asks you how your day went. Answer each question affirmatively or negatively in the passé composé. A possible answer will be given after the pause ; repeat the answer given.

Exemple: Tu as acheté de la marchandise ?   Non, je n'ai pas acheté de marchandise.

C.2.2 Conseiller d'orientation professionnelle (Time on recording : 12 :15)

Given the interests of each of your clients, suggest a possible career. Follow the model. After a pause for your answer, one possible answer will be given ; repeat that sentence.

Exemple: avec des malades
[You hear :] Je veux travailler avec des malades.
[You say :] Vous pouvez être médecin.

1. un laboratoire scientifique
2. dans un restaurant
3. la protection de ma communauté
4. avec des jeunes
5. de nouveaux traitements médicaux
6. de jolis bâtiments
7. les accusés
8. les gens pauvres
9. dans un bureau
10. des vêtements

C.2.3 Trop de choses à faire ! (Time on recording : 15 :05)

Julien et Mélanie have two children and both work - Julien for an animation studio and Mélanie as a lawyer. Listen to their conversation and then answer the questions on your lab worksheet. The conversation will be read only once, but you may replay it as many times as necessary.

1. Qui téléphone à qui ?

2. Avec qui est-ce que Julien a eu une réunion ?

3. Combien de temps est-ce que cette réunion a duré ?

4. Combien de clients est-ce que Mélanie a vu ce matin ?

5. Qui ne va pas déjeuner aujourd'hui ?

6. Qui doit prendre Florian à l'école ?

7. Qui est M. Johnson ?

8. Qui trouve une solution ?

9. Quelle est la solution ?

10. Ecrivez les mots qui manquent :
    Tu penses qu'elle va _____ le faire ?

11. Quelle activité fait Florian cet après-midi ?

12. Est-ce que Julien est furieux contre Mélanie ?

C.3 Le passé composé

C.3.1 Voyage à travers la vie (Time on recording : 16 :55)

Answer the following questions in the passé composé. The verbs will all use être as their helping verb in the passé composé. After a pause for your answer, a sample answer will be given ; repeat the sample answer.

C.3.2 Pratique : le passé composé (Time on recording : 20 :00)

Change one element at a time to form a new sentence in the passé composé. Pay attention to what helping verb is necessary.

Phrase de départ : Je suis né aux Etats-Unis.

1. vous	13. aller
2. visiter	14. la fête
3. le musée	15. danser
4. Georges et Paul	16. Marie
5. travailler	17. parler
6. entrer	18. manger
7. nous	19. Vous
8. la bibliothèque	20. venir
9. je	21. Mes amis
10. étudier	22. l'université
11. rester deux heures	23. je
12. tu	24. payer

C.3.3 Dictée : le passé composé (Time on recording : 25 :25)

Write down the verbs in the following sentences, paying special attention to the form of the past participle.

1. Aujourd'hui, je _____ à l'université pour passer un examen de biologie.

2. Marie aussi ; elle _____ le bus et _____ à l'université à 10 heures.

3. J' _____ Marie au café avant le cours.

4. Marie et moi _____ ensemble à notre cours.

5. Le professeur _____ dans la classe à 10h20.

6. A 10h30, le professeur _____ les examens aux étudiants et nous _____ .

7. Nous _____ pendant 30 minutes et puis le professeur _____ les copies.

8. Marie _____ à son cours de chimie, mais moi, j' _____ pour parler au professeur.

9. Il _____ l'examen devant moi et j' _____ 16/20. J' _____ contente ! J' _____ à Marie et nous _____ de célébrer cela en allant au cinéma.

10. Nous _____ au cinéma et je _____ à la maison à 23h.

C.4 Comment passer le temps

C.4.1 Mes goûts (Time on recording : 26 :55)

Answer the question about your preferences in the following areas. After a pause for your answer, a sample answer will be given. Repeat the sample answer.

C.4.2 Mes passe-temps préférés (Time on recording : 29 :55)

Answer the following questions about your hobbies and what you do in your free time. After a pause for your answer, a sample answer will be given. Repeat the sample answer.

End of lab worksheet

C.5 **Exercices de révision écrits**

The nature of communication is that it is open-ended. Therefore, these written review exercises are unable to cover all the objectives of the chapter, since some of those objectives do not lend themselves to fill-in-the-blank exercises. These exercises focus more on the grammar and vocabulary of the chapter, because these can be practiced more easily in writing, and mastering them will enable you to perform the communicative objectives of the chapter.

C.5.1 Compositions

Ecrivez 7-10 phrases sur un des sujets suivants :

1. La distribution des tâches ménagères chez vous

2. Vos responsabilités au travail

3. Votre temps libre (Avez-vous beaucoup de temps libre ? Qu'est-ce que vous faites dans votre temps libre, et pourquoi ?)

C.5.2 Vocabulaire : les tâches ménagères

Où fait-on les tâches ménagères ? Complétez chaque phrase avec une pièce possible. Essayez d'utiliser un maximum de pièces différentes.

1. On récure le lavabo dans   .

2. On balaie le sol dans   .

3. On range les livres dans   .

4. On met la table dans   .

5. On enlève la poussière sur le téléviseur dans   .

6. On fait le lit dans   .

7. On passe l'aspirateur dans   .

8. On fait la vaisselle dans   .

9. On paie les factures dans   .

10. On fait la lessive dans   .

C.5.3 Vocabulaire : les passe-temps

Suggérez deux activités possibles pour chaque situation donnée.

1. Des activités qu'on peut faire dans l'eau (dans une piscine)

2. Des spectacles ou amusements pour des enfants

3. Des activités qu'on peut faire au parc

4. Des activités pour des personnes âgées mais en bonne santé

5. Des activités pour des personnes qui aiment la cuisine

6. Des activités pour des personnes sociables mais sédentaires

7. Des activités pour des personnes solitaires

8. Des activités pour des personnes qui aiment la nature

C.5.4 Les verbes en -re

Conjuguez le verbe au présent.

1. Je (répondre) _____ souvent en classe.

2. Est-ce que votre chien (mordre) _____ ?

3. Les étudiants (rendre) _____ les devoirs au professeur.

4. Est-ce que vous m'(entendre) _____ ?

5. Tu (prétendre) _____ que tu as fait tes devoirs ?

6. Je (défendre) _____ à mes enfants de fumer.

7. Est-ce que vous (perdre) _____ souvent vos clés ?

8. Est-ce qu'une poule blanche (pondre) _____ des oeufs blancs ?

9. Tu (vendre) _____ ta bicyclette, n'est-ce pas ?

10. Nous (entendre) _____, mais nous ne comprenons pas.

C.5.5 Les verbes vouloir, pouvoir, et devoir

Complétez la phrase avec le verbe approprié, conjugué au présent.

1. Est-ce qu'on _____ utiliser un balai-éponge pour nettoyer le sol ? –Bien sûr !

2. Est-ce que tu _____ aller au cinéma ce soir ? – Je _____ bien ! Quel film _____ -tu regarder ?

3. Est-ce que Georges _____ sortir avec nous ? –Non, il _____ faire le ménage.

4. Est-ce que vous _____ acheter un lave-vaisselle ? – Oui ! Je ne _____ pas continuer à faire la vaisselle à la main.

5. Mes parents _____ acheter une nouvelle machine à laver. La machine que nous avons maintenant ne marche pas.

6. Je _____ récurer l'évier avant que nos invités arrivent.

7. Sandrine et Mathilde ne _____ pas arroser le gazon - elles n'ont pas de tuyau [=hose].

C.5.6 Le passé composé - être ou avoir ?

Mettez le verbe entre parenthèses au passé composé. Attention au choix du verbe auxiliaire. (C'est Marie qui parle).

Ce week-end, 1. nous (avoir) _____ beaucoup de choses à faire pour nous préparer au grand match de football américain le dimanche. Vendredi, 2. ma mère m'(envoyer) _____ au magasin. 3. Je (prendre) _____ la voiture et 4. je (aller) _____ à Trader Joe's. Là, 5. je (acheter) _____ beaucoup de choses pour la fête. En rentrant du magasin, 6. je (devoir) _____ m'arrêter à l'école pour prendre ma petite soeur Sylvie.

Quand 7. nous (rentrer) _____ à la maison, 8. ma mère nous (donner*) _____ des tâches à faire. 9. Ma soeur (nettoyer) _____ le salon. 10. Elle (passer) _____ l'aspirateur, 11. elle (enlever) _____ la poussière, et 12. elle (ranger) _____ les livres. De ma part, 13. je (faire) _____ les salles de bain. 14. Je (récurer) _____ la baignoire et les lavabos, et 15. je (utiliser) _____ un balai-éponge pour nettoyer le sol. 16. Ma mère me (demander) _____, "est-ce que 17. tu (finir) _____ ton travail ?" Quand 18. je (répondre) _____ "oui," 19. elle (venir) _____ regarder mon travail. Elle m'a dit, "mais 20. tu (ne pas vider) _____ les poubelles !" A ce moment, 21. mes frères (rentrer) _____ de l'école. 22. Ma mère (décider) _____ qu'ils devraient vider les poubelles. Elle a dit, "quand 23. vous (manger) _____ un peu, vous pouvez vous mettre au boulot. Mais toi et Sylvie, Marie, 24. vous (travailler bien) _____. Vous pouvez aller jouer."

25. Marie et moi (sortir) _____ pour aller au parc. 26. Nous (jouer) _____ au foot avec nos copains et 27. (acheter) _____ une glace. Malheureusement, 28. Marie (vouloir) _____ manger sa glace dans un arbre. 29. Elle (monter) _____ dans l'arbre, mais 30. elle (tomber) _____. 31. Je (téléphoner) _____ à Maman pour venir nous chercher en voiture. 32. Elle (arriver) _____ très vite, et quand elle a vu que Sylvie n'avait pas très mal, 33. elle (commencer) _____ à gronder Sylvie : "Ce que 34. tu (faire) _____, c'était vraiment stupide !" J'ai dit, "Mais Maman, 35. Sylvie (ne pas mourir) _____ !" 36. Nous (entrer) _____ dans la voiture et 37. nous (rentrer) _____ à la maison.

Le jour du match, 38. beaucoup de personnes (venir) _____ chez nous. 39. Nous (manger) _____ beaucoup et 40. (regarder) _____ un match très intéressant.

*Attention : le sujet du verbe #8 est "ma mère" !

Complétez la question avec la forme correcte de l'adjectif "quel."
Utilisez votre mémoire et les listes de vocabulaire pour déterminer
si le substantif est masculin ou féminin. Ensuite, répondez aux questions aussi.

1. A votre maison, _____ détergent utilisez-vous ?

2. _____ profession voulez-vous faire ?

3. _____ est votre plus grande responsabilité dans la vie ?

4. _____ cuisine préférez-vous ?

5. _____ sport préférez-vous ?

6. A _____ heures préférez-vous travailler ?

7. A _____ concerts êtes-vous allé cette année ?

8. _____ professeurs recommandez-vous à cette université ?

9. _____ sont vos passe-temps préférés ?

10. _____ lessive utilisez-vous ?

Answers to Written Section B Exercises

Answers to B.1.1, Conjugaison, verbes réguliers en -re, page 319

je défends, tu défends, il défend, nous défendons, vous défendez, ils défendent; j'attends, tu attends, il attend, nous attendons, vous attendez, ils attendent; je tends, tu tends, il tend, nous tendons, vous tendez, ils tendent

Answers to B.1.2, Qu'est-ce qui se passe à la ferme?, page 319

1. descends; 2. pondent; 3. fond; 4. tondons; 5. mordent; 6. entend; 7. tord; 8. pendons; 9. réponds; 10. vendez; 11. réponds

Answers to B.2.2, Possibilités, page 321

1. veux; 2. peux; 3. dois; 4. veut; 5. doit; 6. veulent; 7. pouvons; 8. peuvent; 9. pouvez; 10. pouvons/ devons; 11. devez; 12. voulez; 13. peut

Answers to B.3.1, Conjugaison verbale, verbes avec être, page 322

Note: you do not need the letters in parentheses, but the answers are also correct with any of the letters in parentheses.

je suis venu(e); tu es venu(e); il est venu; elle est venue; nous sommes venu(e)s; vous êtes venu(e)(s); ils sont venus; elles sont venues; je suis entré(e); tu es entré(e); il est entré; elle est entrée; nous sommes entré(e)s; vous êtes entré(e)(s); ils sont entrés; elles sont entrées

Answers to B.3.2, L'histoire de ma famille, page 324

1. est née; 2. est venue; 3. a trouvé; 4. est arrivé; 5. a rencontré; 6. sont tombés; 7. sont retournés; 8. ont célébré; 9. sont allés; 10. sont rentrés, ont repris; 11. ont acheté; 12. est né; 13. a étudié, a obtenu; 14. a eu, a donné, est parti; 15. sont revenus, suis né(e)

Answers to B.3.3, Quelle journée!, page 324

1. as eu; 2. ai quitté; 3. suis arrivé; 4. ai dû; 5. ai fini; 6. n'as-tu pas fait; 7. n'ai pas pu; 8. ont aimé; 9. avons obtenu; 10. ont voulu; 11. a pris; 12. ai été; 13. a téléphoné; 14. a stressé; 15. avez fait; 16. sommes allés; 17. ai réussi; 18. sommes rentrés; 19. ai aidé; 20. avez préparé; 21. avons commandé

Answers to B.4.1, Quelles sont tes préférences?, page 326

1. quelles; 2. quels; 3. quel; 4. quelles; 5. quel; 6. quelle; 7. quelle; 8. quelles; 9. quels; 10. quelle

Answers to Written Section C Exercises

Answers to C.2.3, Trop de choses à faire!, page 329

1. Julien téléphone à Mélanie. 2. Julien a eu une réunion avec

l'équipe d'animateurs. 3. Elle a duré une heure et demie. 4. Elle a vu 4 clients ce matin. 5. Mélanie ne va pas déjeuner. 6. Mélanie doit prendre Florian à l'école. 7. M. Johnson est le producteur d'Hollywood. 8. Julien trouve une solution. 9. Sa mère va chercher Florian. 10. bien vouloir. 11. Il a un match de foot. 12. Non, il n'est pas furieux.

Answers to C.3.3, Dictée: le passé composé, page 330

1. suis allée; 2. a pris, est arrivée; 3. ai rencontré; 4. sommes allées; 5. est entré; 6. a distribué, avons commencé; 7. avons travaillé, a repris; 8. est partie, ai attendu; 9. a corrigé, ai eu, ai été, ai téléphoné, avons décidé; 10. sommes sorties, suis rentrée

Answers to C.5.2, Vocabulaire: les tâches ménagères, page 332

Answers may vary, but be sure you have the correct definite article with each room. 1. la salle de bains / les toilettes; 2. la cuisine; 3. la chambre / le bureau / le salon; 4. la salle à manger / la cuisine; 5. le salon; la chambre; 6. la chambre; 7. le salon; la chambre; 8. la cuisine; 9. le bureau / la cuisine; 10. la buanderie / le garage

Answers to C.5.3, Vocabulaire: les passe-temps, page 332

Answers will vary. 1. l'aquagym, la natation; 2. le cirque, le parc d'attractions; 3. le foot; le roller; une promenade; 4. une promenade, l'aquagym, le tennis; 5. cuisiner, aller au restaurant; 6. jouer aux cartes, aller au cinéma, aller au café; 7. faire une randonnée; surfer sur internet; tricoter; 8. faire une randonnée, faire une promenade; jardiner

Answers to C.5.4, Les verbes en -re, page 333

1. réponds; 2. mord; 3. rendent; 4. entendez (*vous* is the subject); 5. prétends; 6. défends; 7. perdez; 8. pond; 9. vends; 10. entendons

Answers to C.5.5, Les verbes vouloir, pouvoir, et devoir, page 333

1. peut; 2. veux, veux, veux; 3. peut; doit; 4. voulez; veux/peux; 5. doivent; 6. dois / veux; 7. peuvent

Answers to C.5.6, Le passé composé - être ou avoir?, page 334

Be sure to check whether you made the past participle agree correctly.

1. nous avons eu; 2. ma mère m'a envoyée (you will understand why there is an extra e in a few more chapters; don't worry about it now); 3. j'ai pris; 4. je suis allée (au féminin, parce que c'est Marie qui parle); 5. j'ai acheté; 6. j'ai dû; 7. nous sommes rentrées; 8. ma mère nous a donné; 9. ma soeur a nettoyé; 10. elle a passé; 11. elle a enlevé; 12. elle a rangé; 13. j'ai fait; 14. j'ai récuré; 15. j'ai utilisé; 16. ma mère m'a demandé; 17. tu as fini; 18. j'ai répondu; 19. est

venue; 20. tu n'as pas vidé; 21. mes frères sont rentrés; 22. ma mère a décidé; 23. vous avez mangé; 24. vous avez bien travaillé; 25. Marie et moi sommes sorties; 26. nous avons joué; 27. avons acheté; 28. Marie a voulu 29. Elle est montée; 30. elle est tombée; 31. j'ai téléphoné; 32. elle est arrivée; 33. elle a commencé; 34. tu as fait; 35. Sylvie n'est pas morte; 36. nous sommes entrées; 37. nous sommes rentrées; 38. beaucoup de personnes sont venues; 39. nous avons beaucoup mangé; 40. avons regardé

Answers to C.5.7, Un choix, page 335

Make sure you have the correct form of "quel," but answers to the questions will vary.

1. quel; J'utilise "Dawn." 2. Quelle; Je veux être professeur. 3. Quelle; Ma plus grande responsabilité, ce sont mes études. 4. Quelle; Je préfère la cuisine indienne; 5. Quel; Je préfère le tennis; 6. Quelles; Je préfère travailler le soir / de 18h à 22h. 7. quels; Je ne suis pas allé à des concerts. 8. Quels; Je recommande M. X et Mme. Y. 9. Quels; Je préfère faire des randonnées et regarder la télé; 10. Quelle; J'utilise "Tide."

Chapter 7
Mon corps

Objectives for chapter 7

Communication (what students will be able to do):

By the end of this chapter, students will be able to:

1. Discuss their health in greater detail

2. Discuss their wardrobe

3. Describe their schedule from rising to sleep and ask about others' schedules

4. Avoid repetition when answering questions containing direct objects

Culture (what students will know about the French-speaking world):

By the end of this chapter, students will know something about:

1. Attitudes towards health, physical condition and exercise in France

2. The French health-care system

3. French use of medication and French pharmacies

Grammar/ Tools (what students need to know):

In order to perform these communicative tasks, students will have to understand and be able to use correctly the following grammatical structures:

1. Adjective placement

2. Direct object pronouns

3. The present tense of the verb *mettre* and of verbs like *sortir*

4. Reflexive verbs in the present and past tenses

A Activités

Dans cette section, nous allons parler des parties du corps. A quoi servent ces différentes parties ?

Vocabulaire supplementaire :
Mini-Vocabulaire:

le visage	face
le sourcil	eyebrow
le menton	chin
la lèvre	lip
le dent	tooth
la joue	cheek
le front	forehead
le poing	fist
l'orteil	toe
le torse	torso
une articulation	joint
un membre	limb
une organe	organ

A.1.1 Qu'est-ce qui ne va pas ?

Trouvez l'élément inapproprié, et choisissez un nouvel élément qui peut le remplacer plus logiquement. Justifiez votre réponse.

1. le genou - l'épaule - le coude - l'oreille
2. les doigts - les yeux - le dos - les oreilles
3. le pied - le nez - l'oeil - la bouche
4. la tête - le ventre - la main - le pied
5. la poitrine - le ventre - le genou - l'épaule
6. la jambe - le pied - la tête - la cheville

A.1.2 **Jacques a dit**

Ecoutez les instructions du professeur. Quand le professeur dit, "Jacques a dit" + l'instruction, exécutez-la. Mais s'il dit "Jacques a dit a dit" + l'instruction, ne l'exécutez pas. Pour commencer, levez-vous.

Mini-Vocabulaire:

toucher	[tu ʃe]	to touch
placer	[pla se]	to place
croiser	[kwa ze]	to cross
mettre	[mɛ trə]	to put, to place

Grammaire: Voir B.1, "Objets directs," page 362.

A.1.3 **Un corps utile !**

 Quand utilisez-vous les différentes parties de votre corps ?

Associez la partie du corps à l'activité appropriée. Utilisez le pronom d'objet direct. Regardez le modèle avant de commencer.

Exemple: les pieds

Quand utilises-tu les pieds ?   Je les utilise quand je danse.

1. les yeux   a. quand j'écoute de la musique
2. la bouche   b. quand je digère mon dîner
3. les bras   c. quand je porte des paquets
4. le dos   d. quand je lis le journal
5. la main droite   e. quand je marche
6. les doigts   f. quand je parle français
7. le ventre   g. quand j'écris une lettre
8. les oreilles   h. quand je fais du yoga
9. les jambes   i. quand je joue du piano

⟹ **Continuons!**

Maintenant, refaites l'exercice en suggérant une autre activité. Continuez à utiliser le pronom d'objet direct.

Exemple: les pieds

Quand est-ce que tu utilises les yeux ?   Je les utilise quand je ....

Quand est-ce que tu utilises la bouche ?   Je l'utilise quand je ....

(et cetera)

a / Il a les bras forts.
Il les utilise à la gym.

A.1.4 Problèmes physiques

Où ont-ils mal ? Indiquez quelle partie du corps fait mal, selon l'activité de la personne. Suivez le modèle. N'oubliez pas la contraction à + article défini.

Exemple: Marie a fait trop de yoga.　　　　Elle a mal au dos.

1. Chantal joue beaucoup au tennis.

2. Philippe est allé à un concert de rock.

3. Christophe a soulevé un carton très lourd.

4. Paul, qui fait de la boxe, a reçu un coup de poing au milieu du visage.

5. Olivia lit un magazine, mais il n'y a pas assez de lumière.

6. Isabel a dansé toute la nuit.

7. Le petit Jacques a mangé trop de gâteau.

8. Mme Dupont est une vieille femme qui a de l'arthrite.

9. Laurence vient de passer un examen écrit de quatre heures.

10. Charles a une infection aux dents.

11. Manon est secrétaire ; elle tape à l'ordinateur sept heures par jour.

12. Sarah a deux enfants de 3 et de 4 ans qui font beaucoup de bruit ; elle a une migraine.

Grammaire: Voir B.2, "Position de l'adjectif," page 368.

A.1.5 Descriptions physiques

Substituez le nouvel élément, en faisant les changements nécessaires.

Exemple: Luc a les yeux bruns.　　　　beau
Luc a de beaux yeux.　　　　cheveux
Luc a de beaux cheveux.

Alain a les jambes musclées.

1. long	7. joli	13. Adrien
2. les cheveux	8. fort	14. tête
3. les doigts	9. musclé	15. rond
4. fin	10. jambes	16. beau
5. Juliette	11. petit	17. les épaules
6. les bras	12. les pieds	18. large

A.1.6 Les aspects physiques

Quels aspects physiques sont associés aux professions suivantes ?
(Certains sont nécessaires, d'autres stéréotypés.) Essayez de donner
plusieurs réponses.

b / Une patineuse

Mini-Vocabulaire:

un/e coureur/-euse	[ku rœr] [røz]	runner
un/e culturiste/*	[kyl ty rist	bodybuilder
un/e espion(ne)	[ɛ spjɔ̃] [pjɔn]	spy
un/e patineur/-euse	[pa ti nœr] [nøz]	skater
un pompier	[pɔ̃ pje]	firefighter
une sorcière	[sɔr sjɛr]	witch
un/e viticulteur/trice	[vi ti kyl tœr]	winegrower
carré	[ka re]	square
fin	[fɛ̃]	sensitive (ear, nose)
mince	[mɛ̃s]	thin
pointu	[pwɛ̃ ty]	pointed
sensible	[sɑ̃ sibl]	sensitive
souple	[supl]	flexible

*Le mot anglais "bodybuilder" est peut-être en train de remplacer
le mot "culturiste."

Exemple : Un bel acteur
Un bel acteur a les épaules
larges, le menton carré, et de
beaux yeux.

c / Un culturiste

fin	gros	petit	élégant
fort	long	mince	délicat
joli	carré	pointu	souple
beau	agile	musclé	solide
rond	grand	sensible	

1. un/e espion(ne)
2. un/e patineur/-euse
3. une sorcière
4. un/une culturiste
5. une ballerine
6. un/une viticulteur / trice
7. un/e pianiste
8. un chirurgien
9. un pompier
10. un/e intellectuel(le)
11. un/e coureur/ -euse
12. un/e joueur /-euse de basket
13. un/e gymnaste
14. un policier

A.1.7 Observation culturelle : Le corps et la condition physique en France

d / Les Françaises ont la réputation d'être très chic !

Mini-Vocabulaire:

autant	as much
un tiers	a third
tout le monde	everyone
le rapport	relationship
étonné	astonished
s'empiffrer	to stuff oneself
grâce à	thanks to
cependant	nevertheless
l'augmentation	growth

Les Français, et particulièrement les Françaises, ont la réputation d'être beaux, chic, mince, en bonne forme ... est-ce vrai ? De façon générale, il n'y a pas **autant** d'obésité en France qu'aux Etats-Unis. Moins de 10% de la population française est obèse, contre environ **un tiers** aux Etats-Unis. Comment cela peut-il être, avec les pâtisseries, le fromage, les sauces, le vin ...?

Tout d'abord, la vie française est assez différente de la vie américaine. Les Français marchent beaucoup plus que les Américains : on va à pied aux petits magasins du quartier, **tout le monde** n'a pas de voiture, les transports publiques sont excellents. Aussi, le **rapport** entre les Français et la cuisine est très différent. En France, le moment du repas est respecté et apprécié : on se met à table avec la famille ou avec des amis, on parle en mangeant, et surtout, on mange bien, mais en quantité raisonnable. Les Français qui viennent aux Etats-Unis sont toujours **étonnés** par les proportions au restaurant. En France, c'est surtout la modération qui compte. Ils mangent de tout mais ils ne **s'empiffrent** pas. Il n'y a pas de solution magique : les Français, comme les Américains, font un effort pour rester minces **grâce** au sport et aux **régimes**.

Cependant, la France, comme le reste des pays développés, commence à s'inquiéter, de **l'augmentation** de l'obésité. Les pourcentages sont de plus en plus élevés, surtout chez les enfants, et le gouvernement français a commencé une campagne contre l'obésité. Ce sont les mêmes coupables qu'aux Etats-Unis : le fast-food et l'inactivité. Ceci dit, le touriste étranger en France peut toujours admirer la bonne forme des Français !

Comprenez-vous ? Répondez aux questions.

1. Quelle est la réputation des Français en ce qui concerne l'état physique ?
2. La France souffre-t-elle d'un problème d'obésité ?
3. Comment la vie française diffère-t-elle de la vie américaine ?
4. La cuisine française est-elle responsable de la condition physique des Français ? Comment ?

A.2 Mes vêtements

> Grammaire: Voir B.3, "Verbes comme sortir," page 373.

Dans cette section, nous allons parler de nos vêtements et du choix que nous en faisons.

un chapeau
une cravate
un costume
une chemise
un pantalon
une chaussure

un chemisier
une jupe
des bas

une casquette
un t-shirt
un jean
une basket
une chaussette

un maillot de bain
un short
une sandale

Mini-Vocabulaire:

un pull	sweater
des bottes (f.)	boots
un manteau	coat
un imperméable	raincoat
des gants	gloves
une écharpe	scarf
un foulard	scarf
un sweat	sweatshirt
un pantalon sweat	sweatpants

Regardez les vêtements qu'ils portent et devinez ...

1. Où va le monsieur ? Est-ce qu'il est à l'intérieur ou à l'extérieur ?

2. Quelle est la profession de la dame ? Est-ce qu'elle porte des baskets ?

3. Quel âge a le jeune homme ? Va-t-il à l'école ?

4. Où est la jeune fille ? Que fait-elle ?

A.2.1 **Que portons-nous aujourd'hui ?**

Regardez vos camarades et dites si vous pouvez trouver quelqu'un qui porte :

Tuyau : Pour le négatif, dites,
"Il n'y a personne qui porte
... ou "Personne ne porte ...

1. un costume
2. une casquette bleue
3. un manteau chaud
4. un jean usé
5. des baskets propres
6. un imperméable
7. un sweat confortable
8. un foulard
9. un pull jaune
10. un short
11. un t-shirt blanc
12. une jupe
13. des chaussures noires
14. des sandales
15. une cravate
16. un pantalon marron
17. une chemise rose

⟹ **Continuons!**

Sur une feuille, écrivez 4 vêtements que vous portez aujourd'hui. Indiquez aussi un adjectif pour chaque vêtement. Circulez dans la classe ou regardez les autres. Pouvez-vous trouver quelqu'un qui porte les mêmes articles que vous? Ecrivez son nom à côté du vêtement qu'il porte.

A.2.2 Les vêtements et le corps

Quels vêtements ou accessoires couvrent les parties suivantes du corps? Essayez de donner plusieurs réponses possibles.

1. les mains
2. le dos
3. les jambes
4. les bras
5. les épaules
6. les oreilles
7. les yeux
8. la cheville
9. le cou
10. les cheveux
11. les pieds
12. le torse

A.2.3 Qu'est-ce que vous mettez?

Qu'est-ce que vous mettez dans les situations suivantes? Comparez les réponses des hommes et des femmes.

1. Vous avez une entrevue pour un travail à un lycée.
2. Vous cherchez un emploi comme jardinier.
3. Vous allez à la plage.
4. Vous allez au restaurant le 14 février.
5. Vous regardez la télé à la maison.
6. Vous allez au cinéma.
7. Vous faites du ski.
8. Vous jouez au football au parc avec vos amis.
9. Vous allez à l'église.
10. Vous sortez pour la première fois avec un garçon/une fille que vous aimez bien

A.2.4 Mes vêtements

Préférez-vous   les   ou les grands maga-
petites boutiques   sins ?

 Interviewez vos camarades au sujet des vêtements qu'ils portent aujourd'hui. Posez des questions (au passé composé) sur leurs vêtements différents pour découvrir :

1. dans quel magasin / est-ce que / tu / acheter / ton/ta ...

2. quand / est-ce que / tu / le/la / acheter

3. combien / est-ce que / tu / le/la / payer

4. comment / est-ce que / tu / payer

5. est-ce que tu / acheter / d'autres vêtements avec ce vêtement

6. est-ce que / quelqu'un / te donner / son avis (opinion)

A.2.5 Les vêtements de votre famille

 Remarquez-vous les vêtements des autres ? Décrivez à votre partenaire les vêtements que les membres de votre famille ont mis ce matin.

A.2.6 Descriptions et jugements

En groupes de 3 ou de 4, décrivez le visage, le corps, et les vêtements des personnes sur les photos que votre professeur vous donne. Quels aspects physiques, quels vêtements préférez-vous ?

Anne-Marie se brosse les cheveux.

Paul se regarde dans le miroir. Il se rase.

Raymond se lève. Il va s'habiller.

Chantal se maquille.

Christian se douche. Il se lave le corps.

Carlos se couche. Il va bientôt s'endormir.

Isabelle se brosse les dents. Elle va se coucher.

Mini-Vocabulaire:

se baigner	to bathe
se brosser	to brush
les dents	one's teeth
les cheveux	one's hair
se coucher	to go to bed
se déshabiller	to undress
se détendre	to relax
se doucher	to shower
s'endormir	to fall asleep
s'habiller	to get dressed
se laver	to wash
les mains	one's hands
se lever	to get up
se maquiller	to put on makeup
se peigner	to comb one's hair
se raser	to shave
se reposer	to rest
se réveiller	to wake up
d'abord	first
ensuite	then
puis	then

A.3.1 La toilette

> Grammaire: Voir B.3, "Verbes comme sortir," page 373.

> Grammaire: Voir B.4, "Verbes pronominaux," page 376.

Regardez le dessin et répondez aux questions.

1. Qui se couche ?
2. Qui se maquille ?
3. Qui se douche ?
4. Qui se brosse les cheveux ?
5. Qui se brosse les dents ?
6. Qui se prépare au lit ?
7. Qui sort ce soir ?
8. Qui se rase ?
9. Qui se regarde dans le miroir ?
10. Qui est fatigué ?
11. Qui est en retard ?
12. Qui commence la journée ?

A.3.2 Que fait le petit Jacques ?

Que fait le petit Jacques ? Mettez chaque groupe d'activités dans l'ordre logique.

1. il se douche, il se réveille, il prend le petit déjeuner
2. il se couche, il regarde la télé, il se déshabille
3. il se lave, il se lève, il s'habille
4. il se repose, il va à l'école, il s'endort
5. il se lave les cheveux, il entre dans la douche, il se brosse les dents
6. il s'habille, il choisit ses vêtements, il se réveille
7. il fait ses devoirs, il se couche, il se détend
8. il dîne, il se lave les mains, il met la table

A.3.3 Tous les jours

 Découvrez les habitudes de votre partenaire. Posez des questions en utilisant les éléments donnés. **Attention ! tous les verbes ne sont pas réfléchis !**

Exemple: A quelle heure / se lever
A quelle heure est-ce que tu te lèves ?   Je me lève à 8 heures.

1. A quelle heure / se lever
2. Prendre / le petit déjeuner
3. Se baigner ou se doucher
4. Se doucher / le matin ou le soir
5. Comment / aller / à l'université
6. Se raser / tous les jours
7. A quelle heure / partir pour l'université
8. S'endormir / en classe
9. S'amuser / avec des amis
10. Travailler
11. Rentrer / à la maison
12. Comment / se détendre
13. S'endormir / devant la télé
14. A quelle heure /se coucher

A.3.4 Des habitudes compatibles

 Imaginez que vous cherchez un nouveau camarade de chambre qui a une routine compatible avec votre routine. Choisissez les trois points qui vous semblent les plus importants, et posez les mêmes 3 questions à différentes personnes dans la classe pour trouver quelqu'un qui a une routine semblable à la vôtre. Suivez le modèle.

Exemple: se lever à X heures
Je me lève à 6 heures. Et toi?
Moi, je me lève à 10 heures.

OU

Je me lave toujours les mains avant de cuisiner. Et toi?
Moi aussi, je me lave les mains avant de cuisiner. C'est très important!

1. se lever à X heures
2. se coucher à X heures
3. se déshabiller en public
4. se brosser les dents
5. se raser sous la douche
6. s'endormir devant la télé
7. s'endormir en écoutant de la musique
8. se maquiller dans la salle de bains
9. se lever immédiatement quand le réveil sonne
10. mettre beaucoup de temps à se peigner

Mini-Vocabulaire:

un hôte	host, guest
gaspiller	to waste
le chauffage	heating
sous la douche	in the shower
plutôt que	rather than
un gant de toilette	bath mitt
il vaut mieux	it's better
s'enquérir	to inquire

e / Un gant de toilette

A.3.5 Observation culturelle : Habitudes différentes

Si vous voyagez en France, et si vous habitez dans une famille française, il est important de connaître certaines différences concernant les habitudes hygiéniques. N'oubliez pas que les toilettes et la salle de bains sont des pièces séparées. La salle de bain est une pièce avec une baignoire/ douche et peut-être aussi un bidet. C'est une cuvette destinée à faire sa toilette intime.

L'électricité coûte cher. Vos **hôtes** peuvent trouver que vous **gaspillez** de l'eau et de l'électricité (pour le **chauffage** de l'eau) si vous restez trop longtemps **sous la douche**. Pour se laver le visage et le corps, les Français utilisent des gants de toilette et des gels-douche.

N'ayez pas peur de demander à vos hôtes les habitudes de la maison. Il **vaut mieux s'enquérir** que de faire mauvaise impression!

Comprenez-vous? Nommez trois différences entre la France et les Etats-Unis en ce qui concerne la salle de bains.

A.4 **Ma santé**

Dans cette section, nous allons parler des maladies, des accidents, et des remèdes. Comment vous soignez-vous quand vous êtes malade ou en mauvaise forme ?

Il a mal à la tête.   Il éternue.   Elle a le nez bouché.
Il a mal à la gorge.   Il tousse.   Elle se mouche.
Il a la grippe.   Il a un rhume. Elle a des allergies.

A.4.1 Qu'est-ce que c'est, Docteur ?

Associez les symptômes avec la maladie.

1. Elle a très mal à la tête. Elle est très sensible au bruit.

2. Elle a mal à la gorge, elle éternue beaucoup.

3. Elle a les oreilles bouchées. Elle a mal aux oreilles.

4. Elle a de la fièvre. Elle n'a pas d'appétit.

5. Elle a mal aux doigts et aux genoux.

6. Elle tousse beaucoup. Elle a mal à la poitrine.

7. Elle a l'impression que la salle tourne autour d'elle.

a. Elle a de l'arthrite.

b. Elle a une otite.

c. Elle a une migraine.

d. Elle a un rhume.

e. Elle a une bronchite.

f. Elle a des vertiges.

g. Elle a la grippe.

> **Note grammaticale :** On dit, "avoir mal à + la partie du corps" pour indiquer quelle partie du corps est affectée. On utilise **l'article défini** avec la partie du corps.

A.4.2 Votre histoire médicale

Avec un partenaire ou en groupes de 3, découvrez qui a souffert de ces maladies ou problèmes physiques cette année. Suivez le modèle. Présentez vos résultats à la classe.

Exemple: Est-ce que tu as eu une otite cette année ?
Quand ?

Oui.

La semaine dernière.

> Note : 39 degrés Celsius ≈ 102 degrés Farenheit.

1. un rhume
2. un mal de gorge
3. une fièvre supérieure à 39 degrès
4. une grippe

5. un mal de tête
6. une infection
7. mal au dos
8. de la fatigue

Médicaments et remèdes

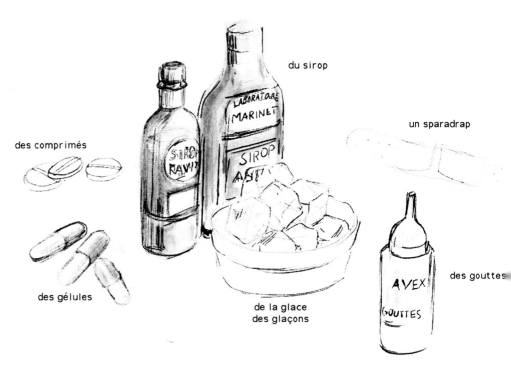

du sirop

un sparadrap

des comprimés

des gélules

de la glace
des glaçons

des gouttes

A.4.3 Qu'est-ce qu'il a ?

Le docteur donne les conseils suivants. Indiquez dans quelle partie du corps le patient a mal, ou quelle maladie il a.

Exemple: Le docteur dit : Mettez ces gouttes antibiotiques, trois fois par jour.
Le malade a une infection aux yeux.

Mini-Vocabulaire:

cassé	broken
infecté	infected
tordu	twisted
une radio	x-ray

Mots de vocabulaire utiles

une infection	un/e ... infecté(e)	intestinale
une grippe	un/e ... cassé(e)	mal à la/ au ...
un rhume	un/e ... tordu(e)	une migraine

1. Prenez deux comprimés et reposez-vous dans une chambre sombre et calme.
2. Passez de la pommade au dos et essayez de marcher un peu.
3. Venez me voir. Il faut que j'examine vos oreilles.
4. Restez au lit et prenez beaucoup d'eau, de jus, et de soupe.
5. Allez à la salle d'urgences et faites passer une radio.
6. Ce n'est pas sérieux. Prenez de l'aspirine et achetez des mouchoirs !
7. Mettez une bouillotte au ventre et ne mangez rien.
8. Mettez de la crème antibiotique et un sparadrap.
9. Mettez de la glace et élevez la jambe.
10. Prenez du sirop tous les quatre heures.

Deux pharmacies parisiennes

Notez la croix verte qui les désigne.

Les Français consomment le plus de médicaments d'Europe. Par exemple, en France, on consomme 33 **boîtes** de médicaments par habitant par an, comparé à 10 boîtes en Belgique, 15 en Allemagne, 22 en Italie (et 6 aux Etats-Unis). Mais ces médicaments ne sont pas toujours faciles à obtenir. Pour beaucoup de médicaments, il faut une **ordonnance** du médecin. Mais même quand une ordonnance n'est pas nécessaire, **le plus souvent** on achète un médicament en pharmacie.

Il y a beaucoup de pharmacies dans les villes françaises. Le pharmacien n'est pas seulement capable de **remplir** les ordonnances, mais il est **prêt** à offrir beaucoup de recommandations pour des produits différents. Cela peut surprendre un Américain qui a l'habitude de prendre pour lui-même des produits comme de l'aspirine, de la solution salinée pour les **lentilles**, de la crème solaire, etc.

Pourtant, les produits pour le corps peuvent également s'acheter dans des magasins comme Monoprix (magasin plus ou moins équivalent à "Target"), ou en parapharmacie. Les parapharmacies sont des magasins qui vendent des produits de cosmétique, d'hygiène corporelle et de diététique qui ne nécessitent pas de prescription medicale.

Il y a des pharmacies ouvertes 24 heures sur 24 à Paris. Si vous vous sentez malade pendant la nuit, toute pharmacie a un **avis** sur sa **vitre** qui indique où se trouvent les "pharmacies de garde" (pharmacies ouvertes cette nuit-la).

(Certaines statistiques tirées de Mermet, *Francoscopie 2001*, p. 87.)

Mini-Vocabulaire:

une boîte	can, bottle
une ordonnance	prescription
remplir	to fill
prêt	ready
des lentilles	contacts
un avis	sign
une vitre	store window

Comprenez-vous ? Répondez aux questions.

1. Est-ce que les Américains prennent plus de médicaments que les Français ?
2. Est-il plus facile d'obtenir des médicaments en France qu'aux Etats-Unis ?
3. Que peut-on faire si on veut obtenir de l'aspirine en France pendant la nuit ?
4. Quel symbole indique une pharmacie ?

A.4.5 Que préférez-vous ?

Qu'est-ce que vous préférez faire dans les situations suivantes ? Posez ces questions à votre partenaire, et comparez vos réponses.

1. Préfères-tu les comprimés ou les gélules ?
2. Quand tu as mal aux muscles, est-ce que tu préfères passer de la pommade, mettre de la glace, ou utiliser une bouillotte ?
3. Quand tu as mal au dos, tu préfères faire un peu d'exercice, ou rester au lit ?
4. Quand tu as un rhume, préfères-tu manger beaucoup, ou manger peu ?
5. Quand tu as des vertiges, préfères-tu vous coucher, ou manger ?
6. Quand tu as une grippe, est-ce que tu préfères prendre de la vitamine C en comprimés, ou boire du jus d'orange ?
7. Quand tu as une toux, préfères-tu les pastilles ou le sirop ?

A.4.6 Les accidents et les blessures

> Grammaire: Voir B.6, "Verbes pronominaux au passé," page 381.

Mini-Vocabulaire:

se brûler	[sə bry le]	to burn
se casser	[sə ka se]	to break
se cogner	[sə kɔ ɲe]	to knock
se couper	[sə ku pe]	to cut oneself
s'évanouir	[se va nwɥir]	to faint
se fouler	[sə fu le]	to sprain
se luxer	[sə lyk se]	to dislocate
se tordre	[sə tɔr drə]	to twist

Note grammaticale : La structure "en jouant" etc. utilise le **participe présent** du verbe. Elle indique que quelqu'un fait une action pendant qu'il est en train de faire une autre. Le participe présent se forme en ajoutant "-ant" à la racine de la forme "nous" du verbe.

Complétez la phrase avec une partie du corps (et l'article défini !) appropriée.

1. Marc a touché une poêle chaude. Il s'est brûlé _____ .
2. Hosni est tombé d'un arbre. Il s'est cassé _____ .
3. Aurélie a eu un accident de voiture, et elle ne portait pas sa ceinture de sécurité. Elle s'est cogné _____ contre le pare-brise.
4. En jouant au foot, Walid est tombé. Il s'est tordu _____ .
5. En préparant le dîner, René a laissé glisser le couteau. Il s'est coupé _____ .
6. En montant à l'échelle, Pauline est tombée. Elle s'est luxé _____ .
7. Luc a glissé sur la glace et est tombé. Il a essayé de se rattraper avec ses bras. Il s'est cassé _____ .

A.4.7 Chez le médecin

Donnez les conseils du médecin selon les situations suivantes.

1. Je me suis coupé la jambe.
2. Je tousse tout le temps.
3. J'ai de la fièvre depuis 5 jours.
4. J'ai des vertiges chaque matin.
5. Je me suis brûlé la main.
6. Je souffre d'arthrite aux doigts.
7. Je suis enceinte.
8. J'ai mal au dos quand je me réveille.

f / Que dit le médecin?

A.4.8 Expériences personnelles

Demandez à votre partenaire quelles maladies ou quels accidents il a eus. Suivez le modèle et utilisez le passé composé.

> **A:** Est-ce que tu as jamais eu une otite?
> **B:** Oui.
> **A:** Quand?
> **B:** A l'âge de 10 ans. / Il y a 5 ans. / La semaine dernière.
> **A:** Es-tu allé chez le médecin?
> **B:** Oui, et il m'a donné des antibiotiques. / Non, j'ai simplement pris de l'aspirine.
> **A:** Est-ce que tu as guéri rapidement?
> **B:** J'ai mis 10 jours à guérir.

1. se casser le bras ou la jambe
2. se couper sérieusement
3. avoir mal au ventre
4. s'évanouir
5. avoir mal à la tête
6. se cogner le nez
7. se fouler la cheville
8. avoir la grippe

Le système médical en France est basé sur une idée peut-être **surprenante** pour les Américains : la protection de la santé est un "**droit**." Dans le préambule de la Constitution française de 1946, on lit que la Nation "garantit à tous, **notamment** à l'enfant, à la mère et aux vieux travailleurs, la protection de la santé, la sécurité matérielle, le **repos** et les **loisirs**." Alors, le gouvernement a créé un système, la "Sécurité Sociale," appelée aussi "la Sécu." Les travailleurs **cotisent** à ce système, qui **englobe** non seulement les soins médicaux, mais aussi les allocations familiales (pour les familles qui ont des enfants) et l'aide financière aux **chômeurs** et aux retraités.

En ce qui concerne la partie médicale, depuis 1999, tout Français, **qu'il travaille ou non**, bénéficie de cette **assurance**. Ce programme commence pourtant à **s'affaiblir** - un plus petit pourcentage des soins médicaux est **remboursé** par la Sécu aujourd'hui, et 80% des Français ont donc des assurances complémentaires.

De plus, les patients d'aujourd'hui ont moins de **choix** - avant, on pouvait choisir et changer de médecin **autant qu'on voulait**, mais maintenant, **une fois qu**'on choisit un médecin, on est obligé de rester avec lui.

Mais **même si** le système change, il reste supérieur - **l'espérance de vie** en 2005 c'est de 79,6 ans en France, comparée à 77,7 ans aux Etats-Unis. En 2000, l'Organisation Mondiale de la Santé (OMS) a jugé que "la France fournit les **meilleurs** soins de santé généraux" parmi ses 191 états membres.

(Statistiques du CIA World Factbook)

Avez-vous compris ? Répondez aux questions.

1. Qui garantit la protection de la santé en France ?

2. Est-ce que le terme "Sécu" fait référence uniquement au système médical ?

3. Aujourd'hui, est-ce que le taux de remboursement des frais médicaux par la Sécurité sociale augmente ou diminue ?

4. En quoi est-ce que le Français d'aujourd'hui a moins de choix médical ?

5. Qui vit plus longtemps, le Français ou l'Américain moyen ?

6. Selon l'OMS, dans quel pays est-ce qu'on reçoit les meilleurs soins de santé généraux ?

Mini-Vocabulaire:

surprenant	surprising
un droit	a right
notamment	especially
le repos	rest
les loisirs	leisure
cotiser	contribute
englober	to encompass
un chômeur	unemployed
qu'il travaille ou non	whether he works or not
une assurance	insurance
s'affaiblir	to weaken
rembourser	to reimburse
un choix	choice
autant qu' on voulait	as much as one wanted
une fois que	once
même si	even if
espérance de vie	life expectancy
OMS	WHO
meilleur	best

A.5 Résumé

A.5.1 Résumé : Nos routines

 Pour découvrir les habitudes de votre partenaire et de sa famille, posez des questions en utilisant les verbes suivants.

Exemple: se réveiller

A quelle heure te réveilles-tu ?

Et à quelle heure est-ce que ta mère se réveille ?

1. se lever
2. se raser
3. se maquiller
4. s'habiller

5. se brosser les cheveux
6. se brosser les dents
7. se doucher
8. se coucher

Mini-Vocabulaire:	
plus souvent	more often
moins souvent	less often
aussi souvent	as often
avant	before
après	after
à la même heure	at the same time
deviner	to guess
penser	to think
croire	to believe

⟹ **Continuons!**

Présentez les réponses de votre partenaire au groupe à côté de vous, et comparez vos réponses à celle de votre partenaire.

Exemple: Maria se réveille à 6 heures, mais sa mère se réveille à 4h30. Sa mère se réveille avant Marie. Dans ma famille, je me réveille avant les autres.

A.5.2 Résumé : Les vêtements

 Regardez et décrivez les vêtements de votre partenaire. **Devinez** où il les a achetés, combien il les a payés, etc. Suivez le modèle.

> **A:** Je **pense** que tu as acheté ta chemise orange à Old Navy. Je **crois** que tu l'as payée dix dollars.
> **B:** Tu as raison, je l'ai achetée à Old Navy. Mais j'ai payé 15 dollars.

A.5.3 Résumé : Visite chez le médecin

 Imaginez une conversation entre un(e) patient(e) et le médecin. Donnez les symptômes et les recommandations du médecin. Présentez votre dialogue devant la classe.

A.5.4 Résume : Cause, effet, remède

Un problème physique a trois éléments : la cause, l'effet, et le remède. Dans cet exercice, chaque numéro contient deux sur ces trois éléments : cause-effet, cause-remède, ou effet-remède. Identifiez les éléments, complétez avec l'élément absent, et placez-les dans l'ordre.

Exemple: Elle a eu une crise d'allergie. Elle a reçu des fleurs.

> Elle a reçu des fleurs [cause] ; elle a eu crise d'allergie [effet] ; elle a pris des comprimés [remède].

1. Il a eu mal au ventre ; Il a pris du sirop.
2. Je suis tombé de l'arbre ; On m'a mis un plâtre.
3. Elle s'est évanouie ; Elle n'a pas assez mangé.
4. Il a mis le pied dans un trou ; Il a mis une bouillotte à la cheville.
5. Elle a pris de l'aspirine ; Elle s'est cogné la tête.
6. Il a bu dans un verre sale ; Il a eu une infection.
7. Elle s'est reposée ; Elle a levé un carton trop lourd.
8. Elle est allée à un concert de rock ; Elle a eu mal à la tête.

Mini-Vocabulaire:
un trou hole
un verre a glass

A.6 Vocabulaire français-anglais

Le corps

une articulation	[ar ti ky la sjɔ̃]	joint
la bouche	[buʃ]	mouth
le bras	[bra]	arm
les cheveux	[ʃə vø]	hair
la cheville	[ʃə vij]	ankle
le cou	[ku]	neck
le coude	[kud]	elbow
le dent	[dɑ̃]	tooth
le doigt	[dwa]	finger
le dos	[do]	back
une épaule	[e pol]	shoulder
l'estomac	[ɛ stɔ ma]	stomach
le front	[frɔ̃]	forehead
la gorge	[gɔrʒ]	throat
le genou	[ʒə nu]	knee
la jambe	[ʒɑ̃b]	leg
la joue	[ʒu]	cheek
la main	[mɛ̃]	hand
le menton	[mɑ̃ tɔ̃]	chin
le nez	[ne]	nose
un oeil	[œj]	eye
des yeux	[jø]	eyes
une oreille	[ɔ rɛj]	ear
un orteil	[ɔr tɛj]	toe
le pied	[pjɛ]	foot
le poignet	[pwa ɲɛ]	wrist
le poing	[pwɛ̃]	fist
la poitrine	[pwa trin]	chest
la taille	[taj]	waist (also size)
la tête	[tɛt]	head
le torse	[tɔrs]	torso
le ventre	[vɑ̃ trə]	stomach
le visage	[vi zaʒ]	face

Les maladies et les symptômes

l'arthrite (f.)	[ar trit]	arthritis
avoir mal à ...	[a vwar mal]	One's ... hurts
bouché	[bu ʃe]	stuffed-up
la bronchite	[brɔ̃ ʃit]	bronchitis
une blessure	[blɛ syr]	injury, e.g. cut
la douleur	[du lœr]	pain
une égratignure	[e gra ti ɲyr]	scratch
éternuer	[e tɛr nɥe]	to sneeze
la fièvre	[fjɛ vrə]	fever
frissoner	[fri sɔ ne]	to shiver
la grippe	[grip]	flu
la migraine	[mi grɛn]	migraine
une otite	[ɔ tit]	earache
un rhume	[rym]	cold
un rhume des foins	[rym de fwɛ̃]	hay fever
la toux	[tu]	cough
tousser	[tu se]	to cough

Les soins et les remèdes

des antibiotiques	[ã ti bjo tik]	antibiotics
de l'aspirine	[a spi rin]	aspirin
une bouillotte	[bu jɔt]	hot-water bottle
des comprimés	[kɔ̃ pri me]	tablets
des gélules	[ʒe lyl]	gelcaps
la glace	[glas]	ice
des gouttes	[gut]	drops
guérir	[ge rir]	to cure, to recover
une injection	[ɛ̃ ʒek sjɔ̃]	shot
mettre	[mɛ trə]	to put on, to apply
se moucher	[sə mu ʃe]	to blow one's nose
un mouchoir	[mu ʃwar]	handkerchief, tissue
une pastille	[pa stij]	cough drop
un plâtre	[pla trə]	cast
(passer) de la pommade	[pɔ mad]	(to apply) medical cr·
prendre	[pr ɑ drə]	to take
des radios	[ra djo]	X-rays
du sirop	[si ro]	liquid medicine
se soigner	[sə swa ɲe]	to take care of onesel·
un sparadrap	[spa ra dra]	bandage

Les verbes réfléchis

se baigner	[sə bɛ ɲe]	to bathe
se brosser (les cheveux, les dents)	[sə brɔ se]	to brush (one's hair, ·
se brûler ...	[sə bry le]	to burn (one's ...)
se casser (le bras)	[sə ka se]	to break (one's arm)
se cogner (la tête)	[sə kɔ ɲe]	to knock (one's head)
se coucher	[sə ku ʃe]	to go to bed
se couper (le doigt)	[sə ku pe]	to cut oneself (one's f·
se déshabiller	[sə de za bi je]	to get undressed
se détendre	[sə de tã drə]	to relax
se doucher	[sə du ʃe]	to take a shower
s'endormir	[sã dɔr mir]	to fall asleep
s'évanouir	[se va nwɥir]	to faint
se fouler (la cheville)	[sə fu le]	to sprain (one's ankle
s'habiller	[sa bi je]	to get dressed
se laver (les mains)	[sə la ve]	to wash oneself (one's·
se lever	[sə lə ve]	to get up
se maquiller	[sə ma ki je]	to put on makeup
se peigner	[sə pɛ ɲe]	to comb one's hair
se raser	[sə ra ze]	to shave
se reposer	[sə rə pɔ ze]	to rest
se réveiller	[sə re vɛ je]	to wake up
se tordre (la cheville)	[sə tɔr drə]	to twist (one's ankle)

Les vêtements

mettre	[mɛtr]	to put, to put on
porter	[pɔr te]	to wear
des bas	[ba]	stockings
une basket	[bas kɛt]	sneaker
une botte	[bɔt]	boot
un blouson	[blu zɔ̃]	jacket
un caleçon	[kal sɔ̃]	(man's) underwear
une casquette	[ka skɛt]	cap (with brim)
un châle	[ʃal]	shawl
un chapeau	[ʃa po]	hat
une chaussette	[ʃo sɛt]	sock
une chaussure	[ʃo syr]	shoe
une chemise	[ʃə miz]	(man's) shirt
un chemisier	[ʃə mi zje]	blouse
des collants (m.)	[kɔ lɑ̃]	pantyhose
un costume	[kɔ stym]	(man's) suit
une cravate	[kra vat]	tie
une culotte	[ky lɔt]	(woman's) underwear
une écharpe	[e ʃarp]	(long) scarf
un foulard	[fu lar]	(square) scarf
un gant	[gɑ̃]	glove
un gilet	[ʒi lɛ]	vest
un jean	[dʒin]	jeans
une jupe	[ʒyp]	skirt
un imperméable	[ɛ̃ pɛr me a blə]	raincoat
des lentilles	[lɑ̃ tij]	contact lenses
des lunettes	[ly nɛt]	glasses
des lunettes de soleil	[ly nɛt də sɔ lɛj]	sunglasses
un maillot de bain	[ma jo də bɛ̃]	bathing suit
un manteau	[mɑ̃ to]	coat
une montre	[mɔ̃ trə]	watch
un pantalon	[pɑ̃ ta lɔ̃]	pants
un pantalon de sport	[pɑ̃ ta lɔ̃ də spɔr]	sweatpants
un pantalon sweat	[pɑ̃ ta lɔ̃ swɛt]	sweatpants
un pull	[pyl]	sweater
une robe	[rɔb]	dress
une sandale	[sɑ̃ dal]	sandal
un short	[ʃɔrt]	shorts
un slip	[slip]	(man's) underwear
un soutien-gorge	[sou tjɛ̃ gɔrʒ]	bra
un survêtement	[syr vɛt mɑ̃]	sweats
un sweat	[swit]	sweatshirt
un t-shirt	[ti ʃœrt]	T-shirt
un tailleur	[ta jœr]	woman's suit
une toilette	[twa lɛt]	(fancy woman's) outfit
une veste	[vɛst]	jacket

B Grammar

B.1 Direct object pronouns

One unexpected benefit of learning another language is that it will make you far more aware of the grammar of your native language. When you learn another language as an adult, you consciously and subconsciously compare the structures of the new language to those of the language you already speak. In many cases, however, you are not aware of the grammatical rule you are following when you say something in your native language – you just know that that is what is "right" because you have heard it so often.

To speak French correctly, you must be able to identify the direct object, indirect object, and object of a preposition in a sentence. These three entities function in different ways grammatically.

Direct objects

The **direct object** is the person or thing that directly receives the action of the verb. If the verb is X, the direct object is the person or thing that "is Xed." In French, the direct object is easy to identify because it is the noun that follows the verb with no intervening preposition. In the following sentences, the direct objects in each language are underlined.

French	English
Je fais <u>mes devoirs</u>.	I do <u>my homework</u>.
Tu cherches <u>tes clés</u>?	Are you looking for your keys?
Nous regardons <u>la télé</u>.	We are watching <u>t.v.</u>.
Je téléphone à ma grand-mère.	I'm calling <u>my grandmother</u>.

Because French and English differ in structure, the direct object in one language is not always the direct object in the other. In the examples above, the object of *chercher* is a direct object in French, but in English we say *to look for something*, so "your keys" is not a direct object. As you learn more French, you will see that certain verbs (for example, *téléphoner*) are always followed by a preposition. **If there is a preposition before the noun, that noun is not a direct object.**

B.1.1 Trouvez le complément d'objet direct

Quel est le complément d'objet direct dans les phrases suivantes?

1. Paul aime Sylvie.

2. J'ai donné la réponse.

3. Marc a perdu son livre.

4. Nous préférons le football.

5. Alain ne connaît pas René.

6. As-tu ton cahier?

7. J'attends Philippe devant le cinéma.

8. Les étudiants ont fini les devoirs.

> A preposition is a short word that shows the relationship between different items in the sentence. Common prepositions in English include to, at, for, from, with, in, on, etc. Prepositions you may already know in French include à, de, avec, pour, dans, en, sur, etc.

Indirect objects

If the verb is followed by the preposition *à* + a person, that person is the **indirect object**. An indirect object is the person who receives the direct object, or who receives the action of the verb only indirectly. (In English, the indirect object is generally preceded by the preposition *to* or *for*.) With certain French verbs (such as "acheter"), the preposition *pour* is sometimes substituted for the preposition *à*. In the following examples, the indirect objects in each language are underlined. Again, note that an indirect object in one language is not necessarily an indirect object in the other.

French	English
J'ai parlé à <u>ma mère</u>.	I spoke to <u>my mother</u>.
Gilles donne des fleurs à <u>Marie</u>.	Gilles gives flowers to <u>Marie</u>.
Vous téléphonez souvent à <u>votre copain</u>?	Do you often call your boyfriend?
J'ai acheté ces chocolats pour <u>Jérôme</u>.	I bought these chocolates for <u>Jerome</u>.

Objects of prepositions

Finally, if any other preposition is used (e.g. avec, de, etc.), or if the preposition is *à* and the object is not a person, the noun following the preposition is called the **object of the preposition**. (As you can see, an indirect object is really just a special case of an object of a preposition.) The objects of prepositions are underlined in the following examples.

French	English
Je suis allé au <u>parc</u>.	I went to <u>the park</u>.
Je coupe le pain avec <u>un couteau</u>.	I cut the <u>bread</u> with <u>a knife</u>.
Je sors avec <u>Marthe</u>.	I'm going out with <u>Martha</u>.

B.1.2 **Objets**

Mark the direct and indirect objects and objects of the preposition in each of the following sentences. Underline the objects and write over them "OD" for "objet direct," "OI" for "objet indirect" and "OP" for "objet d'une préposition." Note that a sentence may contain more than one type of object.

1. Marc a envoyé cette carte à Angèle.

2. Je prends le bus.

3. Je mets le livre sur la table.

4. Nous avons laissé nos devoirs au café.

5. Les étudiants rendent les copies au professeur.

Spanish speakers should beware of the structure in Spanish known as the "a personal." In Spanish, the preposition *a* is placed in front of a person's name whether or not it is an indirect object, for politeness. We say *Vi a mi madre* and *Le hablé a mi madre*, but in the first case *mi madre* is a direct object, and in the second case it is an indirect object. In French, the presence of *à* before a person always indicates an indirect object.

6. Je suis resté à Paris.

7. Elle a parlé aux clients.

8. Est-ce que tu as déjà donné le cadeau à ta soeur?

Direct Object Pronouns - Third Person

Pronouns often serve to avoid repetition of the same noun by replacing it with a shorter equivalent.

See chapter 1, B.2, page 35 for a discussion of the subject pronouns. Remember:
Singular:
1st person je
2nd person tu
3rd person il, elle, on
Plural:
1st person nous
2nd person vous
3rd person ils, elles

You already know the subject pronouns in French (*je, tu, il, elle, on, nous, vous, ils, elles*). These pronouns are used to designate the subject of a sentence. The third person pronouns (*il, elle, ils, elles*) are often used instead of the common or proper name or noun. For example, we can say "My mother ate breakfast" or "She ate breakfast" – "She" is the pronoun replacing the noun "My mother." We use pronouns to avoid repeating the noun multiple times, as long as it is clear to whom we are referring – this generally occurs if the noun has already been mentioned earlier in the sentence or in a previous sentence.

Just as we use a subject pronoun to replace a noun subject, we can avoid repeating the noun that is the direct object of a sentence by replacing it with a **direct object pronoun.** The third-person direct object pronouns are, in form, just like the definite article in French:

	sing	*plur*
masc	le, l' (*him, it*)	les (*them*)
fem	la, l' (*her, it*)	les (*them*)

Important: Both *le* and *la* change to *l'* before a vowel or silent h. There is no difference between the pronouns referring to people and those referring to things, since all things have gender in French.

Placement of object pronouns with a single conjugated verb

Unlike in English, these direct object pronouns are placed directly **in front** of the verb whose object they are. In the following sentences, the direct object and the pronoun that replaces it are underlined. Compare:

French	*English*
Tu aimes les films d'horreur?	Do you like horror movies?
–Oui, je les aime.	–Yes, I like them.
Tu as fini ton steak?	Did you finish your steak?
–Oui, je l'ai fini.	–Yes, I finished it.
Tu vois Marie?	Do you see Marie?
–Oui, je la vois.	–Yes, I see her.

Placement of object pronouns with a negative construction

In a negative sentence, the *ne ... pas* surrounds the object pronoun **plus** the verb.

French	English
Aimez-vous les escargots?	Do you like escargots?
–Non, je ne les aime pas.	–No, I don't like them.
Voyez-vous Sylvie?	Do you see Sylvie?
–Non, je ne la vois pas.	–No, I don't see her.
Avez-vous votre devoir?	Do you have your homework?
–Non, je ne l'ai pas. Je l'ai laissé à la maison.	–No, I don't have it. I left it at home.

Placement of object pronouns with a conjugated verb plus infinitive

If there is a conjugated verb *plus* an infinitive in a sentence, the object pronoun precedes the infinitive, because it is the object of that infinitive.

French	English
Nous aimons les regarder.	We like to watch them.
Tu ne veux pas l'essayer?	Don't you want to try it?
J'espère la voir ce week-end.	I hope to see her this weekend.

Placement of object pronouns with a verb in the passé composé

If the verb is in the passe composé, the pronoun precedes the helping verb (*avoir* or *être*), because that is the portion of the verb that is conjugated.

French	English
Tu as vu Maxime?	Did you see Maxime?
–Oui, je l'ai vu.	–Yes, I saw him.
Nous avons acheté nos livres hier et nous les avons apporté en classe ce matin.	We bought our books yesterday and we brought them to class this morning.

B.1.3 Using direct object pronouns

Rewrite each sentence replacing the direct object (if any) with the appropriate direct object pronoun. Write out the entire new sentence as your answer. Be careful! Not all the nouns are direct objects – if there is an indirect object, for example, DO NOT replace it. Note that you are not answering a question here, you are just restating the sentence.

Mini-Vocabulaire:
frais de scolarité   tuition fees
devant   in front of

1. Marc n'aime pas son prof de français.

2. Lise adore son père.

3. Philippe ne fait pas souvent ses devoirs.

4. Béatrice téléphone à Georges.

5. Georges invite Béatrice au cinéma.

6. Nous rendons les devoirs au professeur.

7. Les étudiants cherchent la bibliothèque.

8. Sa grand-mère paie les frais de scolarité de ses petits-enfants.

9. J'attends Paul devant le musée.

More direct object pronouns - first and second person

The first- and second-person direct object pronouns are always pronouns; that is, they do not take the place of a noun. They are used in the same position as the third-person direct object pronouns, namely, directly in front of the verb. Here are all the direct object pronouns together.

	sing	*plur*
1ère	me (me)	nous (us)
2ème	te (you)	vous (you)
3ème	le,la (him, her, it)	les (them)

Observe the following examples using these new direct object pronouns. The pronouns are underlined.

French	*English*
Je t'ai trouvé!	I found you!
Tu m'aimes?	Do you love me?
Le professeur nous écoute.	The teacher is listening to us.
Je vais t'appeler ce soir.	I will call you tonight.
Je vous écoute.	I'm listening to you.
Est-ce que je vous connais?	Do I know you?

Remember that in French, *écouter* is followed by a direct object, which is not the case of "to listen to" in English.

Especially since there is no way to use a noun in the place of these first- and second-person object pronouns, you will use them very often even at this early stage of French. For now, let us use them in answering questions. What you do instinctively in English will at first be a little harder in French. When you are asked a question about yourself (the subject of the question is 2nd person, *tu* or *vous*), you have already gotten used to changing the subject in the answer to the first person *je* or *nous*. Similarly, when you are asked a question containing a second-person object pronoun, you will need to answer using the first-person object pronoun, and vice versa. Look at some examples before you attempt the exercise. The direct objects are underlined.

French	*English*
Tu m'aimes?	Do you love me?
–Oui, je t'aime.	Yes, I love you.
Est-ce que vos grands-parents vous aiment?	Do your grandparents love you?
–Oui, ils m'aiment.	Yes, they love me.

French	*English*
Est-ce que le professeur <u>vous</u> invite à sa maison?	Does the teacher invite <u>you</u> to his house?
–Non, il ne <u>nous</u> invite pas à sa maison.	No, he doesn't invite <u>us</u> to his house.

An important point to remember is that the VERB of a sentence is always conjugated to agree with its SUBJECT. Since *nous* and *vous* can be either subject or object pronouns, it is important to listen to / look at the word order and the verb form in order to recognize the subject of the sentence. Likewise, when you form a sentence like this, be sure that regardless of what direct object pronouns come between the subject and the verb, the verb is conjugated to match the subject.

B.1.4 Conversation entre un professeur et un étudiant

Now, answer the questions that your French teacher asks you, using direct object pronouns where necessary. The first person (*je, me*) is the French teacher who is asking the questions; the second person (*vous*) is you, who will answer them.

Make sure you understand what the question is asking and that you have answered it logically. Although the word order in French and English will be different, thinking about what the sentences mean in English should help you get the right persons in this exercise. Be sure that your subject and verb agree.

1. Est-ce que je vous corrige?

2. Est-ce que vous m'écoutez?

3. Est-ce que je vous invite quelquefois au restaurant français?

4. Est-ce que je vous arrête quand vous parlez anglais?

5. Est-ce que vous me détestez?

6. Est-ce que vous voulez me voir dans mon bureau?

7. Est-ce que je vous laisse seuls pendant un examen?

8. Est-ce que vous me regardez quand je vous parle?

B.1.5 Conversation avec votre camarade de chambre

Imagine that you are talking to your roommate about your day. Answer the following questions. Remember that when using a direct object pronoun in the passé composé, the pronoun precedes the helping verb. Use direct object pronouns whenever possible.

1. Tu as pris le bus ce matin?

2. Tu as oublié tes clés?

3. Tu as fait la vaisselle avant de partir?

4. Tu as eu ton examen de philo?

5. Tu as écouté le professeur?

6. Tu as rendu tous tes devoirs?

7. Tu as vu Martine?

8. Est-ce qu'elle m'a mentionné?

9. Est-ce qu'elle t'aime?

B.2 Placement of adjectives

We have learned previously (chapter 1, B.7, page 48) that all adjectives in French must agree in gender and number with the noun they describe. As you have seen, most adjectives in French follow the noun. We say:

French	*English*
une voiture américaine	an American car
les feuilles vertes	the green leaves
des amis fidèles	faithful friends
un livre intéressant	an interesting book

There are, however, a certain number of French adjectives that precede the noun they modify instead of following it. (There are also some that change meaning depending on whether they come before or after the noun, but we will not discuss these here[1]. The adjectives that precede the noun tend to fall into certain categories. We can remember them with the mnemonic "BAGS" - beauty, age, goodness, and size. While all adjectives in these categories do not precede the noun, the most basic and common ones do. So, for example, "stunning" does not, but "beautiful" and "pretty" do; "enormous" does not, but "big" and "little" do. In addition to the "BAGS" adjectives, "autre" and "même" also precede the noun. Here are the adjectives that habitually precede the noun:

beau	*beautiful*	joli	*pretty*	[BEAUTY]
jeune	*young*	vieux	*old*	[AGE]
nouveau	*new*			[AGE]
bon	*good*	mauvais	*bad*	[GOODNESS]
grand	*big, tall*	petit	*small, short*	[SIZE]
gros	*fat, big*	long*	*long, big**	[SIZE]
autre	*other*	même	*same*	

---

[1]An example would be "pauvre" which before the noun has the figurative meaning of "poor" as in "unfortunate" (*Oh! le pauvre garçon! Son chien est mort!* and after the noun has the literal meaning of "poor" as in "destitute" (*C'est un homme pauvre; il n'a pas de travail.*).

*The adjective *long* sometimes precedes and sometimes follows the noun. In general, when describing body parts, it precedes the noun. However, we say *cheveux longs*, perhaps because hair length is changeable and not a permanent characteristic.

Special forms of adjectives that precede the noun

Before we look at some examples of the usage of these adjectives, let us discuss their forms. Again, remember that adjectives agree in gender and number with the noun they are modifying; masculine adjectives that end in -e typically have only two forms, a singular (for both masculine and feminine) and a plural (for both masculine and feminine), whereas masculine adjectives that end in a consonant or vowel other than -e will usually have four forms, singular masculine and feminine and plural masculine and feminine. We can predict, then, the following number of forms:

Masculine Singular	Feminine Singular	Masculine Plural	Feminine Plural
autre	autre	autres	autres
beau	belle	beaux	belles
bon	bonne	bons	bonnes
grand	grande	grands	grandes
gros	grosse	gros	grosses
jeune	jeune	jeunes	jeunes
joli	jolie	jolis	jolies
long	longue	longs	longues
mauvais	mauvaise	mauvais	mauvaises
même	même	mêmes	mêmes
nouveau	nouvelle	nouveaux	nouvelles
petit	petite	petits	petites
vieux	vieille	vieux	vieilles

(Note that as discussed in chapter one (chapter 1, B.7, page 48), the masculine plural of an adjective ending in -s remains -s, e.g. *mauvais*.)

The irregular feminine forms of *beau*, *nouveau*, and *vieux* are not the only exceptional thing about these three adjectives. As you have seen previously, French attempts to avoid whenever possible two vowels in *hiatus* (two sequential vowels, both pronounced). In particular, you have seen that with pairs of words that habitually occur together (definite articles + nouns, possessive adjectives + nouns), there is often an alternate form of the first word to eliminate the vowels in hiatus. Thus, *le* and *la* become *l'* before a word beginning with a vowel sound (including those beginning with the silent letter "h"), and we use the form *mon* instead of *ma* before a word beginning with a vowel, even if it is the feminine form (e.g. *mon amie Christine*; see chapter 2, B.6, page 110).

Since most adjectives follow nouns, this is seldom an issue. However, with these three adjectives that precede nouns, alternate masculine singular forms have developed to be used when the following word begins with a vowel. Note that these are ONLY used for the masculine singular - the feminine singular pronunciation, although not the spelling, already ends with a consonantal sound, so no special form is needed. In each case, the alternate masculine form is pronounced exactly like the feminine singular form, but is spelled without the typical feminine ending of -e.

Masculine Singular Before Consonant	Feminine Singular Before Vowel or Consonant	Masculine Singular Before Vowel or silent h
beau [bo]	belle [bɛl]	bel [bɛl]
nouveau [nu vo]	nouvelle [nu vɛl]	nouvel [nu vɛl]
vieux [vjø]	vieille [vjɛj]	vieil [vjɛj]

Adjectives placed before nouns

As far as usage is concerned, then, these adjectives normally precede the nouns, instead of following the noun like most adjectives. We say,

French	*English*
une voiture américaine	an American car
les feuilles vertes	the green leaves
des amis fidèles	faithful friends
un livre intéressant	an interesting book

but we say

une grosse voiture	a big car
les jolies feuilles	the pretty leaves
de bons amis	good friends
un vieux livre	an old book

You will note the phrase *de bons amis* above, instead of the *des bons amis* you would expect. There is a grammatical rule in French (respected in written French but usually ignored in spoken French) that when you have an adjective before the noun, the plural indefinite or partitive article *des* changes to *de*. You should follow this rule in your written exercises. Note that the plural definite article *les* does not change.

B.2.1 Descriptions physiques

Replace the adjective currently in the sentence with the correct form of the adjective in parentheses. All the adjectives you will be using will come before the noun.

Exemple: Laura a des cheveux bruns. (joli)
    Laura a de jolis cheveux.

1. Maxime a le nez aquilin. (gros)

2. Marie a des yeux bleus. (beau)

3. Chantal a des pieds fins. (petit)

4. Julien a des mains fortes. (grand)

5. Amélie et son frère Valentin ont des yeux identiques. (même)

6. Emma porte sa jupe rose aujourd'hui. (nouveau)

7. Monsieur Lefèvre porte son habit noir. (vieux)

8. Florian a perdu son gant gauche. (autre)

9. Tu as là une écharpe magnifique! (beau)

10. Alexandre et Camille sont des enfants mignons. (jeune)

B.2.2 Tout ce qui brille n'est pas d'or

Les apparences ne sont pas toujours une bonne indication de la vraie valeur. Complétez les phrases avec la bonne forme des adjectifs indiqués entre parenthèses. Mettez l'adjectif à sa bonne position avant ou après le substantif entre crochets([...]).

Exemple: Sarah a un [...sourire...], mais elle n'a pas un [...caractère...]. (joli, bon)
Sarah a un joli sourire, mais elle n'a pas un bon caractère.

1. Manon a une [...voiture...], mais c'est une [...voiture...]. (nouveau, mauvais)

2. Romain a des [...amis...], mais ce sont des [...amis...]. (vieux, méchant)

3. Georges et moi, nous travaillons pour la [...compagnie...], mais c'est moi qui ai le [...travail...]. (même, difficile)

4. Pierre est un [...garçon...], mais c'est un [...enfant...]. (petit, énergique)

5. Julie est une [...fille...], mais elle a des [...habitudes...]. (jeune, sérieux)

6. Guillaume et Simon ont un [...appartement...], mais ils ont une [...cuisine...]. (vieux, moderne)

7. Pauline porte des [...lunettes...], mais elle a des [...yeux...]. (fort, joli)

8. Lucas est un [...homme...], mais il a des [...dents...]. (beau, pointu)

More than one adjective modifying a noun

If you have more than one adjective modifying a single noun, they each keep their regular position. An adjective that normally precedes the noun will still precede it, and an adjective following it will still follow. Depending on the meaning of the adjectives, two adjectives in the same place may simply occur together (*une jolie petite fille, un livre anglais intéressant*), or may be separated by a conjunction such as *et* (*une fille agréable et intelligente*). Although it is somewhat hard to explain, as a general rule, if the adjectives occurring in the same place are describing the **same kind** of characteristic (e.g. physical quality, size, personality traits, etc.) they should be coordinated by using *et*, whereas if they are describing two completely different kinds of characteristics, they can occur together without a conjunction (e.g. the example *un livre anglais intéressant* above - *anglais* describes the language of the book, *intéressant* its quality). You do not need to worry about this point yet, but we are mentioning it here so you will not be confused when you see the presence or absence of *et* in the examples.

B.2.3 **Ils sont comment?**

Mini-Vocabulaire:

court short
carré square
mince thin

Utilisez les adjectifs donnés entre parenthèses pour décrire chaque personne en plus de détail. Mettez l'adjectif à l'endroit approprié.

Exemple: Marc a des *cheveux.* (beau, brun)
Marc a de beaux cheveux bruns.

1. Caroline a des *doigts.* (joli, fins)

2. Anaïs a les *cheveux.* (blond, court)

3. Loïc a une *expression.* (agréable, serein)

4. Thomas a des *épaules.* (carré, grand)

5. Quentin a des *jambes.* (long, musclé)

6. Juliette a les *bras.* (fort, solide)

7. Vincent a un *nez.* (petit, pointu)

8. Charlotte a des *oreilles.* (délicat, petit)

⟹ Continuons!
Describe each of your own body parts listed above using at least two adjectives. Try to place the adjectives correctly before or after the verb.

The verb *mettre* and verbs like *sortir*

As you become more familiar with typical French verb patterns, you will become better able to predict the patterns even of irregular verbs. Let us look at the verbs whose conjugations you have learned thus far.

Review of regular verbs in the present tense

-er verbs	*-ir verbs*	*-re verbs*
e.g. *parler*	e.g. *finir*	e.g. *perdre*
je parle	je finis	je perds
tu parles	tu finis	tu perds
il parle	il finit	il perd
nous parlons	nous finissons	nous perdons
vous parlez	vous finissez	vous perdez
ils parlent	ils finissent	ils perdent

Review of some irregular verbs in the present tense

être	*avoir*	*aller*	*faire*
je suis	j'ai	je vais	je fais
tu es	tu as	tu vas	tu fais
il est	il a	il va	il fait
nous sommes	nous avons	nous allons	nous faisons
vous êtes	vous avez	vous allez	vous faites
ils sont	ils ont	ils vont	ils font

Notes: Consult chapter 3, section B.2, page 172, for a full presentation of the general system of present-tense French verb endings. Although there are some exceptions, the basic rules for endings are

- *Je* forms end in *-e* for *-er* verbs, *-s* for other verbs

- *Tu* forms end in *-s*

- *Il/elle/on* forms end in *-e* for *-er* verbs, *-t* or *-d* for other verbs

- *Nous* forms end in *-ons*

- *Vous* forms end in *-ez*

- *Ils/elles* forms end in *-ent* (*-ont* for some common irregular verbs)

You have also learned that the stem of the *nous* and *vous* forms are almost always the same as the stem of the infinitive, while the stems of the other forms often change.

Verbes like *sortir*

Another common pattern seen in irregular verbs is one in which the three singular forms have one stem and the three plural forms have another. This is the case for a group of irregular -ir verbs including *sortir, partir, servir, sentir, mentir, dormir*, and their compounds.

Mini-Vocabulaire:

dormir	[dɔr mir]	to sleep
mentir	[mã tir]	to lie (i.e., to tell a lie)
partir	[par tir]	to leave, to depart
sentir	[sã tir]	to feel
servir	[sɛr vir]	to serve
sortir	[sɔr tir]	to leave, to go out

Observe the conjugation of the present tense of *servir*:

servir [sɛr vir]	
je sers [ʒə sɛr]	nous servons [nu sɛr võ]
tu sers [ty sɛr]	vous servez [vu sɛr ve]
il sert [il sɛr]	ils servent [il sɛrv]

Notes:

- The endings are typical: *-s, -s, -t, -ons, -ez, -ent*

- The final consonant of the stem of the infinitive, that is, the first consonant of the second syllable (*v* in the case of *servir*) is removed in the singular forms, but used in all the plural forms.

- The singular forms all sound alike; the *il* and *ils* forms can be distinguished by the pronunciation of the consonant before the *-ent* ending.

B.3.1 Conjugaison: Verbes comme *sortir*

Conjuguez les trois verbes au présent.

dormir	sortir	mentir
je	je	je
tu	tu	tu
il/elle	il/elle	il/elle
nous	nous	nous
vous	vous	vous
ils/elles	ils/elles	ils/elles

B.3.2 Projets pour le week-end

Conjuguez le verbe entre parenthèses pour compléter cette conversation sur les activités typiques du week-end. Faites attention au sujet du verbe!

A: Qu'est-ce que vous faites normalement le week-end, toi et tes amis?

B: Ben, pour commencer, moi, je (1. dormir) _____ beaucoup! Je suis toujours fatiguée après une semaine à l'université. Mais nous (2. trouver) _____ toujours le temps de sortir!

A: Où (3. sortir) _____ -vous?

B: Nous (4. sortir) _____ presque tous les week-ends. Nous allons danser ou nous allons au cinéma et puis au café ou à la crêperie.

A: Est-ce que vous avez une crêperie préférée?

B: Nous aimons beaucoup Cousin Cousine, rue Mouffetard. On nous (5. servir) _____ des crêpes énormes et les prix sont raisonnables.

A: A quelle heure (6. rentrer) _____ -tu à la maison?

B: Très souvent, je (7. rentrer) _____ après 2h du matin. Mais si j'ai de la chance, mes parents ne le savent pas.

A: Comment? Tu (8. mentir) _____ à tes parents?

B: Non. Normalement ils (9. dormir) _____ si profondément qu'ils ne m'(10. entendre) _____ pas rentrer. Puis, mes parents (11. partir) _____ de bonne heure le dimanche matin, et ils n' (12. avoir) _____ pas le temps de m'interroger.

A: Tu as bien de la chance! Je peux sortir avec vous ce week-end? Mais moi, je dois rentrer à 1h sans faute!

B: D'accord!

The verb *mettre* (to put (on), to place)

The conjugation of the verb *mettre* also resembles the above pattern closely, except that since the stem already ends in *-t-*, no extra *-t* is added at the end of the *il* form.

mettre [mɛ trə]	
je mets [jə mɛ]	nous mettons [nu mɛ tɔ̃]
tu mets [ty mɛ]	vous mettez [vu mɛ te]
il met [il mɛ]	ils mettent [il mɛt]

Notes:

- The past participle of *mettre* is *mis* ([mi]); *j'ai mis*.

- Compounds of *mettre* such as *promettre* (to promise) and *permettre* (to allow) are also conjugated following this pattern.

- *Mettre* means "to put, to place." It is also used with items of clothing meaning "to put on, to wear" and in the expression "mettre la table," meaning "to set the table."

B.3.3 La boum

Julie and Lucie are trying to decide what to wear to the party at David's house tonight. Use the correct form of the verbs *mettre*, *permettre*, and *promettre* to complete their conversation.

A: Alors, Julie, qu'est-ce que tu 1._____ ce soir?

B: Je veux 2._____ ma mini-jupe noir, mais mes parents ne le 3._____ pas!

A: Pourquoi est-ce que nous ne 4._____ pas des vêtements pareils - un jean noir, un t-shirt blanc, et un foulard coloré?

B: C'est une bonne idée. Essayons ça. [Le téléphone sonne.] Allô? Ah, salut Jean-Luc. Quoi? Toi et Paul vous pensez ne pas venir à la boum? Mais si! 5._____ -moi que vous allez venir. Lucie et moi, nous voulons danser avec vous! Ne soyez pas timides! D'accord. Salut.

A: Qu'est-ce qu'il y a? Ils ne viennent pas?

B: Si, ils vont venir. Jean-Luc me le 6._____ . Voyons, je 7._____ mon jean et tu me dis si ça me va bien, d'accord?

B.4   Reflexive or Pronominal Verbs

In section B.1, we learned about objects and direct object pronouns. In some cases, however, the subject and object of a verb are the same person.

For example, you can wash your car, or you can wash yourself; you can wake someone up, or you can wake up yourself. In the latter example of each of these pairs, the subject = the object; the subject performs the action of the verb on himself or herself.

Look at the following examples:

French	*English*
1. Je lave la voiture; Je la lave.	I wash the car; I wash it.
2. Je me lave.	I wash myself; I get washed.
3. Tu réveilles ta soeur; Tu la réveilles.	You wake up your sister; You wake her up.
4. Tu te réveilles.	You wake yourself up; You get up.

In sentences 1 and 3, the subject is performing the action on someone or something else; that direct object can be represented by a noun or by a direct object pronoun. In sentences 2 and 4, the verb still has a direct object, but in these cases, the subject and the direct object are the same person. Verbs used in this way are often called "reflexive" verbs, because the action reflects back upon the person doing the action.

Although these verbs are commonly called "reflexive" verbs, there are also cases where the same structure is used even though the action is not truly reflexive. A more accurate name for these verbs is "pronominal" verbs. There are three main types of pronominal verbs:

1. A true reflexive verb, where the subject performs the action on himself. E.g. "Marc se regarde dans le miroir" = "Mark looks at himself in the mirror."

2. A reciprocal verb (always used in the plural), where each member of the group peforms the action on the other members of the group. E.g. "Marc et Louise se regardent." = "Mark and Louise look at each other."

3. A idiomatic expression where a pronominal verb is used but which is not understandable as a reflexive action in English. E.g. "Il s'en va" = "He goes away."

Regardless of the type of meaning, all pronominal verbs are formed in the same way. Unlike a regular verb conjugation which has two parts (subject + verb), a pronominal verb conjugation has three parts: a subject, a matching object pronoun, and a verb. The verb is conjugated to agree with the subject. Let us look at the present tense of two pronominal verbs: se laver and se servir.

se laver [sə la ve], to get washed	
je me lave [jə mə lav]	nous nous lavons [nu nu la võ]
tu te laves [ty tə lav]	vous vous lavez [vu vu la ve]
il se lave [il sə lav]	ils se lavent [il sə lav]

se servir [sə sɛr vir], to serve oneself	
je me sers [jə mə sɛr]	nous nous servons [nu nu sɛr võ]
tu te sers [ty tə sɛr]	vous vous servez [vu vu sɛr ve]
il se sert [il sə sɛr]	ils se servent [il sə sɛrv]

Compare these with their non-reflexive counterparts:

laver [sə la ve], to wash	
je lave [jə lav]	nous lavons [nu la võ]
tu laves [ty lav]	vous lavez [vu la ve]
il lave [il lav]	ils lavent [il lav]

servir [sə sɛr vir], to serve	
je sers [jə sɛr]	nous servons [nu sɛr võ]
tu sers [ty sɛr]	vous servez [vu sɛr ve]
il sert [il sɛr]	ils servent [il sɛrv]

Notes:

- The first and second person reflexive pronouns (*me, te, nous, vous*) are the same as the direct object pronouns; the third-person singular and plural reflexive pronoun is *se.*

- When a reflexive infinitive is used as the second verb in a sentence, the pronoun changes to match the subject of the conjugated verb, but the infinitive stays an infinitive. E.g.: "J'aime me lever de bonne heure." = "I like to get up early." "Nous voulons nous laver." = "We want to get washed."

- In the negative, the *ne . . . pas* surrounds the reflexive pronoun plus the verb. E.g., "Il ne s'endort pas de bonne heure."

- In an inverted question, the reflexive pronoun remains BEFORE the verb, while the subject pronoun alone is inverted (placed after and attached to the verb with a hyphen). E.g. "Comment s'appelle-t-il? Comment vous appelez-vous?"

- In an inverted negative question, the above two rules both apply. E.g. "Ne s'appelle-t-il pas Philippe?" "Pourquoi ne vous couchez-vous pas?"

- Many transitive verbs can be made reflexive, if the action becomes reflexive or reciprocal. You will know you are supposed to conjugate the verb in the reflexive forms if the infinitive is given together with the pronoun *se.*

B.4.1 Conjugating reflexive verbs

Conjugate the following reflexive verbs. Remember that as far as the verb form is concerned, you should conjugate it according to its normal pattern.

Hint: appeler is a stem-changing -er verb that doubles the -l- in the shoe pattern, i.e. the je, tu, il, and ils forms. S'endormir is conjugated like dormir.

se couper, to cut oneself	s'appeler*, to be called	s'endormir, to fall asleep
je _____	je _____	je _____
tu _____	tu _____	tu _____
il/elle _____	il/elle _____	il/elle _____
nous _____	nous _____	nous _____
vous _____	vous _____	vous _____
ils/elles _____	ils/elles _____	ils/elles _____

Mini-Vocabulaire:

se coucher	to go to bed
se lever	to get up
se réveiller	to wake up
se raser	to shave
se brosser	to brush
se doucher	to shower
se baigner	to bathe

B.4.2 La routine de ma famille

Répondez aux questions. Faites attention au verbe pronominal!

1. Comment vous appelez-vous?

2. Comment s'appellent vos parents?

3. A quelle heure vous couchez-vous?

4. Qui se rase dans votre famille?

5. En général, dans votre famille, vous douchez-vous ou vous baignez-vous?

6. Qui se réveille le premier dans votre famille?

7. A quelle heure vos frères et soeurs se réveillent-ils le dimanche?

8. Est-ce que vous vous douchez le matin ou le soir, d'habitude?

B.4.3 L'hygiène personnelle

Conjuguez les verbes entre parenthèses. Faites attention - sont-ils pronominaux ou non?

1. Le matin, je (se réveiller) _____ à 6 heures.

2. Mes parents (se lever) _____ à 7 heures.

3. Je (prendre) _____ ma douche en premier. Je (se doucher) _____ tous les matins.

4. Ma mère (préférer) _____ prendre un bain le soir.

5. Mon père (se laver) _____ , (se raser) _____ , et (s'habiller) _____ . Ensuite, il (partir) _____ au travail.

6. Ma soeur et moi, nous (se disputer) _____ pour la salle de bain. Nous (vouloir) _____ toutes les deux le miroir. Enfin, nous (se brosser) _____ les cheveux ensemble.

7. Ma mère nous demande, "Est-ce que vous (se brosser) _____ les dents maintenant?" Nous avons oublié! mais nous le (faire) _____ vite.

8. Je (entrer) _____ dans la cuisine, mais ma mère (désapprouver) _____ . Elle dit, "Tu (s'habiller) _____ comme s'il faisait chaud, mais il fait très frais! Va changer de vêtements!" Je (ne pas se disputer) _____ avec elle; Maman n'a pas de patience le matin!

9. Enfin, ma soeur et moi (quitter) _____ la maison pour aller à l'école.

B.5 Agreement of the past participle in "avoir" verbs

In chapters 5 and 6, you learned two rules for the agreement of the past participle in the passé composé. You learned that the past participle of an "avoir" verb does not agree with its subject in number and gender, while the past participle of an "être" verb does agree with its subject.

You should read this section so that you understand section B.6; your teacher will tell you if s/he wants you to master this material at this point.

To review, compare the verbs *quitter*, an avoir verb, and *sortir*, an être verb.

je masculin	j'ai quitté	je suis sorti
je féminin	j'ai quitté	je suis sortie
tu masculin	tu as quitté	tu es sorti
tu féminin	tu as quitté	tu es sortie
il	il a quitté	il est sorti
elle	elle a quitté	elle est sortie
nous masculin	nous avons quitté	nous sommes sortis
nous féminin	nous avons quitté	nous sommes sorties
vous masc. sing.	vous avez quitté	vous êtes sorti
vous fém. sing.	vous avez quitté	vous êtes sortie
vous masc. plur.	vous avez quitté	vous êtes sortis
vous fém. plur.	vous avez quitté	vous êtes sorties
ils	ils ont quitté	ils sont sortis
elles	elles ont quitté	elles sont sorties

However, there is a wrinkle of which we did not inform you earlier. It is true that the past participle of an avoir verb **never** agrees with its **subject**. However, the past participle does agree with the **direct object** of the verb **if** that direct object **precedes** the verb. The most common way for a direct object to precede its verb is when a direct object pronoun is used. The rules to remember about past participle agreement are therefore: (1) With an être verb, the past participle agrees with the **subject**. (2) With an avoir verb, the past participle agrees **only** with a **preceding direct object**. See the following examples.

no agreement of p.p.	agreement of p.p.
Tu as mangé ta banane?	Oui, je l'ai mangée.
Loïc regarde sa nouvelle vidéocassette.	Il l'a achetée à la FNAC.
J'aime beaucoup tes gants.	Ah oui? Je les ai trouvés aux Galeries Lafeyette.

In the first sentence in each pair, the direct object follows the verb. This is typical word order in French just as in English: subject - verb - complement. In these sentences, therefore, the passé composé acts as it usually does: the past participle is invariable. In the second sentences in each pair, however, the direct object (as a pronoun) now precedes the verb, and the past participle agrees in gender and number with that preceding direct object.

Un jour d'hiver

Imagine that you are a child who spent the day playing in the snow. Before and after you go out, your mother has many questions to ask you. Answer the first five in the affirmative and the second five in the negative, replacing the direct object with a direct object pronoun. Pay attention to the form of the past participle!

Tu veux aller jouer dans la neige? Alors, dis-moi:

1. Est-ce que tu as fait tes devoirs?

2. Est-ce que tu as trouvé tes gants?

3. Est-ce que tu as mis tes bottes?

4. Est-ce que tu as mis ton écharpe?

5. Est-ce que tu as fermé ta veste?

   Ah, tu es rentré? T'es-tu bien amusé? Dis-moi:

6. Est-ce que tu as fait ces deux bonhommes de neige?

7. Est-ce que tu as jeté ces boules de neige à la fenêtre?

8. Est-ce que tu as bâti cette montagne de neige?

9. Est-ce que tu as construit cette maison?

10. Est-ce que tu as enlevé tes bottes dans la cuisine?

un devoir
un gant
une botte
une écharpe
une veste
un bonhomme de neige
une boule de neige
une montagne
une maison

B.6 Reflexive or Pronominal verbs in the passé composé

Auxiliary verb for all pronominal verbs is *être*

You know that all verbs use either *avoir* or *être* as their auxiliary verb in the passé composé. You learned in chapter 5 that most verbs in the passé composé are conjugated using *avoir* as their auxiliary, and in chapter 6 you began memorizing the "VANDERTRAMP" list of intransitive verbs of motion that are conjugated using *être*. In addition to the verbs on the VANDERTRAMP list, ALL reflexive verbs, even if they are transitive (i.e., have a direct object), use *être* as their auxiliary in the passé composé. Just as in the present tense, the passé composé of a reflexive verb contains a subject, a reflexive pronoun, and a verb. This time, however, the verb itself is composed ("composé") of two parts, the auxiliary and the past participle.

Here is the passé composé of the reflexive verb *se perdre (to get lost)*:

se perdre	
je me suis perdu(e)	nous nous sommes perdu(e)s
tu t'es perdu(e)	vous vous êtes perdu(e)(s)
il s'est perdu, elle s'est perdue	ils se sont perdus, elles se sont perdues

Agreement of past participle with pronominal verbs

Summary: Although it looks like the past participle of reflexive verbs follow the *être* rules, they actually follow the *avoir* rules: they agree with a preceding direct object. However, in the vast majority of cases, the direct object is the same as the subject, so at this level, you are usually safe making agreement with the subjectl.

The past participle of *se perdre* appears to agree with the subject, like other *être* verbs. However, reflexive verbs' past participles actually agree with the preceding direct object (like *avoir* verbs; see B.5), rather than with the subject (like *être* verbs). **Luckily, in most cases, the subject and direct object of a reflexive verb are the same. So, it usually does seem that the past participle agrees with the subject.** In the phrase "elle s'est perdue," the direct object of *perdre* is the pronoun *se*: she lost herself. There is agreement of the past participle *perdu* with the direct object *se*; there is also coincidental agreement with the subject *elle*, because the subject *elle* and the direct object *se* are the same person.

Here are two cases in which the past participle in a reflexive verb does NOT coincidentally agree with the subject:

a. The verb has a different direct object (a thing), and the reflexive pronoun is an indirect object.

we say *Elle s'est lavée* (she washed herself) but

Elle s'est lavé les cheveux (she washed her hair).

In the first sentence, *se* is the direct object; in the second sentence, *les cheveux* is the direct object, and *se* is an indirect object. Therefore, in the first example, the past participle agrees in gender and number with *se*, whereas in the second it doesn't.

b. There is no direct object for the verb; the reflexive pronoun is an indirect object.

Elles se sont parlé.

In French, you *parler à une personne*, so the *se* here is an indirect object and there is no agreement of the past participle.

B.6.1 Practice conjugation, reflexive verbs in the passé composé

Conjugate the following verbs in the passé composé. Pay attention to the agreement of the past participle.

se couper, to cut oneself	se réveiller, to wake up	se disputer, to argue
je	je	je
tu	tu	tu
il	il	il
elle	elle	elle
nous	nous	nous
vous	vous	vous
ils	ils	ils
elles	elles	elles

B.6.2 Qu'est-ce que tu as fait hier, Marie?

Play the role of Marie and conjugate the verbs in the passé composé. Remember, you are Marie and therefore feminine and singular! (Note: to conjugate *s'en aller*, leave the *en* between the reflexive pronoun and the verb.)

1. Hier, je (se lever) _____ à 6h30.

2. Je (se rendre) _____ à la salle de bains et je (se doucher) _____ .

3. Je (se laver) _____ les cheveux et je (se laver) _____ .

4. Je (descendre) _____ à la cusine et je (se préparer) _____ mon déjeuner.

5. Pendant que je coupais ma pomme, le couteau (glisser) _____ et je (se couper) _____ le doigt!

6. Ma mère (entrer) _____ dans la cuisine. Ma mère et moi (se regarder) _____ .

7. Puis, elle (se demander) _____ , "Qu'est-ce que je vais faire avec ces enfants?" mais elle me (aider) _____ .

8. Pendant ce temps, ma petite soeur et mon frère (se réveiller) _____ . Ils (se baigner) _____ . Mon frère (se raser) _____ et ma soeur (se maquiller) _____ . Ensuite, ils (venir) _____ dans la cuisine. Nous (se parler) _____ pendant le petit déjeuner.

9. Après le petit déjeuner, ma mère et moi (se dire) _____ au revoir et je (s'en aller) _____ .

B.6.3 Ma famille s'est disputée

Yesterday morning, your family got into its usual argument over the crowded bathroom. Conjugate the verbs in the passé composé to complete the story.

Hier, je (se réveiller) 1. _____ quand mon réveil (sonner) 2. _____ . Je (prendre) 3. _____ ma serviette et (se diriger) 4. _____ vers la salle de bain. Quand je (arriver) 5. _____ devant la porte, je (voir, p.p. vu) 6. _____ qu'elle était fermée. Je (frapper) 7. _____ à la porte. Mon frère (répondre) 8. _____ , "Tu (se lever) 9. _____ trop tard - tu dois attendre!" Je (se fâcher) 10. _____ et je (commencer) 11. _____ à insulter mon frère. Il (sortir) 12. _____ de la salle de bains et nous (s'engueuler**) 13. _____ . Puis, ma mère (arriver) 14. _____ et elle nous (séparer) 15. _____ .

Elle était très fâchée contre nous parce que nous la (réveiller) 16. _____ .

Elle a dit, "Vous (s'insulter) 17. _____ assez! Excusez-vous l'un auprès de l'autre et allez à votre chambre!" Nous (s'excuser) 18. _____ et nous (rentrer) 19. _____ dans nos chambres. Et enfin, c'est ma mère qui (se doucher) 20. _____ la première!

**s'engueuler, meaning to argue with someone, is slang; do not use in a formal context.

C Lab Worksheet and Review

C.1 Le corps

C.1.1 Les parties du corps - définitions (Time on recording : 0 :00)

State which body part corresponds to each of the following definitions.

C.1.2 Les parties du corps - fonctions (Time on recording : 2 :45)

Name one or more body parts you use to do each activity. After a pause for your answer, a sample answer will be given. Repeat the sample answer.

C.1.3 Décrivez-vous ! (Time on recording : 5 :30)

Answer the following questions by using the verb avoir + the definite article to describe your various body parts. You may wish to refer to the vocabulary list on your answer sheet before beginning. After a pause for your answer, a sample answer will be given. Repeat the sample answer.

rond	droit (straight)
mince (thin)	fort (thick, strong)
court	long
petit	grand
moyen	normal
délicat	épais (thick)
gros (big)	frisé (curly)

Exemple: Comment sont vos cheveux ?
J'ai les cheveux longs et bruns.

C.2 Les vêtements

C.2.1 Les vêtements et le corps (Time on recording : 7 :50)

Name a body part on which one wears each item of clothing mentioned. Replace the direct object with the appropriate direct object pronoun.

Exemple: Où porte-t-on le pantalon ?
On le porte sur les jambes.

Mini-Vocabulaire:
le châle   shawl
les lunettes glasses

C.2.2 Les vêtements qu'il faut (Time on recording : 10 :05)

Name an article of clothing that one wears in each of the following situations. After a pause for your answer, a sample answer will be given. Repeat the sample answer.

C.2.3 Au magasin avec maman (Time on recording : 13 :15)

Imagine that you are a child shopping with your mother. Answer her questions according to the cue given on your answer sheet. Replace the direct object with the appropriate direct object pronoun.

Exemple: Tu aimes la chemise bleue ?
  (non) Non, je la déteste.
  (oui) Oui, peut-on l'acheter ?

1. (oui)	6. (non)
2. (non)	7. (non)
3. (oui)	8. (oui)
4. (oui)	9. (non)
5. (oui)	10. (non)

C.2.4 Faire la lessive (Time on recording : 16 :15)

In this drill, you will change the sentence by replacing the subject, tense of the verb, or direct object. Use a direct object pronoun in place of the noun object given each time. Remember that the position of the direct object pronoun is different in the present and past tenses and in the futur proche. If the cue given is "hier," put the verb in the passé composé. If the cue is "aujourd'hui," put the verb in the present. If the cue is "demain," put the verb in the future.

J'ai lavé ma chemise hier.

Je l'ai lavée hier.

1. mon jean	7. hier	16. moi
2. ma mère	8. je	17. le short
3. demain	9. mon père	18. hier
4. aujourd'hui	10. son manteau	19. ma mère
5. les chemises	11. demain	20. sa jupe
6. nous	12. ses chaussettes	21. ses collants
	13. aujourd'hui	22. demain
	14. mes frères	23. nous
	15. demain	24. aujourd'hui

C.3 Ma routine

C.3.1 Ma routine (Time on recording : 21 :25)

Answer the following questions about your daily routine. After a pause for your answer, a sample answer will be given. Repeat the sample answer.

C.3.2 Qu'est-ce qu'on fait d'abord ? (Time on recording : 24 :30)

Say which activity you do before the other. Pay attention to whether the verb is reflexive or not! Remember to use the infinitive after "avant de."

Exemple: se déshabiller - se coucher
   Je me déshabille avant de me coucher.

C.3.3 Tout de suite, Maman ! (Time on recording : 28 :15)

Imagine that you are a child getting ready for school. Throughout the morning, your mother asks you if you have done certain things. Each time, you reply that you will do them right away. (Use the futur proche in your answer.) Pay attention to which verbs are reflexive.

Exemple: T'es-tu baigné ?
   Je vais me baigner tout de suite.

C.4 Ma santé

C.4.1 Qu'est-ce qu'elle a ? (Time on recording : 31 :20)

Fatima's physical condition is often far from optimal. Listen to what happens to her, and state which body part hurts in each instance.

Exemple: Elle s'est tordu le genou.
   Elle a mal au genou.

C.4.2 Remèdes (Time on recording : 34 :40)

Suggest a remedy for each of the following illnesses or injuries. After a pause for your answer, a sample answer will be given. Repeat the sample answer.

Exemple: J'ai mal à la tête.
   Tu devrais prendre de l'aspirine.

End of lab worksheet

Answers to Written Section B Exercises

Answers to B.1.1, Trouvez le complément d'objet direct, page 362 1. Sylvie; 2. la réponse; 3. son livre; 4. le football; 5. René; 6. ton cahier; 7. Philippe; 8. les devoirs.

Answers to B.1.2, Objets, page 363 1. OD: cette carte; OI: Angèle; 2. OD: le bus; 3. OD: le livre; OP: la table. 4. OD: nos devoirs; OP: au café; 5. OD: les copies; OI: le professeur; 6. OP: Paris; 7. OI: les clients; 8. OD: le cadeau; OI: ta soeur

Answers to B.1.3, Using direct object pronouns, page 365 1. Marc ne l'aime pas. 2. Lise l'adore. 3. Philippe ne les fait pas souvent. 4. Béatrice téléphone à Georges (note: Georges is an indirect object and you don't know those pronouns yet, so you can't replace it). 5. Georges l'invite au cinéma. 6. Nous les rendons au professeur. 7. Les étudiants la cherchent. 8. Sa grand-mère les paie. 9. Je l'attends devant le musée.

Answers to B.1.4, Conversation entre un professeur et un étudiant, page 367 Note: the "vous" in all the sentences except #7 could apply to you individually or to the entire class. In #7, the fact that "seuls" is plural means that it must be a plural "vous." Two answers are given here for each question; the first assumes the "vous" in the question is singular (applying to you individually), the second assumes the "vous" is plural (applying to the whole class). 1. Oui, vous me corrigez. Oui, vous nous corrigez. 2. Oui, je vous écoute. Oui, nous vous écoutons. 3. Non, vous ne m'invitez pas au restaurant français. Non, vous ne nous invitez pas au restaurant français. 4. Oui, vous m'arrêtez quand je parle anglais. Oui, vous nous arrêtez quand nous parlons anglais. 5. Non, je ne vous déteste pas. Non, nous ne vous détestons pas. 6. Non, je ne veux pas vous voir dans votre bureau. Non, nous ne voulons pas vous voir dans votre bureau. 7. Non, vous ne nous laissez pas seuls pendant un examen. 8. Oui, je vous regarde quand vous me parlez. Oui, nous vous regardons quand vous nous parlez.

Answers to B.1.5, Conversation avec votre camarade de chambre, page 367 Note: to understand why the past participles change form, refer to section B.5. The correct answers are given here for consistency; but consult your teacher, as s/he may not require you to master this at this level. 1. Oui, je l'ai pris/ Non, je ne l'ai pas pris. 2. Oui, je les ai oubliées./ Non, je ne les ai pas oubliées. 3. Oui, je l'ai faite. / Non, je ne l'ai pas faite. 4. Oui, je l'ai eu. / Non, je ne l'ai pas eu. 5. Oui, je l'ai écouté./ Non, je ne l'ai pas écouté. 6. Oui, je les ai rendus (tous). / Non, je ne les ai pas (tous) rendus. 7. Oui, je l'ai vue. / Non, je ne l'ai pas vue. 8. Oui, elle t'a mentionné. / Non, elle ne t'a pas mentionné. 9. Oui, elle m'aime. / Non, elle ne m'aime pas.

Answers to B.2.1, Descriptions physiques, page 370 1. Maxime a un gros nez. 2. Marie a de beaux yeux. 3. Chantal a de petits pieds. 4. Julien a de grandes mains. 5. Amélie et son frère Valentin ont les mêmes yeux. 6. Emma porte sa nouvelle jupe aujourd'hui. 7. Monsieur Lefèvre porte son vieil habit. 8. Florian a perdu son autre gant. 9. Tu as là une belle écharpe! 10. Alexandre et Camille sont de jeunes enfants.

Answers to B.2.2, Tout ce qui brille n'est pas d'or, page 371 1. Manon a une nouvelle voiture, mais c'est une mauvaise voiture. 2. Romain a de vieux amis, mais ce sont des amis méchants. 3. Georges et moi, nous travaillons pour la même compagnie, mais c'est moi qui ai le travail difficile. 4. Pierre est un petit garçon, mais c'est un enfant énergique. 5. Julie est une jeune fille, mais elle a des habitudes sérieuses. 6. Guillaume et Simon ont un vieil appartement, mais ils ont une cuisine moderne. 7. Pauline porte des lunettes fortes, mais elle a de jolis yeux. 8. Lucas est un bel homme, mais il a des dents pointus.

Answers to B.2.3, Ils sont comment?, page 372 1. Caroline a de jolis doigts fins. 2. Anaïs a les cheveux blonds et courts. 3. Loïc a une expression agréable et sereine. 4. Thomas a de grandes épaules carrées. 5. Quentin a de longues jambes musclées. 6. Juliette a les bras forts et solides. 7. Vincent a un petit nez pointu. 8. Charlotte a de petites oreilles délicates.

Answers to B.3.1, Conjugaison: Verbes comme _sortir_, page 374 je dors, tu dors, il dort, nous dormons, vous dormez, ils dorment; je sors, tu sors, il sort, nous sortons, vous sortez, ils sortent; je mens, tu mens, il ment, nous mentons, vous mentez, ils mentent

Answers to B.3.2, Projets pour le week-end, page 374 1. dors; 2. trouvons; 3. sortez; 4. sortons; 5. sert (note: subject is "on"; "nous" is an indirect object); 6. rentres; 7. rentre; 8. mens; 9. dorment; 10. entendent; 11. partent; 12. ont

Answers to B.3.3, La boum, page 376 1. mets; 2. mettre; 3. permettent; 4. mettons; 5. promettez; 6. promets; 7. mets

Answers to B.4.1, Conjugating reflexive verbs, page 378 je me coupe, tu te coupes, il se coupe; nous nous coupons; vous vous coupez; ils se coupent; je m'appelle; tu t'appelles; il s'appelle; nous nous appelons; vous vous appelez; ils s'appellent; je m'endors, tu t'endors, il s'endort, nous nous endormons, vous vous endormez, ils s'endorment

Answers to B.4.2, La routine de ma famille, page 378 [Your answers will obviously be different; here are some sample answers.] 1. Je m'appelle Marie. 2. Ma mère s'appelle Berthe et mon père s'appelle Georges. 3. Je me couche à 11 heures du soir. 4. Nous nous douchons. 5. Mon père et mes frères se rasent le visage; ma mère, mes soeurs et moi nous rasons les jambes! 6. Mon frère Paul se réveille le premier. 7. Ils se réveillent à 10h. 8. Je me douche le matin.

Answers to B.4.3, L'hygiène personnelle, page 379 1. me réveille; 2. se lèvent; 3. prends; me douche; 4. préfère; 5. se lave, se rase, s'habille, part. 6. nous disputons; voulons; nous brossons; 7. vous brossez; faisons; 8. entre; désapprouve; t'habilles; ne me dispute pas; 9. quittons

Answers to B.5.1, Un jour d'hiver, page 381 1. Oui, je les ai faits. 2. Oui, je les ai trouvés. 3. Oui, je les ai mises. 4. Oui, je l'ai mise. 5. Oui, je l'ai fermée. 6. Non, je ne les ai pas faits. 7. Non, je ne les ai pas jetées à la fenêtre. 8. Non, je ne l'ai pas bâtie. 9. Non, je ne l'ai pas construite. 10. Non, je ne les ai pas enlevées dans la cuisine.

Answers to B.6.1, Practice conjugation, reflexive verbs in the passé composé, page 382 je me suis coupé(e), tu t'es coupé(e), il s'est coupé, elle s'est coupée, nous nous sommes coupé(e)s, vous vous êtes coupé(e)(s), ils se sont coupés, elles se sont coupées; je me suis réveillé(e), tu t'es réveillé(e), il s'est réveillé, elle s'est réveillée, nous nous sommes réveillé(e)s, vous vous êtes réveillé(e)(s), ils se sont réveillés, elles se sont réveillées; je me suis disputé(e), tu t'es disputé(e), il s'est disputé, elle s'est disputée, nous nous sommes disputé(e)s, vous vous êtes disputé(e)(s), ils se sont disputés, elles se sont disputées

Answers to B.6.2, Qu'est-ce que tu as fait hier, Marie?, page 383 1. me suis levée; 2. me suis rendue, me suis douchée, 3. me suis lavé, me suis lavée; 4. suis descendue, me suis préparé; 5. a glissé, me suis coupé; 6. est entrée, nous sommes regardées; 7. s'est demandé, m'a aidé; 8. se sont réveillés, se sont baignés, s'est rasé, s'est maquillée, sont venus, nous sommes parlé; 9. nous sommes dit, m'en suis allée [Notes: 3a, 5b, and 9d have noun direct objects and the reflexive pronoun is an indirect object; 7a and 8f, the reflexive pronoun is an indirect object because the verb requires an indirect rather than a direct object

Answers to B.6.3, Ma famille s'est disputée, page 383 1. me suis réveillé(e, depending on whether you are male or female - only write one form); 2. a sonné; 3. ai pris; 4. me suis dirigé(e); 5. suis arrivé(e); 6. ai vu; 7. ai frappé; 8. a répondu, 9. t'es levé(e); 10. me suis fâché(e), 11. ai commencé; 12. est sorti; 13. nous sommes engueulés; 14. est arrivée; 15. a séparés (nous is the direct object); 16. l'avons réveillée (la is the direct object); 17. vous êtes assez insultés; 18. nous sommes excusés, 19. sommes rentrés; 20. s'est douchée

Chapter 8

A table!

Objectives for chapter 8

Communication (what students will be able to do):

By the end of this chapter, students will be able to:

1. Discuss their diet and food preferences

2. Order food and drink in a restaurant or cafe

3. Give instructions and advice

4. Make negative statements

Culture (what students will know about the French-speaking world):

By the end of this chapter, students will know about:

1. French culinary habits, with special reference to wine and cheese

2. Cuisine in other selected Francophone countries

Grammar/ Tools (what students need to know):

In order to perform these communicative tasks, students will have to understand and be able to use correctly the following grammatical structures:

1. The partitive article

2. Negative constructions

3. The present and past tenses of the verbs *boire* and *prendre*

4. Imperatives

Les repas	meals
le petit déjeuner	breakfast
le déjeuner	lunch
le goûter	p.m. snack
le dîner	dinner
le souper	supper
Les fruits	
une banane	banana
une cerise	cherry
une fraise	strawberry
une orange	orange
une pastèque	watermelon
une poire	pear
une pomme	apple
une prune	plum
du raisin	grapes
Les légumes	Vegetables
l'ail	garlic
une aubergine	eggplant
une carotte	carrot
une courgette	zucchini
un haricot	bean
le maïs	corn
un oignon	onion
les petits pois	peas
le poivron	pepper
la salade	salad, lettuce
une tomate	tomato
Autres	Others
les céréales (f.)	cereal
le fromage	cheese
le pain	bread
les pâtes (f.)	pasta
la soupe	soup
la sauce	sauce
les spaghettis	spaghetti
le yaourt	yogurt
Les desserts	
le biscuit	cookie
le gâteau	cake
la glace	ice cream
la pâtisserie	pastry
la tarte	pie

A Activités

A.1 La nourriture

Qu'est-ce que vous préférez manger et boire ? Qu'est-ce que vous prenez aux différents repas ?

Les boissons

du lait   de l'eau   du jus d'orange

du vin   de la bière   du café

Les viandes et les volailles

un steak (du boeuf)   un hamburger   du poisson

du poulet   du jambon   une côtelette de porc

A.1.1 Définitions

Associez l'aliment ou le repas et sa définition.

1. Les cerises
2. Une aubergine
3. Le poulet
4. Le petit déjeuner
5. Le yaourt
6. Le pain
7. Le vin
8. Une pastèque
9. Les haricots
10. Le poisson
11. Le poivron
12. La glace

a. boisson alcoolique fait de raisin
b. produit à base de lait fermenté
c. grand melon, vert à l'extérieur et rose à l'intérieur
d. il vient en forme de baguette ou de boule
e. petits fruits rouges qui se trouvent souvent dans les tartes
f. petit légume très utilisé dans la cuisine mexicaine
g. volaille très populaire aux Etats-Unis
h. dessert congelé à base de lait et de crème
i. le premier repas de la journée
j. légume violet, long et mince ou en forme de poire
k. être vivant qui nage, certains "végétariens" le mangent néanmoins
l. légume vert, jaune, ou rouge, peut être piquant ou non

A.1.2 Nos préférences

Exemple: les bananes / les fraises

Préfères-tu les bananes
ou les fraises?

 Demandez ses préférences à votre partenaire.

1. le jus d'orange / le jus de pomme

2. le vin rouge / le vin blanc

3. le boeuf / le poulet

4. les carottes / les petits pois

5. la salade / la soupe

6. le lait / l'eau

7. le café / le thé

8. du raisin / des cerises

9. la glace / le gâteau

10. la tarte aux pommes / la tarte aux pêches

11. le saumon / le thon

12. les tomates / les courgettes

⟹ Continuons!

Racontez à la classe 2 préférences que vous partagez avec votre partenaire, et 2 différences de goût.

Exemple: Nous aimons tous les deux le jus d'orange et nous préférons le thon au saumon; mais il préfère le café et moi le thé, et il aime la glace et moi, je préfère le gâteau.

Grammaire: Voir B.1, "L'article partitif," page 403.

Les amis sont au restaurant. Ils ont des goûts différents. Lisez dans la colonne de droite les cas alimentaires, et associez-les à la réponse nutritionnelle correcte (colonne de gauche).

Exemple: Gilles mange souvent des légumes verts.

des petits pois ou du maïs

Il devrait manger des petits pois.

Chaque phrase à droite accompagne la phrase directement à gauche.

1. Thu est végétarien.	a. un steak ou des pâtes
2. Carlos veut maigrir.	b. du fromage ou une pomme
3. Marie a besoin de vitamine A.	c. des carottes ou du maïs
4. Pierre aime la cuisine américaine.	d. une côtelette de porc ou un hamburger
5. Hamid ne boit pas d'alcool.	e. de la bière ou du Coca
6. Chantal déteste les fruits rouges.	f. un gâteau au chocolat ou une tarte aux fraises
7. Anne-Marie aime les légumes verts.	g. des haricots ou de l'aubergine
8. Walid ne mange pas de porc.	h. du jambon ou du poulet
9. Jean-Marie mange un steak.	i. du vin rouge ou de la bière
10. Christophe n'a pas très faim.	j. de la salade ou une côtelette de porc

A.1.4 **A table!**

Quelles sont nos préférences? Interviewez vos camarades sur leurs plats préférés. Marquez les réponses dans un tableau, puis mettez un résumé au tableau noir.

1. Qu'est-ce que tu bois le matin?

2. Qu'est-ce que tu bois avec le dîner?

3. Quelle viande ou volaille préfères-tu?

4. Qu'est-ce que tu manges pour le petit déjeuner?

5. Quel légume préfères-tu?

6. Quel fruit préfères-tu?

7. Quel est ton plat principal préféré?

8. Est-ce que tu aimes le poisson?

9. Qu'est-ce que tu manges à midi?

10. Manges-tu plus souvent au restaurant ou à la maison?

A.1.5 **Qu'est-ce qu'on mange ?**

 Qu'est-ce que vous mangez dans les situations suivantes ? Donnez autant de détails que possible.

1. Vous vous levez en retard et vous avez 10 minutes pour manger avant de partir.

2. Vous dînez chez vous avec vos parents, un mercredi soir.

3. Toute la famille vient chez vous un dimanche après-midi pour fêter l'anniversaire de votre grand-mère.

4. Vous regardez des vidéos avec des amis.

5. Vous célébrez une fête religieuse (laquelle ?).

6. Vous prenez le petit déjeuner le dimanche matin.

7. Vous déjeunez à l'université.

8. Vous sortez au restaurant pour célébrer votre anniversaire avec votre copain/copine.

9. Vous mangez (où ?) avant d'aller danser le vendredi soir.

10. Par une journée d'août, vous êtes à la plage. Il fait chaud.

A.2 **Contradictions**

Mini-Vocabulaire:

ne ... rien	[rjɛ̃]	nothing (not anything)
ne ... personne	[pɛr sɔn]	no one (not anyone)
ne ... jamais	[ʒa mɛ]	never (not ever)
ne ... plus	[ply]	no longer (not anymore)
ne ... pas encore	[pa zɑ̃ kɔr]	not yet
ne ... nulle part	[nyl par]	nowhere (not anywhere)
ne ... ni ... ni	[ni]	neither ... nor (not ... either ... or)
régime	[re ʒim]	diet
gâté	[ɡa te]	spoiled

A.2.1 **Personne nulle part !**

Substituez l'élément donné à la phrase. Faites les changements nécessaires.

Exemple: Je mange un sandwich.

rien	Je ne mange rien.
avec personne	Je ne mange avec personne.
sortir	Je ne sors avec personne

Je vais souvent au cinéma.

1. jamais
2. avec mes amis
3. avec personne
4. au restaurant
5. nous
6. manger
7. un steak-frites
8. rien
9. boire
10. Michel
11. de l'alcool
12. plus
13. regarder la télé
14. avec personne
15. Mes parents
16. parler
17. voir
18. rien
19. étudier
20. Je
21. les mathématiques
22. plus
23. faire
24. ni tennis ni golf
25. Tu

A.2.2 Un appétit difficile

Imaginez que vous suivez un régime très strict. Répondez aux questions en utilisant le négatif entre parenthèses. Ajoutez une autre phrase pour développer ou expliquer votre réponse négative.

1. Tu veux manger quelque chose ? (rien)
2. Est-ce que tu prends quelquefois de l'alcool ? (jamais)
3. Est-ce que tu préfères le café ou le thé ? (ni ... ni)
4. Où aimes-tu manger ? (nulle part)
5. As-tu déjà essayé ce nouveau café ? (pas encore)
6. Manges-tu toujours beaucoup de hamburgers ? (plus)
7. Qui prépare le dîner chez toi ? (personne)

A.2.3 Le pessimiste fainéant

 Votre camarade de chambre est un "fainéant" – une personne qui ne fait jamais rien. Il/elle se plaint tout le temps de ses problèmes. Cette fois, vous ne voulez plus l'écouter ! Vous remarquez que c'est à cause de ses propres actions (ou de son manque d'action !). Imaginez la conversation. Pratiquez-la et présentez-la devant la classe. Votre dialogue, bien sûr, va incorporer des négatifs !

Exemple : Je ne reçois jamais de bonnes notes.

C'est parce que tu n'étudies pas assez !

Sujets possibles de ses plaintes :

1. problèmes à l'école

   mes professeurs / m'aimer

   mes cours / difficiles

   la cuisine / mauvaise

   les livres / chers

2. problèmes avec ses amis

   mes amis / m'inviter

   mes amis / sortir

   mes amis / m'écouter

3. problèmes avec sa famille

   mes parents / m'écouter

   mes parents / me forcer à

   mes frères et soeurs / me laisser

4. problèmes avec ses camarades de chambre

   l'appartement / sale

   rien à manger dans le frigo

   trop de bruit

A.2.4 L'enfant gâté au petit déjeuner

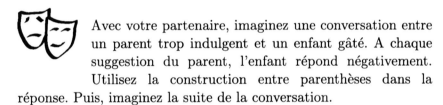 Avec votre partenaire, imaginez une conversation entre un parent trop indulgent et un enfant gâté. A chaque suggestion du parent, l'enfant répond négativement. Utilisez la construction entre parenthèses dans la réponse. Puis, imaginez la suite de la conversation.

1. Bonjour, chéri(e) ! Tu as déjà mangé ce matin ? (pas encore)

2. Non ? Alors, qu'est-ce que tu veux ? Des céréales ? (rien)

3. Mais il faut que tu manges quelque chose ! Veux-tu du pain grillé ou des oeufs ? (ni ... ni)

4. Je pourrais aller à la boulangerie t'acheter un croissant. Tu aimes beaucoup les croissants, n'est-ce pas ? (plus)

5. Mais chéri(e), ce n'est pas raisonnable ! Tu as toujours pris un bon petit déjeuner ! (jamais)

6. Mais, tout le monde prend le petit déjeuner ! Il est important d'être bien nourri avant d'aller à l'école ! (personne)

7. Bon, ben, si tu ne veux pas manger, habilles-toi ; je t'amènerai à l'école. (nulle part)

A.3 Au restaurant

Vocabulaire utile au restaurant :

Mini-Vocabulaire:

le serveur/se	[sɛr vœr] [vœz]	waiter/tress
Garçon !	[gar sɔ̃]	Waiter!
Mademoiselle !	[ma də mwa zɛl]	Miss!
la carte	[kart]	the menu
le menu	[mə ny]	a prix-fixe menu
Je voudrais	[ʒə vu drɛ]	I would like
Voudriez-vous	[vu dri je vu]	Would you like?
à boire	[a bwar]	to drink
le plat principal	[pla prɛ̃ si pal]	main dish (a.k.a. entree)
l'entrée (f.)	[ã tre]	appetizer
bien cuit	[bjɛ̃ kɥi]	well-done
encore (du pain)	[ã kɔr]	another serving of (bread)
prendre	[prã drə]	to have (to eat or drink)
l'addition	[a di sjɔ̃]	bill
le régime	[re ʒim]	diet (the foods you eat)
être au régime	[ɛ trə o re ʒim]	to be on a diet
le pourboire	[pur bwar]	(extra) tip
le service	[sɛr vis]	tip (15% standard)
compris	[kɔ̃ pri]	included

A.3.1 Enquête culturelle : au restaurant en France

 Lisez les informations suivantes sur les restaurants en France. Après chaque phrase, posez une question à votre professeur pour en savoir plus, en utilisant les éléments indiqués.

1. Le serveur vous accompagne à votre table.
   Comment / on / appeler / le serveur ?

2. Vous pouvez prendre un menu ou commander à la carte.
   Quelle / différence / entre / le menu et la carte ?

3. "Entrée" ne veut pas dire "plat principal."
   Quelle / être / la définition / une entrée ?

4. On ne mange pas la salade au début du repas.
   Quand / on / manger / la salade ?

5. On ne mange pas souvent la viande bien cuite.
   Comment / on / manger / la viande ?

6. On sert toujours du pain avec le repas.
   Où / on / poser / le pain ?

7. A la fin du repas, on demande l'addition.
   Le service / être / compris ?

8. On laisse souvent aussi un pourboire.
   Combien / on / devoir / laisser / comme pourboire ?

A.3.2 **Un dîner d'étudiants**

> Grammaire: Voir B.4, "Les impératifs," page 415.

Les étudiants de la classe de français veulent organiser une fête pour célébrer la fin du trimestre. Travaillez dans un groupe de 4 personnes. A tour de rôle, une personne va organiser les éléments suivants. Cette personne va donner des instructions aux autres, qui vont répondre. Lisez le dialogue modèle avant de commencer.

Une personne dans chaque groupe va diriger la conversation pour chaque article : un étudiant pour les boissons, un autre pour les desserts, etc. Chaque étudiant va participer à toutes les conversations.

Christine : D'accord. Moi, je m'occupe de la musique. Paul, tu peux apporter ta mini-stéréo ?
Paul : Bien sûr. On peut y mettre des cassettes et des CD.
Christine : Qui peut apporter des CD ?
Séréna : Moi. J'ai quelques CD de musique française.
Christine : Super. Apporte tes CD. Et Edmond, est-ce que tu as des cassettes de musique africaine ?
Edmond : Oui, j'ai plusieurs cassettes. Je vais les apporter.
Christine : OK, c'est décidé donc. Paul, n'oublie pas ta mini-stéréo ; et Séréna et Edmond, apportez de la musique.

1. Les boissons
2. Les hors d'oeuvres et plats principaux
3. Les desserts
4. Le reste (assiettes, fourchettes, cuillières, couteaux, verres, glaçons)

A.3.3 **Des amis au café**

> Grammaire: Voir B.3, "Verbes de consommation," page 413.

Imaginez que vous êtes au café ou au restaurant avec des amis. Qu'est-ce que vous prenez ? Imaginez la conversation avec le serveur.

A.3.4 **Problèmes au restaurant !**

Imaginez que vous dînez au restaurant, et c'est une expérience désagréable. Imaginez l'action et la conversation. Qu'est-ce qui arrive ? Pratiquez le dialogue et présentez-le à la classe.

La nourriture

Les légumes	[le gym]	Vegetables
l'ail	[aj]	garlic
une aubergine	[o bɛr ʒin]	eggplant
une carotte	[ka rɔt]	carrot
une courgette	[kur ʒɛt]	zucchini
un haricot	[a ri ko]	bean
le maïs	[ma is]	corn
un oignon	[ɔ ɲɔ̃]	onion
les petits pois	[pə ti pwa]	peas
le poivron	[pwa vrɔ̃]	pepper
la pomme de terre	[pɔm də tɛr]	potato
la salade	[sa lad]	salad, lettuce
une tomate	[tɔ mat]	tomato
Les Boissons (f.)	[bwa sɔ̃]	Drinks
la bière	[bjɛr]	beer
le café	[ka fe]	coffee
le chocolat (chaud)	[ʃɔ kɔ la ʃo]	hot chocolat
le coca	[ko ka]	Coke
l'eau	[o]	water
le jus (d'orange)	[ʒy]	(orange) juice
le lait	[lɛ]	milk
le limonade	[li mɔ nad]	lemon-lime soda
le thé	[te]	tea
la tisane	[ti zan]	herbal tea
le vin	[vɛ̃]	wine
La viande	[vjɑ̃d]	Meat (etc.)
l'agneau	[a ɲo]	lamb
le bifteck	[bif tɛk]	steak
le boeuf	[bœf]	beef
la côtelette (de porc)	[kɔt lɛt]	(pork) chop
les crevettes (f.)	[krə vɛt]	shrimp
la dinde	[dɛ̃d]	turkey
les fruits de mer	[frɥi də mɛr]	seafood
le jambon	[ʒɑ̃ bɔ̃]	ham
le hamburger	[ɑ̃ bœr gœr]	hamburger patty
le poisson	[pwa sɔ̃]	fish
le porc	[pɔr]	pork
le poulet	[pu lɛ]	chicken
le saumon	[so mɔ̃]	salmon
le thon	[tɔ̃]	tuna

Les fruits	[frɥi]	Fruit
une banane	[ba nan]	banana
une cerise	[sə riz]	cherry
une fraise	[frɛz]	strawberry
un melon	[mə lɔ̃]	melon
une orange	[ɔ rɑ̃ʒ]	orange
une pastèque	[pa stɛk]	watermelon
une poire	[pwar]	pear
une pomme	[pɔm]	apple
une prune	[pryn]	plum
du raisin	[rɛ zɛ̃]	grapes
D'autres choses à manger		Others
les céréales (f.)	[se re al]	cereal
le fromage	[frɔ maʒ]	cheese
un oeuf	[œf]	egg
des oeufs	[œ]	eggs
le pain	[pɛ̃]	bread
les pâtes (f.)	[]	pasta
le riz	[ri]	rice
la soupe	[sup]	soup
la sauce	[sos]	sauce
les spaghettis	[spa gɛ ti]	spaghetti
le yaourt	[ya ur(t)]	yogurt
Les desserts	[de ʃɛr]	Desserts
le biscuit	[bi skɥi]	cookie
le gâteau	[ga to]	cake
la glace	[glas]	ice cream
la pâtisserie	[pa ti sri]	pastry
la tarte	[tart]	pie
Les repas	[rə pa]	meals
le petit déjeuner	[pə ti de ʒœne]	breakfast
le déjeuner	[de ʒœne]	lunch
le goûter	[gu te]	p.m. snack
le dîner	[di ne]	dinner
le souper	[su pe]	supper (evening meal if dinner is at midday)

Expressions utiles au restaurant

le serveur/se	[sɛr vœr] [vœz]	waiter/tress
Garçon !	[gar sɔ̃]	Waiter!
Mademoiselle !	[ma də mwa zɛl]	Miss!
Je voudrais	[ʒə vu drɛ]	I would like
Voudriez-vous	[vu dri je vu]	Would you like?
à boire	[a bwar]	to drink
le plat principal	[pla prɛ̃ si pal]	main dish (a.k.a. entree)
l'entrée (f.)	[ɑ̃ tre]	appetizer
saignant	[sɛ ɲɑ̃]	rare
à point	[a pwɛ̃]	medium
bien cuit	[bjɛ̃ kɥi]	well-done
encore (du pain)	[ɑ̃ kɔr]	another serving of (bread)
prendre	[prɑ̃ drə]	to have (to eat or drink)
l'addition	[a di sjɔ̃]	bill
le régime	[re ʒim]	diet (the foods you eat)
être au régime	[ɛ trə o re ʒim]	to be on a diet
la carte	[kart]	the menu
le pourboire	[pur bwar]	(extra) tip
le service	[sɛr vis]	tip (15% standard)
compris	[kɔ̃ pri]	included
le menu	[mə ny]	a prix-fixe menu (meal with several co with a set selection and price)

Expressions négatives

ne ... rien	[rjɛ̃]	nothing (not anything)
ne ... personne	[pɛr sɔn]	no one (not anyone)
ne ... jamais	[ʒa mɛ]	never (not ever)
ne ... plus	[ply]	no longer (not anymore)
ne ... pas encore	[pa zɑ̃ kɔr]	not yet
ne ... nulle part	[nyl par]	nowhere (not anywhere)
ne ... ni ... ni	[ni]	neither ... nor (not ... either ... or)

B Grammar

B.1 The partitive article

You have already learned the forms of the definite article (*le, la, les*) and the indefinite article (*un, une, des*). In addition to these two, French has another set of articles which has no real equivalent in English. This is the **partitive article** (*le partitif*).

L'article partitif

	sing	*plur*
masc	du (de l')	des
fém	de la (de l')	des

The partitive article is used to designate *part* of something, as opposed to the entire or specific thing (definite article) or an unspecified item (indefinite article). As such, it is commonly used with **verbs of consumption**, such as *boire, manger, prendre, vouloir, avoir, acheter.*

The best equivalent of the partitive article in English is "some" or "any." However, whereas in English we often omit this word, in French the partitive article must be used in cases where it applies.

French	*English*
Je veux du café.	I want (some) coffee.
Il y a du bruit.	There is (some) noise. (It is noisy).
Elle met du sucre dans son café.	She puts (some) sugar in her coffee.

In the above examples, the word "some" could easily be omitted in English, and even should be in some cases. However, in French, the partitive article is necessary.

After a negative, all forms of the partitive change to *de* (*d'* before a vowel).

Ils prennent souvent de la bière.	Ils ne prennent jamais de bière.
Elle boit du vin rouge.	Elle ne boit pas de vin rouge.
Tu veux de l'eau?	Tu ne veux pas d'eau?

B.1.1 Formes du partitif

Given the two items to choose from, which do you want? Answer using the partitive article.

Exemple: le lait - la bière.   Je veux de la bière.

1. le poulet - le poisson

2. les spaghettis - les lasagnes

3. le café - le thé

4. le pain - la brioche

5. la glace au chocolat - la glace à la vanille

6. l'eau - l'Orangina

7. le riz - les pâtes

8. les céréales - le pamplemousse

B.1.2 Un repas monochrome

You are serving a dinner in which all the foods are to be shades of orange, pink, or red. Say whether you will serve each food mentioned.

| Exemple: le lait | Je ne vais pas servir de lait. |
| le vin rosé | Je vais servir du vin rosé. |

1. le bifteck

2. le saumon

3. les fraises

4. les petits pois

5. le vin blanc

6. le pain

7. le jambon

8. la soupe au chou

Definite, indefinite, and partitive articles

The key to using the partitive article correctly, at first, is to remember that French nouns are almost always preceded by some article. The trick is choosing which article to use.

Definite Articles

The definite article, in French, is used in two quite different ways. First, it is used just like the English "the," to designate a specific item (hence the name, *definite* article).

French	English
J'aime la robe bleue.	I like the blue dress. (The speaker has in mind a particular dress)
Le stylo est sur la table.	The pen is on the table. (a particular pen and a particular table)
Les chats ont renversé la plante.	The cats knocked over the plant. (specific cats and a specific plant)

Second, it is used where English usually uses no article, to designate the general category of something, or an abstract quality. If you are making a generalization about a group, you use the definite article; that does not mean there are no exceptions to your statement, but you are emphasizing the general category.

French	English
La liberté est importante.	Liberty is important. (abstract quality)
Les Américains regardent beaucoup de télé.	Americans watch a lot of television. (general category)
J'aime le poisson.	I like fish. (entire category)
Il préfère les femmes intelligentes.	He prefers intelligent women. (entire category)

This usage of the definite article often occurs when the noun is the subject of the sentence or when it is the object of a **verb of preference**, such as *aimer, adorer, détester, préférer*. If you have a preference for something, you usually like or dislike the entire category of things.

Indefinite Articles

The indefinite article in French is used to refer to an object without specifying a particular one. In the singular, the indefinite article corresponds to the English "a, an." French also has a plural indefinite article, which corresponds to the English "some, any" but is often omitted in English. Remember also that the indefinite article in French is the same as the number "one."

French	English
J'ai besoin d'un stylo.	I need a pen. (any pen will do)
Il y a des fleurs sur la table.	There are (some) flowers on the table. (not specified which ones)
J'ai des cousins en France.	I have (some) cousins in France. (not specified who they are)
Un hamburger, s'il vous plaît.	A hamburger, please.
J'ai un frère et deux soeurs.	I have a/one brother and two sisters.

Partitive Articles

The partitive article in French is used to refer to part of an object. One of its most common uses is with food and drink, because in many cases, you consume only part of the item.

French	English
Je veux de l'eau.	I want some water. (you do not want all the water in the world)
Tu veux du gâteau?	Do you want some cake? (you are being offered part of the cake)
Le matin, je prends du café.	In the morning, I drink coffee. (not all the coffee in the world)

The partitive is also used in many idiomatic phrases with verbs such as *faire*.

French	English
Il fait du vent.	It's windy.
Elles font du golf.	They play golf.
Tu joues de la flute?	You play the flute?

An important distinction to keep in mind when learning the partitive articles is that some nouns are "countable" and some are "non-countable." There is no such thing as one water, two waters, but one can easily speak of one peach, two peaches. Countable food items will usually use the indefinite article (or a number); noncountable items will use the partitive. In common usage, there are some cases where a non-countable item is treated like a countable item because it is being ordered as a unit. Observe the following examples.

French	English
Je mange du pain.	I eat bread.
Va acheter un pain.	Go buy a loaf of bread.
Elle boit du café.	She's drinking coffee.
Elle commande un café.	She orders a cup of coffee.

It is sometimes hard for English speakers to distinguish between the partitive plural and the indefinite plural. Since the two mean the same thing ("some") and function in exactly the same way grammatically, you should not worry about the difference at this level. Briefly, the partitive plural is used with nouns that are always plural (such as "spaghettis"), while the indefinite plural is the plural form of a noun that may be singular or plural (such as "une pêche, des pêches"). If you want "some" of a plural noun, you will use *des* in either case.

B.1.3 Choisissez l'article

Choose between the two articles. Remember that the indefinite and partitive articles all change to *de* after a negative, but that the definite article does not change.

1. Les / Des Français boivent plus de vin que les / des Américains.

2. Je prends le / du thé le matin.

3. Il n'y a plus la / de soupe.

4. J'ai faim. Je vais acheter un / du hamburger.

5. Il boit du / le jus d'orange.

6. Est-ce que la / de la justice existe vraiment?

7. Elle n'a pas du / de whiskey.

8. Au supermarché, achetez une / de la pastèque.

9. J'aime les / des cerises.

10. Pour le dîner, est-ce que tu veux le / du bifteck?

11. Ma mère n'aime pas la / de cuisine italienne.

12. Je déteste le / du poisson.

B.1.4 Quel article?

Supply the correct article. Remember that the indefinite and partitive articles all change to *de* after a negative, but that the definite article does not change. Pay attention to the correct form as well as to the choice of article.

1. _____ Français ont beaucoup de vacances.

2. Elle ne boit pas _____ alcool.

3. Mes parents servent souvent _____ boeuf. Moi, je suis végétarienne et je ne mange pas _____ viande.

4. Le professeur aime _____ France.

5. Peux-tu m'acheter _____ sandwich?

6. Ce soir, je vais manger _____ poulet.

7. _____ étudiants mangent souvent _____ pizza.

8. _____ tarte est sur _____ table.

9. Madame, est-ce que vous avez corrigé _____ examens?

10. J'ai _____ examen difficile demain.

B.2 Negatives

You already know that in order to make a sentence negative in French, you place *ne . . . pas* around the verb. Here is a review of how the negative construction is used.

- With a present tense verb, *ne . . . pas* is placed around the conjugated verb.

French	English
Je ne parle pas italien.	I don't speak Italian.
Je n'aime pas jouer au golf.	I don't like to play golf.

- With a verb in the passé composé, *ne . . . pas* is placed around the auxiliary verb.

French	English
Je n'ai pas mangé à la maison.	I didn't eat at home.
Nous ne sommes pas allés en France.	We didn't go to France.

- If you wish to make an infinitive negative, *ne . . . pas* is not separated, but is placed together before the infinitive.

French	English
Je préfère ne pas manger avant l'examen.	I prefer not to eat before the exam.
Tu as raison de ne pas suivre trop de cours.	You are wise not to take to many classes.

- If the verb is preceded by object pronouns, the verb and object pronouns remain together, and the preceding rules apply.

French	English
Je ne t'aime pas.	I don't love you.
Je ne me suis pas levé à midi.	I didn't get up at noon.
Je préfère ne pas la voir.	I prefer not to see her.

- In a question using inversion, the hyphenated verb and subject pronoun remain together, and the preceding rules apply.

French	English
Ne parles-tu pas chinois?	Don't you speak Chinese?
Ne sont-ils pas arrivés hier?	Didn't they arrive yesterday?
Ne vous appelez-vous pas Marie?	Isn't your name Marie?

- After a negative, the indefinite articles *un, une, des* change to *de*, except when the verb is *être*.

French	English
Je n'ai pas de stylo.	I don't have a pen.
Je ne veux pas de café.	I don't want any coffee.

Additional negative structures

In addition to *ne ... pas* which means "not," there are numerous other negative constructions in French. Unlike in English, where only one negative is used in a sentence, in French, multiple negative words are combined.

Negative phrase	Meaning
ne ... rien	nothing (not anything)
ne ... personne	no one (not anyone)
ne ... jamais	never (not ever)
ne ... plus	no longer (not anymore)
ne ... pas encore	not yet
ne ... nulle part	nowhere (not anywhere)
ne ... ni ... ni	neither ... nor (not ... either ... or)

These expressions generally follow the same pattern as *ne ... pas* – the second word of the negative is placed where the *pas* would go.

French	English
Je ne suis jamais allée au Québec.	I have never been to Quebec.
Je ne mange rien le matin.	I don't eat anything in the morning.
N'a-t-il rien fait pour t'aider?	Didn't he do anything to help you?

However, there are some differences.

- *Ni ... ni* is placed before the affected items, and *ne* before the verb. *Ni ... ni* might therefore come before or after the verb. (By the way, after ni ... ni, the partitive article disappears entirely, but the definite article remains).

French	English
Ni Paul ni Georges n'ont fait leur devoir.	Neither Paul nor George did his homework.
Je n'aime ni le poisson ni les fruits de mer.	I like neither fish nor seafood.
Elle n'a ni café ni thé à la maison.	She has neither coffee nor tea in the house.

- *Rien* can be a subject, a direct object, or the object of a preposition. It goes in the appropriate place in the sentence depending on its function. The *ne*, however, always stays before the verb.

French	English
Rien n'est arrivé.	Nothing happened. (subject)
Tu n'as rien dans ton verre!	You have nothing in your glass! (direct object)
Nous n'avons besoin de rien.	We don't need anything. (object of preposition)

- *Personne* can also fulfill these different grammatical functions, and acts in the same way as *rien*, except that in the passé composé, *personne* as a direct object **follows** the past participle rather than the auxiliary verb.

French	English
Personne n'a téléphoné.	No one called. (subject)
Je ne vois personne.	I don't see anyone. (direct object)
Il ne travaille avec personne.	He doesn't work with anyone (object of preposition)
Je n'ai vu personne.	I didn't see anyone (direct object in passé composé)
Je n'ai téléphoné à personne.	I didn't call anyone (indirect object in passé composé)

- *Nulle part* is often found at the end of a sentence, and usually follows the past participle in the passé composé.

French	English
Je ne trouve mes clés nulle part.	I can't find my keys anywhere.
Ils ne sont allés nulle part.	They didn't go anywhere.

B.2.1 Negative!

Make the following sentences negative. Eliminate the underlined words and replace them by using the negative words in parentheses, being careful to place the negative correctly in the sentence.

1. Je mange beaucoup. (ne ... rien)

2. Je vais une fois par semaine au parc. (ne ... jamais)

3. J'aime ma mère. (ne ... personne)

4. J'aime le vin et la bière. (ne ... ni ... ni)

5. Je m'amuse à la plage. (ne ... nulle part)

6. Je joue toujours au tennis. (ne ... plus)

7. J'ai fini. (ne ... pas encore)

8. Je travaille avec un ami. (ne ... personne)

9. Quelqu'un frappe à la porte. (personne ne)

10. Cela me choque! (rien ne)

B.2.2 Une vie toujours ennuyeuse

Rewrite the negative sentence in the passé composé. You need to change only the verb (from the present to the past tense) and the position of the negative.

1. Rien d'intéressant n'arrive ici.

2. Philippe ne me téléphone jamais.

3. Je ne fais rien.

4. Je ne sors avec personne.

5. Je ne vois personne. [voir, p.p. vu]

6. Je ne vais nulle part.

7. Personne ne m'écrit.

8. Je ne travaille pas encore.

B.2.3 Non, merci.

Answer the following questions in the negative. Eliminate the underlined words and replace them by using the negative words in parentheses.

1. Tu veux un sandwich? (ne ... rien)

2. Est-ce que tu voudrais du vin rouge ou du vin blanc? (ne ... ni ... ni)

3. Qui est à la porte? (personne ne)

4. À qui parles-tu? (ne ... personne)

5. Où vas-tu cet été? (ne ... nulle part)

6. Vas-tu souvent à l'opéra? (ne ... jamais)

7. Tu vas toujours à tes leçons de danse? (ne ... plus)

8. Tu as déjà visité ce musée? (ne ... pas encore)

9. Un accident t'est arrivé? (rien ne) [note: Ici, "arriver" veut dire "to happen."]

10. Avec qui est-ce que tu as dansé à la fête? (ne ... personne)

B.2.4 Toujours négatif

Answer the following questions in the negative. Eliminate the underlined words and replace them with the appropriate negative structure, paying attention to the position of the negative.

1. Qui a téléphoné?

2. Tu vas à la plage aujourd'hui?

3. Qu'est-ce qui est arrivé? [note: *qu'est-ce qui* veut dire "what."]

4. Tu aimes le vin rouge ou le vin blanc?

5. Tu vas au cinéma avec Jérôme?

6. Tu as déjà fini tes devoirs?

7. Tu sors souvent avec Pauline?

8. Qu'est-ce que tu as là?

B.3 *Prendre* and *Boire*

In addition to the verb *manger*, the verbs that are most often used to discuss eating and drinking are *boire*, "to drink," and *prendre*, "to take." Both these verbs are irregular.

boire [bwar], participe passé bu [by]	
je bois [ʒə bwa]	nous buvons [nu by võ]
tu bois [ty bwa]	vous buvez [vu by ve]
il boit [il bwa]	ils boivent [il bwav]

prendre [prã drə], participe passé pris [pri]	
je prends [ʒə prã]	nous prenons [nu prə nõ]
tu prends [ty prã]	vous prenez [vu prə ne]
il prend [il prã]	ils prennent [il prɛn]

Notes

- The verb *boire* follows a typical "shoe" pattern.

- The verb *prendre* is conjugated like a regular -re verb in the singular forms, but is particularly irregular in the plural forms. Students often have trouble remembering that the *nous* and *vous* forms have only one -n, while the *ils* form has two. The two pronunciations of the vowel (the [ə] in *prenons* and *prenez* is like the [ə] in *je*), might help you remember the different spellings.

- *Prendre* literally means "to take," e.g. *Je prends le bus*; but it can be used with any food or drink item in an idiomatic usage similar to the English "What are you having?".

- The compound verbs *apprendre*, "to learn," and *comprendre*, "to understand," are conjugated like *prendre*.

B.3.1 Verb conjugations, *boire* and *prendre*

Conjugez les trois verbes au présent.

boire	prendre	comprendre
je _____	je _____	je _____
tu _____	tu _____	tu _____
il/elle _____	il/elle _____	il/elle _____
nous _____	nous _____	nous _____
vous _____	vous _____	vous _____
ils/elles _____	ils/elles _____	ils/elles _____

B.3.2 Les boissons

Complétez les phrases avec la forme correcte du verbe *boire*.

1. Qu'est-ce que tu _____ ?

2. – Je _____ de la bière.

3. Qu'est-ce que vous _____ ?

4. – Nous _____ du vin blanc.

5. Qu'est-ce qu'ils _____ ?

6. – Ils _____ du pastis.

7. Dans votre famille, _____ -vous du café le matin?

8. Nous ne _____ pas tous de café.

9. Moi, je _____ du café.

10. Ma mère _____ du thé.

11. Mon petit frère et ma petite soeur _____ du chocolat.

12. Et toi, tu _____ du jus d'orange, n'est-ce pas? – Oui, c'est ça.

B.3.3 Qu'est-ce que tu prends?

Complétez les phrases avec la forme correcte du verbe entre parenthèses.

1. –Tu ne (prendre) _____ pas de vin?

    –Non, merci. Je ne (prendre) _____ rien.

    –Je ne (comprendre) _____ pas!

    –C'est que je suis au régime et l'alcool contient beaucoup de calories.

2. Qu'est-ce que vous (apprendre) _____ dans cette classe? –Nous (apprendre) _____ à parler français.

3. Quand nous dînons en famille, nous avons beaucoup de choix. Mes parents ne (prendre) _____ jamais la même chose. Mon père est végétarien donc il (prendre) _____ d'habitude une salade, des sandwichs, ou un plat chinois. Ma mère aime la viande, donc elle prépare un rôti ou des côtelettes. Les enfants (prendre) _____ ce qu'ils veulent. Moi, je (prendre) _____ quelquefois un peu de viande, mais ma soeur et moi aimons beaucoup les salades de mon père et nous (prendre) _____ souvent ce qu'il a préparé.

B.4 Imperatives

The imperative is the form of the verb used to give an order, a suggestion, or an instruction. There are only three forms of the imperative, because this mode can only be used when you are talking directly to another person about what they must do. The three forms that exist in the imperative are the *tu*, *vous*, and *nous* forms. The *tu* and *vous* forms are used when you are telling another person what to do, and the *nous* form is when you are making a suggestion that a group (including yourself) do something. There are some irregular imperatives, but the basic form of the verb is the regular present tense indicative of these three forms, without the subject pronoun. However, if the verb is an -er verb, the *tu* form loses its -s ending in the imperative. (**If such an imperative (a tu form ending in -e) is followed by the pronouns "en" or "y," however, the -s will go back on for pronunciation reasons.)

The subject is not stated when the imperative is used in either English or French, because it is clear from the context.

French	English
Marc, fais la vaisselle, s'il te plaît.	Marc, do the dishes, please.
Ecoute tes professeurs!	Listen to your teachers!
Va te laver les mains.	Go wash your hands.
Vas-y!	Go on! ** see note above
Tournez à gauche au coin de cette rue.	Turn right at the next corner.
Passez le sel, s'il vous plaît.	Please pass the salt.
Allons au cinéma!	Let's go to the movies!
Finissons le travail d'abord.	Let's finish our work first.

Examples of the imperative:

Verbe	tu	nous	vous
parler	Parle	Parlons	Parlez
aller	Va	Allons	Allez
finir	Finis	Finissons	Finissez
faire	Fais	Faisons	Faites
répondre	Réponds	Répondons	Répondez
prendre	Prends	Prenons	Prenez
avoir	Aie	Ayons	Ayez
être	Sois	Soyons	Soyez
savoir	Sache	Sachons	Sachez

You can see that the verbs être, avoir, and savoir (to know) are irregular in the imperative. While these verbs are not used very often in the imperative, you should know their forms.

If the imperative is in the negative, simply put *ne . . . pas* (or any other negative construction) around the verb.

French	English
Ne fais pas ça!	Don't do that!
Ne parle pas la bouche pleine.	Don't talk with your mouth full.
Ne me traitez pas ainsi.	Don't treat me like that.
Ne me téléphonez jamais après 10 heures du soir.	Never call me after 10 p.m.
Ne parlons plus à Marie.	Let's not talk to Marie anymore.

B.4.1 **Pizza et musique**

Lisez la conversation et conjuguez le verbe à l'impératif. Faites attention à la forme nécessaire (tu, nous, ou vous).

A: Marie, où veux-tu aller?

B: J'ai envie d'acheter de nouveaux CD. (1.   Aller) _____ à la FNAC.

(A la FNAC.)

A: (2. Regarder) _____, Marie, le nouveau disque de Radiohead est sorti! Tu veux l'acheter?

B: Je ne sais pas. (3. Ecouter) _____-le pour voir. [pause] Qu'en penses-tu? Je le trouve très bien.

A: Moi aussi! (4. Acheter) _____-le et (5. inviter) _____ nos amis chez nous ce soir. Je sais que tout le monde a envie de l'entendre. On peut manger de la pizza.

B: Bonne idée!

(A la maison)

A: Bon, Marie, tu vas appeler les amis, n'est-ce pas? (6. Téléphoner) _____ à Gilles, à Maurice, à Paul, et à Caroline. Mais (7. attendre) _____. (8. Laisser) _____-moi commander les pizzas d'abord.

(Philippe au téléphone)

Allô? Oui, je veux commander trois pizzas. (9. Donner) _____-moi une pizza margherita, une avec saucisses, une avec anchois. . . . Vous n'avez pas d'anchois? . . . D'accord, (10.   mettre) _____ du jambon. . . . (11.   Dire) _____-moi, ça coûte combien? . . . C'est bon. Je vais passer les prendre vers 18h30. Merci, au revoir. OK, Marie, j'ai fini. (12. Aller) _____-y.

(Marie au téléphone).

B: Salut, Caroline! C'est Marie. (13.   Ecouter) _____, Philippe et moi, nous avons trouvé le nouveau disque de Radiohead à la FNAC aujourd'hui. . . . Nous voulons donc inviter quelques amis à la maison ce soir. Nous allons manger de la pizza. . . . Oui, c'est ça. . . . Tu veux apporter quelque chose? Tu es sûre? (14.   Voir) _____ . . . Comment? Une salade? Oui, ce serait super. (15. Apporter) _____ une salade, ce serait gentil. . . . Bon, vers sept heures. A tout à l'heure, Caroline.

Bonjour Gilles, c'est Marie à l'appareil. Nous avons acheté le nouveau disque de Radiohead et nous vous invitons, toi et Sylvie, à venir chez nous ce soir. . . . Oh, (16. venir) _____ vers sept heures. Non, (17.   ne rien apporter) _____, ça va. Nous commandons de la pizza et Caroline apporte une salade. . . . D'accord, si tu insistes. . . .

(plus tard)

OK, Philippe, j'ai téléphoné à tout le monde. Gilles vient avec Sylvie, Caroline et Paul aussi, mais Maurice ne peut pas venir. Caroline va apporter une salade, et Gilles et Sylvie vont apporter de la bière. Maintenant, (18. faire) _____ un peu de ménage avant qu'ils arrivent, d'accord?

Imperatives with Pronouns We will wait for a later chapter to discuss fully the use of object pronouns with imperatives. For now, however, you should be able to use "-moi" with imperatives, in phrases such as,

French	English
Ecoutez-moi!	Listen to me!
Donne-moi ça!	Give me that!
Apportez-moi un café, s'il vous plaît.	Bring me a cup of coffee, please.

B.4.2 Qu'est-ce qu'ils veulent?

Les personnes suivantes veulent quelque chose de quelqu'un d'autre. Mettez le verbe indiqué àl'impératif et attachez le pronom "moi" au verbe. Faites attention à la forme appropriée (tu ou vous). Ajoutez les mots nécessaires, et n'oubliez pas de dire "s'il vous plaît," "s'il te plaît," ou "d'accord?".

Exemple: Paul a un jouet, et Malik le veut. Malik dit: (donner)
Donne-moi le jouet!

1. Les étudiants ont fini leur examen. Le professeur dit: (rendre)
   _____ .

2. Marc est au café et il désire une bière. Il dit: Garçon, (apporter) _____ .

3. Votre mère fait la lessive et veut vos vêtements sales. Elle dit: (donner) _____ .

4. La vendeuse dans un magasin demande à Hélène, "Est-ce que je peux vous montrer quelque chose d'autre?" Hélène répond: Oui, (montrer) _____ .

5. Caroline veut du pain. Elle dit à son frère: (passer) _____ .

6. Les étudiants ne font pas attention. Le professeur dit: (écouter) _____ !

7. Vous voulez aller au cinéma mais vous n'avez pas assez d'argent. Vous dites à votre soeur: (prêter) _____ .

8. José veut pratiquer son français. Il demande à son copain marocain: (parler) _____ .

C Lab Worksheet and Review

C.1 La nourriture

C.1.1 Mes préférences alimentaires (Time on recording : 0 :00)

Answer the question according to your own preferences. After your answer, a sample answer will be given. Repeat the sample answer.

Exemple: Tu préfères le café ou le thé ?
        Je préfère le café.

C.1.2 La nourriture - définitions (Time on recording : 3 :37)

Give the vocabulary word that corresponds to each of the following definitions. After a pause for your answer, the correct answer will be given. Repeat this answer. Also write the answer on your worksheet.

Exemple: C'est un fruit rond et orange. Il contient beaucoup de vitamine C. On l'utilise pour faire du jus.
        C'est une orange.

Mini-Vocabulaire:	
une feuille	leaf
le début	beginning
un bol	bowl
gros	fat
un produit	product
laitier	dairy
mincir	to lose weight

1. C'est le _____ .
2. C'est l' _____ .
3. C'est le _____ .
4. C'est la _____ .
5. C'est la _____ .
6. Ce sont les _____ .
7. C'est la _____ .
8. C'est le _____ .
9. C'est le _____ .
10. Ce sont des _____ .

C.1.3 Qu'est-ce que vous voulez ? (Time on recording : 8 :33)

Listen to the information given and state which of the two options you would like. This is a listening comprehension exercise ; you may not be able to understand all the details given, but listen for the main word. Use the indefinite or partitive article, as appropriate, in your answer. After a pause for your answer, a sample answer will be given. Repeat the sample answer.

Exemple: Pour le dessert, nous avons un délicieux gâteau au chocolat, ou de la mousse au citron, plus légère.
        Je voudrais du gâteau au chocolat, s'il vous plaît.

1. Comme boisson, . . .
2. Pour le plat principal, ...
3. Pour le fromage, ...
4. Comme fruits, ...
5. Nous avons deux recettes de poulet : . . . .
6. Vous voulez du café . . . .
7. Pour accompagner le plat principal, ...
8. Comme soupe, ...

A table ! (Time on recording : 14 :23)

You will hear a series of questions about eating habits. First, listen to Marc's answers and mark them on your worksheet. Then, answer orally the same questions about your own preferences and habits, and write them on your worksheet as well. Finally, after the end of the oral exercise, complete the written exercise as directed on the worksheet.

	Les préférences de Marc	Mes préférences
1. boire le matin		
2. boire au dîner		
3. viande ou volaille préférée		
4. manger pour le petit déjeuner		
5. légume préféré		
6. fruit préféré		
7. plat préféré		
8. aimer le poisson		
9. manger à midi		
10. manger où ?		

Maintenant, répondez à ces questions :

1. Est-ce que vous buvez la même chose que Marc le matin ?

2. Qui mange plus pour le petit déjeuner ?

3. Quelle(s) préférence(s) Marc et vous partagez-vous ?

4. Qui mange plus souvent au restaurant ?

Préparations de fête (Time on recording : 20 :04)

Mini-Vocabulaire:

baguette	thin loaf of bread
au coin	on the corner
fêter	to celebrate
rapporter	to bring back
en fin de compte	after all
il faut	it is necessary

Hélène and Marc are preparing for a party. Hélène is sending Marc to the store to buy some supplies. Listen to the conversation and then answer the questions on your worksheet.

Ecrivez vos réponses aux questions suivantes.

1. Qu'est-ce qu'Hélène donne à Marc ?

2. Quelle boisson oublie-t-elle ?

3. Marc a-t-il besoin d'acheter du fromage ?

4. Combien de baguettes Marc doit-il acheter ?

5. Pourquoi achètent-ils un gâteau ?

6. Quel type de gâteau achètent-ils ?

7. **En fin de compte**, qui va aller à la boulangerie ?

8. A quelle heure commence la fête ?

9. Qu'est-ce qu'**il faut** faire avant la fête ?

C.2 Contradictions

C.2.1 Mais non, tu as encore tort ! (Time on recording : 21 :47)

Your father has the wrong idea about virtually every aspect of your social life. To each of his questions, respond using the negative expression given on your worksheet. After a pause for your answer, the correct answer will be given. Repeat the correct answer.

Exemple: Tu vas souvent au cinéma avec Crystal ?
Mais non, je ne vais jamais au cinéma avec elle.

1. rien
2. personne
3. pas encore
4. nulle part
5. ni ... ni
6. rien
7. plus
8. personne
9. jamais
10. rien

C.2.2 Personne nulle part ! (Time on recording : 25 :45)

In this exercise, a series of new elements will be given ; each time, change the sentence as needed in order to incorporate the new element. After a pause for your answer, one possible answer will be given. Repeat this sentence, and then use it as the basis for the next change.

Exemple: Je mange un sandwich.

rien	Je ne mange rien.
avec personne	Je ne mange avec personne.
sortir	Je ne sors avec personne

[Pour continuer, tournez la page, s'il vous plait]

Je vais souvent au cinéma.

1. jamais
2. au restaurant
3. nous
4. manger
5. rien
6. boire
7. Michel
8. de l'alcool [éliminez "au restaurant"]
9. plus
10. regarder la télé
11. avec personne
12. Mes parents
13. parler
14. voir
15. rien
16. lire
17. jamais
18. Je
19. étudier
20. les mathématiques
21. plus
22. faire
23. ni tennis ni golf
24. Tu

C.2.3 Oui ou non ? (Time on recording : 32 :08)

Listen carefully to each situation and then answer the question either in the affirmative, or using a negative construction. After a pause for your answer, one correct answer will be given. (There may be other possible correct answers). Repeat this answer.

Exemple: Matthieu est un ancien alcoolique. Boit-il quelquefois de l'alcool ?
Non, il ne boit jamais d'alcool.

C.2.4 Une personne négative (Time on recording : 37 :35)

Your roommate is a very negative person. Listen to his complaints and write the missing information on your worksheet. After each series of complaints, suggest a solution. One sample solution will be proposed ; repeat this sentence.

1. **Problèmes à l'école**
   Je _____ le temps de finir tous mes devoirs. Les profs nous donnent trop de travail et ne nous expliquent _____ .
   _____ m'aide.
   (Solution possible : –Demande à tes amis de _____ .)

2. **Problèmes avec sa copine**
   Ma copine ne m'aime _____ . Elle ne veut _____ aller
   _____ avec moi. Elle dit qu'elle est trop occupée, mais je pense qu'elle sort avec quelqu'un d'autre. Nous _____
   commun.
   (Solution possible :–Mais non, elle ne sort avec _____ d'autre.
   C'est une bonne étudiante qui travaille beaucoup. _____ .)

3. **Problèmes au travail**

Mon patron ne me donne _____ de responsabilités.
Je n'ai _____ d'intéressant à faire. _____ demande
ma contribution. Je _____ vacances, _____ bonus.
(Solution possible : –Sois plus sûr de toi, et demande-lui _____.)

C.3 Au restaurant

C.3.1 Situations (Time on recording : 41 :12)

Respond to each question or statement by using the cues on your worksheet. After a pause for your answer, one possible answer will be given. Repeat this answer.

1. bonne idée	5. un café
2. café au lait	6. à point
3. des frites	7. poulet aux champignons
4. au régime	8. la carte

Mini-Vocabulaire:

boire un pot	have a drink
au régime	on a diet
la cuisson	"doneness"
à point	medium (meat)
champignon	mushroom

C.3.2 Qu'est-ce qu'on dit ? Qu'est-ce qu'on fait ? (Time on recording : 44 :20)

Using your worksheet, select one of the two choices given to respond to the situation. After a pause for your answer, the correct answer will be given. Repeat the correct answer.

1. Vous vous installez devant une table et attendez l'arrivée du serveur / Vous restez debout et attendez que le serveur vous indique une table.

2. Vous dites : "Serveuse !" / Vous dites : "Mademoiselle !"

3. Vous demandez la carte. / Vous demandez le menu.

4. Vous dites, "Garçon ! Où est ma salade, s'il vous plaît ?" / Vous attendez : la salade vient à la fin du repas.

5. Vous commandez une entrée. / Vous commandez un plat principal.

6. Vous demandez l'addition. / Vous vous levez et vous allez à la caisse.

7. En général, les Français ne boivent pas de lait avec les repas. / On n'énumère pas toutes les boissons à la carte ; demandez du lait au serveur.

8. Vous demandez une assiette. / Vous mettez le pain sur la table.

9. Vous ajoutez 20 pourcent pour le pourboire. / Le service est compris ; vous pouvez laisser un petit pourboire de plus.

10. Vous prenez un croque-monsieur. / Vous prenez un steak-frites.

Listen to the following conversations and answer the questions on your worksheet.

1. Un choix difficile

1. Que prend la dame comme entrée ?

2. Et que prend le monsieur ?

3. Et pour le plat principal, que prend la dame ?

4. Et le monsieur ?

2. Un problème au restaurant

1. Est-ce que la dame appelle le serveur ou la serveuse ?

2. Quel est le problème ?

3. Quelle est la solution ?

3. Une amie sans appétit

1. Est-ce que Cécile aime le foie gras ?

2. Qu'est-ce qu'elle va prendre ?

3. Qu'est-ce que Stéphane va prendre avec son magret de canard ?

4. Est-ce que Cécile et Stéphane vont prendre du dessert ?

C.4 Imperatives (Time on recording : 51 :05)

C.4.1 Les conseils de la mère à la table

Using the verbs on your worksheet, put each verb in the *tu* form of the imperative and read the sentence aloud. After a pause for your sentence, the correct answer will be given. Repeat the correct answer.

1. arrêter de jouer
2. se laver les mains
3. venir à table
4. prendre ta serviette
5. mettre la serviette sur ses genoux
6. ne pas parler la bouche pleine
7. passer le sel
8. manger des petits pois
9. essuyer sa bouche
10. ne pas mettre ses coudes sur la table
11. boire ton lait, c'est bon pour les os
12. demander la permission de quitter la table

Answers to Written Section B Exercises

Answers to B.1.1, Formes du partitif, page 403 Your answer should be one of the two sentences. 1. Je veux du poulet. / Je veux du poisson. 2. Je veux des spaghettis. / Je veux des lasagnes. 3. Je veux du café. / Je veux du thé. 4. Je veux du pain. / Je veux de la brioche. 5. Je veux de la glace au chocolat. / Je veux de la glace à la vanille. 6. Je veux de l'eau. / Je veux de l'Orangina. 7. Je veux du riz. / Je veux des pâtes. 8. Je veux des céréales. / Je veux du pamplemousse.

Answers to B.1.2, Un repas monochrome, page 404 1. Je ne vais pas servir de bifteck. 2. Je vais servir du saumon. 3. Je vais servir des fraises. 4. Je ne vais pas servir de petits pois. 5. Je ne vais pas servir de vin blanc. 6. Je ne vais pas servir de pain. 7. Je vais servir du jambon. 8. Je vais servir de la soupe au chou.

Answers to B.1.3, Choisissez l'article, page 407 1. Les / les (both are general categories); 2. du (consumption - you drink some tea); 3. de (no more soup - de la changes to de after the negative); 4. un (countable quantity - a hamburger); 5. du (consumption - drink some juice); 6. la (abstract quality); 7. de (partitive changes to de after negative); 8. une (you are buying one whole watermelon); 9. les (preference - general category); 10. du (do you want some steak, not a particular steak or the whole category of steak); 11. la (preference - general category. Definite article does not change after negative); 12. le (preference - general category).

Answers to B.1.4, Quel article?, page 407 1. Les (general category); 2. d' (consumption - partitive changes to de after negative); 3. du (they serve some beef, not all the beef in the world; de (consumption - partitive changes to de after negative); 4. la (specific item / entire country of France); 5. un (single item - a sandwich; but not a specific sandwich); 6. du (consumption - some chicken, not all of it); 7. Les (general category or specific group you have in mind) / de la (consumption - some pizza, not the general category); 8. La, la (specific pie and table in mind) - first one could also be "une tarte" - an indefinite pie, but in French you would probably say "Il y a une tarte sur la table" in that context); 9. les (specific exams in mind); 10. un ("an exam" – not specifying which one).

Answers to B.2.1, Negative!, page 410 1. Je ne mange rien. 2. Je ne vais jamais au parc. 3. Je n'aime personne. 4. Je n'aime ni le vin ni la bière. 5. Je ne m'amuse nulle part. 6. Je ne joue plus au tennis. 7. Je n'ai pas encore fini. 8. Je ne travaille avec personne. 9. Personne ne frappe à la porte. 10. Rien ne me choque.

Answers to B.2.2, Une vie toujours ennuyeuse, page 412 1. Rien d'intéressant n'est arrivé ici. 2. Philippe ne m'a jamais téléphoné. 3. Je n'ai rien fait. 4. Je ne suis sorti(e) avec personne. 5. Je n'ai vu personne. 6. Je ne suis allé(e) nulle part. 7. Personne ne m'a écrit. 8. Je n'ai pas encore travaillé.

Answers to B.2.3, Non, merci., page 412 1. Non, je ne veux rien. 2. Je ne veux ni vin rouge ni vin blanc. / Je n'aime ni le vin rouge ni le vin blanc. 3. Personne n'est à la porte. 4. Je ne parle avec personne. 5. Je ne vais nulle part cet été. 6. Non, je ne vais jamais à l'opéra. 7. Non, je ne vais plus à mes leçons de danse. 8. Non, je n'ai pas encore visité ce musée. 9. Non, rien ne m'est arrivé. 10. Je n'ai dansé avec personne à la fête.

Answers to B.2.4, Toujours négatif, page 413 1. Personne n'a téléphoné. 2. Non, je ne vais nulle part aujourd'hui. 3. Rien n'est arrivé. 4. Je n'aime ni le vin rouge ni le vin blanc. 5. Non, je ne vais au cinéma avec personne. 6. Non, je n'ai pas encore fini mes devoirs. 7. Non, je ne sors jamais avec Pauline. 8. Je n'ai rien.

Answers to B.3.1, Verb conjugations, *boire* and *prendre*, page 414 je bois, tu bois, il boit, nous buvons, vous buvez, ils boivent; je prends, tu prends, il prend, nous prenons, vous prenez, ils prennent; je comprends, tu comprends, il comprend, nous comprenons, vous comprenez, ils comprennent

Answers to B.3.2, Les boissons, page 414 1. bois; 2. bois; 3. buvez; 4. buvons; 5. boivent; 6. boivent; 7. buvez; 8. buvons; 9. bois; 10. boit; 11. boivent; 12. bois

Answers to B.3.3, Qu'est-ce que tu prends?, page 415 1. prends, prends, comprends; 2. apprenez, apprenons; 3. prennent, prend, prennent, prends, prenons

Answers to B.4.1, Pizza et musique, page 416

Note: Since these are all friends, they will generally address each other using the "tu" form (singular informal). However, when Marie is talking to Gilles, she will use the "vous" form when she means both him and Sylvie (plural informal). When Philippe is talking to the pizza store, he will use "vous" (singular formal). The "nous" form will be used when a suggestion meaning 'Let's do something" is made.

1. Allons; 2. regarde; 3. écoutons; 4. achetons (achète is possible); 5. invitons; 6. téléphone; 7. attends; 8. laisse; 9. donnez; 10. mettez; 11. dites; 12. vas (**the -s is put back on because of the attached -y); 13. écoute; 14. voyons; 15. apporte; 16. venez; 17. n'apportez rien (n'apporte rien is possible; she could be referring to Gilles and Sylvie (vous) or to Gilles alone (tu).); 18. faisons

Answers to B.4.2, Qu'est-ce qu'ils veulent?, page 418 1. Rendez-moi les copies, s'il vous plaît. 2. apportez-moi une bière, s'il vous plaît. 3. Donne-moi tes vêtements sales. 4. montrez-moi des jupes, s'il vous plaît. 5. Passe-moi le pain, s'il te plaît. 6. Ecoutez-moi! 7. Prête-moi dix dollars, d'accord? 8. Parle-moi en français, d'accord?

Answers to Written Section C Exercises

Answers to C.1.2, La nourriture - définitions (Time on recording: 3:37), page 419 1. C'est le petit déjeuner. 2. C'est l'eau. 3. C'est le raisin. 4.C'est la salade. 5. C'est la tomate. 6. Ce sont les céréales. 7. C'est la courgette. 8. C'est le jambon. 9. C'est le yaourt. 10. Ce sont des pâtisseries.

Answers to C.1.4, A table! (Time on recording: 14:23), page 420 Les préférences de Marc sont: du café au lait; du vin rouge; le boeuf; des toasts; les haricots frais; le pamplemousse; le gigot d'agneau; oui; un sandwich; à la maison
Vos préférences et vos réponses à la deuxième partie vont être individuelles, bien sûr.

Answers to C.1.5, Préparations de fête (Time on recording: 20:04), page 420 1. une liste / Elle lui donne une liste. 2. la bière / Elle oublie la bière. 3. Non / Non, il n'a pas besoin d'acheter du fromage. Hélène a déjà du fromage. 4. 8 / Il doit acheter 8 baguettes. 5. pour l'anniversaire de Paul / Ils achètent un gâteau pour fêter l'anniversaire de Paul. 6. chocolat / Ils achètent un gâteau au chocolat. 7. Hélène / Hélène va aller à la boulangerie. 8. 20h / La fête commence à 20 heures. 9. nettoyer / Il faut nettoyer.

Answers to C.2.4, Une personne négative (Time on recording: 37:35), page 422 1. n'ai jamais; rien; Personne ne
–Demande à tes amis de t'expliquer la leçon. 2. plus; jamais; nulle part; n'avons rien
–Mais non, elle ne sort avec personne d'autre. C'est une bonne étudiante qui travaille beaucoup. Etudie avec elle. 3. pas encore; rien; Personne ne; n'ai pas de; ni
–Sois plus sûr de toi, et demande-lui un entretien pour parler de la situation.

Answers to C.3.3, Conversations au restaurant (Time on recording: 48:50), page 424 1. des escargots; la quiche; le boeuf bourguignon; le poulet basquaise. 2. le serveur; une fourchette sale; changer la fourchette. 3. non; une salade verte; du fromage et de la mousse au chocolat; Stéphane, oui (de la mousse au chocolat), Cécile, non.

Chapter 9
Hier, aujourd'hui, et demain

Objectives for chapter 9

Communication (what students will be able to do):

By the end of this chapter, students will be able to:

1. Describe the way things used to be in the past

2. Compare people, objects, and actions

3. Compare situations in the past, present, and future

Culture (what students will know about the French-speaking world):

By the end of this chapter, students will know about:

1. Different periods in French history

2. How French society is changing

3. How French is viewed in various Francophone countries

Grammar/ Tools (what students need to know):

In order to perform these communicative tasks, students will have to understand and be able to use correctly the following grammatical structures:

1. The formation and use of the *imparfait* or imperfect, a past tense

2. Comparatives of adjectives, adverbs, and nouns

3. The demonstrative article

A Activités

A.1 Comparaisons

Dans cette section, nous allons faire des comparaisons d'objets et de personnes.

Grammaire: Voir B.1, "Comparatifs," page 437.

A.1.1 Propriétés physiques

 Comparez les propriétés physiques des différents objets qui figurent ci-dessous. Utilisez le vocabulaire donné ou d'autres adjectifs que vous savez. Donnez deux phrases pour chaque paire d'objets.

Exemple: le livre *Guerre et paix* - le journal *Newsweek*

Le livre *Guerre et paix* est plus lourd que le journal *Newsweek*.
Le livre *Guerre et paix* est moins mince que le journal *Newsweek*.

solide	fragile	léger(-ère)	lourd
rapide	lent	chaud	froid
épais(se)	mince	noir	blanc(he)
grand	petit	propre	sale

1. un livre - une feuille de papier
2. une craie - un stylo
3. les toilettes - la salle de classe
4. une voiture - le bus
5. un verre - une tasse en plastique
6. la nuit à Los Angeles - la nuit à la campagne
7. le café - le lait
8. ce bâtiment - ma maison
9. mon sac à dos - ma valise
10. un téléphone portable - un ordinateur portable

A.1.2 Traits familiaux

 1. Dans un groupe de 3 personnes, prenez une feuille de papier et divisez-la en deux colonnes. A gauche, écrivez un adjectif qui décrit une qualité physique d'une personne de votre famille ; à droite, écrivez un adjectif qui décrit un trait de caractère (la personnalité). Ecrivez rapidement et

passez la feuille à la prochaine personne, qui va faire la même chose. Vous avez deux minutes pour écrire le maximum d'adjectifs.

2. Maintenant, utilisez ce vocabulaire pour vous comparer à une personne de votre famille. Par exemple, si vous choisissez le mot "têtu," vous pouvez dire, "Je suis aussi têtu que ma mère" ou "Mon père est plus têtu que moi." Vos camarades doivent écouter et marquer vos réponses.

3. Dans votre groupe, qui a le plus de traits communs avec sa famille ? Qui ressemble le moins à sa famille ? Présentez vos résultats à la classe.

A.1.3 Nos parents

 Qui a la plus grande famille ? Interviewez vos camarades au sujet de leurs parents, et échangez vos propres réponses. Posez la question que le professeur vous donne et marquez les réponses.

Exemple : cousins -Combien de cousins as-tu ?
-J'ai deux cousins.
-Tu as moins de cousins que moi ; moi, j'ai 10 cousins.

1. parents (père et mère)	3. enfants	7. tantes
	4. frères	8. oncles
2. grands-parents	5. soeurs	9. nièces
	6. cousins	10. neveux

A.1.4 Nos possessions

 Faites une liste de 10 objets que vous avez en une certaine quantité. Puis, demandez à votre partenaire s'il a les mêmes possessions. Comparez les quantités.

Parlez de ces types de possessions ou d'autres.

des vidéocassettes	des photos	des livres
des chaussures	des vêtements	des CD
des objets d'une collection	de l'équipement sportif	

Exemple: –J'ai environ 20 CD de musique classique. Et toi ?
–Moi, je n'ai pas de CD de musique classique, mais j'ai 100 CD de rock.
–Tu as plus de CD que moi, mais j'ai plus de CD de musique classique que toi.

A.2 Aujourd'hui et demain

> Révision: Consultez le chapitre 4, section B.2, à la page 222.

Comment est la vie d'aujourd'hui ? A votre avis, qu'est-ce qui va changer à l'avenir ?

A.2.1 Ma vie personnelle

Rappel : ces expressions de quantité utilisent "de" avant un substantif : j'ai beaucoup de livres, j'ai trop de devoirs.

Mini-Vocabulaire:

assez	[a se]	enough
beaucoup	[bo ku]	much, many, a lot
peu	[pø]	little, few
un peu	[œ̃pø]	a little
trop	[tro]	too much

Dans une première phrase, décrivez votre situation actuelle. Dans une deuxième phrase, utilisez le futur proche pour décrire la situation dans 10 ans.

Exemple :   je/ avoir / du temps libre
Aujourd'hui, je n'ai pas beaucoup de temps libre.
Dans dix ans, je vais avoir plus de temps libre qu'aujourd'hui.

1. je/ gagner / de l'argent
2. je/ avoir / des devoirs
3. je/ avoir / des nièces et des neveux
4. je/ avoir / des responsabilités familiales
5. ma maison / être / grande (petite)
6. ma voiture / coûter / cher (pas cher)
7. ma famille / être / grande (petite)
8. je / passer / X heures / au travail

A.2.2 L'avenir à Los Angeles

Mini-Vocabulaire:
l'avenir   future
il va y avoir   there will be

Qu'est-ce qui va être différent à Los Angeles dans 20 ans ? Donnez votre avis.

Exemple: les écoles secondaires   Dans 20 ans, les écoles secondaires vont être meilleures.

1. les embouteillages
2. les transports en commun
3. la pollution
4. le travail
5. la population
6. l'immigration illégale
7. l'énergie verte
8. la violence
9. la pauvreté
10. l'espace libre

A.3 Hier et aujourd'hui

Dans cette section, nous allons parler de la vie au passé, et comparer le passé et le présent.

Grammaire: Voir B.2, "L'imparfait," page 440.

A.3.1 A l'âge de 8 ans

 Avec un(e) partenaire, répondez aux questions suivantes. Utilisez l'imparfait dans vos réponses.

1. Quand tu avais 8 ans, où habitais-tu ?
2. A quelle école allais-tu ?
3. Comment s'appelait ton instituteur/institutrice ?
4. Quel était ton dîner favori ?
5. Mangeais-tu beaucoup de desserts ?
6. Est-ce que tu t'entendais bien avec tes frères et soeurs ?
7. Quelles émissions regardais-tu à la télé ?
8. Est-ce que tu avais beaucoup d'amis ? Qui était ton meilleur ami ?
9. Est-ce que tu faisais du sport ? Quel sport ?
10. Est-ce que tu collectionnais quelque chose ? Quoi ?

A.3.2 Entretien : les grands-parents

 Qu'est-ce que vous savez de la vie de vos grands-parents ? Avec un(e) partenaire, imaginez un entretien imaginaire d'un de vos grands-parents. Une personne va jouer le rôle de son grand-parent, et l'autre va lui poser des questions. Pratiquez la conversation et présentez-la à la classe. Vous allez poser des questions générales de la vie passée. Utilisez donc l'imparfait pour former vos questions et vos réponses.

Sujets possibles :
où / habiter, travailler
que / faire au travail, à l'école, dans son temps libre
comment / la maison, le rhythme de la vie, la population, le mode de vie
combien / de personnes dans la famille, d'argent, d'heures de travail, d'enfants

⟹ Continuons!
Maintenant que vous avez cette information, posez quelques questions précises, sur des événements spécifiques. Ici, utilisez le passé composé pour former vos questions et vos réponses.

Sujets possibles :

où / naître, trouver le premier travail, acheter la première maison
quand / commencer à travailler, acheter une voiture, se marier

A.3.3 Le passé et le présent

Mini-Vocabulaire:

les champs	[ʃɑ̃]	fields
une usine	[y zin]	factory
un magasin	[ma ɡa zɛ̃]	store
cultiver	[kyl ti ve]	cultivate, grow
l'électricité	[e lɛk tri si te]	electricity
électrique	[e lɛk trik]	electric
le gaz	[ɡaz]	(natural) gas
la lumière	[ly mjɛr]	light
une voiture	[vwa tyr]	car
une calèche	[ka lɛʃ]	carriage
simple	[sɛ̃ plə	simple
de luxe	[dɛ lyks]	fancy, ritsy
une pièce	[pjɛs]	room
par jour	[par ʒur]	per day

 Comparez votre vie à la vie de vos grands-parents. Suivez le modèle. Utilisez l'imparfait pour décrire la vie de vos grands-parents, et le présent pour décrire votre vie.

Exemple: aller au travail
Mes grands-parents allaient à l'usine en bus ou à pied ; mais moi, je vais au travail en voiture. Mes grands-parents mettaient plus de temps que moi pour aller au travail.

1. habiter	5. vêtements
2. travailler	6. nourriture
3. sortir le soir	7. voiture
4. dîner au restaurant	8. famille

A.3.4 Critiques

 Imaginez une conversation entre une personne âgée conservatrice et son ami plus moderne. Qu'est-ce que la personne conservatrice critique dans la vie actuelle ? Qu'est-ce que l'autre approuve ? Pratiquez la conversation et présentez-la devant la classe. Essayez d'utiliser des comparatifs et l'imparfait pour souligner le contraste entre le passé et le présent.

A.4 **Précisions**

> Grammaire: Voir B.3, "Les démonstratifs," page 443.

A.4.1 Visite du vieux Paris

Connaissez-vous un peu l'histoire de Paris? Associez l'information à droite avec le bâtiment, le monument, ou le quartier à gauche. Complétez la phrase avec l'article démonstratif approprié.

1. le quartier latin
   a. _____ monument célébrait les victoires de l'armée française.

2. le Louvre
   b. Lors de la Révolution française, la famille royale a essayé de s'échapper à travers _____ jardins.

3. l'Arc de Triomphe
   c. Les étudiants habitaient dans _____ quartier.

4. la Tour Eiffel
   d. _____ ancienne gare a été transformée en musée d'art impressioniste.

5. le Musée d'Orsay
   e. La construction de _____ église a commencé en 1163.

6. Notre Dame
   f. _____ université, aujourd'hui une partie de l'Université de Paris, était à l'origine une faculté de théologie.

7. la Sorbonne
   g. _____ édifice (m.) servait en tant que palais royal avant de devenir un musée.

8. les Tuileries
   h. _____ construction dominait l'Exposition Internationale de 1889.

A.4.2 L'ancien et le nouveau

 Est-ce que vous préférez la façon de vivre du passé ou celle du présent? Utilisez les indices donnés pour formuler des questions et discutez vos avis avec votre partenaire. Suivez le modèle.

Exemple: Les voitures d'aujourd'hui / _____ des années 60?
Tu préfères les voitures d'aujourd'hui ou celles des années 60?
Je pense que les voitures des années 60 sont plus belles.
Oui, mais celles d'aujourd'hui sont meilleures pour l'environnement.

1. les robes d'aujourd'hui / _____ des années 1850?

2. le travail dans un bureau / _____ dans une ferme?

3. les grandes familles du passé / _____ d'aujourd'hui?

4. le musée d'art moderne / _____ qui a beaucoup de toiles

des impressionistes ?

5. la cathédrale de Notre-Dame à Paris / _____ qui vient d'être construite à Los Angeles ?

6. l'éducation moderne / _____ où tous les étudiants se trouvaient dans la même salle ?

7. les mariages arrangés du passé / _____ d'aujourd'hui ?

8. le pain industriel / _____ du boulanger ?

B Grammar

B.1 Comparatives

Comparative structures are used to compare people, things, or actions. In both English and French, the structure varies depending on the part of speech (noun, adjective, adverb, or verb) that is used to make the comparison. There are three types of comparison: superiority (more ... than), equality (as ... as), and inferiority (less ... than). The following examples show different types of comparison where the first term is superior to the second term.

French	English
Marc est plus grand que moi.	Marc is taller than me. (adj.)
Nous parlons plus rapidement que vous.	We speak more quickly than you. (adverb)
Ma soeur parle plus au téléphone que moi.	My sister talks on the phone more than I do. (verb)
Bill Gates a plus d'argent que moi.	Bill Gates has more money than I do. (noun).

Comparisons with adjectives

Perhaps the most common type of comparison is one made using an adjective. Observe the examples.

French	English
Il est plus grand que moi.	He is taller than me.
Elle est plus intelligente que lui.	She is smarter than him.
Nous sommes plus sincères qu'eux.	We are more sincere than them.

In English, we make the comparison by using "more" or by placing "-er" on the end of the adjective; in French, we place the modifier *plus* in front of the adjective. Note also that the adjective agrees with the first item in the comparison – in the second sentence above, *intelligente* is feminine to agree with *elle*.

This same basic structure is used when the comparison is one of equality or inferiority; only the comparison word is different.

French	English
Mon frère est moins intelligent que moi.	My brother is less intelligent than me.
Christine et Albert sont moins travailleurs que Paul.	Christine and Albert are less hard-working than Paul.
Elle est aussi grande que son père.	She is as tall as her father.
Nous sommes aussi honnêtes qu'elle.	We are as honest as her.

Although we do not use comparisons of inferiority (with "less") very

The pronouns used after any preposition or in a comparison are called "stress" or "emphatic" pronouns. You have seen them often and must learn them now to use in comparisons.

moi	me
toi	you
lui	him
elle	her
nous	us
vous	you
eux	them (masc.)
elles	them (fem.)

often in English, they are quite common in French. It may help you to think of the *moins* comparison as being closer to "not as" in English; e.g. "My brother is not as intelligent as me."

The three forms of comparison with an adjective (X), then, are

plus X que (more X than, Xer than)
moins X que (less X than, not as X as)
aussi X que (as X as)

The adjective in the X position must agree in gender (masculine/feminine) and number (singular/plural) with the first item described. If you have a pronoun after the *que*, you must use the stress pronouns: moi, toi, lui, elle, nous, vous, eux, elles.

B.1.1 Poids et mesures

Using the adjective given, compare the two items. Do not change the order of the two items, but state how the first one compares to the second one. Make sure the adjective agrees with the first item. Use *plus*, *moins*, or *aussi* as is logical.

Exemple: Une semaine - long - un mois

Une semaine est moins longue qu'un mois.

1. une pomme - grand - un melon

2. Shaquille O'Neal - fort - moi

3. mon stylo - long - ma chaussure

4. la Tour Eiffel - haut - King Hall

5. 100 centimètres - long - un mètre

6. le soleil - chaud - la lune

7. les voitures - rapide - les avions

8. 60 minutes - long - une heure

9. le pôle nord - froid - l'Equateur

10. une fleur - délicat - un arbre

Irregular Comparative Adjectives

The two irregular comparative adjectives in French are the words for "better" (*meilleur*) and "worse" (*pire*). The only way to say the adjective "better" is *meilleur*. However, both *pire* and *plus mauvais* can be used for "worse," and you can also say *moins bon* to mean "less good, not as good." These comparative adjectives agree with the item being described, just like any other adjective.

French	English
bon(ne)	good
meilleur(e)	better
aussi bon(ne)	as good
moins bon(ne)	not as good
mauvais(e)	bad
pire	worse
plus mauvais(e)	worse

B.1.2 A mon avis

Tell which is better or worse, in your opinion.

Exemple: le vin français -	Le vin français est meilleur que le vin californien.
le vin californien	Le vin français est moins bon que le vin californien.

1. le chocolat belge - le chocolat suisse

2. un hamburger- des escargots

3. Les Lakers - Les Clippers

4. mon université - la Sorbonne

5. la musique rap - la musique classique

6. une montre digitale - une montre analogique

7. un ordinateur - une machine à écrire

8. la cuisine chinoise - la cuisine mexicaine

Comparison with nouns

With nouns, the structure is slightly different. Whenever we have an expression of quantity in French (and the quantity is not a number), we use the preposition *de*. For example, we say *J'ai beaucoup de devoirs ce soir* (I have a lot of homework tonight), and *Je voudrais une tasse de café* (I would like a cup of coffee). When we make a comparison with nouns, that is also a quantity, so the structures used are:

French	*English*
Je fais plus de devoirs que vous.	I do more homework than you.
Nous avons autant de cousins qu'eux.	We have as many cousins as them.
Mon frère boit moins de lait que ma soeur.	My brother drinks less milk than my sister.

Note that the comparison of equality is different for a noun (*autant*) and an adjective (*aussi*).

B.1.3 Compétition

Marc et Marie sont frère et soeur, et ils sont très compétitifs. Comparez leurs possessions.

Exemple: Marc a deux jouets.
Marie a trois jouets.   Marc a moins de jouets que Marie.

1. Marc a trois ballons. Marie a trois ballons aussi.

2. Marc a dix dollars. Marie a vingt dollars.

3. Marc a onze voitures miniatures. Marie a une voiture miniature.

4. Marc a deux chaises dans sa chambre. Marie a une chaise.

5. Marc a trente-deux CD. Marie a quarante et un CD.

6. Marc a eu quatre "A" sur son relevé de notes. Marie a aussi eu quatre "A."

B.1.4 Comment sont les maisons?

Comparez votre maison (ou appartement) à la maison (ou appartement) de votre meilleur(e) ami(e). Ecrivez au moins 5 phrases, avec des comparaisons d'adjectifs et de noms.

B.2 L'imparfait

In previous chapters, we have been working on the **passé composé**, one of the two main past tenses used in everyday French. The passé composé is what is known as a "perfect" tense: it describes events that occurred in the past at a clearly defined moment, with a definite beginning and end. However, many events we refer to in the past are not so clearly defined – they happened over a long period of time, or served mostly as a background setting for some other action, or describe an ongoing situation rather than a discrete action in the past. For such events, we use another tense in French, the **imparfait** or imperfect.

In this chapter, we will learn how to form the imperfect and begin using it in specific contexts. The difference between the passé composé and imparfait does not exist as clearly in English as in French, so it often causes difficulty for learners of the language. With time and practice, though, you should be able to distinguish the main uses of the passé composé and imparfait easily and to use them correctly. During this chapter, as you use the imparfait in the controlled contexts of the exercises, try to think about what kind of a past event it is describing, and contrast that with the events for which we used the passé composé.

Formation of the imparfait

The imparfait is easy to conjugate correctly, but only if you know the present tense of the verb. To form the imparfait, you start with the *nous* form of the present tense of the verb. This is true for both regular and irregular verbs. Remove the -ons ending and what remains is your stem for the imparfait. Since there is only one *nous* form which does not end in -ons, there is only one verb which is an exception to this rule: the verb *être* . The stem of the imparfait of the verb *être* is ét-.

Once you have your imparfait stem, the endings are the same for all verbs. The chart below gives these endings and the imparfait of several verbs as an illustration.

infinitif		parler	boire	prendre	être
(nous form of present)		(parlons)	(buvons)	(prenons)	(sommes)
je	-ais	parlais	buvais	prenais	étais
tu	-ais	parlais	buvais	prenais	étais
il	-ait	parlait	buvait	prenait	était
nous	-ions	parlions	buvions	prenions	étions
vous	-iez	parliez	buviez	preniez	étiez
ils	-aient	parlaient	buvaient	prenaient	étaient

Since the *nous* form of the verb is usually the one that most resembles the infinitive, you will often be able to correctly guess the stem of the imparfait even if you do not know the present tense of the verb. However, you should remember that the stem is obtained from the *nous* form of the present tense, and not directly from the infinitive of the verb.

B.2.1 Conjugaison, imparfait des trois groupes réguliers

Conjuguez les verbes suivants, qui représentent les trois groupes réguliers (-er, -ir, et -re), à l'imparfait.

jouer   vous   tu

je   ils/elles   il/elle

tu   nous

il/elle   obéir   vous

nous   je   ils/elles

	tu _____	vous _____
répondre	il/elle _____	ils/elles _____
je _____	nous _____	

B.2.2 Dans mon enfance

One of the most common uses of the imparfait is to describe the way things "used to be" during a specific time frame in the past. In the following conversation, Eric describes activities he did regularly at various points in his childhood, or conditions that were in effect at that time. Conjugate the verbs in the imparfait.

– Dans ton enfance, qu'est-ce que tu (faire) _____ ? – Bon ben, ça (dépendre) _____ de l'âge que je (avoir) _____ .

– Quand tu (avoir) _____ sept ans, par exemple. –Alors, à cet âge-là, je (jouer) _____ beaucoup au foot avec mes amis. Nous (aimer) _____ regarder les matchs de foot à la télé et nous (être) _____ convaincus que nous serions des joueurs célèbres.

– Et cet enthousiasme ne (continuer) _____ -il pas? – Bien sûr que non, comme nos talents ne (être) _____ pas à la hauteur de nos rêves. Quand nous (avoir) _____ dix ans, nous (vouloir) _____ devenir espions. Nous (écouter) _____ les conversations de tout le monde derrière les portes, nous (se laisser) _____ des messages secrets. Moi, je (inventer) _____ tout le temps de nouveaux codes pour déguiser nos messages. Mon ami Paul (se spécialiser) _____ à trouver de nouvelles cachettes, et Alain et Gilles (regarder) _____ beaucoup de films de James Bond. On (boire) _____ des "martinis" d'Orangina et (jouer) _____ au poker. Ah, ce (être) _____ le bon vieux temps! Nous (s'amuser) _____ beaucoup!

B.2.3 Que faisiez-vous?

Répondez à chaque question en utilisant des verbes à l'imparfait. Essayez de donner deux réponses à chaque question. Regardez le modèle.

Exemple: Que faisiez-vous à l'école primaire?
     J'écoutais le professeur et je jouais pendant la récré.

Quand vous étiez plus jeune ...

1. Quelle sorte de devoirs aviez-vous à l'école primaire?

2. A l'école secondaire, quelles matières préfériez-vous?

3. Qui étaient vos deux meilleurs amis?

Mini-Vocabulaire:

défendre	to forbid
défendu	forbidden
la récré(ation)	recess

4. Qu'est-ce que vous aimiez faire le week-end quand vous aviez 12 ans?

5. Quelles activités faisiez-vous avec votre famille?

6. Que mangiez-vous lors des journées chaudes d'été?

7. Au lycée, où sortiez-vous?

8. Est-ce que vous faisiez des choses défendues?

B.3 Demonstratives

Demonstrative adjectives

To point out a specific object in French, we use the demonstrative adjective *ce*, which can mean either "this" or "that."

French	*English*
Ce bâtiment est vieux.	This /that building is old.
Cette église est belle.	This /that church is beautiful.
Cet homme est impoli!	That man is rude!
Ces enfants sont gentils.	These/ those children are nice.
Ces filles sont polies.	These/ those girls are polite.

As you can see, there are four forms of the demonstrative adjective.

	sing	*plur*
masc	ce (cet)	ces
fem	cette	ces

- The normal masculine singular form is *ce*.

- The alternate masculine form *cet* is used only before a singular, masculine noun beginning with a vowel. Remember that French generally has some kind of alternate form to avoid an article ending in a vowel before a noun beginning with a vowel.

- The feminine singular form *cette* (pronounced [sɛt]) is used before both consonants and vowels.

- The plural form *ces* is used for both masculine and feminine.

B.3.1 Opinions

Complétez la phrase avec la forme correcte de l'article démonstratif.

1. Je n'aime pas _____ église. Elle est laide.

2. _____ livres sont trop chers!

3. J'adore _____ acteur. Il est très doué.

4. _____ tableau (m.) est très célèbre, mais je ne comprends pas pourquoi.

5. Je pense que _____ université est aussi bonne que Harvard.

6. _____ classe est intéressante.

7. Je déteste _____ filles. Elles sont méchantes.

8. J'admire _____ homme. Il travaille dur.

9. _____ film est stupide!

10. J'aime _____ baskets. Ils sont cool.

In general, French speakers do not distinguish as much between the two meanings as English speakers do. However, if you wish to emphasize "this" or "that," you can attach -ci or -la to the end of the noun being modified.

French	*English*
Ce pull-ci est plus cher que ce pull-là.	This sweater is more expensive than that sweater.
Ces devoirs-ci sont à Paul; ces devoirs-là sont à Philippe.	These papers are Paul's; those are Philip's.

B.3.2 Beaucoup de choix!

Demandez à votre ami lequel des deux objets il préfère. Suivez le modèle.

Exemple: la chemise

Tu préfères cette chemise-ci ou cette chemise-là?

1. le jean	6. l'écharpe (f.)
2. les chaussettes	7. les bottes
3. la cravate	8. les gants
4. l'imperméable (m.)	9. la montre
5. le maillot de bain	10. le short

Demonstrative pronouns As you could see from the previous exercise, it can become tedious to repeat the same noun. To avoid such repetition, we often replace nouns with pronouns. The **demonstrative article** accompanies a noun; the **demonstrative pronoun** replaces it. There are four forms of the demonstrative pronoun.

	sing	*plur*
masc	celui	ceux
fem	celle	celles

French	English
Tu préfères ce sac-ci ou celui-là?	Do you prefer this bag or that one?
Les édifices de Paris sont plus vieux que ceux de Los Angeles.	The buildings in Paris are older than those in Los Angeles.

In the above examples, the demonstrative pronoun **replaces** the noun in the first half of the sentence – rather than repeating "sac," we replace it with "celui"; instead of repeating "édifices," we replace it with "ceux."

The demonstrative pronoun cannot be used all by itself – it must be followed by a modifying phrase (usually beginning with a preposition or a relative pronoun such as *qui* or *que*), or else by the suffixes *-ci* or *-là*. In other words, some further information must be given to explain which object one is talking about when one uses a form of *celui*.

These suffixes can be used, as they are used with the demonstrative article, to emphasize the difference between two objects, one closer and one farther away ("this one here" and "that one there").

B.3.3 **Vos préférences**

Complétez la réponse avec la bonne forme du pronom démonstratif. Attention à l'usage correct!

1. Est-ce que tu aimes cette voiture-ci ou _____ -là? –Je préfère
   _____ .

2. Est-ce que tu préfères cette robe bleue ou _____ à pois? –Je
   préfère _____ .

3. Est-ce que tu veux louer ce film avec Mel Gibson ou _____ -là avec Tom Cruise? –Je veux louer _____ .

4. Est-ce que tu vas acheter ces cassettes-ci ou _____ -là? –
   Je vais acheter _____ .

5. Est-ce que tu préfères la maison de ta mère ou _____ de tes grands-parents? –J'aime mieux _____ .

B.3.4 **Encore d'opinions!**

In this exercise, you will need to supply either the demonstrative article or the demonstrative pronoun. Fill in the blank with the appropriate pronoun, paying attention to the form.

1. Est-ce que tu veux regarder _____ émission à la chaîne 7, ou _____ film en vidéocassette?

2. Je préfère les filles gentilles à _____ qui sont belles mais snob.

3. Je n'aime pas les chiens en général, mais _____ de mon voisin est mignon.

4. _____ homme est intelligent, mais _____ est un vrai génie.

5. Je suis furieux contre _____ garçons! Je leur ai dit de ne pas marcher sur la pelouse!

6. Je n'aime pas la voiture de mon père, mais je ne peux pas utiliser _____ de ma mère.

7. _____ devoirs sont trop difficiles! Je préférais _____ qu'on nous donnait au lycée.

8. Tu vas mettre _____ chemise-ci ou _____ ? J'aimerais bien que tu mettes _____ que je t'ai donné pour ton anniversaire.

Answers to Written Section B Exercises

Answers to B.1.1, Poids et mesures, page 438 1. Une pomme est moins grande qu'un melon. 2. Shaquille O'Neal est plus fort que moi. 3. Mon stylo est moins long que ma chaussure. 4. La Tour Eiffel est plus haute que King Hall. 5. 100 centimètres sont aussi longs qu'un mètre. 6. Le soleil est plus chaud que la lune. 7. Les voitures sont moins rapides que les avions. 8. 60 minutes sont aussi longues qu'une heure. 9. Le pôle nord est plus froid que l'Equateur. 10. Une fleur est plus délicate qu'un arbre.

Answers to B.1.2, A mon avis, page 439 Your answers may vary, but be sure the adjective agrees with the first noun it is describing. 1. Le chocolat belge est meilleur que le chocolat suisse. 2. Un hamburger est meilleur que les escargots. 3. Les Lakers sont meilleurs que les Clippers. 4. Mon université est aussi bonne que la Sorbonne. 5. La musique rap est pire que la musique classique. 6. Une montre digitale est pire qu'une montre analogique. 7. Un ordinateur est meilleur qu'une machine à écrire. 8. La cuisine chinoise est moins bonne que la cuisine mexicaine.

Answers to B.1.3, Compétition, page 440 1. Marc a autant de ballons que Marie. 2. Marc a moins d'argent que Marie. 3. Marc a plus de voitures miniatures que Marie. 4. Marc a plus de chaises que Marie. 5. Marc a moins de CD que Marie. 6. Marc a eu autant de "A" que Marie.

Answers to B.1.4, Comment sont les maisons?, page 440 Reread your paragraph before submitting it to your teacher. Do your adjectives agree correctly with the first item in the comparison? Do you have the proper possessive adjectives? Do any comparisons of nouns include the "de"?

Answers to B.2.1, Conjugaison, imparfait des trois groupes réguliers, page 441 je jouais, tu jouais, il jouait, nous jouions, vous jouiez, ils jouaient; j'obéissais, tu obéissais, il obéissait, nous obéissions, vous obéissiez, ils obéissaient; je répondais, tu répondais, il répondait, nous répondions, vous répondiez, ils répondaient

Answers to B.2.2, Dans mon enfance, page 442 The subject pronouns are included to make it easier to check your answers. Note the cases of elision and the reflexive verbs.

tu faisais; ça dépendait; j'avais; tu avais; je jouais; nous aimions; nous étions; cet enthousiasme ne continuait-il pas; nos talents n'étaient pas; nous avions; nous voulions; nous écoutions; nous nous laissions; j'inventais; Paul se spécialisait; Alain et Gilles regardaient; on buvait; (on) jouait; c'était; nous nous amusions

Answers to B.2.3, Que faisiez-vous?, page 442 Your answers will vary, but make sure the verb is in the proper form. Some sample answers could be: 1. Je faisais des problèmes d'addition et je remplissais des pages d'anglais. 2. Je préférais l'anglais et l'art. 3. Lisa et Alice étaient mes deux meilleures amies. 4. J'aimais aller au cinéma et aller au parc. 5. Nous jouions aux cartes et allions à la piscine. 6. Je mangeais de la glace et de la pastèque. 7. Je sortais en boîte et j'allais au cinéma. 8. Oui, je fumais et je buvais de l'alcool.

Answers to B.3.1, Opinions, page 443 1. cette; 2. ces; 3. cet; 4. ce; 5. cette; 6. cette; 7. ces; 8. cet; 9. ce; 10. ces

Answers to B.3.2, Beaucoup de choix!, page 444 1. Tu préfères ce jean-ci ou ce jean-là? 2. Tu préfères ces chaussettes-ci ou ces chaussettes-là? 3. Tu préfères cette cravate-ci ou cette cravate-là? 4. Tu préfères cet imperméable-ci ou cet imperméable-là? 5. Tu préfères ce maillot de bain-ci ou ce maillot de bain-là? 6. Tu préfères cette écharpe-ci ou cette écharpe-là? 7. Tu préfères ces bottes-ci ou ces bottes-là? 8. Tu préfères ces gants-ci ou ces gants-là? 9. Tu préfères cette montre-ci ou cette montre-là? 10. Tu préfères ce short-ci ou ce short-là?

Answers to B.3.3, Vos préférences, page 445 The second part of the answer may vary, but should be a demonstrative pronoun. 1. celle; celle-ci. 2. celle; celle-là. 3. celui; celui avec Tom Cruise. 4. celles-là; celles-ci. 5. celle; celle de ma mère.

Answers to B.3.4, Encore d'opinions!, page 445 1. cette, ce; 2. celles; 3. celui; 4. Cet, celui-là; 5. ces; 6. celle; 7. Ces; ceux; 8. cette, celle-là; celle

C Lab Worksheet and Review

C.1 Comparaisons

C.1.1 Comparaisons (Time on recording : 0 :00)

The speaker will give a pair of items. Using the adjective indicated on your answer sheet, make a comparison between the two items. Pay attention to the agreement of the adjective. After a pause for your answer, the correct answer will be given. Repeat the correct answer.

Exemple: froid

[You hear :] Un coca / un café

[You say :] Un coca est plus froid qu'un café.

Mini-Vocabulaire:
une fourchette   fork
peuplé   populated

1. grand
2. grand
3. stimulant
4. grand
5. haut

6. rapide
7. peuplé
8. fragile
9. blanc
10. cher

C.1.2 Qui en a plus ? (Time on recording : 3 :12)

The speaker will give information about two different people. Make a comparison between them. Be sure to use the preposition "de" before the noun in your answer. After a pause for your answer, the correct answer will be given. Repeat the correct answer.

Exemple: Georges - Paul - livres

[You hear :] Georges lit deux livres par mois. Paul lit trois livres.

[You say :] Georges lit moins de livres que Paul.

1. Philippe - Mathilde - cours
2. Crystal - les Dupont - chiens
3. Nous - les étudiants d'espagnol - temps
4. Sylvie - Jean-Luc - pantalons
5. Bernard - Mireille - neveux
6. Marc - Alexandre - CD
7. Nous - ces étudiants - devoirs
8. Les avocats - les caissiers - heures par semaine

Et vous ? (Time on recording : 6 :57)

Listen to the speaker and then compare yourself to him. In some cases, you will make the comparison with an adjective; in some cases, with a noun. After a pause for your answer, a sample answer will be given. Although this answer will probably be different from your answer, repeat it to practice the structure correctly.

Exemple: Je mesure 5 pieds 7 pouces. Je ne suis pas très grand.
Je suis moins grande que vous.

Mini-Vocabulaire:
dépensier(ère)   spendthrift
gourmand   likes good food

1. sportif	6. cousins
2. dépensier	7. livres
3. gourmand	8. CD
4. organisé	9. cours
5. paresseux	10. téléviseur

Ressemblances de famille (Time on recording : 10 :20)

Listen to Vincent talk about himself and his family. Then complete your answer sheet. The paragraph will be read only once, but you may replay it as many times as ncessary.

Answer the following questions in complete sentences. Use a comparative construction.

1. Est-ce que Laura est aussi grande que Vincent ?

2. Qui est plus âgé, Laura ou Vincent ?

3. Est-ce que Vincent est moins organisé que Laura ?

4. Est-ce que Gilles est aussi paresseux que Laura ?

5. Qui est plus studieux, Gilles ou Vincent ?

6. Est-ce que Vincent est plus jeune que Gilles ?

7. Qui est plus fort en chimie, Vincent ou Gilles ?

8. Est-ce que Vincent est aussi sportif que Gilles ?

C.2 Aujourd'hui et demain

C.2.1 Dans 5 ans. (Time on recording : 12 :00)

You are talking to Véronique about what her life will be like in 5 years. You are optimistic and think that everything in her life will be better. Listen to what she says about her life right now, and then tell what the situation will be like in 5 years. Use the "tu" form to refer to her. After a pause for your answer, the correct answer will be given. Repeat the correct answer.

Exemple: Aujourd'hui, je n'ai pas beaucoup d'argent.
Dans 5 ans, tu vas avoir plus d'argent.

1. bons amis
2. travail
3. voiture
4. salaire
5. temps libre
6. maison
7. responsabilités
8. mon temps

C.2.2 Quel est votre avis ? (Time on recording : 15 :07)

What do you think will be different in 10 years ? Compare the situation 10 years from now with the situation today. Use the cues given on your worksheet and follow the model. After a pause for your answer, a sample answer will be given. Although this might not agree with your opinion, repeat it to practice the structure.

Exemple: la pollution - mauvaise
Dans dix ans, la pollution va être pire qu'aujourd'hui.

Mini-Vocabulaire:
vert "green"
(environmentally)

1. le terrorisme - dangereux
2. l'économie - bonne
3. l'essence - chère
4. la télévision - populaire
5. les ordinateurs - compliqués
6. la vie - facile
7. les voitures vertes - chères
8. les produits génétiquement modifiés - acceptés

C.2.3 Ma vie aujourd'hui et dans l'avenir (Time on recording : 18 :45)

Answer each question giving your situation today and 10 years in the future. Each question will be read twice. No answer will be given. Say your answer aloud and write it on your answer sheet. You should pause the tape after each question to give yourself time to write the answer.

Exemple: Etes-vous marié?

Non, je ne suis pas marié. Dans dix ans, je vais être marié. [ou] Oui, je suis marié. Dans dix ans, je vais toujours être marié!

1.

2.

3.

4.

5.

6.

7.

8.

9.

10.

C.3 Hier et aujourd'hui

C.3.1 L'imparfait (Time on recording : 21 :38)

Listen to the following conversation and write down the forms of the imparfait on your answer sheet.

–Hélène, tu te rappelles comment on _____ nos anniversaires quand on _____ petits?
–Oui, Paul, on _____ des fêtes super, n'est-ce pas! Maman nous _____ toujours des gâteaux délicieux que nous _____ avec grand plaisir ... nous _____ de l'orangina ou du coca ... nos amis nous _____ des cadeaux ... toi, tu _____ toujours ouvrir mes cadeaux aussi!
–Oui, je me souviens de cela. Je ne _____ pas pourquoi je ne _____ pas tout ouvrir, comme c'_____ mon anniversaire aussi!
–Mais en général, nous _____ être jumeaux, n'est-ce pas?
–Oui, on _____ toujours bien ensemble. Bon anniversaire, Hélène!
–A toi aussi, Paul!

C.3.2 C'était différent dans ces temps-là! (Time on recording : 22 :33)

You are talking to your grandfather about society. He tells you what things were like in the old days. Listen to each sentence, and then describe the same situation in the past. After a pause, one possible answer will be given. Repeat that answer. Also write the verb on your answer sheet.

Exemple: Aujourd'hui, beaucoup de femmes travaillent.
Avant, peu de femmes travaillaient.

1. Avant, peu de monde _____ une voiture.
2. Avant, il _____ difficile d'aller à l'université.
3. Avant, il y _____ aussi beaucoup d'immigration.
4. Avant, la famille typique _____ beaucoup d'enfants.
5. Avant, la politique _____ beaucoup les jeunes.
6. Avant, une maison _____ 10.000 dollars.
7. Avant, on ne _____ pas toujours trouver un travail non plus.
8. Avant, les jeunes _____ beaucoup d'alcool aussi.
9. Avant, on _____ plus.
10. Avant, on ne _____ pas souvent au restaurant.

C.3.3 Mon enfance (Time on recording : 26 :18)

Answer the questions about your childhood, around age 10. Use the imparfait to answer. After a pause for your answer, a sample answer will be given. Repeat the sample answer.

C.4 Précisions

C.4.1 Au magasin (Time on recording : 29 :18)

Listen to the conversation between Jean-Claude and Elisabeth, and fill in your answer sheet with the appropriate forms of the demonstrative article or pronoun.

–Salut, Jean-Claude ! Merci d'être venu m'aider avec _____ préparations. _____ fête va être super !
–Pas de problème, Elisabeth. Je suis content de pouvoir t'aider. Où va-t-on pour commencer ?
–Allons dans _____ magasin- _____ pour choisir de la musique. . . . Que dis-tu de _____ CD ?
–Bon ben, _____ n'est pas mauvais, mais je n'aime pas _____ groupe- _____ . Prenons _____ , et puis _____ deux autres, d'accord ?
–D'accord. Bon, maintenant, il faut acheter des décorations. Tu aimes _____ ballons ?
–Pas du tout ! _____ couleur est affreuse. Prenons plutôt _____ . C'est tout ?
–Oui, je crois que c'est tout pour le moment. Rapportons tout cela à la maison et puis nous irons au supermarché.

C.4.2 **Lequel préfères-tu ?** (Time on recording : 30 :25)

Give your opinion on whether you prefer which situation you prefer. Follow the model and use the demonstrative pronoun in your answer. After a pause for your answer, a sample answer will be given. Repeat the sample answer.

> Exemple: Tu préfères les professeurs qui sont stricts ou ceux qui sont moins sévères ?
> Je préfère ceux qui sont moins sévères.

Tu préfères ...

1. la situation des femmes aux Etats-Unis ou celle en Afghanistan ?
2. les vêtements d'aujourd'hui ou ceux des années 60 ?
3. la musique d'aujourd'hui ou celle des années 40 ?
4. le travail dans un magasin ou celui dans une usine ?
5. le climat de Los Angeles ou celui de Boston ?
6. le président actuel ou celui qui était président avant ? [devrait être : celui qui est président maintenant, ou celui qui était président avant]
7. les cours de l'université ou ceux du lycée ?
8. les voitures qui sont petites ou celles qui sont plus grandes ?

Answers to Written Section C Exercises

Answers to C.1.4, Ressemblances de famille, page 449 1. Non, L. est moins grande que V. / Non, L. est plus petite que V. 2. V. est plus âgé que L. 3. Non, V. est plus organisé que L. / Non, L. est moins organisée que V. 4. Non, G. est moins paresseux que L. / Non, L. est plus paresseuse que G. 5. G. et V. sont aussi studieux. / G. est aussi studieux que V. 6. Oui, V. est plus jeune que G. 7. V. est plus fort en chimie que G. 8. Non, V. est moins sportif que G. / Non, G. est plus sportif que V.

Answers to C.2.3, Ma vie aujourd'hui et dans l'avenir, page 450 Answers to this section will all be different, so none are given here. You should make sure that your first sentence is in the present tense and the second sentence in the futur proche.

Answers to C.3.1, L'imparfait, page 451 célébrait; était; avait; préparait; mangions; buvions; apportaient; voulais; comprenais; pouvais; était; aimions; s'amusait

Answers to C.3.2, C'était différent dans ces temps-là!, page 451 1. possédait; 2. était; 3. avait; 4. avait; 5. intéressait; 6. coûtait; 7. pouvait; 8. buvaient; 9. fumait; 10. dînait

Answers to C.4.1, Au magasin, page 452 ces préparations; cette fête; ce magasin-ci; ces CD; celui-ci; ce groupe-là; celui-là; ces deux autres; ces ballons; cette couleur; ceux-là

Chapter 10
Racontons des histoires

Objectives for chapter 10

Communication (what students will be able to do):

By the end of this chapter, students will be able to:

1. Describe how people behave and perform various actions

2. Describe one's personal evolution and how one acts at various stages of life

3. Tell stories in the past, including picturing the scene and recounting specific episodes

Culture (what students will know about the French-speaking world):

By the end of this chapter, students will be able to:

1. Discuss various expectations for behavior in France and the United States

2. Retell various fairy tales and folk tales from different Francophone countries

Grammar/ Tools (what students need to know):

In order to perform these communicative tasks, students will have to understand and be able to use correctly the following grammatical structures:

1. The formation of adverbs

2. Comparative structures using adverbs

3. The verbs *dire, lire,* and *écrire*

4. The different uses of the *passé composé* and the *imparfait*

A Activités

A.1 **Comment le faites-vous ?**

Dans cette section, nous allons parler de nos actions et de nos talents.

> Grammaire: Voir B.1, "Adverbes," page 469.

A.1.1 Comment sont-ils ?

Avec votre partenaire, décrivez la personne à l'aide de **l'adverbe** approprié.

Exemple: Claude est une **bonne** athlète. Elle joue **bien** au tennis.

1. Quentin est **poli**. Il parle _____ .
2. Marc est **intelligent**. Il répond _____ aux questions.
3. Audrey est **sincère**. Elle parle _____ .
4. Loïc est **bizarre**. Il agit _____ .
5. Céline est **élégante**. Elle s'habille _____ .
6. Jérémy est **calme**. Il réagit _____ aux situations dangereuses.
7. Guillaume est un **mauvais** danseur. Il danse _____ .
8. Lucie est **raisonnable**. Elle pense _____ .
9. Vanessa est **honnête**. Elle rend _____ l'argent qu'elle a trouvé.
10. Benoît est un **bon** étudiant. Il réussit _____ aux examens.

A.1.2 Et comment êtes-vous ?

 Dans cet exercice, pour chaque numéro, choisissez l'adjectif qui vous décrit mieux. Décrivez-vous à votre partenaire. Ensuite, votre partenaire va transformer l'adjectif choisi en adverbe, et va formuler une question avec cet adverbe et le verbe donné pour demander comment vous faites une action qu'il imagine. Répondez à sa question.

Exemple: patient/impatient   (attendre le bus)
Je suis **patiente**.   –Est-ce que tu attends **patiemment** le bus ?

Oui, j'attends patiemment le bus.

1. poli/impoli (**accueillir** les invités)
2. gentil/méchant (traiter tes frères)
3. chaleureux/froid (parler aux personnes)

Mini-Vocabulaire:

accueillir	to welcome
j'accueille	
tu accueilles	
agir	to act
réagir	to react
conduire	to drive
je conduis	
tu conduis	
affronter	to face
impitoyable	merciless
juger	to judge

4. généreux/égoïste (vivre)

5. patient/nerveux (attendre tes amis)

6. prudent/impulsif (**réagir** aux situations)

7. timide/courageux (marcher)

8. obstiné/raisonnable (**agir**)

9. intelligent/stupide (répondre aux questions)

10. aggressif/calme (**conduire**)

11. bon/mauvais cuisinier (cuisiner)

12. une personne sérieuse/frivole (passer ton temps)

A.1.3 **Un bon enfant**

Mini-Vocabulaire:

se comporter	[sə kɔ̃ pɔr te]	to behave; to act
agir	[a ʒir]	to act
Sois ...!	[swa]	Be ...! (imperative, *tu* form)
Soyez ...!	[swa je]	Be ...! (imperative, *vous* form)
grossier (-ière)	[gro sje] [sjɛr]	vulgar
partager	[par ta ʒe]	to share

 Vous êtes parent, et vous voulez que votre enfant se comporte bien. Lisez les indications et formulez les ordres à la forme affirmative ou négative à l'attention de votre enfant, en utilisant **l'adverbe** approprié. Vous pouvez utiliser le verbe indiqué ou un autre (le sens de certains verbes est indiqué à la page précédente).

Rappel grammatical :
Pour donner des instructions, on utilise **l'impératif** : la forme *tu*, *nous*, ou *vous* du verbe au présent, sans le pronom sujet. Les verbes en -er éliminent le -s de la forme "tu" dans l'impératif. Exemples :

Présent	*Impératif*
tu parles	Parle !
tu fais	Fais !
tu ne cries pas	Ne crie pas !

Exemple: Vous voulez un enfant **poli** (parler)

Vous dites : Parle **poliment** aux adultes !

Vous ne voulez pas un enfant **méchant** (traiter)

Vous dites : Ne traite pas **méchamment** les autres enfants !

	Vous voulez ...	**Vous dites ...**
1.	Vous voulez un enfant **gentil**	(jouer)
2.	Vous voulez un enfant **généreux**	(partager)
3.	Vous ne voulez pas un enfant **impitoyable**	(**juger**)
4.	Vous ne voulez pas un enfant **grossier**	(parler)
5.	Vous voulez un enfant **attentif**	(écouter)
6.	Vous voulez un enfant **intelligent**	(faire)
7.	Vous voulez un enfant **courageux**	(**affronter le danger**)
8.	Vous voulez un enfant **sérieux**	(réfléchir)
9.	Vous voulez un enfant **patient**	(préparer)
10.	Vous ne voulez pas un **mauvais** enfant	(**se comporter**)
11.	Vous voulez un enfant **consciencieux**	(finir)
12.	Vous ne voulez pas un enfant **négatif**	(répondre)

a / René Descartes, 1596-1650 : philosophe, scientifique, mathématicien. Citation célèbre : "Je pense, donc je suis."

Mini-Vocabulaire:

sage	wise ; well-behaved
sensé	sensible
se comporter	behave
un indice	indication
viser	to aim at
soi-disant	so-called
juger	to judge
auprès de	near ; for
tandis que	whereas ; while
priser	to value
rayonner	to spread
bien que	although
discutable	debatable
réfléchi	reflective
être d'accord	to agree

b / Charles, baron de Montesquieu, 1689-1755 : penseur politique qui a proposé la séparation des pouvoirs. Citation célèbre : "Il n'y a point encore de liberté si la puissance de juger n'est pas séparée de la puissance législative et de l'exécutrice."

A.1.4 Observation culturelle : Sois sage !

Les parents français disent à leurs enfants : "Soyez **sages** !" A l'origine, le mot "sage" veut dire "intelligent, **sensé**, raisonnable, bien instruit." Mais quand on dit "sois sage !" cela signifie que l'enfant doit bien **se comporter**. Les parents américains, par contre, disent, "Be good !" ou "Behave yourself !" Certaines personnes voient cette différence comme **un indice** intéressant des différentes valeurs françaises et américaines, parce que la recommandation française **vise** surtout l'intellect, et la recommandation américaine vise la moralité et le comportement.

Nous avons déjà vu que les Français sont moins religieux que les Américains, et certains s'amusent du **soi-disant** "puritanisme" de la société américaine. Par exemple, en Europe, la violence à la télé ou au cinéma est **jugée** plus dangereuse **auprès des** enfants que le sexe, **tandis qu'**aux Etats-Unis, les films avec beaucoup de violence sont jugés plus acceptables pour les adolescents que les films avec trop de mots grossiers ou des situations sexuelles.

Il est vrai aussi que la France, en général, **prise** l'intellectualité de sa société ; les Français sont fiers de leur heritage culturel qui comprend une magnifique littérature et une histoire intellectuelle qui **a rayonné** à travers le monde. Les grands penseurs français des dix-septième et dix-huitième siècles comme Descartes, Pascal, Montesquieu, Rousseau, Voltaire, et Diderot ont eu une influence considérable sur le développement de la pensée scientifique et politique en France et dans d'autres pays. Thomas Jefferson, par exemple, lisait les écrits politiques de Montesquieu avec attention.

Mais **bien que** Descartes ait dit, "Je pense, donc, je suis," il est **discutable** si les enfants français sont plus **réfléchis** que les enfants américains !

Avez-vous compris ?

1. Qu'est-ce que les parents français disent à leurs enfants quand ils veulent qu'ils se comportent bien ?
2. Où est-ce que la violence est plus acceptée dans les films regardés par des adolescents – en Europe, ou aux Etats-Unis ?
3. Est-ce que la France a une longue histoire littéraire ?
4. Quels penseurs français ont influencé l'histoire américaine ?
5. Est-ce que vous considérez que la société américaine est particulièrement "morale" ?
6. **Etes-vous d'accord** sur la différence culturelle entre les expressions "sois sage" et "be good" ?

A.2 Vers un épanouissement personnel

> Grammaire: Voir B.2, "Comparatif des adverbes," page 471.

A.2.1 Les âges de la vie

Quels talents ont les enfants ? Les adolescents ? Les adultes ? Comparez les groupes indiqués dans les domaines proposés.

Exemple: Les enfants / acceptent des critiques / humblement / les adolescents
Les enfants acceptent plus humblement des critiques que les adolescents.

1. Les adolescents / conduire / prudemment / les adultes
2. Les jeunes filles / s'habiller / modestement / les femmes âgées
3. Les enfants / monter à bicyclette / bien / les personnes âgées
4. Les adultes / écouter / attentivement / les adolescents
5. Les hommes de quarante ans / courir / vite / les jeunes gens de quinze ans
6. Les personnes âgées / accepter le changement / facilement / les enfants
7. Les enfants / aimer les légumes / bien / les adolescents
8. Les adultes / considérer de nouveaux groupes de musique / ouvertement / les adolescents

A.2.2 Quand j'étais jeune ... et aujourd'hui

 Qu'est-ce que vous faisiez différemment quand vous étiez plus jeune ? Comment étiez-vous ? Avec un partenaire ou dans un groupe, discutez votre évolution personnelle. Comparez vos actions actuelles à celles de votre jeunesse. Vous pouvez préciser l'époque ("quand j'avais 15 ans, quand j'étais à l'école primaire") ou bien la laisser plus générale ("quand j'étais plus jeune"). Utilisez l'imparfait et faites attention à la forme de la comparaison.

Exemple: envoyer des lettres de remerciement
Quand j'étais plus jeune, j'envoyais moins rapidement des lettres de remerciement qu'aujourd'hui.

Actions physiques :

1. nager
2. patiner
3. manger rapidement

4. boire de l'alcool

5. courir

6. se tourner facilement

Capacités intellectuelles :

7. comprendre les maths

8. avoir de la curiosité

9. vouloir s'informer sur les événements mondiaux

10. lire

11. gagner de bonnes notes

12. avoir de l'enthousiasme pour mes études

Interactions sociales :

13. traiter les personnes différentes de moi avec respect

14. obéir à mes parents

15. téléphoner à mes amis

16. avoir des responsabilités familiales

17. être indépendant

18. offrir des cadeaux à mes amis

A.2.3 Résolutions pour le Nouvel An

> Grammaire: Voir B.3, "Conditions," page 473.

Les personnes suivantes veulent changer leur vie. Trouvez l'effort qui va donner le résultat désiré.

Mini-Vocabulaire:

si	[si]	if
renouer	[rə nwe]	to renew
s'entraîner	[sɑ̃ trɛ ne]	to train
curriculum	[ky ri ky lɔm]	c.v., resumé

– S'il fait plus attention au code de la route,
– S'ils s'écrivent plus souvent,
– Si elle **s'entraine**,
– S'ils mettent leur musique moins fort,
– S'il envoie son **curriculum** à plus d'entreprises,
– S'il fait des économies
– S'ils se fâchent moins facilement,
– S'il va plus souvent au labo de langues,
– Si elle met ses finances en ordre,
– Si elles font plus souvent le ménage

[Continuez à la page suivante.]

1. Christine va courir plus rapidement.

2. Paul va trouver un nouveau travail.

3. Robert va parler mieux le français.

4. Alain et Béatrice vont être plus patients avec leur adolescent.

5. Marie et sa mère vont avoir une maison plus propre.

6. Emilie va contrôler mieux ses dépenses.

7. Marc va acheter une meilleure voiture.

8. Malik et Fatima vont **renouer** leur amitié.

9. Anne et Paul vont se disputer moins avec leur voisin.

10. Matthieu va conduire plus prudemment.

A.2.4 Comment faire des progrès ?

 Suggérez une solution possible aux différentes difficultés de votre partenaire. Suivez le modèle. Attention ! Vous devez choisir le comparatif de l'adjectif ou de l'adverbe, selon la phrase.

Mini-Vocabulaire:	
si	if
suivre	take a class
(tu suis)	
fort	loud ; loudly
jaloux	jealous
maladroit	clumsy
au volant	at the wheel
conscient	conscious

Exemple: J'ai de mauvaises notes. Si tu étudies, tu vas avoir de meilleures notes.

Mes parents ne m'écoutent pas attentivement. Si tu parles plus poliment, ils vont t'écouter plus attentivement.

1. Je danse mal.

2. Je trouve le cours de français difficile.

3. Mon frère me traite cruellement.

4. Mes voisins jouent leur musique trop fort.

5. Mon copain me regarde jalousement.

6. Je n'ai pas le temps de faire mes devoirs soigneusement.

7. Je suis maladroit(e) au volant.

8. Mes parents me critiquent sévèrement.

9. Je suis très anxieux(se) avant les examens.

10. Quelquefois, j'offense inconsciemment mes amis.

A.3 Les moments clés de la vie

Dans cette section, nous allons parler du passé, en racontant des événements importants de notre vie.

> Grammaire: Voir B.5, "Action et contexte," page 476.

A.3.1 Les aventures de Claire

Mini-Vocabulaire:

quitter	[ki te]	to leave
se mouiller	[se mu je]	to get wet
laisser tomber	[lɛ se tɔ̃ be]	to drop (lit., to let fall)
écraser	[e kra ze]	to crush
un oeil au beurre noir	[œ jo bœr nwar]	black eye
car	[kar]	because, for

Claire semble toujours se trouver dans des difficultés! Racontez ce qui lui est arrivé à différents moments de sa journée lundi. Utilisez **l'imparfait** pour le verbe qui donne un contexte à l'action principale et **le passé composé** pour le verbe qui nomme l'action principale.

1. Lundi matin, Claire (se laver) les cheveux sous la douche quand quelqu'un (téléphoner).

2. Quand elle (quitter) sa maison, il (faire) beau.

3. Mais pendant qu'elle (marcher), il (commencer) à pleuvoir.

4. Elle (ne pas avoir) de parapluie, et elle (se mouiller)

5. A midi, Claire (laisser tomber) le sac en papier contenant son sandwich pendant qu'elle (traverser) la rue.

6. Une voiture qui (passer), (écraser) le sandwich.

7. Au bureau, elle (renverser) du café sur des papiers importants qu'elle (lire).

8. Elle (courir) aux toilettes pour des serviettes quand elle (glisser) et (tomber).

9. Lundi soir, Claire (être) triste, car elle (avoir) un oeil au beurre noir.

10. Elle (devoir) aller au cinéma avec son copain, mais elle (décider) de rester à la maison et de regarder la télé.

⟹ Continuons!

Racontez 5 événements dans votre vie récente, décrivant le contexte et l'action principale dans chaque cas.

Mini-Vocabulaire:

une peluche [pə lyʃ] stuffed animal

Jules se souvient très bien des moments importants de sa vie. Ici, il en parle avec son amie Jessica. Jules va raconter un événement important et Jessica va poser une question à propos du contexte de cet événement. Puis, Jules va répondre à sa question. Suivez le modèle et faites l'exercice. Changez de rôle au numéro 5.

Exemple: nous/déménager

Je me rappelle bien quand nous avons déménagé.
Quand nous avons déménagé, j'avais 5 ans.

–Quel âge/tu / avoir / ?

–Quel âge avais-tu à ce moment ?

1. mon frère / naître
    –Où / vous / habiter / ?
2. mes parents / acheter / un chien
    –Comment / il / être / ?
3. ma grand-mère/mourir
    –Quel âge / elle / avoir / ?
4. je / perdre / ma peluche favorite
    –Quel type d'animal / ce / être / ?
5. la première fois que nous / visiter / Londres
    –Quel temps/ il / faire / ?
6. mes parents / divorcer
    –Quel âge / tu / avoir / ?
7. la première fois que je / voir / ma future femme
    –Que / elle / porter / ?
8. le jour où / nous / se marier
    – Elle / être / belle / ?

⟹ Continuons!

Nommez un événement important dans votre vie ; votre partenaire va vous poser une question sur le contexte.

Elodie Simon et
Damien Petit
ont le plaisir de vous inviter à la
cérémonie de leur mariage
Le 15 mars 2004 à partir de 14h
à l'église Saint-Sulpice
50 r Vaugirard
75006 Paris
Tél : 01 46 38 49 62

En France, on envoie des faire-part pour annoncer les événements importants dans la vie : un mariage, une fête, une naissance. Il est important de répondre à ces faire-part, pour montrer que vous vous intéressez aux grands événements dans la vie de vos amis.

Avez-vous compris ?

1. Quel est l'équivalent américain d'un "faire-part" ?
2. Pouvez-vous comprendre pourquoi cela s'appelle un "faire-part" en français ?
3. Quels détails importants faut-il inclure dans un faire-part ?

⟹ **Continuons!**

A. Le faire-part

Avec votre partenaire, dessinez un faire-part pour un des événements suivants. Remarquez à droite les formules à employer.

un mariage	Jean et Marie ont le plaisir de vous inviter à la cérémonie de / annoncer leur mariage
la naissance d'un enfant	Jean et Marie ont le plaisir de vous annoncer la naissance de leur fille/garçon
un nouvel apartement	Jean et Marie ont le plaisir de vous inviter à pendre la crémaillère dans leur nouvel appartement
une fête	Jean a le plaisir de vous inviter pour son dixième anniversaire

B. Le récit

Imaginez que l'événement que vous annoncez s'est passé. Utilisez le passé composé et l'imparfait pour le décrire. Suggestions :

- Quand est-ce que l'événement a eu lieu ? Où ?
- Qui était là ? Que portaient-ils ? Quelles émotions avaient-ils ?
- Quel temps faisait-il ? Quelle heure était-il ?
- Qu'est-ce qui s'est passé ? Donnez au moins trois détails en ordre chronologique.
- Est-ce qu'il y a eu des moments drôles ? tragiques ? joyeux ? Racontez un épisode particulier.

A.4 Racontons des histoires !

A.4.1 Observation culturelle : Le Petit Chaperon rouge

Les contes de **fée** sont des histoires populaires traditionnelles, très souvent fantastiques, qui servent à transmettre une **leçon** aux enfants. Plusieurs de nos contes de fées les plus connus ont été **recueillis** et **remaniés** par Charles Perrault, qui vivait en France au dix-septième siècle (1628-1703).

Il les **a publiés** dans un livre qui a eu un succès immédiat. L'un de ces contes s'appelle "Le Petit Chaperon rouge." Vous connaissez probablement l'histoire : une jeune fille est **envoyée** par sa mère **apporter** quelque chose à manger à sa grand-mère malade. Le loup finit par manger la grand-mère et la jeune fille. Dans la version que vous connaissez, est-ce que la jeune fille est **sauvée** à la fin ? Pas dans la version de Perrault.

Là, le Petit Chaperon rouge se déshabille et se couche à côté de sa grand-mère le Loup, et il la mange. Le conte est suivi d'une "Moralité." Voici cette moralité dans le texte original. Vous n'allez pas tout comprendre, mais appréciez sa poésie et essayez de comprendre le sens général de cette moralité. La moralité parle des Loups, mais dit que "tous les Loups ne sont pas de la même sorte."

Mini-Vocabulaire:	
une fée	fairy
une leçon	lesson
recueillir	to gather
remanier	to edit
publier	to publish
envoyer	to send
apporter	to bring
sauver	to save

On voit ici que de jeunes enfants,
Surtout de jeunes filles
Belles, bien faites, et gentilles,
Font très mal d'écouter toute sorte de gens,
Et que ce n'est pas chose étrange,
S'il en est tant que le Loup mange.
Je dis le Loup, car tous les Loups
Ne sont pas de la même sorte ;
Il en est d'une humeur accorte,
Sans bruit, sans fiel et sans **courroux**,
Qui privés, **complaisants** et **doux**,
Suivent les jeunes Demoiselles
Jusque dans les maisons, jusque dans les **ruelles** ;
Mais hélas ! qui ne sait que ces Loups doucereux,
De tous les Loups sont les plus dangereux.

Mini-Vocabulaire:	
sans	without
courroux	anger
complaisant	pleasing
doux	sweet
une demoiselle	maiden
une ruelle	alley

Avez-vous compris ?

1. Qui est le premier auteur à mettre "Le Petit Chaperon rouge" dans un livre ?

2. Est-ce qu'il a inventé cette histoire ?

3. Quel est le terme français pour ce type d'histoire ?

4. Nommez une différence entre la version de ce conte que vous connaissez, et la version de Perrault.

5. Est-ce que les "Loups" dans la moralité sont tous des ani-

maux ? Quelle leçon est-ce que cette moralité essaie de donner aux jeunes filles ?

A.4.2 Racontons "Le Petit Chaperon rouge"

Voici quelques images du "Petit Chaperon rouge," faites par Gustave Doré, un artiste français du dix-neuvième siècle. A l'aide de ces images, racontez cette histoire avec votre partenaire. Mettez autant de détails que possible.

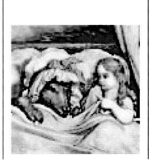

"C'est pour mieux t'embrasser, ma fille."

Mini-Vocabulaire:

le loup	[lu]	wolf
le panier	[pa nje]	basket
une galette	[ɡa lɛt]	pancake, cookie
le bûcheron	[by ʃə rɔ̃]	woodcutter
le bois	[bwa]	woods
frapper	[fra pe]	to knock
ouvrir, p.p. ouvert	[u vrir]	to open
déguiser	[de ɡi ze]	to disguise

A.4.3 Les contes de fées

Voici quelques autres contes de fées transmis par Charles Perrault, et un dernier d'un autre auteur, Jeanne-Marie Leprince de Beaumont. Pouvez-vous associer le titre français et le titre anglais ?

1. Le Petit Poucet	a. Cinderella
2. Barbe-bleue	b. Puss-in-Boots
3. La Belle au bois dormant	c. Tom Thumb
4. Le Maître chat ou le chat botté	d. Beauty and the Beast
5. Cendrillon	e. Bluebeard
6. La Belle et la Bête	f. Sleeping Beauty

⟹ Continuons!

Pouvez-vous raconter un de ces contes de fées, ou bien un autre que vous connaissez ? Avec un partenaire, essayez de raconter l'action d'un de ces contes. Votre professeur peut vous aider avec les mots de vocabulaire essentiels (e.g. pour Cendrillon : le pantoufle), mais essayez d'utiliser le vocabulaire que vous connaissez déjà.

A.5 Résumé

Les activités dans cette section vous permettent de pratiquer tout le matériel du chapitre. Regardez les "objectifs" du chapitre à la page 455.

A.5.1 Ah, les parents !

 Est-ce que tous les parents sont les mêmes ? Décrivez la personnalité d'un de vos parents à votre partenaire. Il/elle va vous poser des questions sur le comportement de ce parent. Ensuite, il/elle va vous dire si son parent ressemble à votre parent. Regardez le modèle avant de commencer.

A: Ma mère est sévère.

B: Ah bon ? Est-ce qu'elle te parle sévèrement ?

A: Oui, quand j'ai de mauvaises notes, elle me parle très sévèrement. Elle dit qu'elle ne va plus m'aider avec les frais d'inscription.

B: C'est dommage. Ma mère est moins sévère que ça. Elle n'est jamais allée à l'université, et elle est contente que je fasse des études supérieures. Je travaille beaucoup, et elle comprend si j'ai de mauvaises notes de temps en temps.

⟹ **Continuons!**

Maintenant, présentez d'une façon similaire votre parent. Soyez prêt(e) à faire une comparaison de votre parent et celui de votre partenaire pour la classe.

A.5.2 Un conte de fée originel

Les contes de fée partagent souvent les mêmes éléments. Dans un groupe, écrivez un conte de fée originel. Vous pouvez y mettre certains des éléments suivants. Utilisez le passé composé et l'imparfait pour raconter les événements.

trois soeurs
un jeune homme courageux
une fée
un objet magique
une princesse

une sorcière gentille
une malédiction [curse]
une bénédiction [blessing]
un problème difficile
une récompense [reward]

A.5.3 Les regrets

 Qu'est-ce que vous regrettez dans la vie ? Dans un groupe de 4 étudiants, interviewez-vous pour voir quels moments vous causent le plus de regret. Demandez des détails précis ; essayez de bien utiliser les temps du passé : passé composé et imparfait. Vous pouvez utiliser les thèmes suivants, ou d'autres qui vous viennent à l'esprit. Regardez le modèle avant de commencer.

A: Avez-vous jamais conduit dangereusement ?
B: Oui, moi, quand j'avais 16 ans, je conduisais souvent après avoir trop bu.
A: Moi aussi. C'était très stupide, et j'ai de la chance que je n'ai jamais tué personne !
B: Une fois, j'ai bu 10 bières dans 3 heures et puis j'ai essayé de conduire. Mais heureusement, mon meilleur ami m'a arrêté.

---

1. mal traiter un ami

2. agir malhonnêtement

3. être trop égoïste

4. faire paresseusement son travail

5. conduire dangereusement

6. tricher sur un examen

7. parler méchamment à ses parents

8. gaspiller une opportunité importante

A.5.4 Une vraie histoire ?

 Choisissez un vrai détail de votre vie, et racontez la situation générale à votre partenaire. Puis, offrez trois possibilités à votre partenaire : deux possibilités fausses, et une possibilité vraie. Votre partenaire doit poser des questions pour découvrir la vérité. Vous êtes obligé de donner des réponses vraies à ses questions. Regardez le modèle avant de commencer.

A: Quand j'étais petite, j'aimais beaucoup l'eau et je nageais souvent.
1. J'allais souvent à la plage.
2. Nous avions une piscine dans le jardin.
2*3. Nous allions souvent à la piscine municipale.
B: Est-ce que votre famille était riche ?
A: Non, nous n'étions pas riches du tout.
B: Est-ce que vous habitiez près de l'océan ?
A: Non, nous habitions dans l'Iowa.
B: Je crois que vous alliez souvent à la piscine municipale.
A: Tu as raison !

B Grammar

B.1 Adverbs

Adverbs are words that modify verbs or adjectives; they tell *how* something is done or give additional information about an adjective. In English, adverbs often end in -ly; in French, the corresponding adverbs end in *-ment*.

French	*English*
Il agit cruellement.	He acts cruelly.
Elle parle rapidement.	She speaks quickly.
Il est particulièrement honnête.	He is particularly honest.

There are also other types of adverbs that do not end in *-ment*, such as adverbs of time (e.g. *hier*, *souvent*), quantity (*beaucoup*, *assez*), place (*à côté*, *ici*). *Bien* and *mal* are also common adverbs.

Position of adverbs The placement of adverbs in French is a little difficult. In general, most adverbs follow the verb. If the verb is in the passé composé, a short or common adverb will often follow the auxiliary verb. Observe:

French	*English*
Ils ont bien préparé leur devoir.	They prepared their homework well.
J'ai trop mangé.	I ate too much.
Nous sommes souvent allés au zoo.	We often went to the zoo.

Adverbs, particularly those of time or place, also often come at the beginning or end of the sentence.

French	*English*
Hier, nous sommes arrivés en retard.	Yesterday, we arrived late.
Ils n'ont rien fait ici.	They didn't do anything here.

At this level, you should not worry too much about the intricacies of adverb placement. We simply want to be aware that you may find adverbs in different positions and that their most likely place is after the verb.

Formation of adverbs Just like in English, most adjectives in French can be transformed into adverbs by adding the correct suffix. There are three rules to remember when forming adverbs from adjectives.

1. For most adverbs, you must begin from the feminine form of the adjective, to which you add the suffix *-ment*. This is true whether the feminine form is regular or irregular.

2. However, if the masculine adjective ends in a vowel, you in-

stead add *-ment* directly to the masculine form of the adjective.

3. If a multisyllabic adjective ends in *-ant* or *-ent* (both pronounced [ã]), this changes to an adverb ending in *-amment* or *-emment* respectively (both pronounced [a mã]).

Here are some examples of these rules:

Adjectif (masculin)	Adjectif (féminin)	Adverbe
certain	certaine	certainement
actif	active	activement
heureux	heureuse	heureusement
franc	franche	franchement
sincère	sincère	sincèrement
poli	polie	poliment
absolu	absolue	absolument
obstiné	obstinée	obstinément
constant	constante	constamment
élégant	élégante	élégamment
évident	évidente	évidemment
intelligent	intelligente	intelligemment

There are also some adverbs ending in *-ment* that have irregular forms. Some of the most common are

Adjectif (masculin)	Adjectif (féminin)	Adverbe
gentil	gentille	gentiment
précis	précise	précisément
obscur	obscure	obscurément

B.1.1 Selon son caractère

Each of the following people acts according to their character or abilities. Using the adverbial form of the adjective given, explain how they do the specified action.

Exemple: Georges est gentil.
Il parle gentiment à Maryse.

1. Je suis assidu(e). Je fais _____ mes devoirs.

2. Ils sont méchants. Ils parlent _____ aux enfants.

3. Elle est impolie. Elle interrompt _____ les autres.

4. Son français est courant. Il parle _____ le français.

5. Nous sommes indépendants. Nous choisissons _____ nos cours.

6. C'est une bonne athlète. Elle joue _____ au foot.

7. Tu es honnête. Tu réponds toujours _____ à mes questions.

8. Paul est sérieux. Il s'occupe _____ de ses responsabilités.

9. Il est timide. Il agit _____ .

10. Cette fille est prudente. Elle conduit _____ .

B.1.2 Pas comme ça!

La phrase donne votre évaluation d'une situation. Dites à la personne de **ne pas** agir de cette façon. Utilisez l'impératif négatif du verbe entre parenthèses et l'adverbe formé à partir de l'adjectif en italiques.

Exemple: Luc attend sa note et il est *anxieux*. (se promener)
Luc, ne te promène pas anxieusement!

Rappel – l'impératif existe en trois formes: tu, nous, et vous. Utilisez le verbe au présent sans le pronom sujet pour donner un ordre ou un conseil. L'impératif des verbes en -er laisse tomber le -s à la forme "tu." (e.g. Mange!)

1. Marie est fâchée et sa réponse est *froide*. (répondre)

2. Pierre est *cruel* et il traite mal les enfants. (traiter)

3. Les professeurs sont *sévères* quand ils corrigent les examens. (corriger)

4. Votre frère est *lent*. (marcher)

5. Gilles est *frivole* et dépense trop d'argent. (dépenser)

6. Eliane est *paresseuse* et se vautre sur le sofa. (se vautrer)

7. Philippe est *bête* et regarde trop de télé. (regarder)

8. Corinne est *méchante* et donne des coups de pied. (agir)

Mini-Vocabulaire:
se vautrer   to loll
coup de pied   kick

B.2 Comparisons with adverbs and verbs

In the previous chapter, we learned how to make comparisons with adjectives and with nouns. In this chapter, we will continue to make comparisons, now using adverbs and verbs.

Comparisons with adverbs Comparisons with adverbs are made in the same way as with adjectives. The comparative adverb for *bien* (well) is *mieux* (better). The comparative adverb for *mal* (badly) is *moins bien, plus mal, pire* or *pis* (worse).

French	English
Notre professeur parle plus rapidement que nous.	Our teacher speaks more quickly than we do.
Je conduis aussi prudemment que mon père.	I drive as cautiously as my father.
Il écrit moins bien que moi.	He writes less well than I do.
Elle danse mieux que lui.	She danses better than he does.

B.2.1 Les talents de ma famille

Elise is talking about herself and her family. She first says how well she does various things; then she compares other members of her family to herself. Give Elise's second sentence, using a comparative and following the clue given: + plus, = aussi, - moins.

Exemple: Je parle rapidement. (ma mère, -)
Ma mère parle moins rapidement que moi.

1. Je voyage rarement. (ma mère, +)

2. J'écoute attentivement. (ma soeur, -)

3. Je cours lentement. (ma grand-mère, =)

4. Je danse bien. (mon père, +)

5. Je nage mal (mon frère, +)

6. Je chante mélodieusement. (mes parents, =)

Comparisons with verbs

In truth, one does not normally make comparisons with verbs; one usually makes a comparison using the adverb (how well, often, etc. one does something). However, there is a structure in which the object of the verb remains implicit (unstated). In this case, the comparative words used are *plus* (+), *autant* (=), and *moins* (-). Observe:

French	*English*
Nous gagnons plus que lui.	We earn more than him.
Je lis moins que ma mère.	I read less than my mother.
Mes parents travaillent autant que moi.	My parents work as much as me.

Note: in many cases, French speakers will choose to make the comparison by modifying the adverb "souvent" rather than the verb itself. e.g., "Il joue au foot moins souvent que moi."

B.2.2 Qui peut se comparer à vous?

Répondez aux questions dans une phrase complète.

Dans votre famille,

1. Qui travaille plus que vous?

2. Qui boit autant que vous?

3. Qui étudie moins que vous?

4. Qui cuisine autant que vous?

5. Qui dort plus que vous?

6. Qui mange moins que vous?

B.3 Conditions

There are many different kinds of conditional phrases in both French and English. In this chapter, we will begin with possibilities. In both French and English, one can express a future possibility using an "if" clause and a result clause. The tenses used are the same in French and English: the present tense for the "if" clause, and the future tense for the result clause. Such a statement expresses the thought that if A happens, B will happen; A is seen as a definite possibility, with an expected result in the future. (There are two future tenses in French: the immediate future, expressed with aller + an infinitive, and the simple future which you have not yet learned. Either one may be used in this construction.)

An important thing to remember is that the order of the clauses may be switched, but in this structure, the present tense is always found within the dependent "si" clause, and the future in the independent result clause.

French	*English*
Si je gagne à la loterie, je m'acheterai une Mercedes.	If I win the lottery, I will buy myself a Mercedes.
Si je vais en France, je vais visiter la Tour Eiffel.	If I go to France, I will visit the Eiffel Tower.
Si la guerre civile ne finit pas bientôt, le pays va se déchirer.	If the civil war does not end soon, the country is going to tear itself apart.
Si tu ne nettoyes pas ta chambre, je vais me fâcher!	If you don't clean your room, I'm going to get angry!
Je vais avoir de bonnes notes ce trimestre si j'étudie.	I'm going to have good grades this quarter if I study.

B.3.1 Résultats logiques

Conjugate the verb given in parentheses in the correct tense in order to create a logical and grammatical sentence. Your verb will be either in the present or in the immediate future.

1. Si cette fille (ne pas manger) _____ assez, elle (être) _____ trop mince.

2. Si je (avoir) _____ une moyenne de 4.0, mon grand-père (me donner) _____ 100 dollars!

3. Tu (ne jamais aller) _____ en France si tu (gaspiller) _____ tout ton argent.

4. Il (impressionner) _____ le patron s'il (continuer) _____ à travailler autant.

5. Si je (travailler) _____ 40 heures par semaine, je (ne pas pouvoir) _____ finir tous mes devoirs.

6. Si ces enfants (se comporter) _____ mal, leur
   père (les punir) _____ .

7. Mon accent (s'améliorer) _____ si je (aller)
   _____ au labo de langues.

8. Si nous (se téléphoner) _____ sur nos portables, nous (se retrouver) _____ facilement.

B.3.2 Mes projets

Complete each sentence with your plans in each of the following
situations.

1. Si je finis mes études rapidement, ...

2. Si je travaille dur, ...

3. Si j'ai de bonnes notes, ...

4. Si j'obtiens une bourse, ...

5. Si je vais à Paris, ...

6. Si je travaille cet été, ...

B.4 Les verbes dire, lire, écrire

Three irregular verbs that resemble each other in their conjugation
are *lire*, *dire*, and *écrire*. Here is their conjugation in the present
tense, and their past participles for use in the passé composé.

écrire [e krir], p.p. écrit	
j'écris [ʒe kri]	nous écrivons [nu ze kri vɔ̃]
tu écris [ty e kri]	vous écrivez [vu ze kri ve]
il écrit [il e kri]	ils écrivent [il ze kriv]

lire [lir], p.p. lu	
je lis [ʒə li]	nous lisons [nu li zɔ̃]
tu lis [ty li]	vous lisez [vu li ze]
il lit [il li]	ils lisent [il liz]

dire [dir], p.p. dit	
je dis [ʒə di]	nous disons [nu di zɔ̃]
tu dis [ty di]	vous dites [vu dit]
il dit [il di]	ils disent [il diz]

- The singular forms have the endings -s, -s, -t as expected.

- The stem consonant of the plural forms is -v for *écrire* and -s
  for *lire* and *dire*.

- The *vous* form of the verb *dire, vous dites*, is highly irregular. It is one of only three vous forms in the entire language that does not end in -ez. (The others are *vous êtes* and *vous faites*). These are very old forms that never changed to match the other verbs in the language! Even the compounds of *dire* (e.g. *contredire, prédire, dédire*) do not have this same irregular form, but use the forms *vous contredisez, vous prédisez, vous dédisez*).

- Note that the past participles (used in the passé composé and other compound tenses) of *écrire* and *dire* are *écrit* and *dit*, but that the past participle of *lire* is *lu*.

B.4.1 Conjugaison, dire, lire, et écrire

Conjugez les trois verbes au présent. Essayez de le faire sans regarder les tableaux ci-dessus, et corrigez-vous après.

lire	dire	écrire
je _____	je _____	je _____
tu _____	tu _____	tu _____
il/elle _____	il/elle _____	il/elle _____
nous _____	nous _____	nous _____
vous _____	vous _____	vous _____
ils/elles _____	ils/elles _____	ils/elles _____

B.4.2 Les verbes dire, lire, et écrire

Complétez la phrase avec le verbe entre parenthèses.

Utilisez le présent:

1. Je (dire) _____ toujours la vérité.

2. Qu'est-ce que vous (dire) _____ ?

3. Le premier jour de classe, les étudiants (dire) _____ leur nom.

4. Est-ce que tu (lire) _____ beaucoup?

5. Mes frères (lire) _____ plus que moi.

6. Elle (écrire) _____ bien pour un enfant de 4 ans!

7. Madame, est-ce que nous (écrire) _____ la réponse ici?

8. Marie et Paul, (écrire) _____ une carte postale à votre grand-mère.

Utilisez le passé composé:

9. Je (ne rien dire) _____ , Papa!

10. Est-ce que vous (lire) _____ les pages données?

11. Ils m'(écrire) _____ une lettre la semaine dernière.

12. (écrire, nous) _____ à Grand-mère?

13. Est-ce que tu (lire) _____ ce livre? L'as-tu aimé?

14. Sandrine (dire) _____ bonjour au professeur.

Utilisez l'imparfait:

15. Quand j'étais jeune, je (lire) _____ beaucoup.

16. Quand tu étais petit, est-ce que tes parents te (dire) _____ "Sois sage!"?

17. A l'âge de six ans, Anne-Marie (lire) _____ déjà très bien.

18. Quand vous étiez adolescent, est-ce que vous (écrire) _____ à vos amis quand vous partiez en vacances?

19. Oui. A cette époque, nous (s'écrire) _____ tous les jours.

20. Je me rappelle que tu (dire) _____ toujours qu'il était important de penser aux autres.

B.5 Le passé composé et l'imparfait: Action et contexte

You have now learned about two past tenses in French: the passé composé and the imparfait. It must be acknowledged that the differences between these two tenses take some time for non-native speakers to learn. Our advice is that as often as you can, when you see a sentence written in the past tense, you think about which tense is used and why. Fortunately, although only time and practice will allow you to be truly comfortable with the uses of these two tenses, the main distinctions between them can be characterized fairly easily.

Both the passé composé and the imparfait describe events that happened in the past. These events can last a long time or a short time, in the recent past or in the more distant past. The difference between the passé composé and the imparfait is above all a difference in **emphasis**. Verbs in the passé composé, which is a "perfect" past tense, emphasize the **completion** of the action; verbs in the imparfait (or "imperfect") emphasize the fact that the action **was going on** at a certain moment or during a certain period.

When a verb is in the passé composé, it implies a **change** – the completion of the action means that something was different before and after this verb took place. A verb is used in the imparfait, on the other hand, to show that the action thus described supplied the context for other actions; it is **not** its completion which is important, but on the contrary the fact that it **was happening** at the time of the events being recounted.

When we tell stories about the past, we tend to include both kinds of these events. We "set the stage" by describing the weather, the people in the story, their emotions, the period of life they are in, and what things looked like. We might also include actions they were in the midst of doing when something else happened, or actions they did repeatedly during that time period. All these types of actions are given by the imparfait in French.

However, in addition to this background information, stories also include specific events that happened, in a linear, chronological order. These discrete, separate actions use the passé composé in French.

Let us look at an example. In the following passage, the verbs in the imparfait are in italics and the verbs in the passé composé are in bold type. After you have read the passage, answer the following questions.

B.5.1 La forteresse de neige

Write out your answers to the following questions referring to the passage, "La forteresse de neige."

1. Find three imperfect verbs that describe various aspects of the background of the story: a. The age of the participants or period in which the story takes place. b. The weather or a physical description. c. A feeling or emotion.

2. Find three passé composé verbs that describe separate events in the story, verbs that describe something happening. Remember that verbs in the passé composé change something – something is different before the action takes place and after it takes place. (e.g. "I built a snowman" – before this action, there is no snowman; afterwards, there is a snowman.)

3. There are many key words in French that will help you decide whether to use a passé composé or an imparfait. Find the words that mean: a. while; b. every day; c. one day; d. then; e. suddenly. Which verb tense is used with each of these words? Consider the different emphasis given by these words and try to to understand why the tense is used in each case. Choose one of these words and explain why you think the tense is used in this context.

La forteresse de neige

Quand j'*étais* petite, j'*aimais* beaucoup jouer avec ma soeur. Ma soeur et moi, nous *jouions* presque tous les jours ensemble. Comme ma soeur *était* l'aînée, c'*était* toujours elle qui *inventait* nos jeux. Mais un jour, je **me suis rebellée**. Je ne *voulais* plus accepter tous ses jeux. Ce jour-là, il *faisait* froid. Il y *avait* beaucoup de neige sur terre et on *pouvait* voir son haleine en l'air. Je **me suis habillée** bien chaud et je **suis sortie** pour jouer dans la neige. J'**ai fait** un bonhomme de neige et puis j'**ai décidé** de bâtir une forteresse de neige. J'**ai creusé** des tunnels pendant plus d'une heure, et enfin je l'**ai fini**. Je **suis entrée** dans ma forteresse et j'y **ai fait** une chaise. Je **me suis assise** sur cette chaise et tout à coup, j'**ai commencé** à être triste - ma soeur me *manquait*! Je **suis rentrée** dans la maison et j'**ai invité** ma soeur à jouer dans ma forteresse. Elle **a accepté** et nous **avons demandé** à Maman de nous préparer du chocolat chaud. Pendant qu'elle le *préparait*, ma soeur et moi **sommes allés** construire une deuxième chaise et une table dans notre forteresse. Maman nous **a apporté** le chocolat, et nous l'**avons bu** avec plaisir dans notre petite maison de neige. Ma soeur **a beaucoup admiré** mon travail et j'**ai été** très contente de sa réaction.

When I was young, I liked to play with my sister a lot. My sister and I played together almost every day. Since my sister was older, she was always the one who made up our games. But one day, I rebelled. I no longer wanted to accept her games. On that day, it was cold out. There was a lot of snow on the ground and you could see your breath in the air. I got dressed warmly and went out to play in the snow. I made a snowman and then I decided to build a snow fort. I dug tunnels for more than an hour, and finally I finished. I went into my fort and made a chair. I sat down on my chair and suddenly I began to be sad – I missed my sister! I went back into the house and invited my sister to play in my fort. She accepted and we asked Mom to make us some hot chocolate. While she was making it, my sister and I went to build another chair and a table in our fort. Mom brought us the chocolate, and we drank it with pleasure in our little snow house. My sister admired my work and I was very happy with her reaction.

You can see that there are, on the one hand, descriptions of physical conditions, emotions, and actions in progress, as well as actions repeated during a certain time frame, for which the verb is put in the imparfait. There are also sequential actions (where one is finished before the next one takes place), and these are in the passé composé. Although the English tense (as you can see in the translation above) is not always helpful in choosing the French tense, one clue that can help you decide which tense to use is that a verb "was Xing," "were Xing," or "used to X" in English will always be the imparfait in French.

Now let us try working with these two tenses a little. It is important to remember that using these two tenses is a skill that you will acquire gradually; it is unrealistic to expect to get more than half your answers correct when you do these first exercises. Unlike other grammatical structures in this book where you could be expected to read the explanation and then get the exercise mostly right, when you are practicing the passé composé and imparfait, you should expect to do the exercise, consult the answers, and then go back to the exercise and use the answers to try to increase your understanding little by little. Be sure to ask your teacher about any answers you found especially problematic, but focus on understanding the main distinctions between these two tenses. If at this point, there are one or two choices you do not understand even after thinking about them, do not worry; that is normal for this stage in your French learning.

B.5.2 Action et contexte

The imparfait can be used to supply context or background information for an entire story or for a specific event within the story. In each of the following sentences, one of the verbs gives a context for the other. This context could be a physical or emotional condition, a time frame, or one action that was going on when the other one occurred in the middle of the first. Try to decide which verb supplies the context, and conjugate that verb in the imparfait. The verb that describes a specific event should be conjugated in the passé composé.

Exemple: Quand je (avoir) dix ans, je (visiter) la France pour la première fois.
Quand j'avais dix ans, j'ai visité la France pour la première fois.

1. Pendant que je (aller) à l'école, je (voir) un accident sur l'autoroute.

2. Abraham Lincoln (être) président quand la guerre civile américaine (commencer).

3. Le jour où je (rencontrer) Paul, il (neiger).

4. Le téléphone (sonner) pendant que je (prendre) une douche.

5. Marc (trouver) Marie facilement parce qu'elle (porter) une robe rouge vif.

6. Pauline me (inviter) à la fête, mais je (avoir) trop de devoirs à faire.

7. Nous (aller) au Portugal un été quand nous (être) jeunes.

8. Les étudiants (discuter) l'examen quand le professeur (entrer).

B.5.3 Le petit chaperon rouge

Did you know that many popular fairy tales are French in origin? One of these is "Little Red Riding Hood." Decide which verb tense would be used in French for each verb in the following sentences. Write "passé composé" or "imparfait" for each sentence. Try to decide, in each case, (a) does this verb describe part of the background of the story, an ongoing condition or action, or a context for a specific event in the story? (imparfait) or (b) does it describe an event within the story (something happening once)? (passé composé).

1. Once upon a time, there **was** a beautiful little girl.

2. Her mother **loved** her very much.

3. Her mother **made** her a little red cape.

4. Because of the cape, everyone **called** her "Little Red Riding Hood."

5. One day, her mother **made** some cookies for her grandmother.

6. She **told** Little Red Riding Hood to take the cookies to her grandmother.

7. Her grandmother **was** sick.

8. As she **walked** through the wood, a wolf **appeared**.

9. He **asked** Little Red Riding Hood where her grandmother **lived**.

10. The wolf **ran** ahead of Little Red Riding Hood and **ate** her grandmother.

Answers to Written Section B Exercises

Answers to B.1.1, Selon son caractère, page 470 1. assidument; 2. méchamment; 3. impoliment; 4. couramment; 5. indépendamment; 6. bien; 7. honnêtement; 8. sérieusement; 9. timidement; 10. prudemment

Answers to B.1.2, Pas comme ça!, page 471 1. Ne réponds pas froidement! 2. Ne traite pas cruellement les enfants! 3. Ne corrigez pas sévèrement les examens! 4. Ne marche pas si lentement! 5. Ne dépense pas frivolement ton argent! 6. Ne te vautre pas paresseusement sur le sofa! 7. Ne regarde pas bêtement la télé! 8. N'agis pas méchamment!

Answers to B.2.1, Les talents de ma famille, page 472 1. Ma mère voyage plus rarement que moi. 2. Ma soeur écoute moins attentivement que moi. 3. Ma grand-mère court aussi lentement que moi. 4. Mon père danse mieux que moi. 5. Mon frère nage pire que moi. 6. Mes parents chantent aussi mélodieusement que moi.

Answers to B.2.2, Qui peut se comparer à vous?, page 472 The subject of your sentence will vary, but the rest should be the same. 1. Mon mari travaille plus que moi. 2. Personne ne boit autant que moi. 3. Mon frère étudie moins que moi. 4. Ma mère cuisine autant que moi. 5. Toute ma famille dort plus que moi. 6. Ma soeur mange moins que moi.

Answers to B.3.1, Résultats logiques, page 473 1. ne mange pas; va être; 2. ai; va me donner; 3. ne vas jamais aller; gaspilles; 4. va impressionner; continue; 5. travaille; vais pouvoir; 6. se comportent; va les punir; 7. va s'améliorer; vais; 8. nous téléphonons; allons nous retrouver

Answers to B.3.2, Mes projets, page 474 Each student's answer will vary; but the second verb should be in the future tense in each case.

Answers to B.4.2, Les verbes dire, lire, et écrire, page 475 1. dis; 2. dites; 3. disent; 4. lis; 5. lisent; 6. écrit; 7. écrivons; 8. écrivez; 9. n'ai rien dit; 10. avez lu; 11. ont écrit; 12. Avons-nous écrit; 13. as lu; 14. a dit; 15. lisais; 16. disaient; 17. lisait; 18. écriviez ; 19. nous écrivions (two "nous" are necessary in all – one as subject, one as reflexive pronoun); 20. disais

Answers to B.5.1, La forteresse de neige, page 477 These are possible answers; yours may be different. Consult with your professor to see if your choices are correct. 1. a. Quand j'étais petite; était l'aînée; b. il faisait froid; il y avait beaucoup de neige; on pouvait voir son haleine; c. je ne voulais plus accepter; ma soeur me manquait. 2. Many possibilities; e.g. j'ai fait un bonhomme de neige; je suis rentrée dans la maison; nous avons demandé à Maman 3. a. pendant (imparfait); b. tous les jours (imparfait); c. un jour (passé composé); d. puis (passé composé); e. tout à coup (passé composé). (Your teacher will go over your explanation of why).

Answers to B.5.2, Action et contexte, page 479 1. allais, ai vu; 2. était, a commencé; 3. ai rencontré, neigeait (by the way, the -e is necessary in the conjugation to make the g pronounced correctly as a soft g); 4. a sonné, prenais; 5. a trouvé, portait; 6. a invité, avais; 7. sommes allés, étions; 8. discutaient, est entré

Answers to B.5.3, Le petit chaperon rouge, page 480 1. imparfait; 2. imparfait; 3. passé composé; 4. imparfait; 5. passé composé; 6. passé composé; 7. imparfait; 8. walked=imparfait; appeared=passé composé; 9. asked=passé composé; lived=imparfait; 10. ran= passé composé, ate=passé composé.

C Lab Worksheet and Review

C.1 Lab : Comment faire ?

C.1.1 Comportements (Time on recording : 0 :00)

Listen to each sentence, and then, using the verb given on your answer sheet, tell how each person behaves given his or her character.

Exemple: Paul est nerveux.
se promener
Paul se promène nerveusement.

1. s'habiller
2. parler
3. jouer au foot
4. attendre ses amis
5. aller à la guerre
6. traiter ses amis
7. punir les élèves
8. m'inviter à dîner

C.1.2 Quand j'étais adolescente (Time on recording : 2 :40)

The speaker has changed considerably since her adolescence. Listen to the sentence about how she acts now, and then, using the imperfect, say that she used to act the opposite way.

Exemple: Maintenant, j'attends patiemment le bus.
Avant, vous attendiez impatiemment le bus.

1. impoliment
2. malhonnêtement
3. calmement
4. bêtement
5. bien
6. bizarrement
7. rapidement
8. indiscrètement
9. inattentivement
10. méchammant

C.2 Lab : Vers un épanouissement personnel

C.2.1 Qui le fait mieux ? (Time on recording : 5 :55)

Listen to the sentence. Then, using the cue on your answer sheet, say whether the person on the answer sheet is better (+), the same (=), or worse (-) at the given activity.

Exemple: Georges danse bien.
   Marie, -
   Marie danse moins bien que Georges.

1. Florent, =

2. Mélanie, +

3. Matthieu, -

4. Anaïs, +

5. Clément, =

6. Sophie, -

7. Pauline, =

8. Camille, +

9. Sébastien, -

10. Son fils, -

C.2.2 Solutions (Time on recording : 9 :40)

Using the cues given on your answer sheet, suggest a possible solution for each problem. Follow the model to give a sentence with an "if" and a result.

Exemple: Mes parents ne m'écoutent pas attentivement.
   parler plus poliment
   Si tu parles plus poliment, ils vont t'écouter plus attentivement.

1. Je chante mal. / suivre des leçons

2. Le prof me critique sévèrement. / faire les devoirs

3. Mon frère me traite cruellement. / parler à tes parents

4. Mes parents ne me laissent pas agir indépendamment. / agir raisonnablement

5. Je n'ai pas le temps de faire mes devoirs soigneusement. / regarder moins de télé

6. J'offense inconsciemment mes amis. / faire plus attention à tes amis

7. Mes amis me reprochent que je ne les écoute pas. / écouter plus attentivement

8. J'accepte nerveusement le changement. / ne pas paniquer

C.3 Lab : Lire, dire, écrire

C.3.1 Lire, dire, écrire (Time on recording : 13 :10)

Exemple: Je / une lettre.
         J'écris une lettre.

1. Je
2. Tu
3. Nous
4. Paul et Chantal
5. Vous
6. Nous
7. Christophe
8. Vous
9. On
10. Les étudiants

C.4 Racontons une histoire !

C.4.1 Tout est bien qui finit bien (Time on recording : 16 :00)

Marc had a difficult start to his day, but all ended well. We will talk about what happened to him (the *action principale*) at different moments of his day (the *contexte*). Using the cues given on your answer sheet, complete the sentence with a verb in the passé composé. First, just give the verb, then listen to and repeat the entire sentence.

1. Marc dormait profondément quand son réveil (sonner).
2. Il était si fatigué qu'il (se rendormir).
3. Une heure plus tard, le soleil qui entrait par sa fenêtre (le réveiller).
4. Il était tellement en retard qu'il (ne pas prendre le petit déjeuner).
5. Sa voiture avait un pneu crêvé, et il (devoir prendre le bus).
6. Dans le bus, il relisait ses noes pour une réunion importante et il (manquer son arrêt).
7. Il rentrait à pied quand il (voir une dame en difficulté).
8. Cette dame portait une grande valise, mais le talon de sa chaussure (se coincer entre les dalles).
9. Malgré son retard, Marc (aider la dame).
10. Heureusement pour lui, cette dame était sa cliente. Elle était très impressionnée par Marc et il (gagner le contrat).

C.4.2 Les moments clés de ma vie (Time on recording : 20 :35)

Answer the following questions, paying attention to the verb tense you should use (passé composé or imparfait). After a pause for your answer, a sample answer will be given. Repeat the sample answer.

C.4.3 L'histoire de la jeune Marie-Rose (Time on recording : 23 :48)

Listen to the following story as it is read aloud. After each paragraph, a number of questions will be asked. Answer the questions. After a pause for your answer, one possible answer will be given. Repeat that answer. Do not expect to understand everything in the story, but use the questions to guide you as you listen. You may wish to repeat ...

Mini-Vocabulaire:

un fermier	[fɛr mje]	farmer
une charette	[ʃa rɛt]	cart
emmener	[ɑ mə ne]	to take
un batelier	[ba tə lje]	boatman, sailor
les fruits de mer	[frɥi də mɛr]	seafood

1. Comment s'appelait la petite fille de l'histoire ?
2. Comment était la jeune Marie-Rose ?
3. Qui aimait particulièrement cette fille ?

4. A quel moment de l'année Marie-Rose est-elle partie ?
5. Qu'est-ce qu'elle a pris avec elle quand elle est partie ?
6. Qui l'a emmené à la grande ville ?

7. Combien de temps le voyage a-t-il duré ?
8. Comment étaient les bâtiments de la ville ?

9. Qu'est-ce qu'elle a visité d'abord ?
10. Qu'est-ce qu'elle a fait dans l'église ?

11. Où le batelier l'a-t-il emmené ?
12. Quel est le produit principal de Bordeaux ?
13. Qu'est-ce qu'elle a mangé à la plage ?

14. Qu'est-ce que Marie-Rose a décidé ?
15. Comment est-elle retournée chez elle ?

End of lab worksheet

C.5 Exercices de révision écrits

Since the nature of communication is that it is open-ended, these written review exercises are unable to cover all the objectives of the chapter. These exercises focus more on the grammar and vocabulary of the chapter, because these can be practiced more easily in writing.

C.5.1 Compositions

Ecrivez 7-10 phrases sur un des sujets suivants :

1. Vos talents (physiques, intellectuels, etc.) et des comparaisons avec les membres de votre famille. Utilisez des adverbes.

2. Comment vous étiez dans votre enfance, et comment vous êtes aujourd'hui.

3. Un souvenir que vous avez de votre enfance (utilisez le passé composé et l'imparfait).

C.5.2 Vocabulaire

Complétez la phrase avec des mots logiques. Choisissez des mots ci-dessous, mais changez la forme si c'est nécessaire.

se comporter	d'accord	tomber	sage
au volant	un faire-part	un conte de fée	envoyer
la leçon	dire	le loup	frapper

1. "Cendrillon" est un _____ .

2. _____ mange le Petit Chaperon rouge.

3. Les parents français _____ "Soyez _____ !" à leurs enfants.

4. Quand ce couple est en voiture, c'est toujours le mari qui se met _____ . Il pense conduire mieux que sa femme.

5. J'étudie ma _____ .

6. Quand vous étiez jeune, étiez-vous un bon enfant ? Est-ce que vous vous _____ bien devant les amis de vos parents ?

7. Elle n'était pas encore prête quand son copain _____ à la porte.

8. J'ai laissé _____ la tasse de café et maintenant la moquette a une tache brune.

9. Mes amis ont eu un enfant ! Ils m'ont _____ un _____ .

10. Mon frère veut regarder un film comique, mais je ne suis pas _____ . Je veux regarder un film d'horreur.

C.5.3 Adverbes : formation

Décrivez la personne ou l'objet à l'aide de l'adverbe approprié.

1. Ces livres sont lourds. Ils sont tombés _____ au sol.

2. Maryse est élégante. Elle danse _____ .

3. Ces élèves sont actifs. Ils participent _____ en classe.

4. Christophe est loyal. Il défend _____ ses amis.

5. Ma mère est intelligente. Elle analyse _____ les problèmes.

6. Cette maison est solide. Elle est _____ bâtie.

7. Je recois de mauvaises notes en géographie. Je comprends _____ la géographie.

8. La réponse de Gilles est complète. Il a répondu _____ à la question.

9. Ce bruit est distinct. Je l'entends _____ .

10. Cet homme est très professionnel. Il prépare _____ ses documents.

C.5.4 Adverbes : comparaison

Ecrivez une phrase qui compare les deux personnes ou objets à l'aide d'un adverbe. Vous pouvez utiliser le verbe donné ou trouver un autre verbe.

1. Michael Jackson et Britney Spears sont de bons danseurs. (danser)

2. Georges est plus ponctuel que Sylvie. (assister aux cours)

3. Maurice est moins tenace que son frère. (s'attacher à son idée)

4. Viviane est moins sérieuse que Philippe. (étudier)

5. Ces étudiants sont plus attentifs que moi. (écouter en classe)

6. Marie donne une réponse plus exacte que Pierre. (répondre)

7. Léa est aussi charitable que Stéphane. (traiter les pauvres)

8. Mon français est moins courant que celui du professeur (parler)

9. Le chant de Frédéric est plus mélodieux que celui de Mireille. (chanter)

10. Rémi est aussi expert en voitures que Simon. (réparer)

C.5.5 Lire, dire, et écrire

Complétez la phrase avec la forme correcte du verbe lire, dire, ou écrire. Faites attention au contexte – est-ce que le présent, le passé composé, ou l'imparfait est nécessaire ?

1. Quand vous étiez enfant, est-ce que vous _____ des contes de fées ?
2. Quand nous entrons dans la classe, nous _____ "Bonjour" au professeur.
3. Hier, je _____ une lettre à ma grand-mère.
4. Les jeunes ne _____ pas souvent le journal. Ils préfèrent regarder les informations à la télé ou sur internet.
5. Qu'est-ce que vous _____ quand vous voulez passer devant quelqu'un ?
6. Quand mes parents étaient en vacances, ils m'_____ tous les jours.
7. Ma mère _____ des livres en espagnol et en anglais.
8. Qu'est-ce qu'elle _____ quand elle a entendu cette histoire ?
9. Marc a téléphoné et j'ai laissé le message sur ton bureau. Est-ce que tu l'_____ ?
10. Mon copain ne m'_____ jamais mais il me téléphone tout le temps.

C.5.6 Qu'est-ce qui s'est passé hier ?

Hier, tous ces amis ont eu des expériences différentes. Mettez le verbe au passé composé ou à l'imparfait pour compléter la phrase. Rappelez-vous qu'on utilise le passé composé pour une action principale et l'imparfait pour le contexte de cette action.

1. Coralie et Fabien (parler) au café quand ils (voir) Sandra et Jérôme.
2. Sandra et Jérôme (vouloir) voir un film, et ils (inviter) Coralie et Fabien à les accompagner au cinéma.
3. Manon (décider) d'aller à la plage parce qu'il (faire) beau.
4. Michèle (être) fatiguée et (rester) à la maison.
5. Philippe (téléphoner) à Manon, mais elle (être) déjà en route à la plage.
6. Puis, il (sortir) en centre-ville, où il (commencer) à parler à une belle jeune fille qui (porter) une mini-jupe rouge.
7. Angélique (avoir) beaucoup de devoirs à faire, donc elle (étudier) à la bibliothèque.
8. Et le pauvre Georges (aller) au théâtre quand il (avoir) un accident de voiture.

C.5.7 Le soleil et la lune : un conte africain

Mettez le verbe au passé composé ou à l'imparfait pour compléter la phrase.

Un jour, le soleil (1. remarquer) la lune pour la première fois. Elle (2. être) extrêmement belle, et il (3. tomber) amoureux d'elle. Ils (4. se marier). Le soleil et la lune (5. être) heureux ensemble. Ils (6. habiter) au ciel avec leurs enfants, les étoiles et les coqs. Un jour, le soleil (7. partir) pour aller au travail. Ce jour-là, les coqs (9. se comporter) mal. Ils (10. se disputer) avec les étoiles. Ils (11. faire) beaucoup de bruit. Le soir, le soleil (12. rentrer). Il (13. être) de mauvaise humeur parce que les enfants (14. faire) tant de bruit. Le soleil (15. prendre) les étoiles et les coqs et les (16. renvoyer) sur terre. La lune (17. être) triste parce qu'elle (18. aimer) ses enfants, et de plus, les étoiles (19. être) innocentes. Le soleil ne (20. vouloir) plus voir ses enfants ni sa femme. Il (21. décider) de se séparer de sa famille. Il (22. permettre) aux étoiles de rester au ciel avec leur mère. Mais les coqs, eux, (23. devoir) rester sur terre. C'est pourquoi chaque jour, les coqs chantent pour avertir leur mère de l'arrivée de leur père dans le ciel.

Mini-Vocabulaire:	
le soleil	sun
la lune	moon
une étoile	star
le coq	rooster
se disputer	to argue
le bruit	noise
avertir	to warn

Answers to Written Section C Exercises

Answers to C.5.2, Vocabulaire, page 486 1. conte de fée(s); 2. Le loup; 3. disent; sages; 4. au volant; 5. leçon; 6. comportiez; 7. a frappé; 8. tomber; 9. envoyé un faire-part. 10. d'accord

Answers to C.5.3, Adverbes: formation, page 487 1. lourdement; 2. élégamment; 3. activement; 4. loyalement; 5. intelligemment; 6. solidement; 7. mal; 8. complètement; 9. distinctement; 10. professionnellement

Answers to C.5.4, Adverbes: comparaison, page 487 1. M.J. danse aussi bien que B.S. 2. Georges assiste aux cours plus ponctuellement que S. 3. M. s'attache moins tenacement à son idée que son frère. 4. V. étudie moins sérieusement que P. 5. Ces étudiants écoutent plus attentivement en classe que moi. 6. M. répond plus exactement que P. 7. L. traite les pauvres plus charitablement que S. 8. Je parle français moins couramment que le professeur. 9. Frédéric chante plus mélodieusement que M. 10. Rémi répare plus expertement les voitures que Simon.

Answers to C.5.5, Lire, dire, et écrire, page 488 1. lisiez; 2. disons; 3. j'ai écrit; 4. lisent; 5. dites; 6. écrivaient; 7. lit; 8. a dit; 9. as lu; 10. écrit

Answers to C.5.6, Qu'est-ce qui s'est passé hier?, page 488 1. parlaient, ont vu; 2. voulaient, ont invité; 3. a décidé, faisait; 4. était, est restée; 5. a téléphoné, était; 6. est sorti, a commencé, portait; 7. avait, a étudié; 8. allait, a eu

**Answers to C.5.7, Le soleil et la lune: un conte africain, page
489** 1. a remarqué; 2. était; 3. est tombé; 4. se sont mariés; 5.
étaient; 6. habitaient; 7. est parti; 9. se sont mal comportés; 10. se
sont disputés; 11. ont fait; 12. est rentré; 13. était; 14. faisaient;
15. a pris; 16. a renvoyés; 17. était; 18. aimait; 19. étaient; 20.
voulait; 21. a décidé; 22. a permis; 23. devaient

Chapter 11

Au magasin

Objectives for chapter 11

Communication (what students will be able to do):

By the end of this chapter, students will be able to:

1. Conduct business in a store

2. Discuss what they buy and where

3. Discuss presents they have given and received

Culture (what students will know about the French-speaking world):

By the end of this chapter, students will possess cultural knowledge about:

1. Stores in French-speaking countries

2. Other ways to shop in French-speaking countries

3. Changing habits of shopping in various countries

Grammar/ Tools (what students need to know):

In order to perform these communicative tasks, students will have to understand and be able to use correctly the following grammatical structures:

1. The use of indirect object pronouns

2. The use of imperatives with pronouns

3. The use of the interrogatives *quel, qui, que,* and *qu'est-ce qui*

4. The verbs savoir and connaître

A Activités

A.1 Aux Galeries Lafayette

Dans cette section, nous allons visiter les Galeries Lafayette, un grand magasin à Paris. Qu'est-ce que vous allez y acheter ? À ses 5 étages, vous pouvez y trouver presque tout.

A.1.1 Les rayons

Mini-Vocabulaire:

un grand magasin	[grɑ̃ ma ga zɛ̃]	department store
un rayon	[rɛ jɔ̃]	department
la maroquinerie	[ma rɔ ki nə ri]	leather goods
enceinte	[ɑ̃ sɛ̃t]	pregnant

Où faut-il aller ? Associez l'activité avec le rayon.

1. selectionner une cravate
2. sentir différents parfums
3. trouver un portefeuille en cuir
4. acheter un jouet à votre neveu
5. organiser un voyage en Italie
6. acheter une culotte
7. choisir une nouvelle table
8. obtenir un billet à l'Opéra
9. prendre le déjeuner
10. trouver une robe
11. commander des faire-part
12. chercher un cadeau pour une amie enceinte

a. Monde de l'Enfant
b. Mariage
c. Spectacles
d. Femme
e. Maison
f. Naissance
g. Homme
h. Restaurant
i. Maroquinerie
j. Beauté
k. Voyages
l. Lingerie

A.1.2 Observation culturelle : Les Galeries Lafayette

En 1893, à Paris, deux cousins ont fondé les Galeries Lafayette au coin de la rue La Fayette. Avant 1905, la société a acheté non seulement l'immeuble entier du 1, rue La Fayette, mais trois autres immeubles tout près sur le Boulevard Haussmann à Paris. Au début, c'est un simple magasin de nouveautés, mais les Galeries Lafayette deviennent très vite un des premiers "grands magasins" du monde.

Le bâtiment actuel est inauguré en 1912 : 5 étages, 96 rayons, un salon de thé, un salon de coiffure, une bibliothèque. Les grandes vitrines présentent les plus grandes tentations de l'intérieur.

Certaines de ses innovations sont : les clients peuvent voir et toucher la marchandise librement (dans les boutiques traditionnelles de la fin du dix-neuvième siècle, tout se trouve derrière le comptoir et le marchand, qui vous donne la marchandise que vous demandez) ; ils peuvent rendre la marchandise qu'ils n'aiment pas ; le magasin fait des livraisons à domicile ; et peut-être plus important, on peut acheter des vêtements à la mode sans trop payer.

En effet, le propriétaire de ce magasin va à l'Opéra, aux courses de chevaux, à tous les endroits où il peut trouver les Parisiennes les plus chic et les plus à la mode. Il emmène avec lui une assistante qui dessine les vêtements ("les toilettes") les plus élégants, qu'on copie par la suite pour vendre au grand public à un prix raisonnable.

Le magasin trouve une grande clientèle : d'une part, les jeunes filles qui commencent à travailler dans le commerce et les entreprises, d'autre part, les femmes mariées qui cherchent à partager le "luxe" qu'elles voient autour d'elles.

Aujourd'hui, les Galeries Lafayette ont des magasins dans toutes les grandes villes de France et dans 18 pays européens. Le magasin au boulevard Haussmann reste le plus grand, et les touristes, comme les Parisiens, peuvent être sûrs d'y trouver tout ce qu'ils désirent dans un de ses rayons.

Avez-vous compris ?

1. Est-ce que les Galeries Lafayette prennent leur nom de leurs fondateurs ?

2. Est-ce que ce magasin a mis longtemps à trouver du succès ? Comment le savez-vous ?

3. Quelle est la différence entre un magasin qui est grand et un grand magasin ? Nommez un magasin américain qui est grand, mais qui n'est pas un grand magasin.

4. Quels services est-ce que ses premiers clients ont trouvé aux Galeries Lafayette qui n'étaient pas communs à cette époque ?

5. Comment est-ce que les Galeries Lafayette ont réussi à offrir des vêtements tout à fait à la mode ?

6. Est-ce que les Galeries Lafayette ont toujours du succès dans le monde commercial ? Expliquez.

A.1.3 **Souvenirs de Paris**

> Grammaire: Voir B.1, "Objets indirects," page 506.

 Vous allez à Paris, et votre mère vous rappelle d'acheter des petits cadeaux pour tout le monde. Dites "oui" à tous ses ordres. Suivez le modèle et remplacez le complément d'objet indirect par le pronom dans la réponse.

Exemple: du parfum - ta grand-mère

> Marc, achète du parfum à ta grand-mère.
> D'accord, Maman, je vais lui acheter du parfum.

1. du vin - ton père et ton oncle

2. un sac Hermès - moi

Mini-Vocabulaire:

un immeuble	storied building
le bâtiment	building
tout près	very near
actuel	current
une vitrine	display window
librement	freely
le comptoir	counter
une livraison	delivery
le domicile	home
une course	race
un cheval	horse
la mode	fashion
emmener	to bring
partager	to share

Note grammaticale : pour combiner l'impératif avec le pronom d'emphase, attachez le pronom au verbe. E.g. achète-moi, achète-toi

Observation culturelle : les lentilles du Puy sont de petites lentilles vertes utilisées dans certaines salades ; les herbes de Provence sont un mélange d'épices qu'on utilise aussi dans la cuisine, par exemple pour les omelettes

3. un bon dictionnaire - toi

4. du parfum - ta soeur

5. des lentilles du Puy - ta tante

6. des herbes de Provence - nos voisins

7. un pull à la mode - ton frère

8. un CD d'Edith Piaf - tes grands-parents

9. des vêtements chic - toi

10. des cartes postales - tous tes amis

⟹ Continuons!

Quels doivent être les passe-temps ou les goûts des différentes personnes ci-dessous, pour qu'ils désirent de tels objets ?

A.1.4 Des achats

 Vous êtes à Paris, et vous devez acheter des souvenirs de vacances pour vos parents et vos amis. Vous décidez d'aller aux Galeries Lafayette pour compléter une grande partie de vos achats. Un(e) ami(e) vous accompagne. Répondez aux suggestions de votre ami(e) et expliquez vos raisons. Suivez le modèle et **remplacez le complément d'objet indirect par un pronom**.

Exemple: Est-ce que tu veux acheter cette cravate à ton père ?
Non, je ne vais pas lui acheter une cravate. Il a trop de cravates.

1. Est-ce que tu veux acheter du parfum à ta belle-soeur ?

2. Est-ce que tu veux offrir des CD de musique française à tes camarades de chambre ?

3. Veux-tu donner une écharpe à ta mère ?

4. Tu veux acheter des vêtements à tes amis ?

5. Veux-tu acheter une version française de Harry Potter à tes neveux ?

6. Tu veux donner ce bracelet à ta nièce ?

7. Tu veux offrir ce blouson en cuir à ton frère ?

8. Tu veux acheter un jeu de Scrabble en français à ton grand-père ?

9. Tu veux acheter de la lingerie à ta copine ?

10. Tu veux t'acheter quelque chose ?

A.1.5 Départ et retour

 Si vous partez en vacances à Paris, quels cadeaux allez-vous acheter à vos parents et à vos amis ?

1. Choisissez 2 personnes de votre entourage (famille et amis) à qui vous allez acheter des cadeaux. Sur des feuilles séparées, écrivez leur nom et leur statut dans votre vie (ami, grand-père, etc.), et décrivez leurs goûts, leurs intérêts, leur personnalité – tout ce qui peut aider à choisir un bon cadeau.

2. Puis, dans un groupe de 3 ou 4 personnes, présentez ces personnes à vos camarades de classe. Peuvent-ils faire des suggestions utiles ?

3. Enfin, imaginez que vous revenez de Paris avec les cadeaux. Le professeur va prendre les feuilles où les personnes sont identifiées et va les distribuer à la classe. A son tour, chaque étudiant va expliquer quel cadeau il a acheté et pourquoi. Les autres vont écouter la présentation, et si quelqu'un pense que le cadeau est pour lui, il doit dire, "c'est pour moi !"

A.1.6 Discussion culturelle : La France : pays "féminin" ?

Quand les Etats-Unis ont déclenché une guerre avec l'Irak, la France était à la tête des pays qui résistaient à cette guerre. Cette opposition a produit beaucoup d'amertume aux Etats-Unis. Certains Américains ont commencé à boycotter des produits français alimentaires (des bouteilles de champagne ont été versées dans la rue !) ; le restaurant du Congrès américain a décidé d'appeler leurs frites "Freedom Fries" au lieu de "French fries" (chose assez ridicule, car les frites sont plutôt belges que françaises !), l'émission des "Simpson" a inventé le surnom "surrender monkeys" pour les Français.

Mini-Vocabulaire:	
déclencher	to unleash
l'amertume	bitterness
verser	to pour, to spill
un surnom	nickname

Plusieurs commentateurs américains ont essayé d'analyser l'opposition française à la politique américaine et aussi cette réaction violente de la part de certains Américains à la politique française. Un article intéressant a suggéré que pour les Américains, la réputation de la France comme pays de la mode, de la bonne cuisine, du vin, du parfum, etc., a donné aux Américains l'idée que la France est un pays "féminin," en opposition à l'image "masculine" des Etats-Unis, qui se considère un pays d'inventeurs, de pionniers et de cow-boys.

Que pensez-vous de cette idée ? Est-ce que la France vous semble un pays plus "féminin" que les Etats-Unis ? Pourquoi ou pourquoi pas ? Quels aspects de la France confirment ou contredisent l'image proposée par cet article ? Pensez-vous que les Etats-Unis se considèrent un pays plus "masculin" que d'autres ? Pourquoi ou pourquoi pas ? Essayez de discuter ces idées en français !

A.2 Au magasin

Qu'est-ce qu'on fait au magasin ? Que font les vendeurs et vendeuses, que font les clients ?

A.2.1 Orientation d'un nouveau vendeur

> Grammaire: Voir B.2, "Impératifs et pronoms," page 512.

Mini-Vocabulaire:

je devrais	[ʒə də vrɛ]	I should
vendeur/se	[vɑ̃ dœr / dœz]	salesperson
le chef de rayon	[ʃɛf də rɛ jɔ̃]	supervisor
la cabine d'essayage	[ka bin dɛ sɛ jaʒ]	fitting room
la vérité	[ve ri te]	truth
un avis	[a vi]	opinion
à mon avis	[a mɔ̃ a vi]	in my opinion
plier	[pli e]	to fold
la monnaie	[mɔ nɛ]	change

 Vous venez d'être embauché(e) comme vendeur/vendeuse au Bon Marché, un grand magasin français. Votre chef de rayon répond à vos questions au sujet de votre travail. Suivez le modèle et utilisez l'impératif (à la forme "vous") dans vos réponses.

Exemple: donner / d'autres vêtements / aux personnes qui sont dans la cabine d'essayage

Vend. : Est-ce que je devrais donner d'autres vêtements aux personnes qui sont dans la cabine d'essayage ?

Chef : Oui, donnez-leur d'autres vêtements à essayer.

1. aider / les clients / avec leur sélection
2. dire / la vérité / aux clients qui me demandent mon avis
3. accepter / les cartes Visa
4. ranger / les vêtements laissés dans la cabine d'essayage
5. répondre / aux hommes/femmes qui veulent flirter
6. parler anglais / aux Américains
7. plier / les vêtements avant de les mettre dans un sac
8. donner / le sac / à la cliente / avant qu'elle me paie ?
9. quitter / la caisse / pour aider un client ?
10. aider / le client / à trouver un vêtement de taille différente
11. répondre / aux clients qui me parlent impoliment
12. rendre / leur monnaie / aux clients avant de leur donner leur sac

Mini-Vocabulaire:

prendre soin	[prɑ̃ drə swɛ̃]	to be careful, to take care
se plaindre	[sə plɛ̃ drə]	to complain
tu te plains	[ty tə plɛ̃]	you complain
moche	[mɔʃ]	ugly
bouder	[bu de]	to sulk

Vous êtes un parent et vous achetez des nouveaux vêtements pour votre enfant. Vous êtes tous les deux dans la cabine d'essayage. L'enfant a des préférences. Donnez l'avis de l'enfant et la réaction du parent. Utilisez l'impératif (à la forme "tu") pour les réponses du parent. Regardez le vocabulaire suggéré.

Vocabulaire utile

Suggestions du parent :	Reproches du parent :	Avis de l'enfant	Réactions de l'enfant
essayer	se plaindre	génial	vouloir bien + verbe
mettre	bouder	super	ne pas vouloir + verbe
changer	être obstiné(e)	trop grand	refuser de + verbe
choisir	être têtu(e)	trop petit	désirer
trouver		une horreur	vouloir
prendre soin		moche	adorer
se regarder		beau	aimer beaucoup
acheter		cher	
chercher		bon marché	

Exemple: le t-shirt

Enfant : Ce t-shirt violet est moche ! Je refuse de le mettre !
Parent : Ne te plains pas. Si tu ne l'aimes pas, ne l'essaie pas.
ou
le t-shirt
Enfant : Ce t-shirt bleu est génial ! Je veux l'acheter !
Parent : Calme-toi ! Si tu le veux, essaie-le d'abord !

1. le jean
2. les baskets
3. le pull
4. la chemise / le chemisier
5. le pantalon / la jupe
6. le short
7. le maillot de bain
8. le blouson

Mini-Vocabulaire:

la taille	[taj]	size
un ensemble	[ã sã blə]	outfit
une tenue	[tə ny]	outfit
il faut	[il fo]	it is necessary
il vous faut	[il vu fo]	you need
en espèces	[ã nɛ spɛs]	in cash

Les tailles américaines et européennes sont très différentes. En Europe, on mesure par centimètres. Voici quelques équivalents approximatifs. Notez : on parle de "taille" pour les vêtements et de "pointure" pour les chaussures.

E-U	Europe
Pantalons,	**Hommes**
32	48
36	52
Robes,	**Femmes**
8	38
12	42
Chaussures,	**Femmes**
6	36
7	37.5
9	40
Chaussures,	**Hommes**
8	41
10	44

 Vous voulez acheter un nouvel ensemble. Vous vous mettez entre les mains du vendeur/ de la vendeuse. Lisez le modèle d'abord.

A: Bonjour, Mademoiselle. Comment puis-je vous aider ?
B: Bonjour. Je voudrais acheter une nouvelle tenue de sport. Je commence des leçons de tennis cette semaine.
A: Très bien, Mademoiselle. Comme vous le savez, les tenues de tennis sont traditionnellement en blanc. Nous avons des jupes et des shorts. Préférez-vous les jupes ou les shorts ?
B: Je ne suis pas sûre. Quel est votre avis ?
A: Moi, j'aime les jupes. Nous avons de très belles jupes. Est-ce que vous aimez celle-ci ?
B: Oui, elle est très jolie.
A: Bien. Quelle est votre taille ?
B: Je fais du 36.
A: Très bien. Alors, il vous faut aussi une chemisette. Est-ce que vous préférez cette chemise-ci ou cette chemise-là ?
B: J'aime les deux ! Combien coûtent-elles ?
A: 30 Euros chacune. Avec la jupe, ça fait 120 Euros.
B: D'accord, je prends tout.
A: Vous payez en espèces ?
B: Non, je vais utiliser ma carte Visa. La voici.
A: Signez ici, Mademoiselle. Merci beaucoup.
B: Merci, Madame. Au revoir.
A: Au revoir, Mademoiselle.

Maintenant, imaginez une conversation semblable. Vous pouvez développer une des situations suivantes ou en inventer une autre.

1. Vous cherchez un poste.
2. Vous allez à une fête.
3. Vous avez un nouveau copain / une nouvelle copine que vous voulez impressionner.
4. Vous prenez des vacances à Tahiti.
5. Vous commencez des leçons de ski.
6. Vous assistez au mariage d'un ami.

A.3 Mes achats

Dans cette section, nous allons parler des magasins que nous fréquentons. Où achetons-nous nos vêtements ?

A.3.1 Observation culturelle : les achats vestimentaires en France

Bien que la France reste le centre de la mode, la part du budget familiale consacrée aux vêtements a beaucoup diminué depuis les années 1970. Aujourd'hui, les Français dépensent environ 5% de leur budget sur l'habillement (vêtements, accessoires, services de nettoyage). En 1999, les hommes français dépensent en moyenne $400 par an, et les femmes $600. Ces dépenses sont similaires à celles des Américains. Bien sûr, dans les deux pays, ces dépenses varient beaucoup entre les groupes de différents âges et niveaux économiques.

Mini-Vocabulaire:
en moyenne   on average
en soldes   on sale

Quand les Français achètent des vêtements, ils ont un grand choix de magasins. En 1999, 38% de leurs dépenses ont eu lieu dans les chaînes de magasins ; 23% dans les boutiques indépendantes, 16% dans les grandes surfaces, 9% par correspondance, 7% dans les grands magasins, et 7% ailleurs, par exemple dans les marchés.

Il y a des chaînes françaises (Kiabi, Gémo, Decathlon) aussi bien qu'étrangère (Zara, chaîne espagnole, H & M, chaîne suédoise, et Gap, chaîne américaine). Les magasins spécialisés de sport sont de plus en plus populaires.

Le prix des vêtements en France reste relativement cher, même si 40% des articles vendus en 1999 étaient en soldes. Les Français continuent à dépenser plus que d'autres Européens sur les chaussures - 6 paires en moyenne par personne chaque année, ou 25% du budget vestimentaire total.

Même si les dépenses des Américains et des Français ne varient pas énormément, le "look" des deux pays est très différent. Les Français ont la réputation d'être chic, et il est vrai que si vous vous promenez dans une grande ville française, vous allez remarquer tout de suite l'apparence plus soignée des Français.

(Statistiques tirées de l'internet et de *Francoscopie 2001*, pp. 58-62.)

Avez-vous compris ?

1. Est-ce que les Français dépensent beaucoup plus que les Américains sur les vêtements ?

2. Est-ce que ce sont les boutiques indépendantes qui vendent le plus de vêtements en France ?

3. Est-ce qu'il y a jamais des réductions de prix ?

4. Comme il y a des chaînes étrangères en France, est-ce que cela veut dire que l'apparence des Français ressemble à celle des Américains ?

A.3.2 Comparons-nous

 Comparons nos habitudes de consommation vestimentaires. Travaillez en groupes et demandez à vos camarades :

1. Est-ce que vous vous intéressez beaucoup aux vêtements ?

2. Est-ce que que vous avez un "look" particulier ? Quel type de vêtements préférez-vous ?

3. Combien d'articles d'habillement avez-vous achetés dans les deux derniers mois ?

4. Dans quels 3 magasins achetez-vous le plus souvent des vêtements ?

5. Dans quels magasins avez-vous acheté les vêtements que vous portez aujourd'hui ?

6. Est-ce que vous achetez des vêtements en soldes ? Toujours ? De temps en temps ?

7. Combien dépensez-vous par mois pour les vêtements ?

8. Quel est le vêtement le plus cher que vous avez acheté cette année ?

9. Préférez-vous les magasins spécialisés ou les grands surfaces ? Pourquoi ? Quels sont les avantages et désavantages de différents types de magasins ?

⟹ **Continuons!**
Résumez les réponses de votre groupe et présentez-les à la classe.

A.3.3 Il faut acheter des cadeaux !

 Vous avez besoin d'acheter des cadeaux pour différents parents et amis. Ecoutez les conseils de votre partenaire.

1. Décrivez la personne – sa personnalité, ses goûts, ses passe-temps. Votre partenaire va suggérer un cadeau possible.

2. Répondez à sa suggestion – pensez-vous que c'est une bonne ou une mauvaise idée ? Pourquoi ?

3. Une fois que vous avez choisi un cadeau, votre partenaire va suggérer où vous pouvez le trouver.

Regardez le vocabulaire avant de commencer

Pour exprimer son point de vue :

Mini-Vocabulaire:

D'accord	[da kɔr]	all right, o.k.
Je suis d'accord	[ʒə sɥi da kɔr]	I agree.
Je ne suis pas d'accord	[ʒə nə sɥi pa da kɔr]	I disagree.
C'est une bonne idée	[sɛ tyn bɔ ni de]	That's a good idea.
Je ne suis pas sûr(e)	[ʒə nə sɥi pa syr]	I'm not sure.
Peut-être	[pœtɛ trə]	maybe, perhaps
Je ne pense pas	[ʒə nə pɑ̃s pa]	I don't think (so).

Considérez des cadeaux pour les personnes suivantes (si vous en avez dans votre famille) :

1. votre mère
2. votre père
3. votre grand-père
4. votre grand-mère
5. votre enfant, neveu ou nièce
6. votre frère ou soeur
7. votre mari ou femme
8. un ami qui va recevoir son diplôme
9. des amis qui vont se marier
10. une amie qui va avoir un bébé

A.3.4 **Dernière visite au magasin**

Grammaire: Voir B.3, "Interrogatifs," page 516.

  Maintenant, parlez de la dernière fois que vous êtes allé au magasin pour acheter un cadeau à quelqu'un. Utilisez la forme appropriée du mot interrogatif et des autres mots indiqués pour formuler vos questions. Faites attention au choix du passé composé ou de l'imparfait dans vos questions. Ecoutez votre partenaire et utilisez ce qu'il vous dit pour formuler d'autres questions aussi.

1. A / quel / magasin / aller
2. Avec / qui / aller
3. Que / chercher
4. Pour / qui / chercher
5. Que / apporter / avec / toi
6. Que / voir
7. Qui / aider
8. Que / décider
9. Combien / payer
10. Comment / payer
11. Quel / être / réaction

A.4 Cadeaux

Dans cette section, nous allons parler des cadeaux que nous donnons et recevons.

A.4.1 Choisir un cadeau

> Grammaire: Voir B.4, "Savoir et connaître," page 522.

Complétez le dialogue avec les verbes "savoir" ou "connaître." Faites attention au choix du verbe et aussi aux temps verbaux.

A: Ah, salut, Walid ! J'allais juste t'appeler ce soir. Vas-tu à la fête que Thomas donne pour Delphine ?

B: Salut, Michel. Ben, je ne _____ pas. Je ne _____ pas très bien Delphine. Et toi, tu y vas ?

A: Je pense que oui. Même si je ne la _____ pas très bien non plus, je _____ que Thomas tient vraiment à avoir du monde à sa fête. Comme Delphine ne _____ pas beaucoup de personnes dans cette ville, elle est un peu timide.

B: Ah oui ? Je ne _____ pas qu'elle n'avait pas beaucoup d'amis ici. Elle vient de déménager ? Comment se fait-il qu'ils se _____, alors ?

A: Ils _____ dans un cours d'histoire, à l'université de Grenoble. Un jour, elle lui a demandé s'il _____ où se trouvait le bureau du professeur. Et voilà . . .

B: C'est intéressant ! Pourquoi pas aller à cette fête, après tout. Je vais téléphoner à Thomas. Tu _____ son numéro ?

A: Non, mais je _____ où il habite. Ou bien, j'ai son numéro chez moi.

B: D'accord, je t'appelle ce soir pour l'avoir. Est-ce que tu _____ quel type de cadeau Delphine aimerait recevoir ?

A: Non, vraiment, je ne _____ pas ses goûts. Mais ma copine m'a rappellé que nous _____ qu'ils vont souvent au cinéma, donc je vais lui offrir des billets de cinéma.

B: C'est une bonne idée, ça. Tout le monde _____ aussi qu'ils sortent souvent au restaurant ; est-ce que je peux lui offrir un chèque-cadeau ?

A: Mais non, c'est trop impersonnel. Mais comme elle ne _____ pas encore la ville, ni ses restaurants en particulier, pourquoi ne pas lui acheter un Guide Michelin ?

B: Voilà une idée super ! OK, j'y vais. Toi et Adra, vous voudriez bien passer me prendre ?

A: Pas de problème.

B: Génial ! Vous _____ où j'habite, n'est-ce pas ?

A: Bien sûr. On passera vers 20h. A demain !

B: A demain, Michel. Merci !

A.4.2 Le meilleur cadeau … et le pire

 Demandez à 5 de vos camarades de nommer le meilleur cadeau qu'ils ont jamais reçu, et aussi le plus mauvais.

Demandez-leur de nommer aussi le plus mauvais cadeau qu'ils ont jamais offert eux-mêmes, et le plus réussi.

Jugez les réponses dans des groupes de 3-4 personnes. Décernez des prix pour le meilleur et le pire cadeaux attestés par vos résultats. Ecrivez-les au tableau.

⟹ Continuons!

Discutez les questions suivantes avec toute la classe :

1. Est-ce que les meilleurs cadeaux se ressemblent ? Et les plus mauvais ? Qu'est-ce qu'ils ont de commun, de différent ?

2. Est-ce que c'est la qualité du cadeau qui détermine s'il est apprécié ? Quels critères sont importants ?

3. Selon les résultats de votre groupe, pouvez-vous dire qui donne les meilleurs cadeaux ? Est-ce que ce sont des parents, des amis ? Voyez-vous des tendances générales, ou non ?

A.4.3 Discussion : Relations, amis, parents

Quel type de cadeaux achetons-nous pour des personnes que nous connaissons plus ou moins bien ? Discutez ces questions dans un groupe. Utilisez les verbes "savoir" ou "connaître" dans vos réponses.

1. Est-ce qu'il faut bien connaître quelqu'un pour lui acheter un cadeau ?

2. Qu'est-ce que vous devez savoir sur une personne pour lui acheter un cadeau qu'elle va aimer ?

3. Normalement, est-ce qu'on sait quels sont les intérêts des personnes avec qui on travaille ? Nommez une personne avec qui vous travaillez et dites ce que vous savez de cette personne.

4. Est-ce qu'on peut acheter un cadeau pour quelqu'un qu'on connaît uniquement au travail ? Quel type de cadeau est possible ?

5. Et pour les personnes que vous connaissez mieux ? Qu'est-ce que vous savez de vos amis qui vous aide à choisir de bons cadeaux pour eux ?

6. Nommez un de vos amis. Racontez où et quand vous l'avez connu, et si vous jugez que vous le connaissez bien maintenant. Quel est le dernier cadeau que vous avez acheté pour lui ? Est-ce qu'il l'a aimé ? Pourquoi ou pourquoi pas ?

7. Sont-ce toujours les personnes qui vous connaissent le mieux qui achètent les meilleurs cadeaux ? Comparez les cadeaux échangés entre les membres de votre famille, et ceux échangés entre vos amis.

A.5 Vocabulaire français-anglais

Magasins et rayons

un grand magasin	[grɑ̃ ma ga zɛ̃]	department store
un rayon	[rɛ jɔ̃]	department
la maroquinerie	[ma rɔ ki nə ri]	leather goods
la billeterie	[bi jɛ tə ri]	ticket agency
un spectacle	[spɛk ta klə]	(theatrical) show
un immeuble	[i mœblə]	multi-storied building
le bâtiment	[ba ti mɑ̃]	building
par correspondance	[par kɔ rɛ spɔ̃ dɑ̃s]	mail-order
une chaîne	[ʃɛn]	chain (store)
étranger (ère)	[e trɑ̃ ʒe] [ʒɛr]	foreign
dépenser	[de pɑ̃ se]	to spend
une grande surface	[grɑ̃d syr fas]	megastore
une boutique	[bu tik]	boutique, speciality store

Au magasin

une vitrine	[vi trin]	display window
la caisse	[kɛs]	cash register
le comptoir	[kɔ̃ twar]	counter
une livraison	[li vrɛ zɔ̃]	delivery
le domicile	[dɔ mi sil]	home
la mode	[mɔd]	fashion
vendeur/se	[vɑ̃ dœr / dœz]	salesperson
le chef de rayon	[ʃɛf də rɛ jɔ̃]	supervisor
la cabine d'essayage	[ka bin dɛ sɛ jaʒ]	fitting room
la monnaie	[mɔ nɛ]	change
la taille	[taj]	size
un ensemble	[ɑ̃ sɑ̃ blə]	outfit
une tenue	[tə ny]	outfit
en espèces	[ɑ̃ nɛ spɛs]	in cash
par correspondance	[par kɔ rɛ spɔ̃ dɑ̃s]	mail-order
une chaîne	[ʃɛn]	chain (store)
dépenser	[de pɑ̃ se]	to spend
une grande surface	[grɑ̃d syr fas]	megastore
une boutique	[bu tik]	boutique, speciality store
en moyenne	[ɑ̃ mwa jɛn]	on average
en soldes	[ɑ̃ sɔld]	on sale

Les opinions

je devrais	[ʒə də vrɛ]	I should
D'accord	[da kɔr]	all right, o.k.
Je suis d'accord	[ʒə sɥi da kɔr]	I agree.
Je ne suis pas d'accord	[ʒə nə sɥi pa da kɔr]	I disagree.
C'est une bonne idée	[sɛ tyn bɔ ni de]	That's a good idea.
Je ne suis pas sûr(e)	[ʒə nə sɥi pa syr]	I'm not sure.
Peut-être	[pœtɛ trə]	maybe, perhaps
Je ne pense pas	[ʒə nə pɑ̃s pa]	I don't think (so).
la vérité	[ve ri te]	truth
un avis	[a vi]	opinion
à mon avis	[a mɔ̃ a vi]	in my opinion
se plaindre	[sə plɛ̃ drə]	to complain
tu te plains	[ty tə plɛ̃]	you complain
moche	[mɔʃ]	ugly
bouder	[bu de]	to sulk

D'autres mots

librement	[li brə mɑ̃]	freely
plier	[pli e]	to fold
tout près	[tu prɛ]	very near
actuel	[ak tɥɛl]	current
prendre soin	[prɑ̃ drə swɛ̃]	to be careful, to take care
il faut	[il fo]	it is necessary
il vous faut	[il vu fo]	you need
étranger (ère)	[e trɑ̃ ʒe] [ʒɛr]	foreign
emmener	[ɑ̃ mə ne]	to bring
partager	[par ta ʒe]	to share

B Grammar

B.1 Indirect Objects

In chapter 7 (section B.1, page 362), we learned about the different kinds of objects in a French sentence: direct objects, indirect objects, and objects of a preposition. You should review that section before continuing with this one.

Indirect objects are people who receive the action of the verb indirectly. You will encounter two main types of constructions involving indirect objects. First, and easier to identify, are sentences which contain both a direct and an indirect object. In these sentences, the direct object is a thing and the indirect object is the person that receives that thing in some way.

French	*English*
Philippe donne le ballon à Claire.	Philippe gives the ball to Claire.
Je vais envoyer cette carte à mon cousin.	I'm going to send this card to my cousin.
Nous avons acheté ces livres à Marc.	We bought these books for (or from) Mark.

In the above sentences, *ballon*, *carte*, and *livres* are direct objects, and *Claire*, *mon cousin*, and *Marc* are indirect objects. Remember that the indirect object is always the person preceded by the preposition *à*.

There are other cases where there is no direct object in the sentence, but where French grammar requires that the person be an indirect rather than a direct object. (Remember that people can be either direct or indirect objects). In the practice you will do in this chapter, it should be easy for you to identify whether a person is a direct or indirect object, for there will always be an *à* before the noun or name designating the person if it is an indirect object. It is much harder for you to remember, as you are constructing original sentences in French, when you need that *à* and when you do not. Like many of the finer points of French, this will come with time; the more you speak and hear French, the more natural certain constructions will seem to you, and soon it will just "sound right" to use certain patterns as you speak French.

Many of these verbs that require an indirect object are verbs of communication. In English, we often leave out the preposition "to" when we use these verbs, but French is not as flexible and if a verb requires an indirect object, the preposition *à* must always be included. In addition, there are many instances where French and English structures are simply different; where English uses a direct object but French uses an indirect object, or vice versa. Again, this is something that practice and more exposure to the language will help you to master.

French	*English*
J'écris à mon grand-père.	I often write to my grandfather.
Paul a téléphoné à Audrey.	Paul called Audrey (on the phone).
Le professeur a dit aux élèves d'écouter.	The teacher told the students to listen.

In the above sentences, *grand-père*, *Audrey*, and *les élèves* are indirect objects. Remember the two contractions of the preposition *à* with the definite article: *à + le = au*, and *à + les = aux*.

B.1.1 Direct ou indirect?

State whether the underlined person in each of the following sentences is a direct or an indirect object. Remember to look for the preposition *à* to help you decide.

1. Antoine regarde <u>Mathilde</u>.

2. Khalil dit bonjour au <u>boulanger</u>.

3. Cindy parle à <u>Vincent</u>.

4. Nous avons invité <u>Morgane</u> à la fête.

5. Alexis a téléphoné à <u>Justine</u> et à <u>Angélique</u>.

6. Leila conseille à <u>Marc</u> de ne pas dépenser son argent frivolement.

7. J'ai acheté des fleurs à <u>ma mère</u>.

8. Ces enfants n'obéissent pas à <u>leurs parents</u>.

9. Malik et Aurélien écoutaient <u>Sarah</u> avec intérêt.

10. Mathlide a rendu ses livres à <u>Gabriel</u>.

Indirect Object Prounouns

Just as we can replace the direct object in a French sentence with a pronoun to avoid repetition, we can replace the indirect object. The indirect object pronouns in French are:

Singular:		
1st person	me	to me, for me
2nd person	te	to you, for you
3rd person	lui	to/for him, to/for her
Plural:		
1st person	nous	to us, for us
2nd person	vous	to you, for you
3rd person	leur	to them, for them

- The first and second person pronouns (*me, te, nous, vous*) are the same for both the direct and indirect objects. Remember also that these persons are almost always represented by these pronouns rather than by nouns.

- The third person prounouns (*lui, leur*) do not differentiate between masculine and feminine. *Lui* means either "to him" or "to her," and *leur* means "to them" whether "they" are masculine, feminine, or a mixed group.

- Note also that the pronoun *leur* resembles the possessive adjective meaning "their." Whereas the possessive adjective has two forms (*leur voiture, leurs amis*), the indirect object pronoun **never** has an -s.

Placement of indirect object pronouns

- Like the direct object pronouns, the indirect object pronouns are placed before the verb.

- In the passé composé, they are placed before the helping (auxiliary) verb.

- If there is a conjugated verb plus an infinitive in the sentence, they are placed before the infinitive.

- Note that if there is a single verb with a negative, the object pronouns come after the *ne*.

French	*English*
Je lui parle souvent.	I often speak to him.
Je ne lui parle jamais.	I never talk to him.
Nous leur avons dit au revoir.	We said goodbye to them.
Paul m'a offert un joli cadeau.	Paul gave me a lovely gift.
Paul ne m'a rien offert.	Paul didn't give me anything.
Je vais te dire un secret.	I'm going to tell you a secret.
Je ne vais pas te donner mon numéro.	I am not going to give you my (phone) number.
Elle veut leur rendre leur argent.	She wants to give them back their money.
Elle ne veut pas leur rendre leur argent.	She does not want to give them back their money.

B.1.2 La réunion de famille

The Simon family is having a family reunion this summer. All the preparations have been made. Answer the questions in the affirmative, replacing the indirect objects with indirect object pronouns. (Do not replace the direct objects in this exercise.)

1. Est-ce que Philippe a téléphoné à sa cousine Marie?

2. Est-ce que Marcel a envoyé les invitations à ses grands-parents?

3. Est-ce que Mme Simon a commandé de bons gâteaux au boulanger?

4. Est-ce que M. Simon a écrit des lettres aux parents lointains?

5. Est-ce que les Simon ont parlé à leurs voisins?

6. Est-ce que Coralie a demandé des photos à tous les invités, pour en faire un album?

7. Est-ce que Marcel et Philippe ont acheté un bouquet de fleurs à leur arrière-grand-mère?

8. Est-ce que la petite Sylvie va obéir à ses parents pendant la fête?

9. Est-ce que les Simon vont conseiller aux parents les plus âgés de prendre l'avion?

10. Est-ce que Coralie et Sylvie vont montrer leur danse à leur oncle?

B.1.3 Un jour à l'université

Answer the following questions affirmatively or negatively, replacing the indirect object with the appropriate indirect object pronoun. Note: if the question contains an indirect object in the first or second person, it will already be a pronoun; however, you will need to change that pronoun to the proper person (e.g. change "you" to "me"). Assume that the questions are directed at you personally. Answer at least two questions negatively. (Do not replace the direct objects in this exercise.)

1. Est-ce que vous avez téléphoné à votre mère aujourd'hui?

2. Est-ce que vous avez parlé à vos amis avant la classe?

3. Est-ce que vos amis vous ont montré leurs devoirs?

4. Est-ce que les professeurs ont donné beaucoup de devoirs aux élèves?

5. Est-ce que le professeur de français vous a rendu votre examen?

6. Est-ce que vous avez prêté de l'argent à votre copain?

7. Est-ce que vous avez posé des questions au professeur?

8. Est-ce que le professeur vous a posé des questions?

9. Est-ce que vous avez rendu visite à votre ami malade?

10. Est-ce que quelqu'un vous a envoyé une lettre récemment?

Direct or indirect object pronouns

When you replace a noun object (person or thing) in French, you must first decide whether it is a direct or an indirect object. (Bad news – there are also two other kinds of object pronouns which we will not learn until later!) Once you have determined what kind of object it is, you must replace it with the correct pronoun.

Subject	Direct	Indirect
je	me	me
tu	te	te
il, elle	le, la	lui
nous	nous	nous
vous	vous	vous
ils, elles	les	leur

B.1.4 Direct ou indirect - part two

Rewrite the following sentence, replacing the underlined person with the appropriate direct or indirect object pronoun. Do not replace any other objects in this exercise.

1. Antoine regarde Mathilde et Sylvie.

2. Khalil dit bonjour au boulanger.

3. Cindy parle à Vincent.

4. Nous allons inviter Morgane à la fête.

5. Alexis a téléphoné à Justine et à Angélique.

6. Leila conseille à Marc de ne pas dépenser frivolement son argent.

7. J'ai acheté des fleurs à ma mère.

8. Ces enfants n'obéissent pas à leurs parents.

9. Malik et Aurélien écoutaient Sarah avec intérêt.

10. Mathilde va rendre ses livres à Gabriel demain.

Direct and indirect object pronouns

Finally, you should know that you can use direct and indirect object pronouns together in the same sentence. If you have more than one object pronoun in a sentence, you must follow the following order of the pronouns:

me	le	lui
te	la	leur
nous	les	
vous		

In other words, *me, te, nous, vous* come before *le, la, les*, but *le, la, les* come before *lui, leur*. You will never have more than two object pronouns in a sentence.

Observe the word order in the following sentences.

French	*English*
Bien sûr, je vous la prête!	Of course, I will lend it to you!
Ils nous les ont donnés.	They gave them to us.
Je vais la lui envoyer demain.	I'm going to send it to her to-morrow.
Leurs parents les leur ont achetés.	Their parents bought them for them.
Mais non, je ne te l'ai pas promis!	No, I didn't promise you it!
Je ne vais jamais le leur donner.	I'll never give it to them.

Obviously, none of these sentences make sense unless you know to what noun the pronouns are referring; in all cases, pronouns are used when the noun has been previously mentioned in the conversation and the referent is clear.

B.1.5 Le dernier jour des classes

Yesterday was the last day of class. Assume that you were one of the students present and answer the questions affirmatively or negatively, as indicated. Replace both direct and indirect objects with the appropriate pronouns!

1. Est-ce que le professeur a rendu les devoirs aux étudiants? (oui)

2. Est-ce que Paul a rendu ses livres à Mahmoud? (non)

3. Est-ce que Marianne a signé son album à Pierre? (oui)

4. Est-ce que vous avez donné votre adresse à vos amis? (oui) (adresse = f.)

5. Est-ce que vous avez promis à Marc de lui téléphoner? (oui)

6. Est-ce que les filles ont donné leurs photos à leurs copains? (non)

7. Est-ce que vous allez téléphoner à Georges ce week-end? (non)

8. Est-ce que les étudiants ont bien écouté le professeur? (non)

9. Est-ce que Jennifer vous a donné son numéro de téléphone? (oui)

10. Est-ce que David et Benjamin ont distribué les annonces de la fête à tous les étudiants? (oui) (annonce = f.)

B.2 Imperatives with pronouns

[Rewrite- remember from chap 8] The imperative is the form of the verb used to give an order, a suggestion, or an instruction. There are only three forms of the imperative, because this mode can only be used when you are talking directly to another person about what they must do. The three forms that exist in the imperative are the *tu*, *vous*, and *nous* forms. The *tu* and *vous* forms are used when you are telling another person what to do, and the *nous* form is when you are making a suggestion that a group (including yourself) do something. There are some irregular imperatives, but the basic form of the verb is the regular present tense indicative of these three forms, without the subject pronoun. However, if the verb is an -er verb, the *tu* form loses its -s ending in the imperative. (**If such an imperative (a tu form ending in -e) is followed by the pronouns "en" or "y," however, the -s will go back on for pronunciation reasons.)

The subject is not stated when the imperative is used in either English or French, because it is clear from the context.

French	*English*
Marc, fais la vaisselle, s'il te plaît.	Marc, do the dishes, please.
Ecoute tes professeurs!	Listen to your teachers!
Va te laver les mains.	Go wash your hands.
Vas-y!	Go on! ** see note above
Tournez à gauche au coin de cette rue.	Turn right at the next corner.
Passez le sel, s'il vous plaît.	Please pass the salt.
Allons au cinéma!	Let's go to the movies!
Finissons le travail d'abord.	Let's finish our work first.

Examples of the imperative:

Verbe	tu	nous	vous
parler	Parle	Parlons	Parlez
aller	Va	Allons	Allez
finir	Finis	Finissons	Finissez
faire	Fais	Faisons	Faites
répondre	Réponds	Répondons	Répondez
prendre	Prends	Prenons	Prenez
avoir	Aie	Ayons	Ayez
être	Sois	Soyons	Soyez
savoir	Sache	Sachons	Sachez

You can see that the verbs être, avoir, and savoir (to know) are irregular in the imperative. (You will remember the expression "Sois sage!") While these verbs are not used very often in the imperative, you should know their forms.

If the imperative is in the negative, simply put *ne ... pas* (or any other negative construction) around the verb.

French	English
Ne fais pas ça!	Don't do that!
Ne parle pas la bouche pleine.	Don't talk with your mouth full.
Ne me traitez pas ainsi.	Don't treat me like that.
Ne me téléphonez jamais après 10 heures du soir.	Never call me after 10 p.m.
Ne parlons plus à Marie.	Let's not talk to Marie anymore.

Au présent, le verbe "voir" ("to see") se conjugue: je vois, tu vois, il voit, nous voyons, vous voyez, ils voient

Imperatives with Pronouns

In the preceding exercise, there were many examples of imperatives with pronouns attached. The pronouns you have already learned (reflexive, direct, and indirect), as well as the pronouns y ("there") and *en* ("some") which we will discuss in a later chapter, can all be used with imperatives. The word order, however, is different.

If the imperative is negative, the same pronoun order is used as before any other verb. That is,

```
me      le    lui
te      la    leur   VERBE
nous    les
vous
```

Remember that only two object pronouns can be used at one time, and that the combinations one can have are

```
me     le                      le    lui
te     la    VERBE      OR      la    leur    VERBE
nous   les                      les
vous
```

The complete order including the negative and the verb (and remembering that only two object pronouns can be used together at a time, as explained above), is:

```
        me    le    lui
NE      te    la    leur   VERBE   PAS
        nous  les
        vous
```

The reflexive pronouns (me, te, se, nous, vous) act just like the direct/indirect pronouns me, te, nous, and vous.

B.2.1 Je peux?

Votre petite nièce vous rend visite, et vous demande beaucoup de choses. Vous n'aimez pas beaucoup les enfants, et vous lui répondez toujours au négatif. Utilisez l'impératif, et transformez tous les compléments d'objet direct ou indirect en pronom.

Exemple: Je peux essayer tes lunettes?
Non, ne les essaie pas!

1. Je peux donner ce livre à ma mère?

2. Je peux me mettre tes chaussures?

3. Je peux utiliser ton ordinateur?

4. Je peux te serrer la main?

5. Je peux montrer tes photos à mes parents?

6. Je peux me reposer sur ton lit?

7. Je peux emprunter la clé de ta voiture?

8. Je peux te donner l'autre moitié (f.) de mon biscuit?

9. Je peux te parler en français?

10. Je peux prendre ces chocolats?

If the imperative is affirmative, however, the word order is different. Pronouns must come AFTER and BE ATTACHED TO the affirmative imperative. The THING always comes before the PERSON. Also, *me* and *te* must change to *moi* and *toi*. So, for affirmative imperatives, the word order is:

		-moi
		-toi
	-le	-lui
VERBE	-la	-nous
	-les	-vous
		-leur

B.2.2 Bien sûr!

Votre ami est très agréable et accepte toutes les propositions que vous lui faites. Donnez sa réponse à vos suggestions; utilisez l'impératif à l'affirmatif et remplacez tous les compléments d'objet direct et indirect par les pronoms.

Exemple: Je peux prendre tes notes de classe?
Oui, prends-les!

1. Je peux te donner mes clés?

2. Je peux te rendre visite demain?

3. Je peux te téléphoner ce soir?

4. Je peux prêter ta voiture à mon frère?

5. Je peux envoyer cette carte à mes grands-parents?

6. Je peux me doucher dans ta salle de bains?

7. Je peux copier tes notes?

8. Je peux te dire mon plus grand secret?

9. Je peux raconter cette histoire à Paul et à Pierre?

10. Je peux utiliser ton ordinateur pour regarder mon e-mail?

11. Je peux téléphoner à mon père?

12. Je peux faire mes devoirs ici?

B.2.3 Camarades de chambre

You and your roommate have a fairly good relationship, but sometimes you disagree. For each of the following cues, write (a) the imperative telling your roommate to do or not do something; (b) his response agreeing that he will or will not do that. In the second sentence, use the future proche and replace any direct or indirect objects with pronouns. Follow the model.

Exemple: ne pas / toucher / mes affaires
　　　　　Ne touche pas mes affaires!
　　　　　D'accord, je ne vais pas les toucher

　　　　　me / rendre / mes dix dollars
　　　　　Rends-moi mes dix dollars!
　　　　　D'accord, je vais te les rendre.

1. nettoyer / la salle de bain

2. ne pas / mettre / ta musique si fort

3. me / dire / la vérité

4. ne pas / laisser / tes chaussettes sales sur mon lit

5. ne pas / parler de moi / à mes parents

6. me / montrer / ce magazine

7. te / coucher / avant deux heures du matin

8. me / répondre quand je te parle

9. ne pas / prendre / mes stylos

10. ne pas / utiliser / mon téléphone portable

11. ranger / tes vêtements

12. ne pas / me / emprunter / mes livres

13. me / donner / mes messages

14. parler gentiment / à ma copine

15. ne pas / donner / mes CD / à tes amis

B.3 The interrogatives *qui, que, qu'est-ce qui, quoi*, and *quel*

We have worked extensively on forming questions of various types in French. Another piece of the puzzle involves asking questions whose equivalent in English is "who" or "what." The interrogative you use in French depends on whether you are inquiring about the **subject** or the **object** of the sentence, as well as whether you are asking about a **person** or a **thing**.

To review various question structures, see chapter 1, B.8, page 52 (overview, intonation); chapter 3, B.4, page 179 (est-ce que); chapter 4, B.5, page 279 (informational); chapter 6, B.4, page 325 (*quel*).

Previously (chapter 7, B.1, page 362), we discussed the grammatical difference between the direct object and object of a preposition in French. You will remember that the indirect object is merely a specific type of object of a preposition (the preposition in this case being *à*). The grammatical role played by the person or thing you want to know about determines which interrogative you will use. The appropriate forms are shown in the following table, where "S" = subject and "V" = verb. They are then explained in detail in the examples below.

	Subject	*Direct object*	*Obj. of prep.*
Person	Qui V OR	Qui V-S OR	Prep. qui V-S OR
	Qui est-ce qui V	Qui est-ce que S V	Prep. qui est-ce que S V
Thing	Qu'est-ce qui V	Que V-S OR	Prep. quoi V-S OR
		Qu'est-ce que S V	Prep. quoi est-ce que S V

Examples, Person as subject or direct object:

If the **person** you are asking about is the **subject** of the sentence, use *qui* or *qui est-ce qui* followed by the verb:

French	*English*
Qui est à la porte?	Who is at the door?
Qui a téléphoné?	Who called?
Qui vous prépare le dîner?	Who prepares dinner for you?

If the **person** you are asking about is the **direct object** of the sentence, use *qui* followed by inversion (Verb - Subject hyphenated) or *qui est-ce que* followed by the subject and verb:

French	English
Qui écoutes-tu?	Whom are you listening to?
Qui est-ce que vous voyez tous les jours?	Whom do you see every day?
Qui connaît-il en France?	Whom does he know in France?

Note that because the *qui* is identical, you need to look carefully at the structure of the rest of the sentence to determine whether it is the subject or the direct object.

French	English
Qui vous aime?	Who loves you? (verb agrees with the subject *qui*)
Qui aimez-vous?	Whom do you love? (verb agrees with the subject *vous*)
Qui est-ce qu'il appelle?	Whom is he calling? (*est-ce que* shows that *il* is the subject of the verb)
Qui l'appelle?	Who is calling him? (the lack of another subject shows that *qui* is the subject of the verb)

B.3.1 Translation: qui

Donnez l'équivalent anglais de la phrase en français.

1. Qui va payer le dîner?

2. Qui vous paie?

3. Qui vous a acheté ces fleurs?

4. Qui a fait ses devoirs?

5. Qui est-ce que vous appelez?

6. Qui aidez-vous?

7. Qui vous a aidé?

8. Qui va nous accompagner?

9. Qui est-ce qu'il emmène à la fête?

10. Qui vous a répondu?

Maintenant, donnez l'équivalent français de la question en anglais.

1. Who is your favorite cousin?

2. Whom did you see at school today?

3. Who makes your breakfast?

4. Who pays your tuition (frais de scolarité) for you?

5. Whom are you going to invite to the party?

6. Whom are you waiting for?

Although the above exercise distinguishes "who" (subject pronoun) from "whom" (object pronoun), as is correct in English, you should remember that in spoken English, most Americans do not make this distinction. Therefore, when you are trying to think of what to say in French, you will need to decide whether the "qui" is the subject or object.

B.3.2 Formation de questions avec "qui"

Ask questions using the elements given below. Try to vary the structure used (e.g. est-ce que vs. inversion) when you have two correct choices.

Exemple: Sujet/Verbe/Objet direct
Qui / aimer / Marie
Qui aime Marie?
Marie / aime / Qui
Qui est-ce que Marie aime?

	Sujet	Verbe	Objet direct
1.	Qui	garder	les enfants
2.	Les enfants	regarder	qui
3.	Qui	admirer	le président
4.	Qui	écouter	vous
5.	Qui	attendre	toi
6.	Tu	attendre	qui
7.	Nous	aller inviter	qui
8.	Marc	aimer	qui
9.	Qui	accompagner à l'école	cet enfant
10.	Tu	voir au café (p.c.)	qui

Examples, People or Things as Objects of a Preposition

When you are inquiring about something or someone whose grammatical function in the sentence is as the object of a preposition, you use the appropriate preposition + *qui* for a person or + *quoi* for a thing. After the *qui* or *quoi*, you may use either inversion (verb-subject) or est-ce que + subject + verb. At this stage of your French learning, you may not be sure which preposition to use; but even if you choose the wrong preposition, French speakers should understand you easily as long as the structure of your sentence is correct. Note that the preposition must always be placed at the beginning of the question in standard French, although just as in English, in informal spoken usage, intonation is sometimes used and the preposition left at the end.

French	English
A qui parle-t-il?	To whom is he speaking?
Avec qui ces enfants jouent-ils?	With whom are these children playing?
Avec quoi est-ce qu'on coupe le pain?	With what does one cut bread?
De quoi parles-tu?	What are you talking about?
De qui est-ce que tu parles?	Whom are you talking about?

B.3.3 Formation de questions avec prépositions

Imagine that the following sentences are answers giving you (in bold print) the information you asked for. What was the question? Use the same preposition in your question as is used in the "answer."

Exemple: Je parle **à Philippe**.
A qui parles-tu? OR
A qui est-ce que tu parles?

1. Nous avons rendu nos devoirs **au professeur**.

2. Marc a ouvert la porte **avec une clé**.

3. Redouane préfère faire son examen **avec un crayon**.

4. Je vais téléphoner **à Martine**.

5. Elle parlait **de Sylvie et de Issa**.

6. Rita a acheté des fleurs **pour Christophe**.

7. J'ai réparé la porte **avec un tourne-vis**.

8. Nous avons parlé **de la politique**.

9. Il écrit son devoir **sur la guerre de Cent Ans**.

10. Elle va au cinéma **avec Justine**.

B.3.4 Résumé: questions sur les personnes

Ask the question that will give you the information in bold print, as in the preceding exercise. Here, the question will be about a person, but that person may be the subject, direct object, or object of a preposition in French.

Exemple: **Ma mère** m'aime le plus.
Qui t'aime le plus?
Ma mère **m'**aime le plus.
Qui est-ce que ta mère aime le plus?

1. **Ce professeur** ne traite pas bien les étudiants.

2. J'aime bien **ces gens-là**.

3. **Quentin** t'a téléphoné.

4. Kevin a téléphoné **à Caroline**.

5. Le père reproche ses mensonges **à son fils aîné**.

6. Je **le** déteste!

7. Nous cherchons **notre ami Jacques**.

8. **Ces enfants** n'obéissent pas à leurs parents.

9. Je voudrais aller à la fête **avec toi**.

10. J'ai acheté ce portefeuille **pour mon père**.

Examples, Things as Subject or Direct Object While not as common as some other types of questions, there are also questions where a noun other than a person is the **subject** of the question. This noun could be an animal, an object, an abstract concept, etc. In this case, there is only one possible form of the question: *Qu'est-ce qui* followed by the verb (in the third-person singular form).

French	English
Qu'est-ce qui a fait ce bruit?	What made that noise?
Qu'est-ce qui t'intéresse?	What interests you?
Qu'est-ce qui lui fait peur?	What scares him?
Qu'est-ce qui se passe?	What is happening?
Qu'est-ce qui vous est arrivé hier?	What happened to you yesterday?
Qu'est-ce qui t'a piqué?	What stung you?

If the thing is the **direct object** of the question, you will use *que* plus inversion or *que* + est-ce que + subject + verb (resulting in the common structure *qu'est-ce que*).

French	English
Qu'est-ce que tu as eu sur ton examen?	What did you get on your exam?
Qu'est-ce qu'il a fait?	What did he do?
Que voulez-vous faire ce week-end?	What do you want to do this weekend?
Qu'as-tu dit?	What did you say?
Que veux-tu?	What do you want?
Qu'est-ce que nous devons rendre aujourd'hui?	What do we have to hand in today?

Again, the key consideration here is deciding whether the "what" is the subject or direct object of the sentence. (We already looked at the case where it is the object of a preposition). Remember that a verb can only have one subject. So if there is no other subject in the sentence, the verb must agree with *qu'est-ce qui* as its subject.

B.3.5 Traduction: what

Ecrivez l'équivalent français de la phrase en anglais.

1. What fell?

2. What do you like to eat best?

3. What do you have to do tonight?

4. What happened?

5. What bothers you the most? [ennuyer]

6. What is she studying?

7. What woke you up?

8. What is good to eat here?

9. What did they buy at the supermarket?

10. What shall we order?

B.3.6 Résumé, questions sur les choses

Ask the question that will give you the information in bold print. Here, the question will be about a thing, but that thing may be the subject, direct object, or object of a preposition in French.

Exemple: Je faisais **mes devoirs**.
Qu'est-ce que tu faisais?
Je me suis cogné **contre la chaise**.
Contre quoi t'es-tu cogné?

1. **Le vent** a fermé la porte.

2. J'ai entendu **de la musique**.

3. **Les livres** sont tombés.

4. L'article a fait référence **au mythe de Sisyphe**.

5. **Mon pied** me fait mal!

6. Nous allons manger **du steak** ce soir.

7. L'étudiant a triché **sur son examen**.

8. Je voudrais **un nouvel ordinateur**.

9. Le professeur a oublié **ses livres**.

10. Ils aiment **jouer au tennis**.

Que and **quel** A final point to be aware of is that *que* is used to replace the noun object; *quel* is used when you have a noun in the sentence and wish to modify it. In English, we use either "what" or "which" for this interrogative adjective; in French, you must use *quel* any time you are referring to a specific noun in the question. The noun may come immediately after *quel* or be separated it by the verb (usually *être*).

French	*English*
Quelle heure est-il?	What time is it?
Quel est ton groupe favori?	What is your favorite group?
Quelle cuisine préfère-t-il?	What kind of food does he prefer?
Quels sont les meilleurs restaurants à Los Angeles?	What are the best restaurants in L.A.?

B.3.7 **Que ou quel?**

Complétez la phrase avec la forme approprié de "que" ou de "quel."

1. _____ veux-tu faire ce soir?

2. _____ film veux-tu voir?

3. Dans _____ saison est-ce qu'il pleut le plus souvent?

4. _____ est ta spécialité?

5. _____ écrivez-vous?

6. _____ Mathilde a dit à son père?

7. _____ est ton adresse?

8. _____ tu as donné à ta mère pour la fête des mères?

9. _____ chaussures a-t-elle choisies?

10. _____ tu bois?

⟹ **Continuons!**
Répondez aux questions ci-dessus.

B.4 ***Savoir* and *connaître***

There are two verbs used in French that encompass the English verb "to know." The verb *savoir* is used for facts you have memorized, as well as for things you know how to do. The verb *connaître* is used for people and places you are familiar with. First let us look at the conjugation of these verbs.

savoir [sa vwar]	
je sais [ʒə sɛ]	nous savons [nu sa võ]
tu sais [ty sɛ]	vous savez [vu sa ve]
il sait [il sɛ]	ils savent [il sav]

Participe passé: su

Impératif (irrégulier): sache, sachons, sachez

connaître [kɔ nɛ trə]	
je connais [ʒə kɔ nɛ]	nous connaissons [nu kɔ nɛ sõ]
tu connais [ty kɔ nɛ]	vous connaissez [vu kɔ nɛ se]
il connaît [il kɔ nɛ]	ils connaissent [il cɔ nɛs]

Participe passé: connu

Note the accent on the form *il connaît* and the irregular forms of the imperative for *savoir*.

B.4.1 **Pratique: savoir et connaître**

Conjuguez le verbe au temps indiqué.

Présent:

1. Je (savoir) _____ quelle est la capitale de la France.

2. Nous (savoir) _____ parler français.

3. Est-ce que tu (savoir) _____ où se trouve la bibliothèque municipale?

4. Ces hommes (ne pas savoir) _____ danser.

5. Marie (connaître) _____ Hamid depuis longtemps.

6. Est-ce que vous (connaître) _____ bien Miami?

   Imparfait:

7. Ils (ne pas savoir) _____ la réponse.

8. Je (savoir) _____ déjà monter à bicyclette à l'âge de 4 ans.

9. Elle (connaître) _____ Loïc depuis 3 ans quand elle a rencontré Maurice.

10. Nous (connaître) _____ Paris bien à cette époque, mais ça fait longtemps que nous ne l'avons pas visité.

    Passé composé:

11. Quand je (savoir) _____ que j'avais réussi à l'examen, j'ai été très heureux.

12. Comment est-ce que tu (savoir) _____ qu'elle avait dit un mensonge?

13. Ils (se connaître) _____ à force de passer de longues heures ensemble au labo.

14. Où est-ce que vous le (connaître) _____ ?

Note grammaticale: A present tense verb is used with *depuis* and a length of time or a starting point to state that someone has been doing something for that long or since that time, and still does it. E.g., "J'étudie le français depuis 4 mois" = "I have been studying French for four months" (and I am studying it now!).

As you can see from the above examples, *savoir* is used for facts that one memorizes or finds out, before infinitives indicating that you know how to do something, and also before any conjunction introducing a new clause, such as *qui*, *que*, and *où*.

French	*English*
Je sais qu'il viendra.	I know he will come.
Nous savons la vérité.	We know the truth.
Elle ne sait pas parler russe.	She doesn't know how to speak Russian.
Je sais la date où la guerre a commencé.	I know the date that the war began.
Est-ce que tu sais la réponse?	Do you know the answer?
Les élèves savent que deux plus deux font quatre.	The students know that two and two are four.

Connaître, on the other hand, is used to refer to familiarity with people and places. By extension, it is also used to imply familiarity with a book, an author, or a subject that you can "get to know" through lengthy exposure (as opposed to memorization of a single fact). Increasingly, in modern French, noun objects that relate to people also use *connaître*. For instance, in the past, one used to say, "Je sais son numéro de téléphone"; but nowadays, most French speakers will say "Je connais son numéro de téléphone" – even though the phone number itself is something you memorize, the idea is that you know it because of your familiarity with the person. Also note that *connaître* can be used in the plural in the reflexive form (*se connaître*) with the reciprocal meaning of "to know each other."

French	*English*
Ce professeur connaît bien la littérature allemande.	This teacher really knows German literature.
Je ne connais pas ce garçon.	I don't know that boy.
Est-ce que vous connaissez Madrid?	Do you know Madrid?

Both *savoir* and *connaître* have special meanings in the passé composé. *Savoir* in the passé composé means "to find out, to learn," and *connaître* in the passé composé means "to meet, to get to know" someone.

French	*English*
J'ai su la vérité trop tard.	I learned the truth too late.
Nous nous sommes connus à la fac.	We got to know each other at school.

B.4.2 **Savoir ou connaître?**

Choisissez le bon verbe et conjuguez-le au présent.

1. Je ne _____ pas où habite mon prof de philo.

2. Est-ce que vous _____ des personnes célèbres?

3. Mon père _____ très bien la Bible.

4. Est-ce que tu _____ faire une tarte aux pommes?

5. Mes parents se _____ depuis 20 ans.

6. Qui _____ la réponse?

7. J'habite dans cette ville depuis 5 ans, mais je la _____ toujours assez mal.

8. Nous _____ la date de l'examen - c'est le 12 juin.

9. Ces enfants ne _____ pas encore nager - ils sont trop petits.

10. Les étudiants ne _____ pas le numéro de téléphone du professeur.

11. Les bons étudiants _____ qu'ils doivent faire leur travail.

12. Qui vous _____ le mieux dans votre famille?

C Lab Worksheet and Review

C.1 Au magasin et à la maison

C.1.1 Dans quel rayon ? (Time on recording : 0 :00)

You are at the department store with your friend. Suggest where to go in response to each of her needs. Refer to your answer sheet for a list of possible departments.

Exemple: Je veux acheter une cravate pour mon mari.
Allons au rayon "Homme."

l'agence de voyages	Enfants	Maison
Beauté	Femmes	Mariage
la billeterie	Hommes	Maroquinerie
la cafétéria	Librairie	Naissance
Chaussures	Lingerie	Parfum

C.1.2 Préparations à la fête (Time on recording : 4 :30)

You are having a surprise party tomorrow night for your friend Paul. Jean-Luc wants to know if the following preparations have been done. Answer him according to the cue on your answer sheet, using the appropriate indirect object pronoun in your answer.

Exemple: As-tu téléphoné à tous les amis ?
(oui)
Oui, je leur ai téléphoné.

1. oui	6. oui
2. non	7. oui
3. pas encore	8. non
4. oui	9. oui
5. pas encore	10. oui

C.1.3 Déménagement (Time on recording : 8 :10)

You are moving to a new apartment. Your father asks if you have done the following things. Tell him that you are going to do them soon. Use the appropriate indirect object pronoun in your answer.

Exemple: As-tu téléphoné à ta mère ?
Je vais lui téléphoner ce soir.

C.1.4 Hier, aujourd'hui, et demain (Time on recording : 12 :50)

In this drill, change your sentence according to the cue given. If the cue is "hier," you will change the sentence to the past tense; if it is "aujourd'hui," change it to the present tense, if it is "demain," change it to the futur proche. You may also be asked to change the indirect object.

Je vais te donner mon numéro demain.

1. hier	7. à ta mère
2. à Paul	8. Hier
3. à nous	9. à moi
4. aujourd'hui	10. aujourd'hui
5. à Marie et à Anna	11. à tes voisins
6. demain	12. demain

C.2 Achats et information

C.2.1 Des cadeaux (Time on recording : 15 :50)

Your friend has many gifts to buy. Propose an appropriate gift for each of the people she mentions, choosing from those on your answer sheet. Follow the model.

Exemple: Mon frère adore la musique pop.
Achète-lui un CD.

des bottes en cuir	des DVD
un bracelet	des fleurs
une bouteille de Bordeaux	des herbes de Provence
une carte postale	un sachet de lavande
un dictionnaire	des vêtements

Mini-Vocabulaire:
les bijoux jewelry
le Bordeaux type of red wine

C.2.2 Qu'est-ce qu'il faut faire ? (Time on recording : 19 :05)

You are working in a large department store. Answer the queries of the customers. Use the imperative of the verb given on your worksheet and replace the objects with pronouns if you can. After your answer, one possible answer will be given. Repeat this answer.

Exemple: Madame, où est-ce que je peux trouver les sacs en cuir ?
Allez à la maroquinerie.

1. chercher/ au point "info."
2. acheter

3. se calmer

4. demander

5. aller

6. essayer

7. acheter

8. échanger

9. payer

10. dire / de venir me voir

C.3 Poser des questions

C.3.1 Questions (Time on recording : 23 :15)

Listen to the statements and then ask a question to obtain further information. Use the question on your answer sheet, but complete it with the appropriate question word. Read your question aloud, and then repeat the correct answer which is given.

1. – Ah oui ? _____ est à la porte ?

2. – _____ tu as ?

3. – _____ film as-tu vu ?

4. – _____ te fait mal ?

5. – Ah oui ? _____ tu as vu ?

6. – _____ est-ce ?

7. – _____ m'a téléphoné ?

8. – _____ tu as mangé ?

9. – _____ est arrivé ?

10. – _____ tu as acheté ?

11. – De _____ amis parles-tu ?

12. – _____ veux-tu ?

C.3.2 Qui ou que ? (Time on recording : 26 :00)

Listen carefully to the question and decide whether you are being asked about a person or a thing. Answer the question. After a pause for your answer, a sample answer will be given. Repeat the sample answer.

C.4 Savoir et connaître

C.4.1 Informations (Time on recording : 28 :50)

Write the form of the verb that you hear on your answer sheet. Pay attention to the tense used as well as to the meaning.

1. Je _____ qu'il faut étudier.

2. Ils ne   personne dans cette ville.

3. Je l'   au cours du colloque.

4.   , mes enfants, que rien n'arrive sans effort.

5. Mes arrière-grands-parents ne   pas conduire.

6. Est-ce que vous   où se trouve le commissariat de police ?

7. Tu   Paul, n'est-ce pas ?

8. Qui   la réponse ?

9. Est-ce que tu   nager ?

10. Je la   déjà. Nous avons eu un cours de chinois ensemble.

11.   -vous bien Paris ?

12. J'   après que ce n'était pas vrai.

13. Nous ne   pas si elle va venir.

14. Mon professeur   bien le moyen âge.

15. Ces enfants ne   rien !

C.4.2 Que sais-je ? (Time on recording : 31 :35)

Answer the questions about your own knowledge and acquaintances. After a pause for your answer, a sample answer will be given. Repeat the sample answer.

End of lab worksheet

C.5 Exercices de révision écrits

The nature of communication is that it is open-ended. Therefore, these written review exercises are unable to cover all the objectives of the chapter, since some of those objectives do not lend themselves to fill-in-the-blank exercises. These exercises focus more on the grammar and vocabulary of the chapter, because these can be practiced more easily in writing, and mastering them will enable you to perform the communicative objectives of the chapter.

C.5.1 Compositions

Ecrivez 7-10 phrases sur un des sujets suivants :

1. Au grand magasin, quels rayons fréquentez-vous ? Décrivez votre dernière visite à un grand magasin. Nommez les rayons que vous avez visités et dites ce que vous avez fait à chaque rayon.

2. Ecrivez une conversation entre un vendeur et un client au magasin.

3. Décrivez un cadeau que vous avez beaucoup aimé. Qui vous l'a offert ? Pour quelle occasion ? Pourquoi est-ce que vous l'avez particulièrement aimé ?

4. Imaginez qu'avec un autre ami, vous achetez un cadeau pour quelqu'un. Qu'est-ce que vous devez décider ? Qu'est-ce que vous savez de la personne pour qui vous achetez le cadeau ? Ecrivez une conversation entre votre ami et vous.

C.5.2 Vocabulaire : Au magasin

Complétez la phrase avec le(s) mot(s) approprié(s).

1. Est-ce que vous achetez vos vêtements au _____ ou dans les boutiques ?

2. Je dois aller au rayon _____ pour acheter une cravate pour mon père.

3. La _____ peut vous aider si vous avez des questions.

4. Vous pouvez commander des faire-part au _____ "Mariage."

5. Dans les magasins modernes, on paie à la _____ .

6. Les grands magasins ont souvent des _____ très élaborées pour montrer leur marchandise aux passants.

7. Si vous achetez un article par correspondance, l'article vous est livré à _____ .

8. Qu'est-ce que tu penses de cette chemise ? _____ , elle est trop grande.

9. On va dans la _____ quand on veut être sûr qu'on a la bonne taille.

10. Si on n'est pas content, on peut se plaindre au _____.

C.5.3 Vocabulaire : Rayons et articles

Nommez un article qu'on peut acheter à chaque rayon. Suivez le modèle.

Exemple: Femmes

Au rayon "Femmes," on peut acheter des robes.

1. l'agence de voyages
2. Beauté
3. la billeterie
4. la cafétéria
5. Chaussures
6. Enfants
7. Femmes
8. Hommes
9. Librairie
10. Lingerie
11. Maison
12. Mariage
13. Maroquinerie
14. Naissance

C.5.4 Des cadeaux

Imaginez que vous parlez avec votre soeur des cadeaux que votre famille va échanger à la fête qui approche. Suivez le modèle, et utilisez les pronoms d'objet indirect dans votre réponse.

Exemple: Qu'est-ce que tu vas donner à Grand-mère ?

Je vais lui donner des bonbons.

1. Qu'est-ce que tu vas me donner ?
2. Qu'est-ce que tu penses que nos parents vont nous donner ?
3. Qu'est-ce que tu vas donner à Maman ?
4. Qu'est-ce que tu penses que Maman va te donner ?
5. Qu'est-ce que tu vas donner à Grand-mère et à Grand-père ?
6. Est-ce que tu sais ce que je vais te donner ?
7. Qu'est-ce que tu vas donner à notre frère ?
8. Qu'est-ce que tu vas donner à Papa ?
9. Qu'est-ce que tu vas donner à notre tante ?
10. Qu'est-ce que nous devrions donner à nos voisins ?

C.5.5 Au magasin

Répondez aux questions. Remplacez le complément d'objet direct ou indirect par des pronoms.

1. Est-ce que le vendeur aide les clients ?
2. Est-ce qu'on trouve les chaussures au rayon "Maroquinerie" ?
3. Où est-ce qu'on essaie les vêtements ?

4. Est-ce les clients paient leurs vêtements à la caisse ?

5. Est-ce que les vendeurs parlent poliment aux clients ?

6. Est-ce que le client utilise sa carte Visa pour payer ?

7. Est-ce que le vendeur parle espagnol aux clients hispanophones ?

8. Est-ce que les clients rangent les vêtements qu'ils ne veulent pas acheter ?

C.5.6 Echanges de toutes sortes

Ecrivez la question et la réponse utilisant les éléments indiqués. Utilisez le présent des verbes donnés. Dans la réponse, remplacez les compléments d'objet direct et indirect par des pronoms.

Exemple: Paul / donner / ses notes / Rachid (oui)
       Est-ce que Paul donne ses notes à Rachid ?
       Oui, il les lui donne.

1. Est-ce que Gisèle emprunte la voiture à sa mère ? (oui)

2. Est-ce que le professeur rend vite les examens aux étudiants ? (non)

3. Est-ce que vous me dites toujours la vérité ? (non)

4. Est-ce que vous prêtez vos CD à vos amis ? (oui)

5. Est-ce que vos amis vous prêtent leurs vêtements ? (non)

6. Est-ce que vous vendez vos livres à la fin du trimestre ? (quelquefois)

7. Est-ce que vous téléphonez souvent à votre meilleur ami ? (oui)

8. Est-ce que quelqu'un vous a payé vos frais de scolarité ? (personne)

9. Est-ce que vous rendez souvent visite à vos grands-parents ? (non)

10. Est-ce que vous montrez votre relevé de notes à votre père ? (oui)

C.5.7 Parent et enfant

Qu'est-ce que le parent répond à son enfant ? Utilisez la bonne forme de l'impératif, à l'affirmatif ou au négatif. Remplacez les objets par les pronoms appropriés.

Exemple: Je peux téléphoner à mon copain ?
       Oui, téléphone-lui.

1. Je peux manger ces bonbons dans la salle de séjour ?

2. Je peux envoyer cette carte à Grand-père ?

3. Est-ce que Marie et moi pouvons nous coucher à minuit ?

4. J'ai fini tous mes devoirs. Est-ce que je peux regarder la télé maintenant ?

5. Est-ce que je peux inviter mes amis à dîner ici ce soir ?

6. Est-ce que je dois faire mes devoirs maintenant ?

7. Est-ce que je peux garder ces cinquante dollars que j'ai trouvés sur ton bureau ?

8. Est-ce que je dois te rendre tes chaussures ?

9. Est-ce que mes copains et moi pouvons utiliser ta voiture ?

10. Est-ce que Maman et moi devons préparer le dîner ?

C.5.8 Quelle est la question ?

Posez la question qui vous fournira l'information en caractères gras.

Exemple: Je vais téléphoner **à Martine**.
           A qui vas-tu téléphoner ? OU
           A qui est-ce que tu vas téléphoner ?

1. J'ai acheté **ces chemises** au magasin.

2. **Kevin** a téléphoné cet après-midi.

3. **Le vent** a fait tomber ces papiers.

4. J'ai besoin d'**un dictionnaire**.

5. J'ai vu **Caroline** au cinéma.

6. J'ai regardé le film **Spider-Man 2** au cinéma.

7. J'ai acheté ce stylo pour **Walid**.

8. Je préfère les chaussures **noires**.

9. **Mes parents** m'ont offert cette montre.

10. J'ai pris **des céréales** pour le petit déjeuner.

C.5.9 Complétez la question

Choisissez la bonne expression interrogative et complétez la question. Faites attention à la forme nécessaire.

1. _____ a fait son devoir ?

2. _____ est ton numéro de téléphone ?

3. _____ parlais-tu ?

4. _____ temps fait-il ?

5. _____ tu fais ce soir ?

6. _____ tu as invité à la fête ?

7. _____ connais-tu bien dans la classe ?

8. _____ se passe ?

9. Dans _____ magasin as-tu acheté tes chaussures ?

10. De _____ tu as peur ? – Des serpents.

11. _____ tu aimes manger ?

12. _____ te fait pleurer ? – Les romans tristes.

C.5.10 Savoir ou connaître

Complétez la phrase avec la bonne forme de "savoir" ou "connaître."
Attention ! Certains verbes doivent être au passé composé selon le
contexte de la phrase.

1. Qui _____ son numéro de téléphone ?

2. Je _____ un bon médecin.

3. Nous ne _____ pas quand est l'examen.

4. Est-ce que vous _____ bien l'oeuvre de Mark Twain ?

5. Les bébés ne _____ pas encore marcher.

6. _____ -vous où il habite ?

7. Nous nous _____ l'année dernière, dans un cours
de mathématiques.

8. Est-ce que tu _____ skier ?

9. Je _____ la réponse après l'examen, mais c'était
trop tard.

10. Ces étudiants _____ que la capitale du Canada est
Ottawa.

11. Marc et Marie ne se _____ pas encore - je vais les
présenter l'un à l'autre.

12. Mon père ne _____ pas du tout Toronto.

C.6 Answers

Answers to Written Section B Exercises

Answers to B.1.1, Direct ou indirect?, page 507 1. direct; 2.
indirect; 3. indirect; 4. direct; 5. indirect (both); 6. indirect; 7.
indirect; 8. indirect; 9. direct; 10. indirect

Answers to B.1.2, La réunion de famille, page 508 1. Oui, il lui
a téléphoné. 2. Oui, il leur a envoyé les invitations. 3. Oui, elle
lui a commandé de bons gâteaux. 4. Oui, il leur a écrit des lettres.
5. Oui, ils leur ont parlé. 6. Oui, elle leur a demandé des photos.
7. Oui, ils lui ont acheté un bouquet de fleurs. 8. Oui, elle va leur
obéir. 9. Oui, ils vont leur conseiller de prendre l'avion. 10. Oui,
elles vont lui montrer leur danse.

Answers to B.1.3, Un jour à l'université, page 509 1. Oui, je
lui ai téléphoné aujourd'hui. / Non, je ne lui ai pas téléphoné aujourd'hui. 2. Oui, je leur ai parlé avant la classe. / Non, je ne leur
ai pas parlé avant la classe. 3. Oui, ils m'ont montré leurs devoirs.

/ Non, ils ne m'ont pas montré leurs devoirs. 4. Oui, ils leur ont donné beaucoup de devoirs. / Non, ils ne leur ont pas donné beaucoup de devoirs. 5. Oui, il m'a rendu mon examen. / Non, il ne m'a pas rendu mon examen. 6. Oui, je lui ai prêté de l'argent. / Non, je ne lui ai pas prêté d'argent. 7. Oui, je lui ai posé des questions. / Non, je ne lui ai pas posé de questions. 8. Oui, il m'a posé des questions. / Non, il ne m'a pas posé de questions. 9. Oui, je lui ai rendu visite. / Non, je ne lui ai pas rendu visite. 10. Oui, mon ami Michel m'a envoyé une lettre récemment. / Non, personne ne m'a envoyé une lettre récemment.

Answers to B.1.4, Direct ou indirect - part two, page 510 1. Antoine les regarde. 2. Khalil lui dit bonjour. 3. Cindy lui parle. 4. Nous allons l'inviter à la fête. 5. Alexis leur a téléphoné. 6. Leila lui a conseillé de ne pas dépenser frivolement son argent. 7. Je lui ai acheté des fleurs. 8. Ces enfants ne leur obéissent pas. 9. Malik et Aurélien l'écoutaient avec intérêt. 10. Mathilde va lui rendre ses livres demain.

Answers to B.1.5, Le dernier jour des classes, page 511

Note: Remember that if you are using a direct object pronoun before the verb, the past participle of the passé composé will agree in gender and number with that pronoun. You do not need to worry about this at your level, but the correct agreement is used in the answers below.

1. Oui, il les leur a rendus. 2. Oui, il les lui a rendus. 3. Oui, elle le lui a signé. 4. Oui, je la leur ai donnée. 5. Oui, je lui ai promis de téléphoner. 6. Non, elles ne les leur ont pas données. 7. Non, je ne vais pas lui téléphoner ce week-end. 8. Non, ils ne l'ont pas bien écouté. 9. Oui, elle me l'a donné. 10. Oui, ils les leur ont distribuées.

Answers to B.2.1, Je peux?, page 513 1. Non, ne le lui donne pas! 2. Non, ne te les mets pas! 3. Non, ne l'utilise pas! 4. Non, ne me serre pas la main! 5. Non, ne les leurs montre pas! 6. Non, ne te repose pas sur mon lit! 7. Non, ne l'emprunte pas! 8. Non, ne me la donne pas! 9. Non, ne me parle pas en français! 10. Non, je les prends pas!

Answers to B.2.2, Bien sûr!, page 514 1. Oui, donne-les-moi! 2. Oui, rends-moi visite demain! 3. Oui, téléphone-moi ce soir! 4. Oui, prête-la-lui! 5. Oui, envoie-la-leur! 6. Oui, douche-toi dans ma salle de bains! 7. Oui, copie-les! 8. Oui, dis-le-moi! 9. Oui, raconte-la-leur! 10. Oui, utilise-le! 11. Oui, téléphone-lui! 12. Oui, fais-les!

Answers to B.2.3, Camarades de chambre, page 515 1. Nettoie la salle de bain! D'accord, je vais la nettoyer. 2. Ne mets pas ta musique si fort! D'accord, je ne vais la mettre si fort. 3. Dis-moi la vérité! D'accord, je vais te la dire. 4. Ne laisse pas tes chaussettes sales sur mon lit! D'accord, je ne vais les laisser sur ton lit. 5. Ne parle pas de moi à mes parents! D'accord, je ne vais pas leur parler de toi. 6. Montre-moi ce magazine! D'accord, je vais te le montrer. 7. Couche-toi avant deux heures du matin! D'accord, je vais me coucher avant deux heures du matin. 8. Réponds-moi quand je te parle! D'accord, je vais te répondre quand tu me parles. 9. Ne prends pas mes stylos! D'accord, je ne vais pas les prendre. 10. N'utilise pas mon téléphone portable! D'accord, je ne vais pas l'utiliser. 11. Range tes vêtements! D'accord, je vais les ranger. 12. Ne m'emprunte pas mes livres! D'accord, je ne vais pas te les emprunter. 13. Donne-moi mes messages! D'accord, je vais te les donner. 14. Parle gentiment à ma copine! D'accord, je vais lui parler gentiment. 15. Ne donne pas mes CD à tes amis! D'accord, je ne vais pas les leur donner.

Answers to B.3.1, Translation: qui, page 517 1. Who is going to pay for dinner? 2. Who is paying you?/ Who pays you? 3. Who bought you these flowers? 4. Who did his homework? 5. Whom are you calling? 6. Whom are you helping? / Whom do you help? 7. Who helped you? 8. Who will go with us? 9. Whom is he taking to the party? 10. Who answered you? [second part] 1. Qui est ton cousin favori? 2. Qui as-tu vu à l'université aujourd'hui? 3. Qui te prépare le petit déjeuner? 4. Qui te paie les frais de scolarité? 5. Qui vas-tu inviter à la fête / Qui est-ce que tu vas inviter à la fête? 6. Qui attends-tu? / Qui est-ce que tu attends?

Answers to B.3.2, Formation de questions avec "qui", page 518 1. Qui garde les enfants? / Qui est-ce qui garde les enfants? 2. Qui est-ce que les enfants regardent? / Qui les enfants regardent-ils? 3. Qui admire le président? / Qui est-ce qui admire le président? 4. Qui vous écoute? 5. Qui t'attend? 6. Qui est-ce que tu attends? / Qui attends-tu? 7. Qui allons-nous inviter? / Qui est-ce que nous allons inviter? 8. Qui Marc aime-t-il? / Qui est-ce que Marc aime? 9. Qui accompagne cet enfant à l'école? / Qui est-ce qui accompagne cet enfant à l'école? 10. Qui as-tu vu au café? / Qui est-ce que tu as vu au café?

Answers to B.3.3, Formation de questions avec prépositions, page 519 1. A qui avez-vous rendu vos devoirs? / A qui est-ce que vous avez rendu vos devoirs? ["nous" as subject also ok] 2. Avec quoi est-ce que Marc a ouvert la porte? / Avec quoi Marc a-t-il ouvert la porte? 3. Avec quoi est-ce que Redouane préfère faire son examen? / Avec quoi Redouane préfère-t-il faire son examen? 4. A qui vas-tu téléphoner? / A qui est-ce que tu vas téléphoner? ["vous" also ok as subject] 5. De qui parlait-elle? / De qui est-ce qu'elle parlait? 6. Pour qui est-ce que Rita a acheté des fleurs? / Pour qui Rita a-t-elle acheté des fleurs? 7. Avec quoi as-tu réparé la porte? / Avec quoi est-ce que tu as réparé la porte? ["vous" ok as subject] 8. De quoi avez-vous parlé? / De quoi est-ce que vous avez parlé? 9. Sur quoi est-ce qu'il écrit son devoir? / Sur quoi écrit-il son devoir? 10. Avec qui va-t-elle au cinéma? / Avec qui est-ce qu'elle va au cinéma?

Answers to B.3.4, Résumé: questions sur les personnes, page 519 1. Qui ne traite pas bien les étudiants? 2. Qui aimez-vous bien? / Qui est-ce que vous aimez bien? ["tu" ok as subject] 3. Qui m'a téléphoné? 4. A qui est-ce que Kevin a téléphoné? / A qui Kevin a-t-il téléphoné? 5. A qui le père reproche-t-il ses mensonges? / A qui est-ce que le père reproche ses mensonges? 6. Qui détestez-vous? / Qui est-ce que vous détestez? ["tu" ok as subject] 7. Qui cherchez-vous? / Qui est-ce que vous cherchez? 8. Qui n'obéit pas à ses parents? 9. Avec qui voudrais-tu aller à la fête? / Avec qui est-ce que tu voudrais aller à la fête? 10. Pour qui as-tu acheté ce portefeuille? / Pour qui est-ce que tu as acheté ce portefeuille? ["vous" ok as subject]

Answers to B.3.5, Traduction: what, page 521 1. Qu'est-ce qui est tombé? 2. Qu'aimes-tu manger? / Qu'est-ce que tu aimes manger? 3. Qu'est-ce que tu dois faire ce soir? / Que dois-tu faire? ["vous" ok as subject]; 4. Qu'est-ce qui est arrivé? / Qu'est-ce qui s'est passé? 5. Qu'est-ce qui t'ennuie le plus? 6. Qu'est-ce qu'elle étudie? / Qu'étudie-t-elle? 7. Qu'est-ce qui t'a réveillé? 8. Qu'est-ce qui est bon à manger? 9. Qu'est-ce qu'ils ont acheté au supermarché? / Qu'ont-ils acheté au supermarché? 10. Qu'est-ce que nous allons commander? / Qu'allons-nous commander?

Answers to B.3.6, Résumé, questions sur les choses, page 521 1. Qu'est-ce qui a fermé la porte? 2. Qu'est-ce que vous avez entendu? [note: "de la" is not a preposition here, but the partitive article] 3. Qu'est-ce qui est tombé? 4. A quoi est-ce que l'article fait référence? 5. Qu'est-ce qui te fait mal? 6. Qu'est-ce que nous allons manger ce soir? [same note as #2] 7. Sur quoi l'étudiant a-t-il triché? 8. Qu'est-ce que tu voudrais? 9. Qu'est-ce que le professeur a oublié? 10. Qu'est-ce qu'ils aiment (faire)?

Answers to B.3.7, Que ou quel?, page 522 1. Que; 2. Quel; 3. quelle; 4. Quelle; 5. Qu'; 6. Qu'est-ce que; 7. Quelle; 8. Qu'est-ce que; 9. Quelles; 10. Qu'est-ce que

Answers to B.4.1, Pratique: savoir et connaître, page 523 1. sais; 2. savons; 3. sais; 4. ne savent pas; 5. connaît; 6. connaissez; 7. ne savaient pas; 8. savais; 9. connaissez; 10. connaissions; 11. ai su; 12. as su; 13. se sont connus (remember that all reflexive verbs use *être* as a helping verb in the passé composé); 14. l'avez connu

Answers to B.4.2, Savoir ou connaître?, page 525 1. sais; 2. connaissez; 3. connaît; 4. sais; 5. connaissent; 6. sait; 7. connais; 8. savons; 9. savent; 10. connaissent (in modern usage); 11. savent; 12. connaît (the subject is *qui*).

Answers to Written Section C Exercises

Answers to C.3.1, Questions, page 528 1. Qui; 2. Qu'est-ce que; 3. Quel; 4. Qu'est-ce qui; 5. Qui est-ce qu; 6. Qui; 7. Qui; 8. Qu'est-ce que; 9. Qu'est-ce qui; 10. Qu'est-ce que; 11. quels; 12. Que

Answers to C.4.1, Informations, page 528 1. sais; 2. connaissent; 3. ai connu; 4. Sachez; 5. savaient; 6. savez; 7. connais; 8. sait; 9. sais; 10. connais; 11. connaissez; 12. ai su; 13. savons; 14. connaît; 15. savent

Answers to C.5.2, Vocabulaire: Au magasin, page 530 1. grand magasin; 2. Homme(s); 3. vendeuse; 4. rayon; 5. caisse; 6. vitrines; 7. domicile; 8. A mon avis; 9. cabine d'essayage; 10. chef de rayon

Answers to C.5.3, Vocbulaire: Rayons et articles, page 531
Note: of course, many answers are possible. Make sure you have the proper structure including the appropriate article.

1. A l'agence de voyages, on peut réserver une chambre d'hôtel. 2. Au rayon "Beauté," on peut acheter du maquillage. 3. A la billeterie, on peut acheter un billet à l'opéra. 4. A la cafétéria, on peut acheter un sandwich. 5. Au rayon "Chaussures," on peut acheter des bottes. 6. Au rayon "Enfants," on peut acheter un short pour un petit garçon. 7. Au rayon "Femmes," on peut acheter une jupe. 8. Au rayon "Hommes," on peut acheter un pantalon d'homme. 9. A la librairie, on peut acheter des livres. 10. Au rayon "Lingerie," on peut acheter des chemises de nuit. 11. Au rayon "Maison," on peut acheter un nouveau fauteuil. 12. Au rayon "Mariage," on peut acheter un cadeau de mariage. 13. Au rayon "Maroquinerie," on peut acheter une ceinture en cuir. 14. Au rayon "Naissance," on peut acheter un album pour un bébé.

Answers to C.5.4, Des cadeaux, page 531 1. Je vais te donner des CD. 2. Ils vont nous donner des vêtements. 3. Je vais lui donner une robe de chambre. 4. Elle va me donner des chèques-cadeau. 5. Je vais leur donner des billets au théâtre. 6. Je pense que tu vas me donner des livres. 7. Je vais lui donner un survêtement. 8. Je vais lui donner des outils. 9. Je vais lui donner une cafetière. 10. Je vais leur donner une plante.

Answers to C.5.5, Au magasin, page 531 1. Oui, il les aide. 2. Non, on les trouve au rayon "Chaussures." 3. On les essaie dans la cabine (d'essayage). 4. Oui, ils les paient à la caisse. 5. En général, ils leur parlent poliment. 6. Oui, il l'utilise. 7. Oui, il leur parle en espagnol. 8. Non, ils ne les rangent pas. Les vendeurs les rangent.

Answers to C.5.6, Echanges de toutes sortes, page 532 1. Oui, elle la lui emprunte. 2. Non, il ne les leur rend pas vite. 3. Non, je ne vous la dis pas toujours. 4. Oui, je les leur prête. 5. Non, ils ne me les prête pas. 6. Je les vends quelquefois. 7. Oui, je lui téléphone souvent. 8. Non, personne ne me les a payés. 9. Non, je ne leur rends pas souvent visite. 10. Oui, je le lui montre.

Answers to C.5.7, Parent et enfant, page 532 Note that although these relationship is informal, the vous form is used to refer to more than one person (you + another).

1. Non, ne les mange pas dans la salle de séjour. 2. Oui, envoie-la-lui. 3. Non, couchez-vous à neuf heures. / Non, ne vous couchez pas à minuit. 4. Oui, regarde-la. 5. Non, ne les invite pas. 6. Oui, fais-les. 7. Non, ne les garde pas. / Non, rends-les-moi. 8. Oui, rends-les-moi. 9. Non, ne l'utilisez pas. 10. Oui, préparez-le.

Answers to C.5.8, Quelle est la question?, page 533 Note: inversion and est-ce que forms are given where possible.

1. Qu'est-ce que tu as acheté au magasin? / Qu'as-tu acheté au magasin? 2. Qui a téléphoné cet après-midi? / Qui est-ce qui a téléphoné? 3. Qu'est-ce qui a fait tomber ces papiers? 4. De quoi as-tu besoin? / De quoi est-ce que tu as besoin? 5. Qui as-tu vu au cinéma? / Qui est-ce que tu as vu au cinéma? 6. Quel film as-tu regardé? / Quel film est-ce que tu as regardé? 7. Pour qui as-tu acheté ce stylo? / Pour qui est-ce que tu as acheté ce stylo? 8. Quelles chaussures préfères-tu? / Quelles chaussures est-ce que tu préfères? 9. Qui t'a offert cette montre? / Qui est-ce qui t'a offert cette montre? 10. Qu'est-ce que tu as pris pour le petit déjeuner? / Qu'as-tu pris pour le petit déjeuner?

Answers to C.5.9, Complétez la question, page 533 1. Qui; 2. Quel; 3. De quoi; De qui; A qui; 4. Quel; 5. Qu'est-ce que; 6. Qui est-ce que; 7. Qui; 8. Qu'est-ce qui; 9. quel; 10. quoi; 11. Qu'est-ce que; 12. Qu'est-ce qui

Answers to C.5.10, Savoir ou connaître, page 534 1. connaît (in modern usage); 2. connais; 3. savons; 4. connaissez; 5. savent; 6. Savez; 7. sommes connus; 8. sais; 9. ai su; 10. savent; 11. connaissent; 12. connaît

Chapter 12

Résultats

Objectives for chapter 12

Communication (what students will be able to do):

By the end of this chapter, students will be able to:

1. Relate cause and effect, acts and consequences

2. Talk about past events in greater detail

3. Talk about the past's effect on the present

4. Offer alternate hypotheses and describe results based on these possibilities

Culture (what students will know about the French-speaking world):

By the end of this chapter, students will possess cultural knowledge about:

1. Common gestures made by French speakers and their meanings and contexts

Grammar/ Tools (what students need to know):

In order to perform these communicative tasks, students will have to understand and be able to use correctly the following grammatical structures:

1. The pronouns *y* and *en*

2. The superlative of adjectives and adverbs

3. Refinements on the use of the passé composé and imparfait

4. The conditional mood

A Activités

A.1 Conséquences

Dans cette section, nous allons parler de nos actions dans la vie quotidienne et des conséquences de ces actes.

A.1.1 Tout à sa place

> Grammaire: Voir B.1, "Le pronom y," page 551.

Vous avez tout mis à sa place. Répondez aux indications du professeur en changeant l'élément nécessaire de la phrase.

Exemple: (prof :) Tu as mis tes pulls dans le tiroir de la commode ?
(étudiant #1 :) Oui, j'ai mis mes pulls dans le tiroir.
(étudiant #2 :) Il les y a mis.
(prof :) le placard
(étudiante #3 :) Oui, j'ai mis mes pulls dans le placard.
(étudiant #4 :) Elle les y a mis.

Tu as mis tes devoirs sur le bureau ?

Mini-Vocabulaire:

table de chevet	bedside table
provisions	groceries

1. le dictionnaire
2. le réveil
3. la table de chevet
4. les livres
5. le sac à dos
6. les devoirs
7. le portefeuille
8. les clés
9. la cuisine
10. les provisions
11. les placards
12. la vaisselle

A.1.2 Nettoyage de printemps

Mini-Vocabulaire:

une récompense	[re kɔm pɑ̃s]	reward
une punition	[py ni sjɔ̃]	punishment
emmener qqn	[ɑ̃ mə ne]	to take someone (somewhere)
sortir	[sɔr tir	to go out
alors	[a lɔr]	then, therefore

Vous êtes un enfant, et vous deviez nettoyer votre chambre. Votre parent vous demande si vous avez mis vos affaires aux lieux appropriés. Répondez "oui" ou "non" selon le cas. Utilisez les pronoms d'objet direct et le pronom *y*. Imaginez différentes récompenses ou punitions selon la réponse. Alternez de rôles.

Exemple: les pulls (oui)
> As-tu mis tes pulls dans le commode ?
> Oui, je les y ai mis.
> Très bien ! Je vais t'emmener dîner chez MacDo. OU :
> Non, je ne les y ai pas mis.
> Alors, tu ne peux pas regarder la télé ce soir.

1. les livres (non)
2. les vêtements sales (oui)
3. les chaussures (oui)
4. les verres sales (non)
5. les papiers (oui)
6. les CD (oui)

A.1.3 Un enfant désorganisé

 Imaginez que vous êtes un enfant très désorganisé. Votre parent doit souvent ramasser vos affaires, et n'en est pas très content ! Pourtant, vous (l'enfant) blâmez votre parent quand vous ne trouvez pas ce que vous cherchez. Pratiquez le dialogue modèle, et puis formulez d'autres conversations. Suivez le modèle et utilisez les pronoms appropriés, mais variez les lieux et les explications.

Mini-Vocabulaire:

en avoir marre	[ɑ̃ na vwar mar]	to be tired of
en avoir assez	[ɑ̃ na vwa ra se]	to have had enough of
en avoir ras-le-bol	[ɑ̃ na vwar ral bɔl]	to be fed up with
j'ai failli + infinitif	[ʒe fa ji]	I almost + verb
plutôt	[ply to]	rather
plutôt que de + inf.	[ply to kə də]	rather than + verb
un étui	[e tɥi]	case
puer	[pɥe]	to stink

> **A:** Papa, je ne peux pas trouver mon livre !
> **B:** Je l'ai mis dans votre sac à dos.
> **A:** Pourquoi est-ce que tu l'y a mis ? Je ne l'ai pas fini !
> **B:** J'en ai marre de trouver tes livres partout ! J'ai failli marcher dessus ! Pourquoi est-ce que tu l'as laissé par terre au milieu du salon ?
> **A:** Je le lisais quand Maman m'a appelé pour faire mes devoirs.
> **B:** La prochaine fois, mets ton livre sur l'étagère plutôt que de le laisser par terre.

1. les baskets
2. la flûte
3. le sandwich
4. les devoirs d'anglais
5. la fusée de Lego
6. l'uniforme (m.) de foot

A.1.4 Observation culturelle : les gestes français

Quand les Français disent, "j'en ai ras-le-bol," ils accompagnent souvent ces mots avec un geste : la main passe par-dessus la tête, de très près, comme pour illustrer quelqu'un qui se rase ("ras") la tête ("le bol"). Il y aussi d'autres expressions qui s'accompagnent très souvent de gestes, ou bien des gestes que remplacent les mots entièrement. Pouvez-vous penser à certaines de ces gestes en anglais ? Que signifient-ils ?

⟹ Continuons!

Copiez les gestes de votre professeur. Imaginez une conversation dans laquelle vous pourriez utiliser un de ces gestes. Pratiquez la conversation et présentez-la devant la classe.

A.1.5 Qu'est-ce qu'il y a à manger ?

> Grammaire: Voir B.2, "Le pronom en," page 553.

 Vous avez faim et vous cherchez quelque chose à manger. Demandez à votre camarade de chambre ou à votre frère ou soeur s'il reste certaines choses. Suivez le modèle, et utilisez le pronom *en* dans vos réponses. Alternez de rôles.

> **A:** Est-ce qu'il reste des spaghettis ?
> **B:** Non, il n'en reste plus.
> **A:** Qui les a mangés ?
> **B:** Maman les a mangés.
> **A:** ...
> **B:** Est-ce qu'il reste des oranges ?
> **A:** Oui, il en reste deux.
> **B:** Où se trouvent-elles ?
> **A:** Elles sont dans le frigo.

1. du steak
2. des frites
3. du pain
4. des carottes
5. de la salade
6. du fromage
7. des pommes
8. des boîtes de Coca
9. du lait
10. des céréales
11. des biscuits
12. de la glace

⟹ Continuons!

Imaginez une conversation avec la personne qui a mangé ce que vous vouliez manger. De quoi l'accusez-vous ? Quelles raisons donne-t-elle ? Pratiquez votre conversation et présentez-la devant la classe.

A.2 Réactions

Dans cette section, nous allons parler de ces événements dans notre passé qui nous ont affectés particulièrement.

A.2.1 Des jours mémorables

> Grammaire: Voir B.3, "Réactions," page 558.

 Finissez les deux phrases pour contraster vos habitudes générales à chaque époque et des jours mémorables précis. Regardez l'exemple avant de commencer.

Exemple: Quand j'avais 5 ans, mon père m'emmenait souvent aux matchs de foot. (habitude pendant cette période)
Quand j'ai eu 5 ans, mon père m'a emmené voir un match des Dodgers. (événement spécifique le jour de mon anniversaire)

Habitudes	Jour spécifique
1. Quand j'avais 16 ans ...	Quand j'ai eu 16 ans ...
2. Quand j'étais à l'école primaire ...	Quand j'ai commencé l'école primaire ...
3. Pendant l'été quand j'avais 10 ans ...	Un jour où nous sommes allés à la plage ...
4. Quand je sortais avec mes amis de lycée le week-end ...	Le soir de mon "prom" ...
5. Quand j'apprenais à conduire ...	Le jour où j'ai reçu mon permis de conduire ...
6. Mon premier semestre à l'université ...	Mon premier jour à l'université ...

⟹ Continuons!

Maintenant, comparons nos expériences dans des situations semblables.

1. Dans un groupe de 3 - 4 personnes, choisissez un des événements mentionnés ci-dessus.

2. Faites une liste de 10 questions, à l'imparfait ou au passé composé selon le cas, pour obtenir plus d'informations sur l'événement.

3. Ensuite, chaque personne du groupe doit aller interroger une personne d'un autre groupe sur ses expériences.

4. La personne de l'autre groupe va également poser les questions que son groupe à elle a formulées.

5. Après ces entrevues, les membres de chaque groupe vont se réunir pour comparer les réponses et vont en faire un rapport à la classe.

Imaginez que vous avez rencontré les situations suivantes. Comment avez-vous réagi ? Vous pouvez utiliser le vocabulaire ci-dessous et dans la marge, et d'autres verbes pour expliquer ce que vous avez fait.

Rappel de vocabulaire :
avoir honte
avoir peur
être content
être déçu
être nerveux
être surpris
être triste
mentir
pâlir
rougir

Mini-Vocabulaire:

au secours !	help!
confus	embarrassed
donner un coup de poing	to punch
embrasser	to kiss
se fâcher	to get angry
pleurer	to cry
ravi	delighted
remercier	to thank
rire, p.p. ri	to laugh
sourire	to smile

Exemple: Vous avez glissé sur une peau de banane et vous êtes tombé devant tous vos amis.
J'ai été très confus, mais j'ai ri. J'ai pris la peau de banane et l'ai jetée à la poubelle.

1. Vous avez beaucoup étudié, mais vous avez eu une mauvaise note à votre examen.
2. Quand vous aviez 8 ans, un garçon dans votre classe a commencé à vous donner des coups de poing.
3. Vos parents vous ont donné une nouvelle voiture pour votre dix-huitième anniversaire.
4. Un garçon ou une fille que vous aimiez beaucoup vous a invité à une danse.
5. Vous avez vu un serpent vénimeux près de vos pieds.
6. Toute votre famille a oublié votre anniversaire.
7. Quand vous aviez 4 ans, vous avez cassé votre jouet favori.
8. Vous avez eu des "A" à tous vos examens du semestre.
9. Vous étiez seul(e) à la maison, et vous avez entendu un bruit à la fenêtre.
10. Quand vous aviez 16 ans, une fille dans votre classe vous a insulté.
11. Votre copain/ copine vous a invité à un match des Lakers.
12. Vous avez perdu votre maillot de bain quand vous avez sauté dans la piscine !
13. Vous avez gagné à la loterie.
14. Vous avez vu un très grave accident de voiture.
15. Vous avez senti une douleur très vive à l'estomac.

A.2.3 Réaction !

Donnez des situations dans lesquelles vous avez eu les réactions suivantes. Essayez de trouver plusieurs réponses possibles dans votre groupe.

1. J'ai embrassé ma mère quand ...
2. J'ai pâli quand ...
3. Je me suis fâché quand ...
4. J'ai eu peur quand ...
5. J'ai pleuré quand ...
6. J'ai souri quand ...
7. J'ai remercié mes amis quand ...
8. J'ai eu honte quand ...

A.2.4 Quelle histoire !

Dans un groupe, utilisez les éléments suivants pour raconter une histoire au passé. Vous pouvez changer les verbes et ajouter d'autres phrases, mais ne changez pas l'ordre des éléments. Ecrivez l'histoire au passé composé et à l'imparfait.

1. il / faire / froid
2. la femme / se réveiller
3. elle / être seule / dans son lit
4. elle / entendre un bruit
5. elle / descendre / à la cuisine
6. la fenêtre / ouverte
7. la table / du pain
8. la femme / regarder
9. le couteau
10. les miettes [f., =crumb]
11. l'homme / dire
12. (Finissez le conte.)

A.2.5 La vie qui change

  Nous passons tous par des changements importants dans notre vie. Choisissez une de ces situations qui vous a affecté personnellement. Parlez de la situation qui existait, et puis de ce qui a changé et des résultats.

1. Quand j'étais jeune, j'avais peur de .... Mais puis, ...
2. Quand j'étais jeune, je n'avais pas de ..., et j'en désirais ardemment. Un jour, ...
3. Je n'étais pas sûr si je voulais aller à l'université. Puis, ...
4. J'avais un(e) meilleur(e) ami(e) qui ..., mais un jour ...
5. J'habitais à ..., mais puis nous avons déménagé ...
6. Je détestais les ..., mais puis ...

A.3 Les meilleurs

> Grammaire: Voir B.4, "Le superlatif," page 561.

A.3.1 Dans ma famille

 Posez des questions au superlatif pour vous renseigner sur la famille de vos camarades. Lisez les exemples avant de commencer.

Exemple: avoir / + / livres
(nom) Qui a le plus de livres ?   J'ai le plus de livres.
Pourquoi as-tu le plus de livres ?   Parce que je suis étudiant.

Exemple : parler au téléphone / -
(verbe) Qui parle le moins au téléphone ?   Mon père parle le moins au téléphone.
Pourquoi est-ce qu'il parle le moins au téléphone ?   Parce qu'il n'a pas beaucoup d'amis.

Exemple : être / + / mince
(adj.) Qui est le plus mince ?   Ma soeur est la plus mince.
Pourquoi est-elle la plus mince ?   Parce qu'elle ne mange pas beaucoup.

Exemple : marcher / + / rapidement
(adv.) Qui marche le plus rapidement ?   Ma mère marche le plus rapidement.
Pourquoi est-ce qu'elle marche le plus rapidement ?   Parce qu'elle a beaucoup de choses à faire.

1. être / + / âgé
2. avoir / - / patience
3. conduire / + / prudemment
4. regarder la télé / -
5. manger / + / céréales
6. être / + / beau
7. travailler / +
8. faire le ménage / -
9. être / - / actif
10. parler / + / rapidement
11. parler français / + / bien
12. acheter / + / vêtements
13. cuisiner / +
14. aller au cinéma / + / souvent
15. être / - / gentil
16. avoir / + / CD

Avec votre partenaire, donnez vos jugements dans les catégories suivantes. Etes-vous d'accord ? Formulez le superlatif en utilisant les mots donnés ; n'oubliez pas de faire l'accord de l'adjectif.

Exemple: plus / bon / chanteur américain
Qui est le meilleur chanteur américain ?
A mon avis, la meilleure chanteuse américaine est Alicia Keys.

1. plus / beau / acteur / américain
2. plus / bon / actrice
3. plat français / moins / appétissant
4. cours / plus / facile / à cette université
5. professeurs / plus / difficile
6. endroit touristique / plus / intéressant / à Los Angeles
7. plus / bon / endroit touristique / à Paris
8. deux émissions / plus / amusant
9. groupe pop / moins / doué
10. université / prestigieux / aux Etats-Unis

A.3.3 **Attractions touristiques**

Connaissez-vous un peu les différentes attractions touristiques à Paris ? Posez des questions avec les éléments donnés et choisissez la bonne réponse. N'oubliez pas de faire l'accord de l'adjectif avec le substantif qu'il décrit, et mettez l'adjectif à la bonne position.

Exemple: l'attraction / + / "américain"
Quelle est l'attraction la plus "américaine" ?
C'est EuroDisney.

le Louvre

la Tour Eiffel

Montmartre

la cathédrale de Notre-Dame

l'Etoile

les Champs-Elysées

le quartier latin

le jardin du Luxembourg

1. les magasins / + / cher
2. le carrefour / + / chargé
3. le jardin public / + / touristique
4. le musée / + / célèbre
5. l'église / + / vieille
6. l'église / + / blanc
7. le quartier / + / intellectuel
8. la tour / + / haut

A.3.4 Les années formatrices

 Souvent, les enfants acquièrent très vite une réputation. Pouvez-vous vous rappeler lesquels, de vos amis ou vos frères et soeurs, étaient connus pour les raisons suivantes ? Expliquez comment ils étaient ou ce qu'ils faisaient, et, si vous pouvez vous rappeler une histoire particulière, racontez-la.

Exemple: comique

    Qui était le plus comique ?

    Quand j'avais 9 ans, c'était mon ami José. Il imitait les animaux et tout le monde riait. Mais un jour, il imitait le directeur de l'école quand notre instituteur l'a vu. Il l'a envoyé directement au bureau du directeur, et José avait très peur !

1. intelligent
2. paresseux
3. sérieux
4. bizarre
5. ennuyeux
6. amusant
7. travailleur
8. sportif
9. timide

A.3.5 Actions et conséquences

 Avec un(e) partenaire ou dans un groupe, choisissez un des sujets suivants. Faites-en une présentation dramatique. Pratiquez votre scène et présentez-la devant la classe.

1. Un mauvais enfant refuse de faire ses devoirs et ses parents le menacent de punitions toujours plus graves.
2. Un client très difficile est au magasin.
3. Un enquêteur pour le département de santé dîne dans un restaurant trop sale.
4. Des enfants font le clown à l'école et le professeur se fâche.

A.3.6 A mon avis

Tout le monde a des opinions. Mais pouvez-vous justifier les vôtres ? Cette fois, nommez et expliquez votre préférence.

1. mon parent favori
2. le meilleur président
3. l'homme ou femme que j'admire le plus
4. le meilleur groupe pop, rock, ou rap
5. mon film favori
6. ma chanson favorite
7. mon livre favori
8. la meilleure émission à la télé

B Grammar

B.1 The pronoun *y*

In addition to the indirect and direct object pronouns you have already learned, French has two more pronouns that are used in the same positions. These are the pronouns *y* and *en.* You have seen these many times already in your readings and heard your teacher use them, but in this chapter you will learn exactly how to use them yourself.

The pronoun *y* has the basic meaning of "there." It is used to replace the preposition *à* + a thing, or any other preposition of place + a place. You will remember that the preposition *à* + a person denotes an indirect object and is replaced by an indirect object pronoun.

Since *à* is one of the most common prepositions used in French, *y* is most commonly used to replace that preposition plus its object. *À* has many meanings in French depending on what verb it follows, so *y* will also mean many things depending on what exact structure it is replacing. Let us look at some examples.

French	English
Tu vas au supermarché? – Oui, j'y vais.	Are you going to the supermarket? – Yes, I'm going there.
Il travaille à la banque? – Oui, il y travaille.	He works at the bank? –Yes, he works there.
Je mets les livres sur les étagères? –Oui, mettez-les-y.	Shall I put the books on the shelves? –Yes, put them there.
Tu penses à ton examen? – Oui, j'y pense.	You're thinking about your exam? –Yes, I'm thinking about it.
Tu obéis aux lois? – Oui, j'y obéis.	Do you obey laws? –Yes, I obey them.

Y is also found in the extremely common idiomatic phrases we have already encountered: *il y a,* meaning "there is, there are" (literally, as you can now see, "it exists there"), and with various forms of the verb *aller* such as the imperatives *Vas-y, Allez-y* ("Go ahead!") and *Allons-y!* ("Let's go!"), as well as *On y va?* ("Shall we go?").

Y goes in the same places as the direct and indirect object pronouns:

- before a single conjugated verb

- before the infinitive if there is a conjugated verb + infinitive

- before a negative imperative

- after and hyphenated to an affirmative imperative

Some common prepositions of place (*prépositions de lieu*) include:

à côté de	next to
chez (Luc)	at (Luc's) house
dans	in
devant	in front of
derrière	behind
en	in, at, to
sur	on
sous	under

B.1.1 On y va!

Répondez aux questions, remplaçant **la préposition + l'objet** par le pronom *y*.

1. Est-ce que tu vas souvent **au cinéma**?

2. Est-ce que tes parents travaillent **à l'université**?

3. Est-ce que tu réponds souvent **aux questions** en classe?

4. Est-ce que tu as dîné **chez ta grand-mère** ce week-end?

5. Est-ce que tu es venu **à l'université** de bonne heure ce matin?

6. Est-ce que tu mets ton argent **dans ton portefeuille**?

7. Est-ce que tu es jamais allé **en France**?

8. Est-ce que tu étudies **à la bibliothèque**?

9. Est-ce que tu achètes du café **à Starbucks**.

10. Est-ce que tu laisses quelquefois tes devoirs **sur ton bureau**?

B.1.2 *Y ou lui*?

Répondez aux questions, en utilisant le pronom d'objet indirect (*lui, leur*) ou le pronom *y* selon le cas. Faites attention au temps verbal (passé, présent, futur).

1. As-tu jamais téléphoné au Mexique?

2. Téléphones-tu souvent à tes amis?

3. Vas-tu au Portugal cet été?

4. Vas-tu aller chez un ami ce soir?

5. Vas-tu parler à tes parents avant de rentrer à la maison?

6. Obéis-tu à tes parents?

7. Obéis-tu aux règles de l'université?

8. Réfléchis-tu souvent à ton avenir?

9. Est-ce que tu as réussi à ton dernier examen de français?

10. Est-ce que tu réponds toujours aux gens qui vous parlent?

Position of *y* with other pronouns

When used with another pronoun, *y* follows all the pronouns except *en*. The complete pronoun order before a verb (remembering that you will never use more than two at a time) is therefore:

me					
te	le	lui			
se	la	leur	y	en	VERBE
nous	les				
vous					

B.1.3 **Beaucoup de pronoms!**

Mini-Vocabulaire:

s'intéresser à   [sɛ̃ te rɛ se]   to be interested in
se mettre à   [sə mɛ trə]   to begin, to get to work

Répondez aux questions, remplaçant les mots appropriés par des pronoms.

1. Est-ce que vous vous intéressez à l'histoire?

2. Est-ce que vous avez rendu le livre à la bibliothèque?

3. Est-ce que vous avez acheté ces chaussures à la boutique là-bas?

4. Est-ce que vous avez envoyé la carte à votre voisin?

5. En général, quand vous avez des devoirs à faire le week-end, vous mettez-vous au travail samedi?

6. Est-ce que vous avez invité tous vos amis à la fête?

7. Est-ce que vous avez trouvé cette robe en France?

8. Est-ce que vous avez laissé vos clés sur le bureau?

B.2   The pronoun *en*

The final object pronoun you have to learn is the pronoun *en*. This pronoun also has several different uses, and is a little tricky to master, so please read carefully!

The pronoun *en* replaces any form of *de* plus its associated noun. The basic meaning of *en* is therefore "of it/ them" or "from it/them." The complication here is that as you know, *de* in French is both a preposition and the root of the partitive article (*du, de la, des*). Both of these uses of *de* can be replaced by the pronoun *en*. In addition, *en* can replace any noun that follows a number or other expression of quantity. We will look at these different uses one by one.

***En* replacing the preposition *de* + its object** Many verbs in French use the preposition *de* before their noun object. These may or may not correspond to a similar prepositional use in English. If a verb takes *de* + object in French, this prepositional phrase may be replaced by *en* regardless of what the English translation is. Some of these verbs include:

Mini-Vocabulaire:

avoir besoin de	to need
avoir envie de	to want
avoir peur de	to be afraid of
manquer de	to lack
s'occuper de	to take care of
parler de	to talk about
profiter de	to take advantage of
se servir de	to use
se souvenir de	to remember

French	*English*
Qui va s'occuper des chats? – Je vais m'en occuper.	Who will take care of the cats? – I will take care of them.
Est-ce qu'il parle souvent de la politique? –Oui, il en parle souvent.	Does he often talk about politics? Yes, he talks about it a lot.
Tu te souviens de notre voyage à Montréal? –Je m'en souviens un peu.	Do you remember our trip to Montreal? I remember it a little.

You see that in the above examples, the same structure in French is expressed in many different ways in English. However, in each case, the French structure has the preposition *de* plus an object, and that can be replaced each time by *en*.

***En* replacing the partitive article + noun** The partitive article, corresponding to "some" or "any" but often omitted completely in English, serves to designate a part of something as opposed to the general category or a specific thing. It has four forms: *du, de la, de l', des*, as well as changing to *de* after a negative. Any of these forms and the accompanying noun can be replaced by the pronoun *en*.

French	*English*
Tu veux du pain? –J'en ai, merci.	Do you want some bread? –I have some, thanks.
Il n'y a plus de café? –Non, il n'y en a plus.	There's no more coffee? No, there's no more.
Est-ce que je devrais acheter du lait? –Oui, nous n'en avons plus.	Should I buy (some) milk? Yes, we don't have any more.

En replacing a noun whose quantity is indicated

The last use of *en* is a logical corollary of the above use, but occurs even when there is no form of *de* in the sentence. If you have **any** expression of quantity, be it a number, an adverb of quantity, or a noun denoting a certain quantity, you can replace the noun with *en*. **However**, in these cases, you **keep** the number, adverb, or noun representing the quantity. You may find it helpful to remember the English translation "of it/ them" in these cases: *J'en ai deux* = "I have two (of them)."

French	English
Vous avez trois frères? – Non, j'en ai deux.	You have three brothers? – No, I have two (of them).
Est-ce que vous avez assez d'argent? – Oui, nous en avons assez.	Do you have enough money? –Yes, we have enough.
Tu as une bouteille de vin? – Oui, j'en ai une.	Do you have a bottle of red wine? –Yes, I have one.

The quantity does not need to be indicated in the original sentence to be replaced in subsequent references:

French	English
Combien de soeurs as-tu? – J'en ai une.	How many sisters do you have? –I have one.
Combien de gâteaux avez-vous acheté? –J'en ai acheté six.	How many cakes did you buy? –I bought six.
Combien de bière avons-nous? –Nous en avons 10 bouteilles.	How much beer do we have? –We have ten bottles.

Finally, it is important to note that because of this usage, there is a difference in French usage between a direct object that is preceded by a definite or demonstrative article or a possessive adjective, which is replaced by a direct object pronoun, and a direct object that is preceded by an indefinite or partitive article, which is replaced by the pronoun *en*.

> **Definite articles:** le, la, les
> **Demonstratives:** ce, cette, ces
> **Possessive adj.:** mon, ma, mes, etc.
> **Indefinite art.:** un, une, des
> **Partitive art.:** du, de la, des

Tu as un sandwich?	Oui, j'en ai un.
Tu as les gâteaux?	Oui, je les ai.
Tu veux du pain?	Oui, j'en veux.
Tu aimes ce pain?	Oui, je l'aime.

B.2.1 Le pronom *en*

Remplacez les objets appropriés par le pronom *en*. Rappel: si la question contient une expression de quantité, on **garde** l'expression de quantité mais on remplace le nom associé.

Exemple: Combien de cours avez-vous ce trimestre?
　　　　J'en ai quatre.

1. Est-ce qu'on a besoin d'une voiture à Los Angeles?

2. Combien de lait buvez-vous par jour?

3. Prenez-vous du café tous les matins?

4. Combien de frères avez-vous?

5. Avez-vous un chien?

6. Est-ce que vous vous servez d'un ordinateur pour écrire vos devoirs?

7. Avez-vous mangé des spaghettis ce week-end?

8. Combien d'étudiants est-ce qu'il y a dans la classe de français?

9. A votre avis, est-ce que les professeurs de lycée gagnent assez d'argent?

10. Est-ce que vous avez peur des tremblements de terre?

B.2.2 Direct object pronoun or *en*?

Remplacez l'objet par le pronom d'objet direct (*le, la, les*) ou par le pronom *en* selon le cas. Le type d'article employé dans la question va déterminer votre choix.

1. Avez-vous acheté un sandwich aujourd'hui?

2. Aimez-vous les sandwichs à Dolcini's?

3. Est-ce que vous apportez ce livre en classe tous les jours?

4. Avez-vous beaucoup de livres dans votre sac à dos?

5. Où avez-vous acheté vos chaussures?

6. Mangez-vous souvent des plats mexicains?

7. Combien de grands-parents avez-vous?

8. Est-ce que vous vous souvenez de votre enfance?

9. Est-ce que vous cherchez un travail maintenant?

10. Est-ce que vous attendez patiemment vos amis?

En with other pronouns

Since the direct object pronoun and *en* are mutually exclusive, if *en* occurs in conjunction with other pronouns, it is normally together with the reflexive pronouns, the indirect object pronouns, or the pronoun *y*. Students sometimes have trouble remembering the order of *y* and *en*. The easiest way is simply to remember the expression, *Il y en a* = "There is some / there are some." The French refer to this order as *la règle de l'âne* ("the donkey's rule") because the donkey says *hi-han* in French, which is pronounced the same as *y en*.

Remember the order of pronouns before a verb:

me					
te	le	lui			
se	la	leur	y	en	VERBE
nous	les				
vous					

B.2.3 En-core des pronoms!

Remplacez les objets par des pronoms là où c'est possible.

1. Est-ce qu'il y a des pupitres dans la salle de classe?

2. Est-ce que vous offrez des cadeaux d'anniversaire à vos amis?

3. Est-ce que vous apportez de la bière à une fête?

4. Combien de livres avez-vous dans votre sac?

5. Est-ce que vous avez envoyé une carte d'anniversaire à votre grand-père?

6. Est-ce que votre mère vous préparait des plats spéciaux quand vous étiez petit?

7. Combien de lampes est-ce qu'il y a dans votre chambre?

8. Est-ce que vous avez demande de l'aide à votre professeur?

Using pronouns Although we have introduced you to all the pronouns in this first year of study, they are extremely difficult to manage naturally, especially when you have more than one of them at a time. You should try to understand the differences between them, because their correct use relies on your understanding of grammatical structures (direct vs. indirect object vs. object of a preposition) that will be crucial in many areas of French. However, if you find yourself unable to replace noun objects with pronouns in French as you speak, do not worry – that is a skill that is beyond the reach of most first-year students. At this level, you should be able to replace these in written contexts and work towards a better oral mastery of them by replacing a single direct or indirect object with a pronoun when responding to simple oral questions.

B.3 Reactions: More on the passé composé and imparfait

In our last look at the passé composé and imparfait, we focused on the differences between these two tenses. Let us review some of the ways we can characterize verbs in each of these tenses. Note that some of these categories overlap; they are simply different ways of describing the differences between these two tenses.

Passé composé	Imparfait
A single past action that occurred at a definite moment in the past, even if that moment is not stated Ex.: Je suis allé à Disneyland cet été.	A condition that lasted a certain time without a definite beginning or end Ex: J'étais très petit pour mon âge.
An important, clearly delineated event in the story you are telling - you know when it began and ended relative to other events in the story Ex: J'ai vu l'accident	Context for that event – an action that was going on when the main action occurred quand j'allais à l'université.
Each verb in a sequence of actions – one ended before the next one took place Ex: Ce matin, je me suis levé, j'ai pris une douche, et puis je me suis habillé.	An action repeated many times without a definite beginning or end Ex: Dans mon enfance, nous allions à l'église tous les dimanches.
	Two actions that occurred in parallel (each serves as context for the other) Ex: Je balayais pendant que mon frère faisait la vaisselle.
An event that changes something; a physical or mental action after which something is different than was the case before it happened Ex: J'ai réalisé la vérité.	Description of the background, including appearance, weather, age, physical or mental conditions Ex: J'étais impatiente de savoir les résultats.

While many emotions fit into the "background" category, it is wrong to assume that all verbs describing emotion must always be conjugated in the imparfait. In fact, these verbs must be analyzed in the same way as other verbs. If the emotion is part of the décor, part of what is giving the atmosphere of the story, the imparfait will indeed be used. If, however, the emotion shows a reaction and thus becomes a sort of mental action, the passé composé will be used. Observe the differences in the following sentences.

French	English
Quand j'étais petit, j'avais peur du noir.	When I was young, I was afraid of the dark. (condition lasting a certain time)
J'ai vu le serpent et j'ai eu peur.	I saw the snake and was afraid. (reaction to seeing the snake – a one-time emotion)
J'étais nerveuse le jour où ils ont annoncé les prix.	I was nervous on the day that they announced the prizes. (background context - nervous for an unspecified time)
J'ai été très déçu par la décision.	I was very disappointed at the decision. (reaction)

B.3.1 Action et réaction

Conjugez le verbe entre parenthèses au passé composé ou à l'imparfait selon le cas. (Corrigez vos réponses après 2 ou 3 questions pour voir si vous avez la bonne idée avant de continuer).

1. –Nous (voir) _____ le film *Troie* hier soir. – Ah bon? Est-ce que tu le (aimer) _____ ?

2. Je (aimer) _____ beaucoup Tom Cruise quand je (être) _____ au lycée.

3. Elle (être) _____ contente de sa vie jusqu'à l'arrivée des nouveaux voisins.

4. Elle (être) _____ particulièrement heureuse au moment où Paul lui (donner) _____ une bague de fiançailles.

5. Quand elle lui (demander) _____ de l'accompagner à la danse, il (rougir) _____ .

6. C'(être) _____ une fille très timide; elle (rougir) _____ chaque fois qu'un garçon lui (adresser) _____ la parole.

7. Je (avoir) _____ peur d'être seul dans cette maison vide, et puis quand quelqu'un (frapper) _____ à la porte, mon coeur (commencer) _____ à battre très fort.

8. Je (ne pas aimer) _____ les chiens quand je (être) _____ petit; mais un jour, le chien de mon voisin (chasser) _____ un chat qui me (attaquer) _____ , et je (être) _____ très content.

Mini-Vocabulaire:

jusqu'à	until
un voisin	neighbor
vide	empty
le coeur	heart
la parole	word, speech
fâché	angry

9. Mon copain (avoir) _____ une très mauvaise note à son examen de maths. Sa mère le (forcer) _____ à rester à la maison ce week-end pour étudier - il (être) _____ très fâché.

10. Elle (avoir) _____ très mal à la tête - c'est pour cette raison qu'elle (ne pas venir) _____ au restaurant.

B.3.2 Le Corbeau et le Renard

RÉPUBLIQUE FRANÇAISE
Fables de La Fontaine

LA POSTE 1995   2,80

Au dix-septième siècle, Jean de la Fontaine, un auteur français, a publié ses *Fables*. Certaines de ces fables sont des traductions des fables grecques d'Esope; d'autres sont entièrement originales. Ces fables sont écrites en vers (en poésie), et les petits Français les apprennent par coeur à l'école. La fable intitulée "Le Corbeau et le Renard" raconte comment le Renard, très astucieux, a su flatter le Corbeau pour obtenir quelque chose de lui. Le texte de la Fontaine est très beau et poétique, mais difficile. Voici une version simplifiée en prose. Mettez les verbes au passé composé ou à l'imparfait. (Si vous voulez voir le texte original, regardez à la page 566.)

Mini-Vocabulaire:

le corbeau	[kɔr bo]	crow
le renard	[rə nar]	fox
tenir	[tə nir]	to hold (conjugated like *venir*)
le chant	[ʃɑ̃]	song
ouvrir, p.p. ouvert	[u vrir]	to open
laisser tomber	[lɛ se tɔ̃ be]	to drop, to let fall
le flatteur	[fla tœr]	flatterer
valoir ; il vaut	[va lwar]· [il vo]	to be worth; it is worth
jurer	[ʒy re]	to swear

Le Corbeau (1. être) _____ dans un arbre. Dans son bec, il (2. tenir) _____ un fromage. Le Renard (3. sentir) _____ l'odeur du fromage et en (4. avoir) _____ envie. Le Renard (5. dire) _____ au Corbeau: "Bonjour, Monsieur le Corbeau! Vous êtes très joli! Je me demande si votre chant est aussi beau que votre plumage!" Ces paroles (6. toucher) _____ le Corbeau. Il (7. commencer) _____ à chanter. Mais quand il (8. ouvrir) _____ le bec pour chanter, il (9. laisser) _____ tomber le fromage! Le Renard (10. prendre) _____ le fromage et lui (11. dire) _____ : "Mon bon Monsieur, apprenez que les flatteurs profitent de ceux qui les écoutent. Est-ce que cette leçon ne vaut pas un fromage?" Le Corbeau (12. avoir) _____ honte de ses actions. Il (13. jurer) _____ de ne plus faire la même erreur.

B.4 Superlatives

Previously, we have discussed how to form comparative structures (more, less, as). To form the superlative, we simply use the appropriate form of the definite article (*le, la, les*) in front of the *plus* or *moins*.

French	English
Céline et Albert sont les moins travailleurs de la classe.	Céline and Albert are the least hard-working in the class. (adjective)
J'ai le plus de livres.	I have the most books. (noun)
C'est ma fille aînée qui traite ses camarades le plus gentiment.	My eldest daughter is the one who treats her friends the most nicely. (adverb)
Ils ont dansé le mieux et ils ont gagné le prix.	They danced the best, and won the prize. (adverb)
Reza et Pauline ont travaillé le plus.	Reza and Pauline worked the most. (verb)

- If one specifies the group in which the person or thing described is the best or worst, the preposition *de* is always used, regardless of the English translation. This *de* can be combined with the definite article (*de + le = du, de + les = des*).

- Since adverbs and verbs have no gender or number, the definite article used to form the superlative of an **adverb** or **verb** is always *le*.

- When giving the superlative of a **noun** by itself, *le* is used. E.g. "the most books" = *le plus de livres*, "the least money" = *le moins d'argent*.

- The superlative of an **adjective** must use the definite article that matches in number and gender the adjective being modified. (This adjective, in turn, must match the noun being described).

French	English
Marc est le plus intelligent de sa famille.	Marc is the most intelligent of his family. (Marc = m.s.)
New-York est la plus grande ville des Etats-Unis.	New York is the biggest city in the United States. (la ville = f.s.)
Frédéric et Sylvain sont les plus grands de leur équipe.	Frédéric and Sylvain are the biggest on their team. (Frédéric et Sylvain = m.p.)
Aurore et Chloé sont les plus paresseuses de la classe.	Aurore and Chloé are the laziest in the class. (Aurore et Chloé = f.p.)

B.4.1 Les meilleurs

Combinez les éléments pour former une phrase au superlatif. N'oubliez pas de faire les accords nécessaires de l'article et de l'adjectif.

Exemple: Marie / être / le / plus / grand / sa famille.
Marie est la plus grande de sa famille.

Paul / avoir / le / moins / livres.
Paul a le moins de livres.

1. Charles / parler / le / moins / rapidement.

2. Claire / être / le / plus / intelligent / sa famille.

3. Walid / être / le / plus / sérieux / les étudiants.

4. Vincent / travailler / le / plus.

5. Justine / finir / le / plus / problèmes.

6. Loïc et Guillaume / être / le / moins / artistique / la classe.

7. Marie-Laure et Manon / être / le / plus / sportif / l'équipe.

8. Mes parents / être / le / plus / gentil / quartier (m., = "neighborhood").

9. Virginie / danser / le / plus / bien / le groupe.

10. Adrien et Jennifer / faire / le / moins / devoirs.

B.4.2 Numéro un

Lisez les indications données et écrivez une phrase pour indiquer qui est le meilleur ou le pire.

Exemple: Hélène est assez petite. Son frère est moyen. Son père est grand. (Son père)
Son père est le plus grand (de sa famille).

Marc gagne 400 dollars par mois. Ségolène gagne 800 dollars. Jacques gagne 1000 dollars. (Marc)
Marc gagne le moins (des trois).

1. Quentin parle impoliment. Matthieu parle assez poliment, mais Eric parle plus poliment que Matthieu. (Quentin)

2. Noria a 4 frères. Mathilde a 2 frères. Renée a un seul frère. (Renée)

3. Ma maison est assez petite, mais elle est plus grande que celle de mes parents. Mes grands-parents ont une maison beaucoup plus grande que ma maison. (la maison de mes grands-parents)

4. Elizabeth est plus sportive que Michel. Mahmoud est moins sportif que Elizabeth, mais plus sportif que Michel. (Michel)

5. Nous avons deux chiens. Les Pérez n'ont pas de chiens. Les Dupont ont trois chiens. (Les Dupont)

6. Thibault étudie 4 heures par jour. Mélissa étudie 2 heures par jour. Olivier étudie 5 heures par jour. (Melissa)

7. Les léopards sont plus grands que les chats, mais plus petits que les tigres. (les tigres)

8. Caroline parle très vite. Sa soeur parle plus lentement qu'elle, mais leur mère parle plus rapidement qu'elles deux. (Leur mère)

Formation of the superlative with a noun + adjective

In French, the general position of the adjective is after the noun. A limited number of extremely common adjectives, however, precede the noun. Most of these can be remembered with the acronym B.A.G.S. (beauty, age, goodness, and size). Adjectives that regularly precede the noun include:

beau (belle), joli, jeune, vieux (vielle), nouveau (nouvelle), bon(ne), mauvais, grand, petit, long(ue), autre.

To form the superlative of a noun + adjective combination, we must leave the adjective in its usual position, and form the superlative around that adjective. There are thus two different constructions used.

Note: to avoid two vowel sounds together, vieux, beau, and nouveau each have an alternate masculine singular form that is used only before a masculine singular noun beginning with a vowel or silent h: vieil, bel, and nouvel (e.g. un vieil homme, un bel arbre, un nouvel appartement).

If the adjective follows the noun

In the usual structure, the definite article must be repeated twice, once before the noun, and once before the adjective.

French	English
Marc et Philippe sont les garçons les plus intelligents de leur classe.	Marc and Philippe are the smartest boys in their class.
Claire est l'étudiante la plus sérieuse.	Claire is the most serious student.
La France est la destination touristique la plus populaire d'Europe.	France is the most popular tourist destination in Europe.

You will notice that as usual, both the definite article and the adjective agree in number (singular/plural) and gender (masculine/feminine) with the noun they are modifying.

If the adjective precedes the noun

In the case of an adjective that precedes the noun, the definite article simply appears once, before the adjective.

French	*English*
Harvard est la plus vieille université des Etats-Unis.	Harvard is the oldest university in the U.S.
Les baleines sont les plus grands mammifères.	Whales are the biggest mammals.

B.4.3 Plus que tous les autres!

David a des opinions très fermes. Donnez ses réponses aux questions. Faites attention à la position de l'adjectif dans la question, et ne la changez pas dans la réponse.

Exemple: Charlize Theron est une bonne actrice?
     C'est la meilleure actrice!
   Gilles est un garçon sérieux?
     C'est le garçon le plus sérieux de la classe!

1. Denzel Washington est un acteur doué?

2. La situation en Irak est une question importante?

3. Les chiens sont des animaux intelligents?

4. L'économie est un grand problème?

5. Votre mère est une bonne mère?

6. Le français est une langue élégante?

7. Los Angeles est une ville polluée?

8. Halle Berry et Jennifer Lopez sont de jolies femmes?

B.4.4 Rien que des faits

Maintenant, combinez les éléments pour former des phrases au superlatif. Faites attention à la position de l'adjectif.

Adjectifs qui précèdent le nom: beau (belle), joli, jeune, vieux (vielle), nouveau (nouvelle), bon(ne), mauvais, grand, petit, long(ue), autre

1. La Sears Tower / bâtiment (m.) / haut / Chicago

2. La Russie / grand / pays (m.)

3. La Chine / pays / peuplé

4. The Who / groupe (m.) / fort

5. Yellowknife / ville (f.) / froid / Canada

6. Les Luxembourgeois / gens (m.p.) / généreux / monde

7. Les enfants japonais / bon / étudiants en maths.

8. La Bible / livre / vendu

9. *Friends* / émission (f.) / populaire / Etats-Unis

10. La Sorbonne / vieux / université (f.) / France

B.5 Optional section - *vouloir, pouvoir, devoir* in the past tenses

One area that often confuses students are the uses of the verbs *vouloir, pouvoir,* and *devoir* in these two tenses, because they tend to be translated completely differently in English. This is not an area most students can expect to master in the first year, but for those students who are interested in better understanding these differences, we give some examples here.

French	*English*
J'ai voulu aller au magasin.	I wanted to go to the store (and did).
Je n'ai pas voulu sortir avec lui.	I didn't want to go out with him (and refused).
Je voulais aller à la fête.	I wanted to go to the party (unclear whether you did or not - the emphasis is on the fact that you were longing to go during the period described).
J'ai pu lui acheter la bague qu'elle voulait.	I was able to buy her the ring that she wanted (and I did buy it).
Je n'ai pas pu finir mes devoirs.	I wasn't able to finish my homework (I tried, but something prevented me, and I didn't do them).
Je pouvais manger autant de chocolats que je voulais.	I was able to eat as many chocolates as I wanted (at some point in the past; I was allowed to do so).
Je ne pouvais pas comprendre la leçon.	I couldn't understand the lesson (not that I tried and failed, but that I was simply uncapable of doing so).
Il a dû tricher sur son examen.	He must have cheated on his exam. (meaning that you are assuming he did).
Il a dû prendre le bus.	He had to take the bus (and he did take it).
Il devait faire son devoir tout seul.	He had to do his homework by himself (he was supposed to do so; unclear whether he did or not).
Il ne devait pas regarder la télé après minuit.	He should not have watched t.v. after midnight (he was not supposed to; unclear whether he did or not).

B.6 Appendix: "Le Corbeau et le Renard" par Jean de la Fontaine (texte original)

Maître Corbeau, sur un arbre perché,

Tenait en son bec un fromage.

Maître Renard, par l'odeur alléché,

Lui tint à peu près ce langage :

"Hé ! bonjour, Monsieur du Corbeau.

Que vous êtes joli ! que vous me semblez beau !

Sans mentir, si votre ramage

Se rapporte à votre plumage,

Vous êtes le Phénix des hôtes de ces bois."

A ces mots le Corbeau ne se sent pas de joie ;

Et pour montrer sa belle voix,

Il ouvre un large bec, laisse tomber sa proie.

Le Renard s'en saisit, et dit : "Mon bon Monsieur,

Apprenez que tout flatteur

Vit aux dépens de celui qui l'écoute :

Cette leçon vaut bien un fromage, sans doute."

Le Corbeau, honteux et confus,

Jura, mais un peu tard, qu'on ne l'y prendrait plus.

Answers to Written Section B Exercises

Answers to B.1.1, On y va!, page 552 Sample answers: 1. Non, je n'y vais pas souvent. 2. Non, ils n'y travaillent pas. 3. Oui, j'y réponds souvent. 4. Oui, j'y ai dîné ce week-end. 5. Oui, j'y suis venu(e) de bonne heure. 6. Oui, je l'y mets./ Oui, j'y mets mon argent. 7. Non, je n'y suis jamais allé(e). 8. Oui, j'y étudie. 9. Oui, j'y achète quelquefois du café. 10. Oui, je les y laisse quelquefois. / Oui, j'y laisse quelquefois mes devoirs.

Answers to B.1.2, Y ou lui?, page 552 1. Oui, j'y ai téléphoné. 2. Oui, je leur téléphone souvent. 3. Non, je n'y vais pas cet été. 4. Oui, je vais y aller ce soir. 5. Non, je ne vais pas leur parler avant de rentrer à la maison (avant d'y rentrer). 6. Oui, je leur obéis. 7. Oui, j'y obéis. 8. Non, je n'y réfléchis pas souvent. 9. Oui, j'y ai réussi. 10. Non, je ne leur réponds pas toujours.

Answers to B.1.3, Beaucoup de pronoms!, page 553 1. Non, je ne m'y intéresse pas. 2. Oui, je l'y ai rendu. 3. Oui, je les y ai achetées. 4. Oui, je la lui ai envoyée. 5. Non, je ne m'y mets pas. 6. Oui, je les y ai invités. 7. Non, je ne l'y ai pas trouvée. 8. Non, je ne les y ai pas laissées.

Answers to B.2.1, Le pronom en, page 555 1. Oui, on en a besoin. 2. J'en bois un verre. 3. Non, je n'en prends pas. 4. J'en ai deux. 5. Non, je n'en ai pas. 6. Oui, je m'en sers. 7. Non, je n'en ai pas mangé. 8. Il y en a 20. 9. Non, ils n'en gagnent pas assez. 10. Oui, j'en ai peur.

Answers to B.2.2, Direct object pronoun or en?, page 556 1. Oui, j'en ai acheté un. / Non, je n'en ai pas acheté. 2. Oui, je les aime. 3. Oui, je l'apporte en classe tous les jours. / Oui, je l'y apporte tous les jours. 4. Oui, j'en ai beaucoup. 5. Je les ai achetées à Payless. 6. Oui, j'en mange souvent. 7. J'en ai quatre. 8. Oui, je m'en souviens très bien. 9. Non, je n'en cherche pas un maintenant. 10. Oui, je les attends patiemment.

Answers to B.2.3, En-core des pronoms!, page 557 1. Oui, il y en a. 2. Oui, je leur en offre. 3. Oui, j'y en apporte. 4. J'en ai cinq. 5. Oui, je lui en ai envoyé une. 6. Oui, elle m'en préparait. 7. Il y en a deux. / Il n'y en a pas. 8. Non, je ne lui en ai pas demandé.

Answers to B.3.1, Action et réaction, page 559 1. avons vu (single action); as aimé (reaction to seeing film); 2. aimais (condition lasting an indefinite time); étais (background description); 3. était (context / background condition); 4. a été (reaction); a donné (action); 5. a demandé (action); a rougi (reaction - change in physical appearance); 6. était (background description); rougissait, adressait (repeated actions); 7. avais (background condition); a frappé (action); a commencé (reaction); 8. n'aimais pas (condition lasting an indefinite time); étais (background condition); a chassé (single action); m'attaquait (context - action in progress when "a chassé" occurred); ai été (reaction); 9. a eu (single action - result of his test); a forcé (subsequent action in the series); a été (reaction); 10. avait (background condition - context); n'est pas venue (action (a negative action is still an action - if in doubt, remove the negative and see what tense you would use.))

Answers to B.3.2, Le Corbeau et le Renard, page 560 The "reactions" here have been put in the passé composé to emphasize that they began at a certain moment, but some of them might also be seen as emotional conditions and thus be in the imparfait. Consult with your teacher if you have questions on any particular verb. 1. était (background description); 2. tenait (background); 3.a senti, 4. a eu (seen as separate events in the story; first he smelled, then as a result he wanted it); 5. a dit (action); 6. ont touché (reaction); 7. a commencé (action); 8. a ouvert (action); 9. a laissé tomber (action) 10. a pris (action); 11. a dit (action); 12. a eu (seen as a reaction to the words of the fox); 13. a juré (action)

Answers to B.4.1, Les meilleurs, page 562 1. Charles parle le moins rapidement. 2. Claire est la plus intelligente de sa famille. 3. Walid est le plus sérieux des étudiants. 4. Vincent travaille le plus. 5. Justine finit/ a fini le plus de problèmes. 6. Loïc et Guillaume sont les moins artistiques de la classe. 7. Marie-Laure et Manon sont les plus sportives de l'équipe. 8. Mes parents sont les plus gentils du quartier. 9. Virginie danse le mieux du groupe. 10. Adrien et Jennifer font/ ont fait le moins de devoirs.

Answers to B.4.2, Numéro un, page 562 1. Quentin parle le moins poliment / le plus impoliment. 2. Renée a le moins de frères. 3. La maison de mes grands-parents est la plus grande. 4. Michel est le moins sportif. 5. Les Dupont ont le plus de chiens. 6. Melissa étudie le moins. 7. Les tigres sont les plus grands. 8. Leur mère parle le plus rapidement /le plus vite.

Answers to B.4.3, Plus que tous les autres!, page 564 1. C'est l'acteur le plus doué! 2. C'est la question la plus importante de nos jours! 3. Ce sont les animaux les plus intelligents! 4. C'est le plus grand problème! 5. C'est la meilleure mère! 6. C'est la langue la plus élégante! 7. C'est la ville la plus polluée! 8. Ce sont les plus jolies femmes du monde!

Answers to B.4.4, Rien que des faits, page 564 1. La Sears Tower est le bâtiment le plus haut de Chicago. 2. La Russie est le plus grand pays du monde. 3. La Chine est le pays le plus peuplé. 4. The Who était le groupe le plus fort du monde. 5. Yellowknife est la ville la plus froide du Canada. 6. Les Luxembourgeois sont les gens les plus généreux du monde. 7. Les enfants japonais sont les meilleurs étudiants en maths. 8. La Bible est le livre le plus vendu. 9. *Friends* était l'émission la plus populaire. 10. La Sorbonne est la plus vieille université de France.

CPSIA information can be obtained at www.ICGtesting.com
Printed in the USA
LVOW09s2120250316

480837LV00007B/11/P